U0943088

山东大学文史书系

中国传统语言文字学

徐超 著

山东大学出版社

图书在版编目(CIP)数据

中国传统语言文字学/徐超著.—3版.—济南:山东大学出版社,2014.4
(山东大学文史书系)
ISBN 978-7-5607-1644-2

Ⅰ.①中…
Ⅱ.①徐…
Ⅲ.①汉语-研究
Ⅳ.①H1

中国版本图书馆CIP数据核字(2000)第39354号

责任编辑:马银川
封面设计:牛　钧

出版发行:山东大学出版社
社　址　山东省济南市山大南路20号
邮　编　250100
电　话　市场部(0531)88364466
经　销:山东省新华书店
印　刷:山东新华印务有限责任公司
规　格:720毫米×1000毫米　1/16
24.25印张　393千字
版　次:2014年4月第3版
印　次:2014年4月第11次印刷
定　价:45.00元

序

盐城徐逾之君，名超，执教山东大学，为余同门畏友殷石臞(孟伦)先生及著名语言学家殷孟非(焕先)先生之高弟，勤治语言文字学。虽一度任中文系副主任之职，非其好也。犹记1981年5月，余初识逾之君，为其研究生毕业论文评审人及答辩委员会委员。石臞先生以礼相招，相得甚欢。论文题为《声训简论》，学有专长，成绩突出。答辩委员会一致以为薪有传人，目为大器；而逾之亦奋勉有加，时时有新作问世也。

去岁11月下旬，逾之君有事来宁，出示近著《中国传统语言文字学》一帙，洋洋38万言，翔实可读；较之前著，尤多精义。爰竭数日之力，为之浏览一过，盖有四喜焉：

一、喜其分科之新颖而合乎科学。传统语言文字学，旧时称为"小学"，分文字、音韵、训诂三科。作者为适应时代需要，增改为六科：曰文字学，曰音韵学，曰雅学，曰方言学，曰语源学，曰训诂学(狭义训诂学，亦即传注学)。除音韵学一科外，其余五科，合之则广义之训诂学也。"小学"自章太炎先生倡导改称为"中国语言文字学"以来，分科渐趋细密，各门子学科都有了长足发展，实已成独立之势。作者做了全盘考虑，分而别之，各有所司，其独创精神足可嘉尚。此为余之一喜。

二、喜其阐述之翔实而有系统，纲举而目张。作者将传统语言文字学之三科改为六科之后，接着分别阐述其研究对象、学术源流，再以该学科代表著作为纲，带动对该学科研究内容、研究方法以及相关理论等专题论述。读者循序渐进，自可入斯学之门矣。观其诸论之中，尤其强调一个"声音"，斯即全书之纲也。黄季刚先生之言曰:“自明以至今代,其研究小学所循途径,始则徒言声音,继以声音贯串训诂,继以声音、训诂以求文字推衍之迹。(复按:黄先生此文前又有言:“若由声韵、训诂以求文字推衍之迹,则自太炎师始。”)由音而义,由义而形,始则分而析之,终则综而合之,于是小学发明已无余蕴,而其途径已广乎其为康庄矣。”(见黄焯《文字声韵训诂笔记》)逾之师承往哲,得其奥秘,故能言之剀切如此。斯则余所谓“纲举而目张”者也。此二喜也。

三、喜其既有理论,又重实践;既有学术性,又具实用性。盖既无理论,则有何学术之可言;不讲实践,则学亦无所竟其用。此中真谛,昔贤多已发之。观乎逾之之作,每章之中,在理论之后,无不涉及学之用于实践者;而于实践,又往往以指示方法、门径为旨趣。如此则言之有物,化腐朽为神奇,此兼美之功也。此为三喜。

四、喜其有述有作,才思颖发。“述”者,谓其纵横古今、博采通人也;“作”者,谓其能自采花,自酿蜜,论由己出,得自心生也。观其关于文字学之论述,语源学原理、运用及其研究方法之阐述,训诂学用于古籍整理之举例等等,皆其冥心爬梳、深思熟虑之作,其给人以启迪,岂浅鲜哉? 此种治学态度与研究精神在当今之世弥足珍贵。此则四喜也。

传统语言文字学,历来被视为治一切古代典籍之根本,在中国历史文化中占有极其重要的位置。老一辈饱学之士,首先就“饱”在这门学问上。从这个意义上说,当今研究传统学问的人,尤其是中青年学者,其最为缺乏的,或许不是专业方面的知识,而恰恰是传统的语言文字的功力。此义世人多已言之,应予记取。

最后录黄先生的一段话作为结语。他说:“夫所谓‘学’者,有系统条理而可以因简驭繁之法也。明其理而得其法,虽字不能遍识,义不能遍晓,亦得谓之‘学’;不得其理与法,虽字书罗胸,亦不得名‘学’。凡治小学,必具常识;欲有常识,必经专门之研究始可得之。故由专门而得之常识,其识也精;由浏览而得之常识,其识也迷。”(见黄焯《文字声韵训诂笔记》)斯义也,愿与作者逾之君共勉之。今《中国传统语言文字学》即将付梓,余喜其书有胜义,必将有功于学林,故乐为之序焉。

徐　复

1995 年 4 月于南京师范大学

再版前言

借拙著再版的机会，我把该书初版前后的有关情况报告给读者，以便读者朋友对拙著有更多的了解。

1995年至1996年初，拙著稿本由山东大学出版基金委员会组织校内外专家审查后，将其列为山东大学出版基金资助项目。后又通过筛选，纳入《山东大学文史书系》出版计划。“书系”在1996年首批推出的著作共五部，其中有田昌五、冯沅君、陆侃如、王仲荦、赵俪生等五位学界前辈的四部代表性著作。当我得知这一消息，特别是看到我的名字在每部著作的封底上，与上述大师级学者并列在一起的时候，其内心绝不是人们想象的因此意外殊荣而沾沾自喜，而是感到十分惶恐不安——最大的忧虑是，我不知道拙著能不能经得起学术界的检验。

使我稍加释怀的是，拙著出版后，很快就收到徐复、何九盈、王宁、赵振铎、李维琦、邹晓丽等前辈学者来函鼓励，并先后有《中国文化报》(1996年11月20日载帅民《一把打开传统文化宝库的“钥匙”》)、《辽宁师范大学学报(社科版)》(1997年第1期载林泉《“小学”从这里新生》)、《徐州师范大学学报(社科版)》(1997年第1期载苏宝荣《自成体系、述作兼备、公允平实》)、《古汉语研究》(1998年第3期载郭芹纳《喜瞻古树绽新花》)以及《人民日报》、《中国教育报》、《新闻出版周刊》、《山东图书报》、《天津书讯》等报刊发表学者署名书评。一年之后，又先后获华东地区大学出版社第三届优秀教材学术著作一等奖、山东省社科联优秀学术著作二等奖、山东大学优秀学术著作一等奖、山东省优秀图书奖等八个奖项。我个人以拙著部分内容为主体申报的教学研究成果获山东省省级优秀教学成果二等奖。

拙著出版后的第二年，台湾五南图书出版有限公司来函赞扬该书的学术意义，并购买了繁体字版权，于1998年以“学术专著、大专教材”的图书类别在台湾出版，在世界华人地区发行。

此外，据我所知，多年来，拙著除在本校使用外，还被南京师范大学、河北师范大学、山东师范大学、山东理工大学、济南教育学院等高校用作研究生、本科生的教材或辅助教材，还被一些院校作为语言类专业的考研参考用书。拙著出版以后，连年加印，至今已经印刷了10次，总计印数已经超过3万册。

以上情况完全出乎我的预料之外，由此我想到一个学人的学术根基、学术胸怀以及治学态度（其中还涉及获得某种学问的途径和方法）对其学术的影响。

这其实也是我许多年来在培养本科生、硕士生、博士生过程中常常思考和探索的一个问题。今天看来，觉得它对专业人才的培养的确十分重要，所以愿意在这里把自己的一些切身感受写出来，想着对年轻的学人或许不无借鉴意义。

这些年来，我曾对自己的学术道路作过梳理，大致说：

偶然的一件事，比如与某人的一次见面、一次谈话，或一本书、一堂课等等，都可能对一个人的成长产生极大影响甚至会起到转折性作用，而最终的成长道路则是各种合力相切线的延长。

我读本科是在北京师范大学中文系，攻读硕士学位是在山东大学中文系，专业是汉语言文字学。研究方向，早期侧重于文字、音韵、训诂之学，后来则侧重于文字训诂与书法文化的结合。我之所以自觉不自觉地走上这条道路，主要是受到身边名师的影响：

1964年，我考入北京师范大学中文系读本科。由于“文化大革命”的原因，在那里我竟获得了将近八年的学习时间，虽然学习计划多半不能照官方传统规定按部就班地进行，却在很大程度上成全了我个人的兴趣发展。八年中，对我专业方向和治学方法产生重大影响的，主要是陆颖民（宗达）先生和启元白（功）先生。起初我喜欢古典文学，但后来，邹晓丽教授主讲的《古代汉语》课使我很快移情于文字学。兴趣从“六书”理论开始，进而追究形音义的关联，由此滋生了我对文字、音韵、训诂和文献四者结合研究的兴趣。在此过程中，陆先生的《说文解字通论》（油印本）和《训诂浅谈》两部著作，使我粗知“章（章太炎）黄（黄侃）之学”，并深深影响着我以后的治学方法和治学方向。而1966年的“文化大革命”，又使我通过大字报和办黑板报（宣传栏）认识了启功先生和他的书法。这使我在许多年后的“主业”之外又多了一门“副业”，并且最终几乎合二而一了。

1978年，我作为“文化大革命”后的首届攻读学位的研究生来到山东大学中文系学习。影响我此后学术的，首先是我的两位业师：一位是殷石臞（孟伦）先生，他与陆先生同出黄门；一位是殷孟非（焕先）先生，他是著名语言文字学家赵少咸、罗常培、唐兰、袁家骅、王力先生的弟子。二位导师都是当时著名学者，都十分重视文字、音韵、训诂、古代文献的教学和研究，让我随之在这几个领域也打下了初步的研究基础。因为学术渊源、导师私谊以及我的兴趣爱好，我很快认识了蒋峻斋（维崧）先生，其影响之巨，竟使我最终走上了古文字书法、书法文字学以及文字训诂与书法文化相结合的研究道路。回过头来看，我在山东大学学习和工作期间的专业和研究方向，实际上只是在北京师范大学学习的继续和深化，体现了渊源有自的历史必然。也正是这个原因，使我在数十年间一直与母校北京师范大学保持着学术上的联系。[①]

以上说的当然还是表象上的“校承”和师承。事实上，读书的范围和方向则完全不受“校”和“师”的限制，这对影响学术视野、研究方向都至关重要。从文化传承角度看，还应该有更深层次的分析。

从基因遗传角度看，子孙应该看作是祖先的延续和进化。文化传承也是这样。我这里专讲传统学问的传承。

中华传统学问的传承，其基本方式是师承。广义的师承也包括借助于学术著作的传承——古来就有“私淑”一说，即所谓“私淑艾者”（语出《孟子·尽心上》。艾，治也）。胸怀宽阔的学人绝不会受师门和“校门”的限制。对于多数学人，特别是身边缺乏名师指导的学人而言，读书、“私淑而与闻焉”（朱熹

---

① 参见徐超《崧高维岳——蒋维崧和他的书法篆刻艺术》，泰山出版社2012年版，第18～23页。

《〈大学章句〉序》),这就是师承,并且是更为普遍的文化传承方式。教育新模式的兴起、信息时代的到来,为广义的师承开辟了无限广阔的空间,但在某些研究领域,旧式师承仍然保持着一定明显的优势。

在拙著的许多章节里,我都说到学术背景和学术源流,并明确说到乾嘉学派所以有杰出的学术建树,除了时代大背景外,在很大程度上得益于师承和家学(家学可以看成师承的一种特殊形式)。在拙著《崧高维岳——蒋维崧和他的书法篆刻艺术》里,我又一次谈到"学统",说:"大到一个民族、一个时代,小到一个单位、一个家族,无论是某门学术,还是某种技艺,如薪火不绝,代代相传,起点就是制高点,故能越积越厚,臻于至境。其关键就在传承二字。传承的基本条件,就传承者个人而言,就是读书、学习和研究。犹如掘井,必至清冽,其承前启后、踵事增华、发扬光大自不待言。"[①]割断传统、割断学统、割断师承、割断传承,就等于割断自己的血脉,自我毁灭。我们今天讲学术、文化上的传承与创新,其基本条件,首先是要研究传统、继承传统,然后才谈得上创新。没有坚实的传统学术根基就侈谈创新,多为无根之谈。

那么,如何才能获取真正的传统学问以及做传统学问的能力呢?我的体会,一是要亲自做,二是要做彻底。"述而不作"是夫子自谦,其实,真正的"述"必须自我摸索,因而就有体会、心得,这样,"作"也在其中矣,于是事乃有新,学庶几有进。拙著对《说文》、《释名》、《方言》、《广雅》等多部传统语言文字学根基性著作的"述"大致就体现了上述过程,体现过程的关键词主要有原著、眉批、夹注、卡片、摘抄、按语、专论等。

简言之,拙著的主要内容,是我在山东大学读研至出书前约十八年间读书、教学和相关研究的成果。这些成果的取得,得益于广义的师承,得益于前辈学风的熏陶(这里所说的"学风",说得具体些,大致即是梁启超先生总结的所谓清人"正统派之学风"十条,见拙著第六章第一节)。我自己努力做并用以指导学生的,则概括、简化为:重实学,重实践,重方法论。读书必自原著经典,研究力至彻底入微。

本次再版主要做了三方面的事:一是,由于受到初版时计算机字库的字

---

① 泰山出版社 2012 年版,第 104~105 页。

数以及计算机技术的限制，书稿中大量的古字、冷僻字只能用电脑拼凑合成，即使明知不够规范也无能为力。这一次作了全面审查，初版时的问题基本解决了。二是，《附录》部分增补了《试说“方”的词义系统和词族系统》和《对〈“铭”字文化溯源〉说一点补充意见》，借以充实语源研究的实例。三是，书末增补了《冷僻字注音》，为的是免去读者查检之劳。

不过，个人的力量极其渺小，加上受到学识等方面的限制，拙著所论一定存在许多错误和不足，敬请读者批评指正。

其余要说的话已见《初版后记》，请参览。

最后，我要感谢山东大学出版社历届领导和相关朋友对拙著编辑、出版和发行工作的支持，感谢初版责任编辑周广璜、修订版责任编辑马银川的辛劳，感谢学兄吴庆峰教授在多年使用拙著作教材过程中提出补正意见，感谢我的学生于春香、张晓明、阎滨为修订版所做的文字整理和校对。张晓明博士为拙著中的冷僻字作了注音并通校最后清样，出力尤多。还要感谢山东大学出版基金委员会对拙著（初版）提供的学术支持和经费支持。

徐　超

2013 年 12 月 30 日于三摩帝书屋

目　录

绪 论

第一节 传统语言文字学的研究对象

传统语言文字学旧称“小学”。小学本是指小学生读书的学校。据《汉书·艺文志》:“古者八岁入小学,故《周官》保氏掌养国子,教之六书。”又《食货志上》:“八岁入小学,学六甲五方书计之事,始知室家长幼之节。十五岁入大学,学先圣礼乐,而知朝廷君臣之礼。”“国子”,就是贵族子弟。西周的学校有“国学”与“乡学”两种,国学是大贵族子弟的学校,建在国都里;乡学则是一般贵族子弟的学校,同时也是议事的场所。古时候,贵族子弟 8 岁上小学,学七年,到 15 岁入大学。大学是九年,学完了还要有一段“见习”的时间,要到 30 岁才能独立工作,所以孔子说“三十而立”。小学里主要学习“礼、乐、射、御、书、数”,俗称“六艺”,也就是礼节仪式、音乐舞蹈、箭术、驾车、识字、算术等,都是些礼仪和文化知识方面的基础课程。到了大学,就学习所谓“修身、齐家、治国、平天下”的本领了。所以在古代,也把“礼、乐、射、御、书、数”这些学习内容叫作“小学”。在这些学习内容里,最重要、最基本的课程是“六书”,即象形、指事、会意、形声、转注和假借这六种造字和用字方法(但当时主要还是教小学生会读、会写、懂得基本意思),属于后来“文字学”的范畴。因为文字学是小学的必修课程,所以后来人们就用“小学”借指“文字学”这一学科的名称。

早在汉代,刘歆就在《七略》“六艺略”里列出了“小学”这一门类。班固沿用刘歆的说法,在《汉书》里多次用“小学”代指文字学。如《艺文志》文字学书目下称“凡小学十家，四十五篇”，其中，《史籀》十五篇，《八体六技》，《苍颉》一篇，《凡将》一篇，《急就》一篇，《元尚》一篇，《训纂》一篇，《别字》十三篇，《苍颉传》一篇，扬雄《苍颉训纂》一篇，杜林《苍颉训纂》一篇，杜林《苍颉故》一篇。这些显然都是古时小学的识字课本和文字形义一类的书籍。

《汉书·艺文志》又说：“元始中，征天下通小学者以百数，各令记字于庭中。扬雄取其有用者以作《训纂篇》。”《杜邺传》云：“吉子竦又从邺学问，亦著于世，尤长小学”，杜林“正文字过于邺、竦，故世言小学者由杜公”，等等。唐代颜师古解释说：“小学，谓文字之学也。《周礼》：‘八岁入小学，保氏教国子以六书。’故名云。”这时小学的内容，主要是指解释文字形体结构、通知古今文字及字音字义等。

到《隋书·经籍志》，小学的概念又扩大了，包括体势、声韵、训诂等；而《旧唐书·经籍志》、《新唐书·艺文志》又明确把《尔雅》等训诂学著作和有关书法笔墨方面的书籍列入了“小学类”。至此，小学的基本内容就确定并延续下来。

宋代目录学家晁公武本《隋书·经籍志》之说，认为文字学包括三方面的书籍：一是论体制之书，如《说文》之类；二是论训诂之书，如《尔雅》、《方言》之类；三是论音韵之书，如《四声谱》和反切方面的书籍。他说：三者虽各名一家，“其实皆小学之类”①。

清代编修《四库全书》，大致沿用了隋唐以来的看法，把小学类书籍分为三部分：《尔雅》以下编为训诂，《说文》以下编为字书，《广韵》以下编为韵书，也是按文字的形、音、义分门别类的。

清人谢启昆编撰《小学考》，采辑汉朝以来的文字、音韵、训诂之书，编为50卷，除前两卷著录清朝奉敕编撰的《康熙字典》等书以外，其余分为四大类。其中，训诂6卷，著录续朱彝尊《经义考》之《尔雅》类而推及《方言》、《通俗文》之类；文字20卷，含《史籀》、《说文》之类；声韵16卷，含《声类》、《韵集》之类；音义6卷，含训读经史百子之类。可见，小学实含文字、音韵、训诂三科。

因此之故，有许多研究文字、音韵、训诂的书籍，其书名常常冠以“小学”二字，其意义正在于此。如清人田宝臣的《小学骈支》、吴凌云的《小学说》、任大椿的《小学钩沉》、周春的《小学余论》、朱骏声的《小学识余》、章太炎的《小学答问》、

---

① [宋]晁公武：《郡斋读书志》卷四。

刘师培的《小学发微补》等，都是这类书籍。

一个人总是必须首先认识字，知道怎么读、怎么写、什么意思，然后才能读书明理，获取用文字记载的各方面知识。古人心目中的“书”，首先是指经书以及解释经书的书，所以总是把学习小学类的书籍看作通经的“要津”、“户牖”、“钤键”，所谓“小学明而经学明”[①]就是这个意思。因此，古代小学类书籍一直被置于“经部”之末，其学科本身的建设和发展比较缓慢。直到近代，章太炎先生倡导语言文字之学，才逐步分门别类地建立了各种子学科，从而使这门古老学科的研究更为系统，更为缜密，更为深入。

但是，这番话的意思并不是说，在古代，我国就根本没有什么独立的语言文字学；恰恰相反，传统语言文字学甚至早在汉代就已经形成并独立了，《尔雅》、《方言》、《说文》、《释名》这四大名著的出现便是重要标志。至于训诂实践及其成果，更是奠定了整个训诂研究的基本格局。只是当时的学科名称不是叫“语言文字学”，而是叫“小学”；而训诂的实践，则又往往是以“经学”为基本内容。

沈兼士先生说，唐宋以后，传统语言文字学的研究大致可以分为三个阶段：

一是研究六书分类的《说文》学。如郑樵的《六书略》、戴侗的《六书故》、周伯琦的《六书正讹》、杨桓的《六书统》、魏校的《六书精蕴》、赵古则的《六书本义》、赵宧光的《六书长笺》等。流韵余风，迄清犹盛。

二是研究实用的小学。章太炎《国学讲习会略说》云：“以古韵读《说文》，然后知此之本字，即彼引申假借之字。以古韵读《尔雅》、《方言》诸书，然后知此引申假借之字，必以彼为本字。能解此者，称为小学。若专解形体及本义者，如王菉友所作《说文释例》、《说文句读》，只可称为《说文》之学，不能称为小学。若专解训诂而不知假借引申之条例者，如李巡、孙炎之说《尔雅》，郭璞之说《尔雅》、《方言》，只可称为《尔雅》、《方言》之学，不得称为小学。若专解音声而不能应用于引申假借者，如郑庠之《古音辨》、顾宁人之《唐韵正》，只可称为古韵、《唐韵》之学，不得称为小学。兼此三者，得其条贯，始于休宁戴东原氏。”戴震主张以古韵为治小学之工具，以通经为治小学之目的。其弟子王念孙、段玉裁等人继而弘其业，遂成有清一代之朴学。

三是研究理论的语言文字学。章太炎又说：“自许叔重创作《说文解字》，专

① [清]王念孙：《说文解字注·序》。

以字形为主而音韵属焉。前乎此者，则有《尔雅》、《小尔雅》、《方言》；后乎此者，则有《释名》、《广雅》，皆以训诂为主而与字形无涉。《释名》专以声音为训，其他则否。又自李登作《声类》，韦昭、孙炎作反切，至陆法言乃有《切韵》之作，凡二百六韵。今之《广韵》即就《切韵》增润者。此皆以音为主，而训诂属焉，其于字形略不一道。合此三种，乃成语言文字之学，此固非儿童占毕所能尽者。然犹名为'小学'，则以袭用古称，便于指示，其实当名语言文字之学，方为确切。"章氏倡此正名之议，颇具时代精神，足以促进小学的进步。其著作有《语言缘起说》、《新方言》、《文始》等，不愧为原始要终独具体系者矣。[①]

章氏以后，又经过学者几十年的努力，范围越来越广，一套完整的语言文字学体系早已形成了。

不过，章太炎和沈兼士都没有提到训诂实践及其成果。事实上，从先秦开始，读书、解经、传注也实在与小学"难分难舍"，所以近几十年来出版的训诂通论类著作里，都已经把传注学归入了传统语言文字学的研究范围。因此，传统语言文字学的主要研究对象，大致应是以书面语言为主的历代语言、文字（文字是语言的视觉形式，是语言的书写系统）。它的基本任务，是通过对历代语言、文字的研究，了解汉语文字史、语音史、词汇史、语法史、修辞史等，进而了解整个汉语发展史和发展规律，推动对整个汉语的研究；并通过对汉语的研究，推动对整个中华民族传统文化的研究，推动中华民族的物质文明和精神文明建设。

下面谈谈本书在分科体系上的一些做法。现在，"小学"作为一个学科名称，除了在少数学者当中还被使用外，在社会上已经基本不用了。现在一般的叫法是"传统语言文字学"或"古代语言文字学"。但它的研究内容一般还是按隋唐时代的分科方法，即包括文字、音韵、训诂。其中，文字学（近代以后，又别为古文字学一门）大致是以研究文字的形义为主，如造字规律，用字规律，演变和孳生规律，形、音、义之间的关系，汉字的起源，汉字文化学，等等；音韵学，主要研究各个历史时期汉语语音的声、韵、调系统及其发展规律；训诂学，虽然说起来是以词义为研究中心，但实际上往往包罗万象，撇开它经常牵涉到校勘和标点，甚至还涉及社会的政治、经济、历史、民俗、考古、文化典章制度等等不说，在语言内部，它也总是同文字学、音韵学、词义学、语法学、修辞学等学科密不可分。在有关的著

① 以上见《沈兼士学术论文集》，中华书局1986年版，第331～332页。

作中,“训诂学”是个最大的“筐”,里面几乎是应有尽有。举“训诂著作”为例,在这个标题下,除了讲历代传注类训诂著作之外,几乎没有不讲《说文》、《尔雅》、《方言》和《释名》这四部书的;除了这四部书以外,一般还都讲一讲研究这四部书的有关专著;有些还要把历史上与这四部书相类似的著作都介绍一通,有时甚至要讲几十本之多。就传统训诂学的研究内容而言,它的确十分广泛。但是,这种广泛是历史造成的。由于在我国学术史上,学科自身的建设往往发展得比较缓慢,而研究内容实际上已经分科了。为了适应学科的发展,促进学科的发展,就应该因势利导,把该独立的子学科从大学科中分立出来。即以“小学”而言,它本是一个大学科(广义的文字学),后来随着学科的发展,实际早已分成了文字学、音韵学、训诂学三个子学科。这种分科显然有利于这三门子学科的发展。随着这三门子学科的发展,这种分类方法又显得不够严密、不大适应学科的发展需要了。比如:从实际情况来看,如果传统文字学里不讲《说文》,也就基本上没有传统的文字学了;如果训诂学里还要讲《说文》,那《说文》到底该是哪门子学科的研究对象呢?“雅学”是小学家嘴里的常用词,把它独立出来,也利于雅学的深入研究。在现代语言学里,方言学早已独立。为了研究现代方言学的来龙去脉,把传统方言学独立出来也有好处。至于语源学,这在西方语言学中早已独立为一门语言学子学科,而在我国的传统语言文字学中,语源研究几乎是同传统的文字学、训诂学相始终的,其研究历史之久远,研究成果之丰富,研究成就之巨大,即使在世界语言学史中,也是无与伦比的。为什么我们至今还不打出个“语源学”的旗帜来呢?

因此,本书一改通行的旧式分类办法,把雅学、方言学、语源学从传统训诂学(广义训诂学)里独立出来,分传统语言文字学为六门:文字学、音韵学、雅学、方言学、语源学和训诂学(大致相当于“传注学”,也就是一般专著里说的“狭义训诂学”)。我们认为,这种分类方法比较符合学科研究的实际,也有利于学科的发展(当然,如果硬是按旧的分类方法,那么本书也可称之为“广义的训诂学”——音韵学与此不合,但可以视为训诂学的一门必要基础课)。

至于各门子学科的研究对象、研究内容、研究方法等,我们采用的方法大致是:以各门学科最有代表性的著作带动相关学术内容的阐述,如以《说文》为主,讲述文字学(《说文》并不是严格意义上的文字学著作,特别是后代学者对它的研究,以至于最终发展成为“《说文》学”,使它远远超出了文字学的范围;但是,如果不讲《说文》，传统文字学里就没有多少内容可讲的了；何况，讲文字的形体结构，就根本离不开《说文》）；以《方言》为主，讲述方言学；以《释名》为主，讲述语源学；以《尔雅》、《广雅》为主，讲述词汇学。[①] 训诂学不以专书带头，主要借前人传注著作讲述一般训诂理论、训诂方法及其实践。音韵学知识太专门，只作纲要式介绍，重点说明其实用意义。每一部分，一般先说明各子学科的研究对象、学术源流，再分别阐述其研究内容、研究方法和相关理论，并特别强调各门学科知识的实际运用。

第二节　学习传统语言文字学的意义

一、帮助我们挖掘传统文化宝库

学习传统语言文字学是挖掘传统文化宝库、继承历史文化遗产的必由之路。

我们中华民族是世界上最古老的民族之一。我们的祖先在长期的社会实践中，创造了无与伦比的灿烂文化。以前我们一提起古籍，一提起传统文化，一般总是先想到哲学、文学、史学等人文科学，其实，古代典籍也是自然科学的重要宝库，里面记载了几千年来我国历代科学工作者和劳动人民在自然科学研究领域所取得的科研成就，而这些科研成就在世界自然科学史上都是光辉灿烂的。比如：

早在甲骨卜辞里就有了关于日食、月食的记载。《春秋》中记载日食的地方就有 37 处，其中 33 次是可靠的记录。记录数量之多、准确度之高，在世界上是绝无仅有的。

春秋末期产生的中国第一部成文历法——古四分历，取回归年长度为 $365\frac{1}{4}$ 日，并采用十九年七闰为闰周。这个回归年数值比真正的回归长度只多 11 分

---

① 学者一般认为，《说文》等四部书是传统语言文字学的根柢性著作。如杨树达《积微居小学述林·读方言书后》认为："余尝谓古今小学书有二偶四宗。《尔雅》通古今语，意主时；《方言》记殊方语，意主地：此一偶也。《说文》以五百四十部统九千三百五十三文，意主于形；《释名》以声音说字，意主于音：此又一偶也。"同书《论小学书流别》篇也有同样的说法。故本书以这四部著作统率《文字学》等四章。至于《切韵》，按理说，也是小学的根柢性著作，但它涉及的知识太专门，我们就把它放在《音韵学》章里作简单介绍，这主要是出于实际运用的考虑。

钟，而十九年七闰的根据是朔望月的平均时间为 $29\frac{499}{940}$ 日。这两个基本数据是当时世界上最先进的制历根据。

著名的墨家经典《墨经》，其内容不仅涉及政治、经济、教育、伦理，还包含了许多关于数学、几何、力学、光学、声学等自然科学方面的理论及其应用，它在这方面的成就足以同古希腊科学相媲美，有些甚至还要超过它们。

约成书于公元前 2 世纪至前 1 世纪的《周髀算经》，它涉及的数学内容有分数的乘除法、公分母的求法、分数的应用、等差级数演进次序、用勾股定理进行天文计算等，里面已有诸如 $354\frac{384}{940}\times13\frac{7}{19}\div365\frac{1}{4}$ 之类的运算，其中的勾股定理公式比古希腊毕达哥拉斯的发现要早大约 500 年。

约成书于 1 世纪的《九章算术》，收集了 246 个数学问题和解法。其中涉及分数四则运算法、比例算法、联立一次方程组的解法、正负数运算法、几何图形的面积体积计算法以及勾股定理的应用等。在其后的一千几百年间，它一直作为数学教科书被广泛利用，并且在朝鲜、日本也被用为教科书。此书中关于开平方、开立方和在此基础上求解一元二次方程、联立一次方程的解法，比欧洲同类算法要早 1000～1500 多年。

汉代的数学家刘洪，根据《九章算术》里的“正负术”，在《乾象历》中已经开始运用负数的计算方法；而在印度，大致到 7 世纪才认识到负数；欧洲则是在 17 世纪时才认识到负数的重要性。

三国时期的数学家赵爽，通过图形分割、移补来证明勾股定理。后来，印度数学家也曾用类似的方法证明过，但是却比赵爽晚了 1000 多年。赵爽在解二次方程的理论研究中，还曾提出过类似法国数学家韦达提出的“韦达定理”的结论，发明了相当于现在二次方程的求根公式，但是要比韦达早 1300 多年。

魏晋时期的刘徽著《九章算术注》，提出了《九章算术》中的不完全方程不仅有最小解，而且还有无限多解的证明，这比西方数学史中认为的丢番最先证明的不定方程，还要早 200 多年。刘徽还创造了“割圆术”，用内接正多边形的方法来求圆周率的近似值。其割圆术理论运用了极限的概念和曲直转化的思想，而极限是积分运算的前身，这么说来，他比牛顿发明积分要早约 1500 年。

南朝的祖冲之，把圆周率计算到近似值在 3.1415926 到 3.1415927 之间，精确到小数点后第七位。后来德国人鄂图在1573年才达到了这个水平。就是说,祖冲之在圆周率计算方面的成就,遥遥领先世界1000年。

唐代的僧一行创制黄道游仪来观测日月星辰的运动,发现了恒星位置移动的现象,这比英国天文学家哈雷提出恒星自行的观点早了将近1000年。

南宋秦九韶叙述了高次方程(最高达十次方程)的解法,比英国霍纳发明的方法要早500年。他还系统地提出了求解一次同余式组的一般计算步骤,创立了"大衍求一术",并把它运用到各种数学问题中去,这比欧洲数学家欧拉和高斯进行的类似研究要早500年。

元代郭守敬编制的恒星表,从原先的1464颗增加到2500颗,而在西欧14世纪文艺复兴前,观测到的星数总共才有1022颗。他还利用几何学的证法,求出了相当于现代球面三角学的两个公式,而在欧洲,类似研究是在15、16世纪才出现的。他和王恂定授时历,取回归年的数值为365.2425日,和地球绕太阳的实际周期相比,只差26秒。这同现在公历(即西方的格里高利历)的回归年值相同,但是却比它早300多年。授时历对日月运动的计算方法采用了三次差内插法,这又比欧洲要早400年。授时历推算的黄赤交角为23°33′34″,同理论值相比,仅差1′36″多,这是当时世界上最精密的测定数。

……

但现在的问题是,所有这些科学成就,除了"物化"了的以外,都是用古籍记载的。如果读不懂它,对这些科研成就还是了无所知。比如:

癸酉,贞:日夕有食,隹若?

卜辞大意说,癸酉日卜问:黄昏的时候有日食,吉利吗?

癸未卜,争贞:旬亡祸,三日乙酉夕,月有食。闻。八月。[①]

大意是说,癸未日占卜,贞人争,卜问:未来的十天内有没有灾祸?从癸未日卜问,到第三日乙酉这天黄昏时发生了月食。是闻达机构报告的。时间是在八月。

《周髀算经》卷上之一:"勾股各自乘,并之,为弦实,开方除之,即弦。"

这就等于是开列了一个勾平方加股平方等于弦平方的公式。

《周髀算经》卷上之一:"偃矩以望高,覆矩以测深,卧矩以知远。"

意思是说,把直角尺竖放可以测高,倒放可以测深,水平放则可以测远。这是相

---

① 以上二例见马如森《殷虚甲骨文引论》,东北师范大学出版社1993年版,第45～46页。

似直角三角形的应用。

《九章算术》卷八:"同名相除,异名相益,正无入负之,负无入正之。其异名相除,同名相益,正无入正之,负无入负之。"

前四句是讲减法法则,说两数同号则相减,异号则相加。减去一个正数,没有数同它对消时,则得负数;减去一个负数,没有数同它对消时,则得正数。后四句是讲加法法则,说两数同号则相加,异号则相减。加上一个正数,没有数同它相加时,则得正数;加上一个负数,没有数同它相加时,则得负数。这是讲"正负术"。

《春秋·文公十四年》:"秋七月,有星孛入于北斗。"

这是世界上对哈雷彗星的最早记录,时间是公元前 611 年。从这一次到 1910 年间,我国关于哈雷彗星的完整记录共有 30 次。

《尚书·胤征》:"乃季秋月朔,辰弗集于房,瞽奏鼓,啬夫驰,庶人走。"

这是记载一次日食发生后的景象。

《汉书·五行志下之下》:"征和四年八月辛酉晦,日有食之,不尽如钩,在亢二度。晡时食从西北,日下晡时复。"

文中记载了一次日环食的详细情况。从春秋到清代乾隆年间,类似的日食记录约有 1000 次。

《汉书·五行志下之下》:"〔河平元年〕三月乙未,日出黄,有黑气大如钱,居日中央。"

这是公元前 28 年发现太阳黑子的记录,也是世界上最早最完整的关于太阳黑子的记录。

《后汉书·天文志下》:"中平二年十月癸亥,客星出南门中,大如半筵,五色喜怒,稍小,至后年六月消。"

这是世界上最早的超新星记录,时间是公元 185 年。

《淮南子·说山》(程千帆先生说:"《淮南子》篇名中的'训'字是前人训释文字之衍入篇名者。"):"月望,日夺其光,阴不可以乘阳也。"高诱注:"月,十五日与日相望东西,中绳则月食,故夺月光也。"

是说日、月在一条直线上,所以发生月食。

《隋书·律历志下》:"半以上为进,以下为退。退以配前为强,进以配后为弱。"

是说涉及"四舍五入"时,"进"(入)则记以"弱",意思是说"不到";"退"(舍)则记以“强”，意思是说“超过”。

> 晋刘徽《九章算术注》卷一：“令每行为率，二物者再程，三物者三程，皆如物数程之，并列为行，故谓之方程。”

就是说，列一系列等式出来，有几个未知数，就列几个等式。一次联立方程组的各项系数用算筹排列起来，就像一个方阵，所以叫“方程”。该书卷四又说：

> 微微无名者以为分子，其一退以十为母，其再退以百为母。退之弥下，其分弥细。

这个“微微无名者”实际上就是现在说的个位以下的十进小数。

> 《隋书·律历志上》：“〔祖冲之〕更开密法，以圆径一亿为一丈，圆周盈数三丈一尺四寸一分五厘九毫二秒七忽，朒数三丈一尺四寸一分五厘九毫二秒六忽，正数在盈朒二限之间。”

因为当时没有科学的小数记法，只好借用长度单位逐位定名。上文是说祖冲之把圆周率准确的数值定在 3.1415926 至 3.1415927 之间。

以上是举自然科学方面的例子。至于人文科学方面，其成果、成就和影响更是难以历数。单是一个孔子，就不知道对世界产生了多么大的影响。

总之，无论是在自然科学方面，还是在人文科学方面，中国先民都为炎黄子孙和世界人民留下了一份极其丰富、极其珍贵的遗产。据专家统计，我国的文化典籍虽经数千年的毁坏散佚，但至今流传的，至少也还有 20 万种以上，这是中华民族文化的宝库。

但是，要打开这座偌大的文化宝库，必须有一把钥匙。谁拿不到这把钥匙，谁就只能在它的大门外徘徊，也就永远不可能探知其中的奥秘。

什么是打开传统文化宝库的钥匙呢？它就是传统语言文字之学。殷孟伦先生说：

> 无论做哪种学问，都先要搞基本训练。基本训练好了，才能开步走。读书先要识字。通过识字，才能明白文理。做中国人，总得认识汉字。汉字有形、声、义三方面，认识一个汉字，不光是形体的识别，还要知道读音和解释。所以识字的问题，不只是辨认形体，而且还要懂得汉字的结构和条理。因此，不能不懂六书。先读王筠的《文字蒙求》，就可以入门了；再求深一步，读许慎的《说文解字》，则能升堂入室了；为了更进一步了解古词古义，须读《尔雅》和郭璞注，方能明白哪些词是哪种书用的，文字通假的问题，也可略知一

二;然后进读《论语》、《孟子》和《史记》、《汉书》,文理逐渐明白,辨解文字更能豁然通贯。能这样打基础,再读其他的书籍就不会被难住了。[①]

因此,在传统的学人观念中,传统语言文字学就成为做学问的根柢之学。姜亮夫先生说:

……根柢之学,则是从事科研的人所应具备之学。则"汉语学"一科,总得掌握一些规律,如文字规律与源流,语音规律与源流。那末说到文字,你总得读读《说文解字》、《尔雅》、《方言》;说到声韵,你总得摸摸《广韵》、《中原音韵》,乃至于等韵图、国际音标等等……譬如将来的研究是偏于汉语,则根柢不仅要宽,而且要牢要熟。但如果不是汉语,而是中国史尤其是古代史,则掌握这些根柢,也是愈深愈熟愈好。譬如戴震、段玉裁、王念孙诸老先生,他们的根柢之学是优厚又宽博,如戴氏的《方言疏证》、段氏的《说文解字注》、王念孙的《广雅疏证》,他们是三百年来创获最多、发明发现最多的语言学家。俞樾的声韵学根柢不敌段玉裁,但他能写出《古书疑义举例》来,这是借助于校勘考证训诂之学的。章太炎先生根柢之学益精博,所以能写出《文始》、《新方言》这样为清代学人所不能及的著作和许多专门论文,他是总结三百年大成,而又开近世纪风尚的大家。这都与他的九校《说文》、三读《广韵》的根柢分不开的。

……我在大学读书时,第一次听见林山腴先生说根柢之学,大体指一切学人文科学的人都得讲的。根柢实含两事,其一是指"小学"言。不论是学经史子集那一部门的人,都得把《说文》学弄通。其实要弄通小学这个根柢,必然得好好读一读《说文》、《尔雅》及重要的经典诸子和"四史"的全部或大部分。[②]

程千帆先生谈到治学经验时曾谦虚地说:

要精读几部书,打下根柢。黄季刚老师主要在八部书上下工夫:《说文》、《尔雅》、《广韵》、《诗经》、《周礼》、《汉书》、《文选》、《文心雕龙》。每部书都非常精熟,触类旁通,就成为一代大师。

---

① 殷孟伦:《我是怎样研治语言学的》,载《文史哲》编辑部编《治学之道》,齐鲁书社 1983 年版,第 71～72 页。

② 姜亮夫:《根柢之学与博与专的道路》,载《文史哲》编辑部编《治学之道》,第 1～2 页。

……我跟黄季刚先生读过书，却没有把文字声韵学好。这是当时主观地认为研究文学的人无需通晓小学的结果。在这件事上，我吃了一辈子的亏，后悔莫及。[①]

黄侃(季刚)先生也曾经说过这样一段结论性的话：

小学者，即于中国语言文字中研究其正当明确之解释，藉以推求其正当明确之由来，因而得其正当明确之用法者也。所谓古书之启钥、古人之司阍、博乎古而通乎今者，悉基于此。[②]

由此看来，只要我们炎黄后代不愿做不肖子孙，不拒绝接受老祖宗遗留下来的这份宝贵财富，就得懂一点传统语言文字学，更不用说是以汉民族传统文化为研究对象的学者、专家了。

这里我们还要特别谈两点看法：

第一，即使是现当代人文科学工作者，他的工作虽然不以传统文化、古代文献为研究对象、研究内容，但只要真搞学问，真要成为什么“家”，那就不可能回避传统文化、古代文献。我们甚至可以这样认为：越是现当代问题(人文科学方面)的专家，越是要精通传统；反过来说，越是精通传统，就越能成为现当代问题的专家。比如搞现代汉语的，无论是研究文字、语音、词汇、语法还是修辞，谁也离不开对传统语言文字学的研究，否则只能是知其然而不知其所以然，只能知其皮毛。从这个意义上看问题，可以这样认为，当前传统学科领域里高层次的年轻学者，最为缺乏的恐怕不是本专业方面的知识和能力，而恰恰是传统，是传统的根柢之学，以及这个学问的实际应用能力。有眼光的学者，都应该加强传统文化方面的修养。当然，这是强调这方面的修养，并不是要求他们把视野局限在这里面。我们希望有两条腿：一条是古的，传统的；另一条是新的，现代化的。

第二，对一般知识人才来说，要求懂得许多传统知识是不现实的，也是没有必要的。但是，有一个道理也要明白：身在中国，却要和传统“绝缘”，这是不可能的。我们还是要懂得一点传统为好，特别是人人都离不开的“语言文字”。

为了说明以上看法，我们举些例子。比如学外语的，要搞翻译，不懂点传统也不行。明末清初的思想家黄宗羲写了一部名著，叫作《明夷待访录》。单是这

---

① 程千帆：《治学小言》，齐鲁书社 1986 年版，第 41～42 页。

② 黄焯：《文字声韵训诂笔记》，上海古籍出版社 1983 年版，第 1 页。

个书名，要译成外语就不容易。“明夷待访录”是什么意思？原来“明夷”出自《周易》“箕子之明夷”一语。箕子是商代贵族，纣王诸父，官太师，封于箕，曾因劝谏纣王被囚，武王灭商后获释。《尚书·洪范》里有他答武王的话（出于后人拟作）。“洪范”者，大法也，指建国大纲之类。明夷，《周易》六十四卦之一，后代学者解释各有不同。旧说以为象贤者不遇，忧谗畏讥，不敢显其明智。黄宗羲《明夷待访录》自序云：“吾虽老矣，如箕子之见访，或庶几焉，岂因夷之初旦，明而未融，遂秘其言也。”由于所处时代背景的原因，作者发表时论不得不有所嫌讳。据《自序》，似乎黄氏是在暗示：虽然明朝已经灭亡，虽然他的政见一时不能被采用，但他向往箕子向周武王陈《洪范》故事，相信最终必将有明君咨询，所以他还是要将他的政见发表出来。但有一位学者在英文译稿里将此书名译成 *A Ming Barbarian Waiting for a visitor*，“明夷”成了“明代一个野蛮人”（把“明”解成了“明代”，把“夷”解成了“野蛮人”），岂不是大笑话！

还有，《尚书》里有《汤誓》和《甘誓》两篇文章。《汤誓》是记载汤灭夏桀时的动员令，可译为“汤之誓”；而《甘誓》则是记载启（《墨子·明鬼》篇引文作《禹誓》）讨伐有扈氏的动员令，“甘”是地名，则篇名应该译为“甘地之誓”。外文译者或不明其中的道理，也依《汤誓》之例译成了“甘之誓”，不对。

又如《汉书·萧何传》上说：“汉王怒，欲谋攻项羽，周勃、灌婴、樊哙皆劝之。何谏之曰：‘虽王汉中之恶，不犹愈于死乎？’”这段话是说刘邦要谋攻项羽，周勃、灌婴、樊哙等人都鼓励他这样做，只有萧何有意见。说者或不解“劝”的古义为“勉励”，而解作“劝阻”，这样，周、灌、樊、萧四个人的意见就成了一个样，大违历史事实。这是由于研究历史的人不懂古代汉语所致。[①]

又如杜牧有诗：“停车坐爱枫林晚，霜叶红于二月花。”见有“诗配画”作品画一个人停下车来，坐观枫林晚景。这是由于不解“坐”作“因为”解所致。

再举写文章方面的例子。

说到写文章，这很容易使人想起当今媒体中的“语文病”。半世纪前，《人民日报》发表了《正确地使用祖国语言，为语言的纯洁和健康而斗争》的社论。半个世纪以后的今天看，“革命尚未成功，同志仍须努力”。试看：我们天天看报纸杂

---

① 详见范振国、郑慧生《当今书刊中古文误读误释举例》，载《河南大学学报》（社会科学版）1987 年第 4 期。

志，一锅鲜汤里是不是常常会见到几只“死苍蝇”？打开电视广播，从影视演员、广播员的嘴里，从银屏字幕上，是不是也往往会听到、见到几个莫名其妙的文字词句？一出门，大街小巷铺天盖地的宣传品、广告词、匾牌标语等各式应用文字里，更可以随时见到各种低级的语文病；就是读一些严谨的学术著作或准学术著作，也有开卷有错甚至满目疮痍不忍看的。诸如此类，这种“无错不成书”、“语文病无处不在”的现象，已经严重损害了祖国语言文字的纯洁和健康，严重影响了汉语言文字的形象，并且到了非下决心治理不可的时候了。下面举些例子。

1980年12月7日某报报道了《弘一大师书画金石音乐展览开幕》的消息，其中一句说“中国佛教协会代会长赵朴初躬身前往”；该报同年10月27日载有一则记北京足球队以3∶2战败青海队的消息，其文大标题为《火并到终场，一脚定输赢》[①]；1985年2月4日某报登了一篇文章，其中说到“华罗庚不渝地深入生产实际找课题的精神也受到党和国家的高度评价”[②]；1986年3月25日某报载文报道“扬威京津一带的四大张——张鸿玉、张魁元、张连生、张鹤年相继到这里光临指导”[③]。以上四例，第一例问题出在“躬”字上，作者不知道“躬身”之“躬”与“躬往”之“躬”的含义不同，而让赵朴老“弯了一路的腰”。第二例，作者误解“火并”是“形容战斗紧张激烈”的意思，忘了《水浒传》“火并王伦”是自家人打自家人的故事。第三例，作者活生生地拆散了一个成语（而且即使用完整了也不确切）。第四例，作者不明“光临”的意思而又硬加上“到这里”（这种错误经常出现在欢迎检查团、参观团到来的大标语里）。可见，即使是平常的“作文”，也还是要懂得一点传统。

早在上个世纪的30年代，著名语言学家叶圣陶先生就与夏丏尊先生在杂志上合编过《文章病院》。到1995年，上海的语文工作者又办了个叫《咬文嚼字》的杂志，专门研究身边的语文病。这些触目惊心的语文病使我们“警钟长鸣”，语言文字工作者尤其应该经常看一看。下面的例子就是从《咬文嚼字》里摘出的，有些代表性，值得说一说。如某报报道：某地法院召开宣判大会，一个作恶多端的盗窃团伙受到了严惩，这时，“老区人民奔走相告，弹冠相庆，感激干警为民除

---

① 连湄：《“躬身前往”及其它》，载《新闻战线》1981年第12期。

② 华生：《半截儿成语》，载《中国语文天地》1987年第2期。

③ 刘桂枝：《赘疣和残缺》，载《中国语文天地》1987年第2期。

害”。——这是把经常用于官场、含有贬义的“弹冠相庆”错误地用在了人民头上，用成了褒义。又如有文说：“我这人，没出息，所奉行着的是一套‘不做鸡头，甘居牛后’的处世哲学，持之以恒，乐此不疲。”——这是对“宁为鸡口，无为牛后”的错误改造。按原意，鸡口虽小，犹进食；牛后虽大，仍出粪。后来的运用虽然有些变化，但也没有听说过“甘居牛后”的。又如某报载：“时常有某外企或合资企业对应聘共产党员敬谢不敏的新闻。”——这是把经常用于主动“婉言谢绝”的词语用在了被人婉言谢绝的地方。又如某报说：“我们将不孚众望……更勤奋地为读者服务。”——这是因为不懂“孚”是“被人信服”的意思，又受“深孚众望”的干扰，而把“不负众望”写成了“不孚众望”。传媒“语文病”诸如此类，不胜枚举。其根治之法，就在于提高全体国民尤其是语文工作者的汉语言文字学水平。

再举读书或说话方面的例子。

我们读书或说话的时候常常碰到成语。成语，看似平常，中国人差不多谁也能一口气说出几十个来，但是要想真正理解，也并不是很简单的事。如“名列前茅”，怎么解释？很简单，是“排名在前”的意思，可是为什么要写成“前茅”？原来这个“茅”是“旄”的通假字，“旄”是牦牛尾巴。古代的战旗杆头要用它作装饰，所以又指军旗。“前旄”指队伍的最前列。不知通假，怎么能准确地了解词义呢？

又如“尸位素餐”，大家都知道是“白占职位不干活”的意思。但是这个“尸”可不是“尸体”（尸体虽然“占位”，可不能“素餐”），而是古代祭礼中代表死者、象征死者神灵来接受祭祀、享受祭品的活人，一般由臣子或死者的晚辈充当。后代改为神主或画像以代“尸”。懂得了这些，自然也就知道“尸位”的含义了：原来是说，像“尸”一样，只知道享受祭品而不做任何事情。

又如陶渊明《五柳先生传》里有一句说自己“好读书，不求甚解”的话，说者或用后来的“不求甚解”理解，致使与下文“每有会意，便欣然忘食”相矛盾。其实，陶渊明是针对魏晋玄学之风、追求烦琐考证而言的，与今义固有不同。

日常生活中表现出需要一定传统语言文字学修养的例子也很多，比如常见单位或个人把“启事”（如“寻物启事”等）写成“启示”，称自己的父亲为“令尊”，称自己是老师的“授业”，称自己向别人求教为“不耻下问”，称自作书画作品为“合璧”，寄信时信封上写“某某先生敬启”，等等。可见，对一般人来说，传统语言文字学也不是没有一点用处。

以上仅是就理解词义而言，还没有涉及构词法等方面的问题，也没有涉及语音、语法、修辞等其他问题。若进一步要求，要了解汉语言内部更深层的文化意蕴、掌握运用语言的技巧、体味语言韵律等，就更离不开较为深厚的传统语言文字学修养。

二、鼓舞我们振奋民族精神

学习传统语言文字学可以激发民族感情，激发民族自信心，激发中华民族自立于世界民族之林的热情和创造精神，加强民族团结和国际文化交流。

汉语言文字是世界语言中最为稳定的一种。它的形成本来就有广泛的民族基础，是多民族融合的产物。作为记录汉语的书写符号系统的汉字，它不仅记载了一部中华民族的历史，而且由于它浓厚的表意性，由于在它形成的过程中熔铸了无数代华夏人的社会生活、民俗习惯，乃至道德意识、文化观念、思维特点等，它的每一部件上都打下了中华民族历史文化的烙印，留下了各种令华夏后裔抚往追昔的故事。这就是说，它的使用价值同它在形体结构上反映的种种物质生活和精神观念联系到了一起，使得每个受到华夏文明教育的人看到它都感到异常亲切。也是由于它的表意性以及大量标音成分，所以它可以用汉语统一的词义去思维、去理解，却又可以用不同方言来诵读，这就使它不仅能够为纵横一千余万平方公里的人们所接受，而且也能够为上下几千年的人们所接受；它不像其他许多国家的文字一样字形随着语音走，甚至只要经过很少几个世纪，文字便成了全新的面目——汉字则不同，只要有一定的文言文修养，一个普通的中国人也能读懂几千年前的文章，这不能不使人惊叹它的超时空性。又由于它形态优美，结构精巧，音有四声，含义深奥，读之朗朗上口，书之神采飞动，观之令人赏心悦目，解之令人回味无穷，这又使它的使用价值同欣赏价值、艺术价值（特别体现在书法作品上）联系到了一起，使它“无色而具图画的灿烂，无声而有音乐的和谐”[①]，具有中华传统文化的特色和震撼人心的艺术感染力。这些因素使得汉字具有极大的稳固性和极强的生命力，始终在用一种巨大而无形的力量维系整个中华民族的融合、团结和统一。这使我们有理由问：一个幅员如此辽阔、民族和人口如此众多、方言如此复杂、历史如此悠久的民族，为什么始终具有强大的向

---

① 马国权编：《沈尹默论书丛稿》，生活·读书·新知三联书店香港分店、岭南美术出版社 1982 年版，第 29 页。

心力、凝聚力,始终以团结的整体屹立在世界东方?在众多的因素中,难道能否定汉字的一份功劳吗?有人因此说,汉字是中国的第二道万里长城。这道汉字文化凝聚而成的"万里长城"甚至要比有形的长城更具百倍的威力!

当今虽说是高科技的时代,是世界信息大交流的时代,但握有现今高新科技的人们,并没有忘记中国的古老文明;正相反,历史上任何时候都没有像现在这样有如此众多的目光注视着中国,古老的中国文明引起了世界学者越来越大的兴趣,一些杰出的学者包括杰出的自然科学家都加入了中国传统文化的研究队伍。比如对以"神奇"著称的汉字的研究,就吸引了世界上无数学者。特别是在20世纪90年代初,中国信息编码学会的材料宣布"中国优秀的计算机编码方案,使汉字的输入速度大大超过了西文的输入速度"(学者对此结论尚有争议)之后,几乎全世界都为之震惊。张恬《硅时代的〈仓颉篇〉》[①]中录有德国当代著名语言学家库尔马司的一段话:

> 汉字系统是在所有现存语言中,为历史最长、从未中断过的文化传统服务的书写系统。它是人类无可置辩的最伟大、最具特色的一种文化的重要组成部分。据赫尔利·克里尔在其所著《汉语文字》(*Chinese Writing*, Herrlee G Creel)中估计,截止到十八世纪中叶,中国所出版的书比世界上所有其他语言写成的书的总数还要多。汉字系统将过去和现在联系在一起,连续不断地使用汉字的时间已超过三千年之久,这一点是世界上任何别的文字系统都未能做到的。有些人歌颂汉字的美丽和它统一中国的威力;有些人则批评汉字笨拙、不完善,甚至说它原始,并一直预言汉字将被更有效的字母取代。但是字母的胜利进军遇到中国城墙却停下了脚步,因为在这儿字母遇到了它最强劲、最有成就的匹敌者——汉字。汉字在东亚创造了一个广袤的汉字文化圈……由于中国所具有的卓越文化,所以在远东,不论是在曾被中国控制的各民族中,或者在那些独立的国家里,汉字就像中国的其他文化成就一样,也曾被远东的诸邻民族所吸收。这种吸收既是中国文化优越性的一种表现,也是这种优越性所产生的结果。汉字也许是传播中国文化和在整个东亚建立一个共同的文化纽带的最重要的一个因素。

读完这段话,谁都会得出这样的结论:要想真正了解中国,真正了解中国的传统

---

① 载《十月》1992年第2期。

文化并从中汲取营养，却又不懂汉字，则是无法想象的。

真理是不能穷尽的，学问是不能穷尽的。研究学问就像跑接力赛一样，总是需要一代人接一代人不断地探索，才能接近真理，臻于妙境。我们作为炎黄子孙，有责任在前代优秀学者组成的人梯上，在批判地继承先人的优秀成果的基础上，不断有所发现、有所发明、有所创造、有所前进，创造出无愧于祖先、无愧于时代的光辉业绩，为促进全人类的文明而努力。

第三节　学习传统语言文字学应该注意的问题

如何学好传统语言文字学，有许多值得记取的经验，下面说两点最基本的要求。

一、确立科学的时空观和认识论

主要是两点：一是因为万事万物总是处于一定的变化之中，这就要求我们必须用发展变化的眼光对待各种语言现象，对语言的发展进行动态的研究。语言存在于群众之中，存在于社会之中。千百年来，随着时空的变化，语言的各要素如语音、文字、词汇、语法等，实际上也处于不停的变化之中，只不过有些变化快，有些变化慢而已。所以，在我们接触和研究具体时代、具体地域的文献资料的时候，就不能忽视这些差异；相反，只有认真地考察这些差异，考察具体的语境，才能得出正确的结论。如“案”，在先秦两汉时期，常见的解释有三个：一是食器（带足的盘）、坐具、几桌；二是连词，“于是”、“则”的意思；三是通“按”，则“按”的常用义如“按照”、“考问”、“手抚”、“抑制”、“查考”等义它也都具备。而到隋唐时期，“案”又多用作“官府处理公事的文书、成例及狱讼判定的结论”等。如果我们不明白这些，读书就会遇到麻烦，甚至闹笑话。这就是词义在时间上的差异。在古代汉语里，这类情况是普遍的。空间（地域）上的差异也有，但要比时间上的差异少得多。此外，由于词义的变化，使得即使在同一时代或同一地域，同一个词语也往往有多个意义，在具体语境里究竟是什么意义，必须结合具体语境确定。

再一点就是，要认识到语言的发展总是同社会的发展以及人的思维发展联系在一起的。这一方面是说，离开了社会生活的研究，也就无从进行语言各方面的研究。比如“信”，古人谓使人为信，“信”即指信使、使者。如《史记·韩世家》：

“发信臣，多其车，重其币。”后来以书为信，叫作“书信”。又，古代常把书信往来叫作“鱼传尺素”。“尺素”固然是指信纸和写的内容了，但为什么说“鱼传”呢？有人解释说：“一般指鲤鱼，它美丽，味道鲜，特别是色彩好，象征吉祥和神圣。”其实这完全是想象之辞，究其原因，是因为不了解古代生活。《古乐府·饮马长城窟行》：“客从远方来，遗我双鲤鱼。呼儿烹鲤鱼，中有尺素书。长跪读素书，书中竟何如：上言加餐食，下言长相忆。”说者又以为是“剖开鱼肚时发现里面有一封信”，又是大谬。闻一多《乐府诗笺》里说得很清楚：“双鲤鱼，藏书之函也。其物以两木板为之，一底一盖，刻线三道，凿方孔一，线所以通绳，孔所以受封泥。此或刻为鱼形，一孔以当鱼目，一底一盖，分之则为二鱼，故曰‘双鲤鱼’也。”[①]此制唐代仍有仿效者，如《琅嬛记》载贞观年间有女子寄信时就用硬纸做成鲤鱼函，并有诗一首：“花笺制叶寄郎边，江上寻鱼为妾传。郎处斜阳三五树，路中莫近钓鱼船。”只有懂得此制，才能真正读懂此诗，了解为什么告诫鱼儿“路中莫近钓鱼船”。这只是一个简单的例子，至于考察古词古义特别是涉及古代名物典章制度的词，那就更不能不了解古代社会了。可见，了解古人生活习俗对阅读古书很有好处，这是一方面。

另一方面又是说，任何时代的人都只能在他们时代的条件下认识事物，这就要求我们在研究工作中考虑到，文字、词汇和语义的发展也总受到社会生产力发展和人类思维发展的制约，不能想象先民能用今天的眼光和头脑去认识他们当时的事物。事实上，文字、词语的含义和客观事物完全是两回事，甚至也不同于“概念”。随着社会生产力的发展和人类思维的发展，人类对各种事物的认识总要不断加深，不能想象人类对某一事物的认识，对某一概念的理解，对某一词义的概括，在远古、在今天、在将来都是完全一致的。这就要求我们坚持历史唯物主义的观点，绝不能用今人的认识去衡量或代替前人的认识。如古人认为思维是“心”的产物(孟子所谓“心之官则思”。《列子·汤问》里也载有这样一个故事，说周穆王巡狩回来的路上，一个工艺师献上用皮革、木材、胶漆等材料做成的倡优，能歌善舞。后来周穆王“废其心，则口不能言；废其肝，则目不能视；废其肾，则足不能步”。可见“心”是主“言”的)，所以“思”、“想”、“惟”、“悟”、“念”、“爱”、“恨”等字多从“心”，还出现了诸如“心情”、“关心”、“心思”、“心得”等词语。又如

① 闻一多：《诗选与校笺》，古籍出版社1956年版，第124页。

古人有“盖天说”，认为天圆地方，天像盖，地像舆。《史记·三王世家》：“御史奏舆地图。”司马贞《索隐》：“天地有覆载之德，故谓天为盖，谓地为舆。”所以地图也叫“舆图”。这是人类认识对词义引申和词语派生的影响。

二、尊重传统，勇于探索

继承传统和探索求新是两个永恒的话题。为什么要继承传统？因为传统里凝聚着几千年来历代学者的辛勤劳动和无穷智慧。学如积薪，后来居上。后人的成功总是以前人的成功为基础的。旧史中有“履巨人迹”生太昊和弃的神话，而在学术史上，每一个后学者总是在“履”前代“巨人迹”的基础上成就自己的功业的。所以，要想弘扬传统，首先就得继承传统。为什么又要勇于探索？因为传统毕竟是一定历史条件下的产物，里面必定有它不完善或错误的地方。现在时代前进了，学术不能总停留在前人的水平上。因此，我们不能墨守成规，人云亦云，“终身不能脱‘依傍’二字”[①]，一辈子跳不出前人的窠臼，而必须不断探索新的更为科学的研究手段和方法，用新的眼光、新的材料、新的研究成果对传统学说和成果加以重新审视、检验和挖掘，做到有所发现、有所发明、有所前进。

为了做到尊重传统，勇于探索，我们强调以下几点：

一是要认真读书。认真读书本身就是前代学者的好传统。比如黄侃，9岁读完《十三经》，半年读完《周礼正义》，《清史稿》一百册从头到尾一一圈点，“所治经史小学诸书，皆反复数十过。精博熟习，能举其篇页行数，十九无差忒者”[②]。钱基博《自传》[③]云：“五岁从长兄子兰先生受书，九岁毕《四书》、《易经》、《尚书》、《毛诗》、《周礼》、《礼记》、《春秋左氏传》、《古文翼》，皆能背诵。十岁，伯父仲眉公教为策论，课以熟读《史记》、诸氏唐宋八家文选；而性喜读史，自十三岁读司马光《资治通鉴》、毕沅《续通鉴》，圈点七过。”为什么要读书？因为读书是知识积累的必由之路，是治一切学问的必要前提，不惟治语言文字学是如此。不过对传统语言文字学来说，老老实实地读书则显得更为重要。戴震说：

> 今人读书尚未识字，辄目故训之学不足为。其究也，文字之鲜能通，妄

① [清]顾炎武：《与友人书十七》。

② 汪东：《蕲春黄君墓表》，载《制言》1936年第11期。

③ 载《华中师范大学学报》（哲学社会科学版）1987年专辑。

谓通其语言;语言之鲜能通,妄谓通其心志,而曰傅合不缪,吾不敢知也。[①]

传统语言文字学是研究文字、音韵、训诂的,一个字怎么写、怎么读、怎么用、怎么解,等等,涉及语言文字学的一切问题,都是以语言资料为根据的,都是从具体语言资料里分析、归纳出来的,来不得半点掺假和想当然。因此,传统语言文字学也叫“朴学”。既然是老老实实的学问,不老老实实读书怎么行呢?

不仅要读书,必要的知识还要记诵。对于初学者来说,记诵更是积累知识的必由之路。明代的张溥,为了记诵典籍,就把他要读的书抄一遍,抄完后就读,读完了就烧掉,然后再抄、再读、再烧。如此反复六七遍,所以他把他的书房叫作“七录斋”。清代著名学者章学诚也十分重视记诵,他把记诵比作“学问的舟车”[②]。前代学者著书立说,其引文往往全凭记忆,如马建忠作《马氏文通》就是这样的,可见在读书上用了多少工夫。而传统语言文字学又是一门工具性很强的学科,使用“工具”而又不熟悉,怎么能行呢?特别是音韵学,记诵更是学习的基础。有了记诵的基础,才能实现由“初蒙蒙而难辨”到“渐暧暧以有明”[③]的过程。据说周祖谟先生学音韵,是把有关的知识写在活动的扇面上,一天换一个扇面,以便记忆;李荣先生甚至用古音写信,也是为了记忆、熟悉中古音。

当然,“苦读”还要同“善读”结合起来。所谓“善读”,就是历史学家白寿彝先生理解的“读书之‘读’,是有‘抽绎’之意”[④]。就是要求善于融会贯通,总结规律,不仅要知道“是什么”,还要知道“为什么”,而不能只知其一不知其二,只知其流不知其源,只知其果不知其因。

二是讲究科学的方法。为什么要讲究科学的方法?因为:第一,任何一种称得上“学问”的学科,它就是一门科学,研究科学而不用科学的方法自然是无法想象的。第二,古代语言文字的发展都是按照一定规律进行的,我们学习和研究的重点也就应该着眼于探求规律,这样才能触类旁通、闻一知十,有事半功倍之效。第三,古代的典籍浩如烟海,传统的学问博大精深,真所谓“知也无涯”。以“有涯”的人生去探求“无涯”的学问,并且希冀有所建树,不讲究科学的方法,岂能济

---

① [清]戴震:《尔雅注疏笺补序》,见《东原集》卷九(《四部备要》本)。

② [清]章学诚:《文史通义·内篇三·辨似》。

③ 蒋礼鸿先生回忆徐益修先生自述研究音韵学过程语,见《治学经验谈》,载《群众论丛》1981年第5期。

④ 参见瞿林东《白寿彝教授谈读书》,载《读书》1982年第5期。

事？第四，我们生活的时代与前代学者有很大不同。如前所说，前代学者往往从启蒙教育开始就接触古代语言文字学了，而且又往往是“皓首穷经”，他们可以用“死功夫”去读书，去背书。在这一点上，我们无法也无须向前人看齐，但这个事实提醒我们：我们更应该讲究科学的方法！比如文字、音韵、训诂三者，初学的人或只注意看得见的文字（形），或者只注意可以理解的训诂（义），而往往忽视音韵（音）的分析；或者将三者割裂，而不知道彼此间的贯通。为什么呢？一是因为语音无形，以为只要知道现在怎么读就行了，忽视了它在整个语言文字研究中的作用；二是因为音韵难学，望而却步，又枯燥无味，不感兴趣。其实就阅读古籍的基本需要而言，必须掌握的音韵知识也有限，只要下些记忆的功夫并不难掌握；而且，一旦懂得了音韵学的作用，不但不会感到枯燥，反而感到它是一个最为生动活泼的角色，在汉语言文字的研究中常常起到意想不到的作用，与汉语言文字的研究，关系至为密切。因此，黄侃先生把它与文字、训诂的关系比喻成人身上的“脉络关节”。他说：“音韵之学，最忌空谈音理，必求施之文字、训诂，则音韵不同虚设；而文字、训诂亦非以音韵为之贯串、为之钤键不可。二者有一不明，则不足以论小学，不足以谈古籍。”[①]因此，科学方法之一，就是要注意综合考察文字的形、音、义，特别要重视发挥音韵学这一武器的作用。

但是，综合考察又是建立在分析和掌握语言诸要素内部的各自规律的基础上的，因此，我们尤其要注意把精力放在诸要素内部发展规律的探讨上。黄侃先生说：

> 夫所谓“学”者，有系统条理而可以因简驭繁之法也。明其理而得其法，虽字不能遍识，义不能遍晓，亦得谓之“学”；不得其理与法，虽字书罗胸，亦不得名“学”。凡治小学，必具常识；欲有常识，必经专门之研究始可得之。故由专门而得之常识，其识也精；由浏览而得之常识，其识也迷。盖专门之小学，持之若网在纲，挥之若臂使指；而浏览之学，则雾中之花，始终模糊耳。[②]

所谓“讲究科学的方法”，就是要“明其理而得其法”。“理”，是有“系统条理”；“法”，是能够“因简驭繁”。

---

① 黄焯：《文字声韵训诂笔记》，上海古籍出版社 1983 年版，第 34～35 页。

② 黄焯：《文字声韵训诂笔记》，上海古籍出版社 1983 年版，第 2 页。

说到讲究科学方法，顺便要谈一谈吸收其他学科成果和借鉴西方新理论的问题。治学之道是相通的，“他山之石，可以攻玉”，自来是治学名言。特别是语言文字，它的发展始终同人类社会历史的发展密切相关，对它的研究自然要吸收其他相关学科的研究成果。同样的道理，对外国的有关研究成果自然也可以吸收和借鉴。但是，无论是吸收其他学科的成果还是外来的成果，总要经过一番“消化”的功夫。特别是借鉴西方语言理论的时候，我们首先要看看它是否符合汉语实际。因为汉语毕竟是生长在中华民族的土地上，我们应该立足于汉语实际，从汉语自身找规律，通过研究、总结汉语的发展规律去丰富普通语言学理论，而不能用西方的新理论强迫汉语“就范”。一部西方文化交流史已经证明：生吞活剥式的移花接木，至多不过是隔靴搔痒；满嘴满纸的新名词、新概念，更只能是昙花一现。我们应该记取这些教训。

三是强调实践。正像好的工具、武器全在于运用一样，科学的理论和知识也全在于运用。因此，我们强调理论与实践相结合，学和用相结合。要自己动手解剖麻雀，要把学到的理论和其他知识运用到分析问题、解决问题的实际中去，而不能认为懂得了一点传统语言文字方面的理论，也就等于懂得了传统语言文字学。比如训诂学，理论上懂得再多，不亲自实践，读到古代文献还是一窍不通。这就好比是学会了十八般武艺，一遇到紧急情况还是手足无措，学到的武艺就丢到爪哇国去了。这水平虽然比“纸上谈兵”好一些，但毕竟不能用于实践，终嫌不足。当然，知识的积累，实践能力的提高，都非一日之功，必须循序渐进，从一点一滴做起。否则，一部二十五史，该从哪儿说起？先从点开始。有了无数个点，就能连成无数条线；有了无数条线，就能连成无数个面；有了无数个面，就能组成无数个空间；有了无数个知识空间，就给科学思想提供了纵横驰骋的天地，就能产生智慧的火花，就会有真知灼见。到那个时候就会发现，学问不过是一层薄薄的窗户纸，一点即破，就会产生“心有灵犀一点通”的感叹。这就是“蓦然回首，那人却在灯火阑珊处”的境界了。否则，总觉得所谓伊人，“宛在水中央”，“近而不可至”；或者云里看山，雾里看花，夜朦胧，月朦胧，终觉隔膜。

四是培养专业敏感。敏感性对研究专业的人员来说是太重要了。殷焕先先生常说：为什么小孩子学什么进步都快？就因为他对周围的一切都十分敏感，总是“每事问”。成年人、老年人如果也能像小孩子时那样敏感，那可不得了。人们不可能让韶华永驻、时光倒流，但我们可以培养自己的敏感性，使之“返老还童”，恢复“儿童精神”。特别是我们研究的对象是语言文字，几乎要时时刻刻同它打交道。许多语言现象就在我们身边，甚至就在自己的嘴边。对此，我们不能熟视无睹，充耳不闻。我们必须时时留心，仔细琢磨，找出合理的解释。比如“不可救药”是人们口头常说的一个成语，但如果稍微动一下脑筋：“药”怎么还要“救”？讲不通。说者认为“不可救药”就是“不可以药救之”的意思，但如果是这个意思，就该按照古代汉语语法，说成“不可救以药”。没有“以”字，终令人费解。而陆宗达、王宁先生认为，“药”和“疗”本是一词之分化：“疗”是治病的行为，“药”是治病的汤饵，在早期古汉语里本来都用一个词表达，后来才发生了分化；在分化初期习惯上还互相通用。[①] 因此，“不可救药”就是“不可救疗”。用今天的话说，就是“没有救治”。这就把千百年来流传在群众嘴边却人人都不曾注意的成语讲通了，宁非快事！王力先生在一次学术会议上讲过一个故事：《三国演义》里讲，刘备三顾茅庐，向诸葛亮请教时政大计。第三次去时，诸葛亮正在睡觉，醒来时，口吟一绝：“大梦谁先觉？平生我自知。草堂春睡足，窗外日迟迟。”这首诗真是诸葛亮写的吗？不是。王力先生说，理由有三：一、“知”、“迟”押韵是唐代以后的事；二、讲究平仄的诗，也是唐代才有的；三、“睡”在先秦两汉是“打盹”的意思，“睡觉”叫“寝”。据此可知，这首诗只能是《三国演义》的作者借诸葛亮“口吟”罢了。类似这些情况，若无语言学家特有的敏感，谁能注意它们呢？

总之，和其他学问一样，“其治之法，虽前有成规，而取舍用藏，则全在我。红灯点雪，顽石成金，运用之妙，存乎一心可也”[②]。

---

① “不可救药”语出《诗经·大雅·板》，而此句在《韩诗外传》里就写作“不可救疗”。《左传·襄公二十六年》文里也有“不可救疗”语。（详见陆宗达、王宁《训诂与训诂学》，山西教育出版社 1994 年版，第 181～182 页）

② 黄侃语，转引自黄焯《文字声韵训诂笔记》，上海古籍出版社 1983 年版，第 11 页。

第一章　文字学

我国早期的文字学是广义的文字学，其研究的内容十分宽泛。隋唐以后，随着传统语言文字学学科的发展，逐渐有以研究字形为主的文字学（狭义的文字学）、以研究字音为主的音韵学、以研究字义（词义）为主的训诂学从中独立出来。但由于汉字的象形性、表意性和标音性，由于早期汉语里的词以单音节为主，一个字往往就是一个词，这就使得人们很难甚至也不可能完全割断其形音义之间束芦相依的关系。因此，传统文字学一般并不以“形学”独立，而是以“形义学”（但不完全是词汇意义上的“义”）为主，并兼及字音。所以，我们可以这样认为：传统文字学是传统语言文字学中一门以汉字为研究对象的子学科，其研究内容主要是汉字的起源和发展、造字和用字规律、演变和孳生规律，以及形音义之间的关系、汉字文化学等等。

第一节　文字学源流概述

一般认为，文字起源于图画，由于社会的发展和人类思维能力的提高，记事性图画逐步简化成抽象的表意符号，并且赋予了一定的读音，这时，文字就产生了。

汉字在漫长的发展岁月里，其形体、读音以及它们所表达的意义，都产生了许多历史性的变化。单从形体上来看，如果撇开有争议的刻画符号不算，而从它的成熟期甲骨文开始，以后又经历了金文、小篆、隶书、楷书等各自不同的书写形态，其间还伴随着简化和繁化这两种看似完全对立的变化形式。至于读音和意义上的种种变化，更不是简单的几句话、几篇文章甚至几部著作所能解决的，这里就不加详说了。

在先秦，汉字称作“文”。《左传·昭公元年》：“于文，皿虫为蛊。”“文”，取花纹交错的意思。也叫“名”，《周礼·春官·外史》：“掌达书名于四方。”郑玄注：“古曰名，今曰字。”“名”大概是指对客观事物的标志或符号的称说而言的，故《荀子·正名》中说：“名闻而实喻，名之用也。”也称为“书”，《韩非子·五蠹》：“古者苍颉之作书也，自环者谓之私，背私谓之公。”也称为“书契”，《易·系辞下》：“上古结绳而治，后世圣人易之以书契。”“书”、“书契”盖就书写、刻划而言。

后来则称为“字”。“字”的本义是“孕育”、“养育”的意思，如《易·屯》：“女子贞，不字。十年乃字。”虞翻注：“字，妊娠也。”《左传·昭公十一年》：“其僚无子，使字敬叔。”“文字”的“字”则取其引申义，是“滋生”、“繁衍”的意思，所以，许慎《说文解字·叙》中说：

> 盖依类象形，故谓之文；其后形声相益，即谓之字。字者，言孳乳而浸多也。

这就是说，“文”是指独体的象形字，在象形字基础上增加点画结构形成的合体字才叫“字”。唐代的张怀瓘在《书断》中说：

> 夫文字者，总而为言，包意以名事也。分而为义，则文者，祖父；字者，子孙。得之自然，备其文理，象形之属，则谓之文；因而滋蔓，母子相生，形声、会意之属，则谓之字。字者，言孳乳而浸多也。题之竹帛，谓之书。书者，如也，舒也，著也，记也。著明万事，记往知来，名言诸无，宰制群有，何幽不贯，何往不经！

这段话讲得就更清楚了：所谓“文字”，笼统地说，它含有一定的意义，可以用来表示事物的名称。分开来解释，“文”属于祖辈、父辈，“字”则属于子辈、孙辈。人们受到自然万物的启示，用描摹实物形状的方法造出来的象形字叫作“文”；在文的基础上增加新符号，又产生出新的文字，包括形声字和会意字，这些才叫作“字”。所谓“字”，是由“文”繁衍化育、逐渐增多而成的。把文字题写在竹木缣帛上面，就叫作“书”。所谓“书”，含有“相似”、“展现”、“标著”、“记载”等意思。使万事万物清楚明白，用以记载过去、了解未来，一切有形的、无形的东西都要用它作名称，这便是文字的功能。

有趣的是，“文字”意思上“名”和“字”的关系，也雷同于古人“名”和“字”之间的相应关系。古人有“名”也有“字”。先有“名”而后有“字”，规定：男子20岁成人举行冠礼时取字，女子15岁许嫁举行笄礼时取字。因此，“名”和“字”常常有意义上的密切关系。如屈原，名平，字原，《尔雅·释地》：“广平曰原。”颜回，字子渊，《说文》：“渊，回水也。”宰予，字子我，“予”、“我”同为第一人称代词。樊须，字子迟，“须”、“迟”都有等待的意思。所以，从这个意义上说，“名”就是“字”，学者当别有会心（当然，人的“名”和“字”还有意义相关或相反的关系，如曾皙名点、冉牛名耕等）。

人们对汉字的分析研究，早在先秦时期就已经开始了。其研究的基本内容，首先是对它进行形体分析。据《周礼·地官·保氏》记载：

> 保氏掌谏王恶，而养国子以道，乃教之六艺：一曰五礼，二曰六乐，三曰五射，四曰五驭，五曰六书，六曰九数。

把“六书”当作“六艺”之一，列为贵族子弟的文化必修课程，这说明六书理论在当时已经相当成熟了。

从六书内容来看，据班固说，是指象形、象事、象意、象声、转注、假借；郑众说是象形、会意、转注、处事、假借、谐声；许慎认为是指事、象形、形声、会意、转注、假借。三者的说法大同小异。这个理论一直在指导和影响着汉字研究，直到现在，还没有哪一位文字学家对这些基本看法提出多少突破性的见解。仅此一点就足以说明，先秦时期对汉字的基本研究已经达到了相当高的水平。再从汉代出现许慎这样的文字学巨匠、出现《说文解字》（以下简称《说文》）这样一部影响千古的伟大文字学专著来看，就更能说明，在汉代以前，前人在文字学研究中已经做出了相当多的成就，否则许慎其人其作的出现就缺少了令人信服的知识积累的条件。

研究文字，一方面是社会教育的需要，一方面也是统一文字的需要。尽管前人有仓颉造字等种种说法，但文字毕竟不会是个别人物创造的，而是由广大人民、由社会集体创造的，是人类集体劳动和各种社会活动的产物；假如真有仓颉其人的话，他也可能只是做了一定的总结性工作。正因为这样，汉字产生之初，一定会有各种迥然不同的形态和风格。这无须追溯到更早的历史时代，仅从刻画或书写在甲骨上的殷墟卜辞以及后代各地各时期的金文中，就可以明显地看到这些差异；而且，年代越早，这些差异就越大。这说明汉字在漫长的历史发展岁月里，其间不知经过了多少人为的去异取同的工作。要做好这些工作，便少不了对汉字的专门研究。所以，到了金文后期，其形态就已经相当整齐划一了。有人推测，《管子·君臣》篇中所提到的“书同名”（文字统一）工作可能是发生在西周中晚期到春秋之时，并且说，“文字学史上第一部字书《史籀篇》可能就是配合这次文字整理而编写的”[①]。不管这个结论是否正确，汉字在发展的漫长岁月里，经过了无数代人的创造、整理、统一，这一点则是可以肯定的。

秦汉时期的汉字研究有如下几项工作十分令人注目。第一，秦始皇时期的统一文字，这是历史上第一次有明文记载的全国性整理文字的活动，是汉字学史上的一次重大历史事件。《史记·秦始皇本纪》载：

> 二十六年……秦初并天下……一法度衡石丈尺。车同轨。书同文字。

许慎《说文解字·叙》里更有详细的叙述：

> 其后诸侯力政，不统于王，恶礼乐之害己，而皆去其典籍，分为七国，田畴异亩，车涂异轨，律令异法，衣冠异制，言语异声，文字异形。秦始皇帝初兼天下，丞相李斯乃奏同之，罢其不与秦文合者。斯作《苍颉篇》，中车府令赵高作《爰历篇》，太史令胡毋敬作《博学篇》，皆取史籀大篆，或颇省改，所谓“小篆”者也。

《汉书·艺文志》里也说：“《史籀篇》者，周时史官教学童书也，与孔子壁中古文异体。”《苍颉》、《爰历》、《博学》三篇，“文字多取《史籀篇》，而篆体复颇异，所谓‘秦篆’者也”。可见，李斯、赵高、胡毋敬的三部文字范本是为了配合秦始皇“书同文字”的活动而编写的，其书体属小篆，又叫秦篆，是对史籀篆颇加省改后的文字。

第二，又出现了一批文字学读物。据《汉书·艺文志》：

> 汉兴，闾里书师合《苍颉》、《爰历》、《博学》三篇，断六十字以为一章，凡五十五章，并为《苍颉篇》。

这就是说，李斯等人的文字范本到汉代就合并成《苍颉篇》这样一部书了。这部书的编写方法是：一般四字为句，隔句为韵，以便诵读；句意一般不连贯，只是将意义相同、相近或相关的字，或是表示同类事物、行为、性质的字相对集中地罗列在一起，以便于记忆和检索。[②]

又据《汉书·艺文志》：

---

① 黄德宽、陈秉新：《汉语文字学史》，安徽教育出版社 1990 年版，第 9 页。

② 参阅胡平生、韩自强《〈苍颉篇〉的初步研究》，载《文物》1983 年第 2 期。

> 武帝时司马相如作《凡将篇》，无复字。元帝时黄门令史游作《急就篇》，成帝时将作大匠李长作《元尚篇》，皆《苍颉》中正字也。《凡将》则颇有出矣。至元始中，征天下通小学者以百数，各令记字于庭中。扬雄取其有用者以作《训纂篇》，顺续《苍颉》，又易《苍颉》中重复之字，凡八十九章。臣（班固）复续扬雄作十三章，凡一百二章，无复字，六艺群书所载略备矣。

司马相如的《凡将篇》，以六字或七字为句，大体以物类排列（此书早已亡佚，辑本见《玉函山房辑佚书》）。《说文》引司马相如说即本于此书。

史游的《急就篇》，即《急就章》。因首句开头是“急就”二字，便用作书名。今本 34 篇，共 3144 字。全书多以七字为句，句式整齐，并且有韵，以便童蒙记诵，如首篇：

> 急就奇觚与众异，罗列诸物名姓字。分别部居不杂厕，用日约少诚快意，勉力务之必有喜。

又据《隋书·经籍志》，班固又有《太甲篇》、《在昔篇》，贾鲂有《滂喜篇》，崔瑗有《飞龙篇》，都是与《苍颉篇》一脉相承的字学读本。

此外，扬雄又有《苍颉传》一篇、《苍颉训纂》一篇，杜林也有《苍颉训纂》一篇、《苍颉故》一篇，其目的主要是解释字义。

第三，出现了具有划时代意义的文字学专著《说文》。这将在下文集中讲。

《说文》之后，所谓“字书”有了新的含义，那就是有了“字典”的性质。这时，文字学的典籍与训诂学的典籍合流了。如魏初博士张揖曾作《埤苍》、《广雅》、《古今字诂》和《杂字》。《广雅》属训诂学著作，自不必说；《埤苍》则是为增补《三苍》而作，马国翰辑本录有 353 条。如：

> 禨，妖祥也。
>
> 璟，玉光彩。
>
> 嘶，声散也，亦悲声也。
>
> 嘈嘈，声众也。

《古今字诂》也是解释字词的著作，马国翰辑有 60 条。如：

> 讷，迟于言也。
>
> 讦，平也。
>
> 帜，标也。
>
> 忠，直也。

其中有许多是比较古今字的。如：

咗，今“宏”字。

徇，今“巡”。

跱，古文“峙”，今作“跱”，同直耳反。

古文“诛”“捄”二形，今作“救”，同居又反。

羲，古字；戏，今字。

廑，今“勤”字也。

此外还有解释篆体的。

《杂字》(有人认为“杂”是“难”字之误，则是书即《隋书·经籍志》著录的《难字》)，马国翰辑有20条。如：

芃芃，草盛也。

荈，茗之别名也。

菡萏，华未发也。已发名芙蓉，亦曰芙渠。

诂者，古今之异语也。

可见，这些字书实际就是字典，属辞书。

后来的字书，大致都是“方(仿)之许篇”而又有所增益。如西晋吕忱《字林》7卷(依《说文》分540部，共收12824字，比《说文》多收3471字，今佚。清人任大椿有辑本《字林考逸》，陶方琦有《字林补逸》)、北魏阳承庆《字统》20卷(共收13734字，今佚，马国翰有辑本)、北魏江式《古今文字》(书未成而散佚，据《北史·江式列传》：江式“求撰集古来文字，以许慎《说文》为主，爰采孔氏《尚书》、《五经音注》、《籀篇》、《尔雅》、《三仓》、《凡将》、《方言》、《通俗文》、《祖文宗》、《埤仓》、《广雅》、《古今字诂》、《三字石经》、《字林》、《韵集》、诸赋文字有六书之谊者，皆以次类编联，文无复重，纠为一部。其古籀、奇惑、俗隶诸体，咸使班于篆下，各有区别。诂训假借之谊，佥随文而解；音读楚、夏之声，并逐字而注”)、梁顾野王《玉篇》30卷(按部首分542部，与《说文》大致相同。原本16917字，“大广益会”本为22561字。原本多引历代经典书证，罗列众多义项，纯为训诂著作，而“大广益会”本则对此一律删削，仅存反切和基本义项的简要释义)、宋王洙等人《类篇》(依《说文》分540部，每部的字按“平上去入”和《集韵》韵部次序排列，每字列有古籀、篆、隶等各种形体，有反切，有释义)、明梅膺祚《字汇》(分214部，每部的字按笔画多少为序。每字先用反切和直音法注音，再分陈义项，列举书证，辅以佐证）、明张自烈《正字通》（体例与《字汇》相同，大致是《字汇》的增补修订）、清张玉书和陈廷敬等人奉敕撰修的《康熙字典》（体例依《字汇》，列 214 部，收 47035 字，又古文 1995 字，每字本字之下列古体，下列《唐韵》、《广韵》、《集韵》、《韵会》、《正韵》音切，释义中列别音别义，举群书书证，是字典中的集大成者）等皆是。

此外，历代还有一些根据特殊需要而分别编纂的字书。如汉代有扬雄的《别字》、卫宏的《古文官书》和郭显卿的《杂字旨》、《古今奇字》等，这些书久已亡佚，我们已无从考其面目，但据书名来看，似乎都是特殊类型的字汇。唐代则出现了第一部辨正文字的专著——由文字训诂学家颜师古编撰的《字样》（校正文字的标准文字），其后有颜元孙的《干禄字书》（以“平上去入”四声为纲，按 206 韵顺序为次，每字以“俗”、“通”、“正”分别列出各种异体，并对形近字进行辨析）、张参的《五经文字》（分 160 部，收 3235 字，对形近字也有详细辨析）、唐玄度的《新加九经字样》（《五经文字》的续补作，主要增补传写讹误及经篆隶之变而古今异体者，共收 421 字）、宋代郭忠恕的《佩觿》（“觿”，用以解结的尖角，常佩戴于身，书名“佩觿”，比喻该书可以用来解决阅读中随时遇到的疑难。该书着重说明字形结构、纠正读音与传写讹误、辨析形近字等）、张有的《复古编》（每字之下一般先释义，次说明形体结构，次列别体俗体，次列音切。大致以《说文》为宗，违者一律斥为“非”）、辽代释行均的《龙龛手镜》（是为便于佛教徒研习佛典而撰，谓“犹手持于鸾镜，形容斯鉴，妍丑是分”。宋人重刻时为避宋太祖赵匡胤的祖父赵敬的名讳更名为《龙龛手鉴》。列俗体、或体、古文、正体、今体，释音释义，旨在网罗异体，收 26430 字）、元代李文仲的《字鉴》（旨在“以《说文》箴《增韵》之误，以六书明诸家之失”。每字之下先列反切，次引《说文》释形释义，再详细辨正俗间讹误，纠正各家之失，递互研考，触类而长）、明代焦竑的《俗书刊误》（以纠正点画讹误为宗旨）等。还有辑录解释各种俗文杂字的专书，如旧题服虔撰《通俗文》、葛洪《要用字苑》等。

下面谈一谈古文字研究的情况。

所谓“古文字”，一般是指甲骨文、金文、籀文（狭义上的大篆）、六国文字（古文）、小篆等。换一种说法，就是广义的篆书，包括小篆和大篆：秦统一六国时用的是小篆，即秦篆；小篆以前的则是广义的大篆，也可以叫古篆，也有人叫周篆。

晚清以前，古文字学一直包含在作为“小学”一部分的传统文字学和以古铜器、碑刻等为研究对象的金石学里。虽然如此，但研究古文字的风气却远在汉代就已经开始了。

汉代人所能见到的古文字资料主要有三种：一是先秦铜器上的铭文；二是相传为周宣王时太史籀所作的字书《史籀篇》的抄本，字体就是所谓“籀文”；三是古文经，即所谓“壁中书”，是秦始皇焚书时期被人藏在墙壁中的《尚书》、《论语》等儒家经典的抄本，字体与籀文、奇字、小篆等都不相同，有人认为是用战国时代秦以东六国文字的字体写成的，汉代人称它是“古文”。以上这些古文字资料，早在秦汉之际就被我国学者注意到并着手研究了。如《礼记·祭统》里就载有引孔悝鼎铭以证经的故事；许慎的《说文》里更有许多据郡国山川所出鼎彝款识去说解文字的例子；用六书理论去解释“造字之本”，则是汉代文字学家的创造，而《说文》更是一部总结性的巨著；至于六国古文，自然是古文经学家在与今文经学家对抗中首先必须加以研究的。这是早期古文字研究的一些情形。

晋武帝咸宁五年(279)，汲郡(今河南汲县)盗发战国魏王墓，发现了大量竹简书，共75卷，10余万字，字体跟古文经差不多，这就是所谓“汲冢古文”。太康二年(281)开始组织荀勖、和峤、卫恒、束皙等学者加以整理，写定为今文，其成果主要反映在后来由续咸编纂的《汲冢古文辞》10卷中。

从魏晋到宋代，学者们继续做搜集整理古文的工作，如宋代郭忠恕的《汗简》、夏竦的《古文四声韵》以及稍后杜从古的《集篆古文韵海》等都是这方面的重要著作。宋真宗咸平三年(1000)，句中正等人考定乾州(今陕西乾县)所献“史信父甗”，从而揭开了宋人研究古铜器铭文的序幕。此后有关的重要著作有吕大临的《考古图》、宋徽宗敕撰的《博古图录》、赵九成的《续考古图》、薛尚功的《历代钟鼎彝器款识法帖》、王俅的《啸堂集古录》、王厚之的《钟鼎款识》等。到宋代时止，历代著录、考释铭文的著作已达数十种，从而形成了以古代金石器物和金石文字为研究对象的金石学，这更应看作古文字学的一个部分。

清代是传统语言文字研究的黄金时代，也是金石学、古文字学最为兴盛的时代。据黄德宽、陈秉新《汉语文字学史》统计，清代金文著录有30余种；又据王国维1914年《国朝金文著录表》统计，清人著录的商周铜器已达3164件(除去伪器、宋拓外，实有2980件)。此外还出现了许多研究刻铸在石器、钱币、玺印、封泥、镜鉴、权衡、玉器、砖瓦等上面的文字的著作。这些资料和研究工作都为古文字学的独立准备了必要的条件。

清代研究古文字的成果很多，其中首先是金文研究成果。早一点的，如钱坫的《十六长乐堂古器款识考》，专收自藏的古器，录其器形和铭文；阮元的《积古斋钟鼎彝器款识》，著录其铭文并加以考释；此后又有吴荣光的《筠清馆金文》和吴式芬的《捃古录金文》等。后来研究范围越来越大，特别是道光以后，不仅新发现了封泥文字、古陶文字，还在清末发现了大量甲骨文，丰富的研究资料为古文字的研究开辟了新的研究领域，其成果也就越加赫然可观，出现了一大批成就卓著的古文字学家，如吴大澂（著有《说文古籀补》、《字说》等 30 余种，其中已刊者 17 种）、孙诒让（著有《古籀拾遗》、《古籀余论》、《名原》、《契文举例》等）、刘心源（著有《奇觚室吉金文述》等）、罗振玉（著有《殷商贞卜文字考》、《殷墟书契考释》、《三代吉金文存》等）、王国维（有《王国维遗书》43 种，其中研究金文的《观堂古金文考释五种》等很有影响）等，近人则有董作宾、郭沫若、唐兰、于省吾、杨树达、陈梦家、胡厚宣、容庚、商承祚、朱芳圃、孙海波、李孝定等。由于此门学科更为专门，古文字排印又有困难，就不详细介绍了。

第二节　《说文解字》及其研究

东汉时代出现的《说文解字》及其研究概况是科学文字学和文献语言学的奠基之作，是汉语发展史上具有划时代意义的不朽名著；而且，“从全世界的范围考察，《说文》也是出现最早的、系统合于科学精神的、具有独创的民族风格的字典”①。

以下从八个方面介绍《说文》。

一、《说文》的作者和成书情况

《说文》的作者是东汉经学家、语言文字学家许慎。其生卒年代未有定论。有一种说法，认为他生于汉明帝永平元年（58），卒于汉桓帝建和二年（148），当无大误。

《后汉书·儒林列传》载其生平事迹云：

许慎字叔重，汝南召陵人也。性淳笃，少博学经籍，马融常推敬之，时人为之语曰：“五经无双许叔重。”为郡功曹，举孝廉，再迁除洨长。卒于家。

① 陆宗达：《说文解字通论》，北京出版社 1981 年版，第 8 页。

> 初，慎以五经传说臧否不同，于是撰为《五经异义》，又作《说文解字》十四篇，皆传于世。

许慎少时研习的大致是今文。后迁居洛阳，任太尉府南阁祭酒，受教于古文经学家贾逵，成为兼通今古文的一代大儒。

许慎作《说文》，不仅有上述深厚的今古文基础，而且又能"博采通人"。如书上明载的就有孔子、楚庄王、韩非、司马相如、淮南王、董仲舒、刘歆、刘向、扬雄、爰礼、尹彤、逯安、王育、庄都、欧阳乔、黄颢、谭长、宋弘、京房、周盛、官溥、张彻、甯严、桑钦、张林、杜林、卫宏、郑兴、徐巡、班固、傅毅等二十余家(其中还不包括许冲《上〈说文解字〉表》中提到的"考之于逵"等人)；还有称"一曰"、"或云"、"一云"、"旧云"、"复说"、"博士说"、"或以为"者，显然也是称引语；其余明引、暗引六艺经传之语者更不计其数。由此可见，许氏著作绝不是个人的杜撰，而是集群籍所载和古圣时贤的见解并经过严格审慎的取舍裁断后写成的。

《说文》成书的年代，严可均《许君事迹考》以为草创于汉和帝永元八年(96)，完成于永元十二年(100)。陆宗达先生认为，当草创于汉和帝永元十二年，定稿于汉安帝建光元年(121)，前后历时 20 多年。[①]

二、《说文》编撰的历史背景和目的

许慎作《说文》是有其一定历史背景的。

首先，西汉初年，统治者改秦之弊，开始注重文化思想建设。惠帝四年(前191)，下令废除秦"挟书律"。文、景以后，大收篇籍，广开献书之路。武帝时建藏书之策，置写书之官，下及诸子传说，皆充秘府。成帝时，使谒者陈农求遗书于天下，诏刘向、任宏、尹咸、李柱国等广校群书。哀帝时，复使刘向之子刘歆完成父业。平帝时，广征天下学者，遣诣京师，教授群籍，仅元始元年即征得数千人。武帝时初置五经博士，至东汉时已有十四家。学官弟子初置五十人，后增至数千人。东汉顺帝以后，太学至三万余人。东汉时讲授学问的空气更盛，家居教授者指不胜屈，其门徒尤其多不胜数。如《后汉书·牟长传》载："诸生讲学者常有千余人，著录前后万人。"《宋登传》："教授数千人。"《杜抚传》："弟子千余人。"《丁恭传》："诸生自远方至者，著录数千人。"《楼望传》："诸生著录九千余人。"《谢该

① 参见陆宗达《说文解字通论》，北京出版社 1981 年版，第 1 页。

传》:“门徒数百千人。”《蔡玄传》:“门徒常千人,其著录者万六千人。”真可谓盛况空前。

许慎的生卒年代虽然不能确定,但他的逝世大致离后来的黄巾起义有40年左右的时间,离汉桓帝延熹九年(166)的第一次党锢之祸也有20年左右的时间。可见他生活的年代,正是东汉王朝政治上相对稳定、经济上相对发展的一段时期。这是社会给许慎治学所提供的政治、经济、文化环境。

其次,经学上的今古文之争正在激烈进行。

所谓今文经,是指用当时通行的隶书字体抄写的先秦儒家经典。武帝时立的经学博士,用的都是今文经。古文经,是指用战国时期六国文字抄写的先秦儒家经典,相传出于孔子旧宅壁中和民间,如武帝末鲁共王刘馀坏孔子宅所得旧籍、景帝之子刘德(河间献王)征得的旧籍等都是古文经。当时的古文经只在民间流传,未得立为官学,所以并没有形成今古文的对峙。

西汉末年,刘歆开始攻击今文经传的残缺,想将《左氏春秋》、《毛诗》、《逸礼》、《古文尚书》等列于学官,与五经博士的争论由是开始。

平帝时,王莽曾利用自己政治上的权势,将《周礼》等古文经籍立为博士,古文经学渐成官学。但东汉光武帝即位后古文经学即被废除,后来虽曾一度恢复《左氏春秋》博士,而不久又废。今古文集中争论的时间是从西汉末延续到东汉末,前后共200余年。

为了读通古文经,古文经学者必须认真将今古文进行比较,系统地研究古文字学。经过切实的研究,他们认为那些“俗儒鄙夫”的“今文字说”是非常荒谬的。对此,许慎曾在《说文解字·叙》中进行了猛烈的抨击。他说:

> 而世人大共非訾,以为好奇者也,故诡更正文,乡壁虚造不可知之书,变乱常行,以耀于世。诸生竞说字解经谊,称“秦之隶书为仓颉时书”,云“父子相传,何得改易”。乃猥曰:“马头人为长”、“人持十为斗”、“虫者,屈中也”。廷尉说律,至以字断法。苛人受钱,“苛”之字,止句也。若此者甚众,皆不合孔氏古文,谬于《史籀》。俗儒鄙夫玩其所习,蔽所希闻,不见通学,未尝睹字例之条,怪旧艺而善野言,以其所知为秘妙,究洞圣人之微恉。又见《仓颉篇》中“幼子承诏”,因曰:“古帝之所作也,其辞有神仙之术焉。”其迷误不谕,岂不悖哉!

这段话不但说明了《说文》编撰时文字学界的混乱状况,同时也从反面揭示了《说文》的编撰目的。其大意是说：世人不相信“古文”，认为这是某些好奇之士为了炫耀自己而随便改变当时通行的隶书、凭空杜撰出这些人们不认识的文字。学者们凭借他们所掌握的一知半解的文字学知识竞相说字解经，认为“秦时传下来的隶书就是苍颉时代的文字”，说什么“父子代代相传，字体怎么会变化呢”？于是便根据汉隶的结构去胡乱地分析汉字字形结构，说“马头人为长”（认为“长”字的上半是马头，下半是“人”）、“人持十为斗”（汉隶“斗”字像“人”旁有个“十”字）、“虫”字是中间一笔弯曲的“中”字（“虫”本是象形字，与“中”没有关系）。甚至司法官讲法律也用汉隶的字形去妄下判断，比如解释“苛人受钱”这句话，因为把“苛”的草字头误认为是“止”，把“可”字误认为是“句”，便解释“苛”的意思是“止句”（“句”就是“钩”）——就是“拘留之而诈取其钱财”的意思（其实，此句“苛”当读为“呵”）。类似这样的笑话还很多，这些说解都不符合古文的形体结构。而那些俗儒鄙夫们却囿于自己的孤陋寡闻，不明白这些古文字学问，不懂得起码的文字构形规律，视传统的学问为怪诞，轻信俗间的无稽之谈，把他们自己一知半解的知识看成玄妙的学问，并以此探讨先贤深奥的文字结构原理。又见到《苍颉篇》中有“幼子承诏”一句，不懂得这句话是“学童承师之教”的意思，而据此把它说成是古代帝王的作品，其中有神仙法术。如此等等的“巧说邪辞”，不是很荒唐吗？

许慎说的这些情况绝非夸大之辞。实际上，汉人解说文字穿凿附会的例子还很多，见于纬书的，如“土力于一者为地”、“十夹一为士”、“日为口含一”、“史为屈中一”、“两含士为喜”之类都是。

作为古文经学大师的许慎，自然不能容忍这些荒唐的学说横行，特别是在它影响到“经艺”和“王政”的时候就更不能容忍了。他在《说文解字·叙》中又说：

> 盖文字者，经艺之本，王政之始，前人所以垂后，后人所以识古。故曰：本立而道生，知天下之至啧而不可乱也。今叙篆文，合以古籀，博采通人，至于小大，信而有证，稽撰其说，将以理群类，解谬误，晓学者，达神恉。

这一点，许慎之子许冲在《上〈说文解字〉表》里说得也很清楚：

> 臣父故太尉南阁祭酒慎，本从逵受古学。盖圣人不空作，皆有依据。今五经之道昭炳光明；而文字者，其本所由生。自《周礼》、《汉律》皆当学六书，贯通其意。恐巧说邪辞使学者疑，慎博问通人，考之于逵，作《说文解字》，六艺群书之诂皆训其意，而天地、鬼神、山川、草木、鸟兽、昆虫、杂物、奇怪、王

制、礼仪，世间人事，莫不毕载。

这些话都表明了许慎编撰《说文》的根本目的。

三、《说文》的编排原则和方法

据其自叙，《说文》共收篆文 9353 个，重文 1163 个，说解字共 133441 个。今大徐（徐铉）本收字比原数增加了将近 200 个，而说解字则少 17000 字，这是由于历代流传中有所损益的缘故。

如此众多的被解释字是怎样有系统地组织在一起的呢？作者的编排原则是什么呢？这在《说文解字·叙》里也有说明：

分别部居，不相杂厕。

又说：

其建首也，立“一”为耑，方以类聚，物以群分，同牵条属，共理相贯，杂而不越；据形系联，引而申之，以究万原，毕终于“亥”。

所谓“分别部居”，就是指分 540 个部首统摄全部所收的字。这 540 个部首大致表示了该部统摄字的意义范畴，如从“水”之字多与水有关，从“木”、“土”、“火”、“金”等也是如此。这是许慎的创造。

“其建首”一段是说，全书 540 部从“一”部开始，到“亥”部结束，其间按类分合，据形系联，以一形系联五百四十形，由五百四十形系联所有被解释的字，因而囊括了世间万事万物。

具体地说，首先，许慎通过全部汉字的分析，归纳出可以统摄全部被解释字的 540 个部首。这 540 个部首之间的排列顺序，大致也是着眼于“形”，即“据形系联”；因为有些字很难从“形”上找出它们之间的内在联系，因此就又订出“共理相贯”的条例作为补充。如第一部是“一”，第二部是“二”（古“上”字），“示”从“二”，故“示”部置“二”部下；“三”是“二”上加一横，故“三”部也置“二”部下而隔“示”部；“王”为“三”中贯一竖，故“王”部承“三”部下；“玉”象三玉相连（中以一竖贯穿之），故“玉”部承“王”部下；“珏”从二玉相合，故“珏”部承“玉”部下；“气”象云起之貌，但就形体而言，其篆文与“三”相近而呈曲势，故“气”部在“三”部下而隔“王”、“玉”、“珏”三部；“士”，许慎训为“事”，以为“数始于一，终于十”，故字“从一从十”，既从“一”，所以也置于这系列中，但隔诸部。以下大皆仿此。

但 540 个部首之间不可能都有形体上的联系，于是只好把有形体联系或形体联系相对明显一些的排列在一起，形成相对独立的“据形系联”小系统，小系统之间就不一定存在形体上的联系了。黄侃先生认为，除以形相近为次之外，还有以义为次的(如“齿”、“牙”二部相次)，也有“无所蒙”者，“必以为皆有意，斯诬矣”[①]。这是实事求是的。实际上，无论是“据形系联”或“以义为次”，都不能贯串全书所有的字，不可能一以贯之。

至于每部首下统摄之字的排列方法，按段玉裁分析，大致是根据字的本义按类编排的。[②] 黄侃先生对他的说法有所补充：

> 许书列字之次第，大抵先名后事。如“玉”部，自“璙”以下，皆玉名也；自“璧”以下，皆玉器也……殿之以“灵”，用玉者也。
>
> 其中又或以声音为次，如“示”部，“禛、祯、祗、禔”相近，“祉、福、祐、祺”相近……
>
> 又或以义同异为次，如“祈、祷”同训“求”，则最相近；“祸”训“害”，“祟”训“祸”，训相联则最相近。
>
> 大抵次字之法，不外此三者矣。[③]

考之各部，大致如此。但也仅仅是“大致”，其间难免有些杂乱无当的地方。即如“玉”部之字，“璙”至“琳”24字一般都是玉名，但就有训为“玉光”的“瑛”字和训为“玉声”的“球”字杂厕其中。根据许氏之训，“瑛”当置于与“玉色”相关的一类字中，“球”当置于同训为“玉声”的“玲”、“玎”等字之中。但总的来看，除了笔画排列法和音序排列法之外，许慎能做到的，也就只能如此了。在当时，无疑也算得上是科学的编排方法了。

四、《说文》的说解

(一)解形

《说文》列出的被解释的字体有小篆、古文、籀文、今文、俗体和或体。小篆即秦篆，指秦始皇时代的标准字体。古文，许慎说：“孔子书六经，左丘明述《春秋传》，皆以古文。”新莽时有六书，“一曰古文，孔子壁中书也”。又说：“郡国亦往往

---

① 《黄侃论学杂著》，上海古籍出版社1980年版，第18页。

② 详见[清]段玉裁《说文解字注》。

③ 《黄侃论学杂著》，上海古籍出版社1980年版，第18～19页。

于山川得鼎彝，其铭即前代之古文。”[①]可见许慎说的古文，一是指秦始皇焚书时藏在孔宅墙壁里的先秦古籍抄本用的文字（据学者研究，当是指战国时期东方六国使用的文字；也有学者认为，大约只指战国时邹鲁或包括齐在内的儒生习用的文字），一是指金文。籀文是指“周宣王太史籀著大篆十五篇”中的文字，即大篆，这种字体“与古文或异”，后颇有省改成小篆。也有学者认为，“籀”不是人名，而是“诵读”的意思，籀文是指周秦时期的西方文字，即秦国文字。今文当指汉代的篆文。俗体是指汉代流行而不合规范的小篆体。或体主要是指小篆异文。

但是，不管这些被解释字是属何种字体，从文字点画结构的孳变来看，则可以分为两类：一类叫“文”，一类叫“字”。“说文解字”四个字的意思是“说解文字”。从现在的意义来看，“说”和“解”、“文”和“字”是两组同义词，但在许慎，则是严格区别的。清代文字学家许瀚在《说文答问》一文里说得很明确：

> ……盖对言之，则独体曰文，合体曰字；散言之，则文、字可通用也。说者，释也；解者，判也。“文”独体，故宜“说”；“字”合体，故宜“解”。

由此可见许慎的良苦用心：他是选择分析字形结构作为突破口，并通过它揭示文字形音义之间的内在联系，从而也就揭示了文字形体结构乃至用字方面的基本规律。

文字首先必须有形，因此才可以写或刻划，才可以观看和识别，才可以传之久远；同时必须有音，因此才可以口诵和耳听；同时又必须有义，因此才可以理解，才可以实现交际。三者的关系，黄侃先生把它们比喻成针、线和布：一件衣服是针、线和布做成的；衣服做成了，只看到布和线，看不见针了。针就好比是音，布和线就好比是形和义。陆宗达先生本乃师之说，又有一个比喻：汉语的字、词犹如北京人喜欢吃的糖葫芦。糖葫芦是用竹签子穿上一串果子，果子上粘上糖。果子好像字义，果子外皮的糖好比是字形，竹签好比是字音。[②] 这些话都是说汉字形音义三者之间束芦相依的关系，提醒我们在研究汉字时必须三者兼顾，综合考察。

现在我们说的“形”，并不是如何书写的形，而是分析字形结构的“所以然”。比如说，某一个字的原始形式如何？为什么要这样写？有什么含义？有些字结

---

① 俱见[汉]许慎《说文解字·叙》。

② 参见陆宗达《说文解字通论》，北京出版社 1981 年版，第 45 页。

构比较复杂，可以“拆卸”，那么，它们是由哪些“零件”组合而成的？为什么要这样组合？有什么寓意？字形、读音和意义之间有些什么联系？综合全部汉字，其组合规律如何？等等。《说文》以前的字书从来没有这样探讨过，《说文》以后也没有见到像它这样如此逐一地对所有汉字进行形体结构分析的巨著。从这个意义上来说，《说文》在形体分析上堪称是空前绝后的。

《说文》的释形，主要是阐述六书理论并把它们落实到每个汉字上。

首先是对六书理论的阐述。

此前已有学者对六书进行过解释，如郑众、班固等，俱已见诸上文。许慎则说是指事、象形、形声、会意、转注和假借。这种说法已被后代学者所接受，只是次序稍有调整，改为象形、指事、会意、形声、转注和假借。

许慎不仅指明了六书的内容，还对六书逐一作了界说，并各举了两个例子。他在《叙》中说：

> 一曰指事。指事者，视而可识，察而见意，“上”、“下”是也。
>
> 二曰象形。象形者，画成其物，随体诘诎，“日”、“月”是也。
>
> 三曰形声。形声者，以事为名，取譬相成，“江”、“河”是也。
>
> 四曰会意。会意者，比类合谊，以见指㧑，“武”、“信”是也。
>
> 五曰转注。转注者，建类一首，同意相受，“考”、“老”是也。
>
> 六曰假借。假借者，本无其字，依声托事，“令”、“长”是也。

许慎对六书理论最为重大的贡献，还在于他能把《说文》里所收的全部字逐一地按照六书“对号入座”，分析它们的形体结构，阐述造字方法和寓意。下面就根据许慎的界说，按现在学术界一般的排列顺序，略加说明。

所谓“象形”，就是勾勒出事物的形象。它们应是最早产生的一类字。对此类字，《说文》采用直接标以“象形”、“象某某之形”或“从某，象某之形”等解说方法。如“山”、“月”、“心”、“爪”、“吕”、“火”、“鱼”等字下都明确说是“象形”，而“人”下则说“象臂胫之形”（用人的臂和胫代替整个人体形），“甲”下说“从木戴孚甲之象”，“交”下说“从大，象交形”，“马”下说“象马头髦尾四足之形”，“子”下说“古文‘子’从巛，象发也”，“象”下说“象耳牙四足之形”，等等，说解都更为详细。其中，既说“象某形”又说“从某”者，有些是解释局部形体的（如说解古文“子”），有些是解释总体形象的（如说解“交”）。

所谓“指事”，就是用符号标明事物或概念。如“上”，古文作“二”，其中上面一短横是指事符号，表示“这儿就是上面”的意思。“下”字则相反。又如“本”“从木，一在其下”，“末”“从木，一在其上”，这里的“一”都是指事符号。此外，“从某，象某某之形”的说解也是揭示指事造字法的。如说“亦，人之臂亦也。从大，象两亦之形”（“大”是大人之形，“大”字一边一点，示意“亦”为人之两腋）；“刃”，“象刀有刃之形”（“刀”字撇上一点，示意为刀刃处）等。这里说的“象某某之形”，实际是“借形指事”，提示人们“察而见意”。

所谓“会意”，是指由两个或两个以上的独体字会合组成、用以表示一个新的意义的字。许慎的说解用语一般是“从某某”、“从某从某”或类似的表述。如“及”是“从又人”（“又”是右手；“又人”，言手及于人），“位”是“从人立”，“信”是“从人从言，会意”，“付”是“从寸持物对人”，“件”是“从人从牛”，“伐”是“从人持戈”，“休”是“从人依木”（人在树荫下休息），“孙”是“从子从系。系，续也”，“佩”是“从人从凡从巾”等。有些所从之字是省形的，如：“军”，“从车从包省”；“堅”（土积也），“从土从聚省”等。有些则是会意兼形声的，许慎的说解用语是“从某从某，某亦声”。所谓“亦声”，是说所从之字兼有标音（音中常常有义）的作用，如：“仲”，“从人从中，中亦声”；“係”，“从人从系，系亦声”；“像”，“从人从象，象亦声”；“息”，“从心从自，自亦声”（“自”是古“鼻”字，象形字；“鼻”是后起的形声字。古人认为呼吸是通过“心”和“鼻”进行的），等等。

所谓“形声”，是用形符和声符组成合体字的造字方法，这是汉字中最多的一类。其中绝大多数是一形一声，也有省形、省声或多形多声的。一形一声的，说解多用“从某，某声”，如：“景”，“从日，京声”；“诂”，“从言，古声”，等等。省形的，如：“亭”，“从高省，丁声”；“弑”，“从殺省，式声”。省声的，如：“夜”，“从夕，亦省声”；“炊”，“从火，吹省声”；“宪”，“从心从目，害省声”；“縈”，“从糸，荧省声”等。多形多声者少见。形声字的形符大致反映了这个字本义表示的事物或概念的“类”，如从“水”之字，其义多与水有关等。形声字的声符起标音作用，有时还兼有表义作用（详见后文）。

对转注的解释，后代的学者各持己见，至今未能定于一尊。有人认为，转注之“转”是就形而言，有人认为是就声而言，有人又以为是就义而言。“注”，有人认为是“注其义”，有人进一步解释，说是“数字展转互相为训，如诸水相为灌注”。对“建类一首，同意相受”，也是众说纷纭。有人认为“分部”就是“建类”，“一首”就是指同一部首，下云“凡某之属皆从某”就是“同意相受”。有人认为“类”是指

“声类”，“首”是指“声首”，即“语基”，其音或双声相转、叠韵相迤，则为更制一字，即所谓“转注”。孙雍长先生力主六书为“造字之本”说，否定杨慎、戴震、段玉裁等人的“四体二用”说（认为象形、指事、会意、形声四书属造字法，即“四体”；转注、假借二书属用字法，即“二用”。这种说法在后代影响很大），并著《转注论》一书，详论转注之法。以为转注的法则，实际上就是“加注意符”这一汉字的构字模式。关于各家对转注的解释，孙书都有详细的评述，学者可以参览。《中国大百科全书·语言文字》分册“六书”条下说：对六书的理解，学者间有不同见解，“一时不能解决，也不必急于解决”。本书重在实用，为避免过多的理论纷争，故不详加评述。

对“假借”的解释，历来也有分歧。大致说来，乾嘉时期的学者，往往将“假借”和“通假”相混用；后来的学者则趋向于将六书中的“假借”和古书中的文字“通假”相区别开来（参阅本章《文字通假问题》）；有些学者则认为，假借字所具有的借义同它的本义可以没有关系，但更多的有关系，其有关系的一类则义同引申。

从《说文》的具体内容来看，许慎的分析重点是前四书。

应该指出的是，许慎分析字形结构及其含义，依据的是隶变之前的文字（如说“香”是从黍从甘会意，而不是从禾从日），特别是他能见到的最古的文字，如所谓“古文”。他认为小篆是由古籀省改而来的，因此，越是古老的文字，才越有可能保留其造字时的笔画含义，其意才“可得而说”。所以在他的著作里，才屡有“从古文之象”、“从古字之象”、“象古文某形”、“从古文某省”等种种说解语。也就是说，许慎“说文解字”是在认真分析、比较古今字体的笔画形态的基础上，去探求古人造字寓意的，所以，他得出的结论一般是经得起推敲的。这些结论已有相当一部分在甲骨文、金文中得到了证明，他的著作也早已成为后代研究文字学的圭臬，以至于今天的学者在识读和研究甲骨文、金文时也还不能须臾离开他的这部著作。

还应该指出，《说文》分析字形结构，不仅立足于形，而且还注意到了音。这不仅反映在它对形声字、会意兼形声字的分析上（详见下文），更令人惊讶的是，它的作者甚至还能认识到造字时已有通借这一事实。如“咸”训为“悉”，说“从口从戌”，接着又解释说：“戌，悉也。”这就是说，这里的“戌”是“悉”的通假字。“咸”字“从口从戌”，就等于“从口从悉”，“悉口”就是“咸”、“皆”的意思。关于这一点，黄侃先生早就已经揭示出，并且因此得出了“造字时已有通借”这一结论。[①]

(二)释义

《说文》的释义方法与其他字书或训诂书不同。因为它是以形为纲纪的著作，所以在解释字义时总是力求与形体结构密合，力求探讨文字之初的意义。段玉裁在注《说文》“鲜”字条、“愪”字条下分别说：

> 浅人……不知字各有本义，许书但言本义。
>
> 许造此书，依形立解，断非此形彼义，牛头马脯，以自为矛盾者。

至少许慎的基本出发点当是如此。

《说文》的释义方法主要有三种：

第一种是用同义词或近义词去解释被解释词（再说一次，本书为了叙述的方便，或称“字”，或称“词”），特别是在解释表达抽象意义的词时更要经常用到它。如“睹，见也”，“整，齐也”，“彻，通也”，“更，改也”，“收，捕也”，“佥，皆也”，“傲，倨也”，“付，与也”，“依，倚也”，“欧，吐也”，等等。

需要注意的是，有时看上去用的是“标立义界”的方法，但是在说解语中往往还有一个词与被解释词是同义或近义的，如陆宗达先生所举过的一例：“去，人相违也。”从形式上看，“人相违”是“去”的义界，但实际上，说解语中的“违”是个核心词，是“去”的同义词。但为什么又要说成“人相违”而不说成“相违”呢？这是为了解释“去”的篆文字形所以从“大”（大人）的原因。[②] 在这里，形和义一致了，密合了，这正是《说文》之伟大处、精微处。

第二种是标立义界，就是给词义作定义式说解。又可以分为几种情况：

(1)天然定义式。如：

> 姊，女兄也。
>
> 孙，子之子曰孙。
>
> 寸，十分也。
>
> 斛，十斗也。
>
> 钧，三十斤也。

---

① 黄侃先生在多处提到过这一点，如《文字声韵训诂笔记》第56页记他的话说：“造字之时已有假借，转注、假借为中国文字盈虚、消长之法，如鸟之两翼、车之两轮也。”

② 参见陆宗达《说文解字通论》，北京出版社1981年版，第93页。

耋，年八十曰耋。

(2)“类”加“种差”式。即用逻辑学上“种＝类＋种差”的定义方法。“种”是小名(别名)，“类”是大名(共名)，“种差”是特别属性。如：

柿，赤实果。

蚕，吐丝虫也。

雨，水从云下也。

言，直言曰言，论难曰语。

落，凡草曰零，木曰落。

隹，鸟之短尾总名也。

鸟，长尾禽总名也。

(3)描写比况式。即对词所表示的事物加以描写、说明和比拟。如：

趬，雀行也。

狼，似犬，锐头白颊，高前广后。

鼬，如鼠，赤黄而大，食鼠者。

第三种是阐述语源或音转。这种情况在形式上用同义词或近义词相训以及标立义界的说解中都有，只要我们熟悉古音，并不难辨别。笔者曾撰《说文声训谱》，收例几逾两千，今举“示”部字以明其例(解释字与被解释字之间的语音关系从严掌握。“语音关系”系指古音而言，下同)：

礼，履也。所以事神致福也。

禛，以真受福也。

祡，烧祡(段注为“柴”)焚燎以祭天神。

禷，以事类祭天神。

祰，告祭也。

祠，春祭曰祠，品物少多文词也。

禘，谛祭也。

祫，大合祭先祖亲疏远近也。

祼，灌祭也。

禬，会福祭也。

祳，社肉盛以蜃，故谓之祳。

禂，祷牲马祭也。

祸，害也。

上述诸例中，“礼”、“履”双声叠韵，“禛”从“真”声，“祡”、“柴”同从“此”声，“禷”从“类”声，“祰”从“告”声，“祠”、“词”同从“司”声，“禘”、“谛”同从“帝”声，“祫”从“合”声，“祼”、“灌”双叠韵，“禬”从“会”声，“祳”、“蜃”同从“辰”声，“禂”、“祷”双声叠韵，“祸”、“害”双声，韵部为对转关系。

由以上例子我们可以清楚地看到：第一，《说文》中此类例子很多；第二，从“社肉盛以蜃，故谓之祳”这样的说解语来看，至少其中相当一部分已是许慎主观有意识的运用，也就是说，这些解释词与被释词之间的语音联系，至少并不都是偶然巧合；第三，解释词与被解释词一般表现为同源词。这是词语派生和语音流变后在形音义上的反映（参阅本书第五章《语源学》），许慎的解释和认识，反映了语词派生的一般规律。这是许慎和《说文》的又一伟大之处。

下面说一说《说文》释义的根据及其可靠性。

据我们考察，许慎释义的根据主要有三方面：一是字形结构，二是文字形音义三者相挟而变的客观规律，三是它们在古代文献或现实语言中实际运用的情况。也就是说，许慎对每个字的解释，是在对上述三条加以考察的基础上经过综合、归纳得出来的（除此三条，应当还有其他根据，这里不能尽述）。因此，虽然不能尽善尽美，但就总体而言，是有根据的，有相当科学性的，一般是可靠的。

后代学者据后代占有的材料（如后来大量发现的金文，特别是甲骨文材料等）去检验《说文》，这当然是对的。检验的结果，虽然有些是《说文》说错了的，但更多的事实证明，《说文》是对的——尽管许慎当时并没有拥有现代这样多的材料，这不更加说明《说文》的伟大吗？特别要提出的是，《说文》中还有许多解释仍为后人所不解，这说明我们对它的研究还不够，并不一定是《说文》有什么错误。举个例子说，《说文》：“似，象也。从人，以声。”杨树达先生说：大徐本“象”下脱“肖”字。“象肖”是同义连文。肖，《说文》训为“骨肉相似”。“不似其先，故曰不肖”。“似”则训为“象肖”，当是指“子似父母”。故《礼记·哀公问》：“寡人虽无似也。”郑玄注：“无似，犹言不肖。”又《杂记下》：“免丧之外，行于道路，见似目瞿，闻名心瞿。”郑玄注：“似，谓容貌似其父母也。”

考之字形，“似”从人，以声。字从人，与“肖”也可以从“人”相类（张湛注《列子·力命》篇云：“俏，似也。”《释文》：“与‘肖’字同。”）。杨先生此说有卓见，但是对“以”声却未加解释，可谓未达于一间。[①]

今按：“以”实际就是“巳”。在甲骨文里，“巳”象幼子之形（故《说文》解“包”字云：“妊也，象人怀妊，巳在中，象子未成形。”这个“包”当即“胞”的本字），与“子”本是同一字，所以《广雅·释言》说：“子、巳，似也。”《诗经·小雅·斯干》：“似续妣祖。”毛传：“似，嗣也。”郑笺：“似读如巳午之巳。”“巳”与“已”又为一字之变，故“已”与“似”亦通。《诗经·大雅·维天之命》疏引《诗谱》云：“子思论《诗》‘於穆不已’，仲子曰：‘於穆不似。’”[②]由此看来，这个“从人，以声”实在是大有讲头的。“以”字，声中有义。如果马马虎虎地读它，甚至以一己之学去否定它，自然难以探索到语言文字的真谛。

杨树达先生说：“吾国字书，莫精于许氏《说文解字》”，“许书实为今日根究古义唯一之宝书”。[③] 我们只有钻之弥深，才能仰之弥高，才能充分认识到它的价值。

（三）标音

陆宗达先生指出：《说文》用两种办法处理了标音问题：一是用形声系统说明造字的读音；二是用“读若”法拟出汉代的读音。[④]

1. 用形声系统说明造字的读音

关于形声字的分析，前面已经谈到（下节还将谈到），这里只从语音关系的角度去分析。

从这个角度看，形声字是由主谐字和被谐字组成的。主谐字，就是标音的字。如“桐”，从“木”，“同”声。这个“同”就是主谐字。被谐字，就是从主谐字得声的那个形声字，如“桐”便是。这样，由同一个主谐字组成的若干被谐字就组成一个形声字系统，也叫谐声系统。如由主谐字“同”组成的形声字系统中有“桐”、“铜”、“筒”、“洞”等。

用一个字作主谐字，就是用它去作标音音符，自然不可能十分精确；加上汉语的形成十分复杂，即使在早期汉语里，形声字系统内部的语音也可能会有些差

---

① 参阅杨树达《积微居小学述林》（增订本），中华书局 1983 年版，第 73 页。

② 此例引自黄侃《〈广雅疏证〉笺识》，见陆宗达主编《训诂研究》第一辑，北京师范大学出版社 1981 年版，第 3 页。

③ 杨树达：《积微居小学金石论丛》（增订本），中华书局 1983 年版，第 38、40 页。

④ 详见陆宗达《说文解字通论》，北京出版社 1981 年版，第 77～88 页。

异；而且随着时空的不断变化，其语音也会产生种种变化，产生差异。因此，我们在考察形声字主谐字的标音作用时，应当知道：主谐字的标音，主要适用于谐声时代（学者结合上古音研究，一般把它定为上古音时代，大约是《诗经》时代，虽然某些形声字的产生或远在《诗经》之前；但即使在上古音时代，主谐字和被谐字的读音也不能"一刀切"在同声纽、同韵部中）。

以上认识对研究上古音很有意义，段玉裁著名的"同声（指由同一个主谐字组成的形声字系统）必同部"就是这种研究中的一项极为重要的论断（殷焕先先生常常称它是段玉裁放的一颗原子弹）。他在《六书音均表》中说：

一声可谐万字，万字而必同部，同声必同部。

又说：

六书之有谐声，文字之所以日滋也。考周秦有韵之文，某声必在某部，至啧而不可乱。故视其偏旁以何字为声，而知其音在某部，易简而天下之理得也。许叔重作《说文解字》时，未有反语，但云某声某声，即以为韵书可也。

段玉裁的这一重大发现，一方面为上古音的声、韵研究开辟了一条新的坦途，也为初学者记忆上古韵部、考察上古声纽大类提供了一个简明的方法，同时也为通假和同源词研究等提供了重要依据（参见本书第二章《音韵学》）。后来孔广森的《诗声类》、严可均的《说文声类》、朱骏声的《说文通训定声》，乃至王力先生的古音研究、同源词研究等，也显然都受到了段玉裁这一学说的启发。

2. 用"读若"法比拟汉代的读音

许慎的时代，反切还没有开始运用，所以标音只能用当时流行的比况法，其说解用语是"读若"等，意思是"读音与某字的读音相同"。常见的有以下四种：

（1）直接用同音字标音。如：

莠，"读若'酉'"。

萃，"读若'瘁'"。

逝，"读若'誓'"。

氓，"读若'盲'"。

适，"读与'括'同"。

龢，"读与'和'同"。

（2）用经典中的字标音。这些经典如《周易》、《尚书》、《诗经》、《论语》等。如：

眦,"读若《诗》云'泌彼泉水'(之'泌')"。

纰,"读若《禹贡》'玭珠'(之'玭')"。

(3)用习见语中的字标音。如:

该,"读若'心中满该'(之'该')"。

哽,"读若'井级绠'(之'绠')"。

(4)用古今方言标音。如:

卸,"读若汝南人'写书'之'写'"。

馁,"读若楚人言恚人"。

关于"读若",还有一点必须特别说明,这就是陆宗达先生所强调的:"读若"不仅是拟音的方法,同时还是许慎用来注释古代文献语言的一个重要方法。这种见解是由钱大昕、王筠、俞樾、张行孚等人发现的。他们认为:《说文》中的"读若",只有少数是专拟读音的,绝大多数不仅起标音作用,而且还有解释古代文献文字通假的作用。这些"读若"可以分为两类:一类是音义相同的,许慎用以说明汉字古今字形的变化(如说"亼"读若"集");一类是音同义异的,许慎用以说明古书用字的同音代替现象(如说"敳"读若"杜",这就指明:凡禁闭义,经典里多用"杜"代替)。[①]

五、《说文》的作用和功绩

《说文》是中国文字学史上绝无仅有的一部巨著,是许慎遗留给中国传统语言文字学和中国传统文化的一份宝贵财富,其作用和功绩是有口皆碑的。现在从以下几方面概括说明:

(一)考释古文字的桥梁

《说文》的体例是"今叙篆文,合以古、籀"。首先,它收录了9000多个小篆。小篆的形体上承甲金古籀。后代人要探讨甲金古籀,就一定要经过小篆这个桥梁。其次,在《说文》产生的年代里,学者能见到的小篆以前的古文字并不很多,而《说文》则收录并与小篆对照解释了东汉以前历代古文、籀文计700余字(其中古文约有500个,籀文200多个),这大概是历史上对小篆以前古文字的第一次大搜集、大整理。这对考释古文字的意义是不言而喻的。最后,据我们对目前发

---

① 详见陆宗达《说文解字通论》,北京出版社1981年版,第41~42页。

现的最古老的成熟文字——甲骨文的考察，它已经具备了六书结构规律。这个事实说明，六书理论是个相当成熟的理论，是前代学者对古文字结构和变化规律进行深入考察后得出的科学结论。由于许慎将六书理论落实到了对每个字的分析上，因此，借鉴许慎的研究成果用之于古文字的考释，自然是最为合理、最为便捷的。

综上所述，我们有理由这样看：如果没有《说文》提供的六书理论和古文字形音义方面的种种证据，古文字的考释恐怕还只能在黑暗中摸索，只能靠想象和猜测。所以，虽然后来古文字的研究成果也纠正了《说文》本身的许多错误，但每一个古文字学专家无一不首先是“《说文》学”专家，他们正是借助于“《说文》学”去研究古文字学的。《说文》为古文字研究奠定了基础，它是识别和研究古文字不可逾越的桥梁。

（二）运用六书理论分析文字形体结构的奠基之作

关于汉字六书的说法，在许慎以前就有了。但据现在所知，许慎以前只有六书的名词、概念，而许慎则给它们分别下了定义，并且具体到每个汉字。《说文》在每个字的释义之后，都分别说明“象形”、“象某形”、“从某”、“从某某”、“从某从某”、“从某，某声”、“从某，某亦声”等等，从而使它成为中国文字学史上第一部阐述并运用六书理论全面系统地分析每一个汉字的伟大著作，因而也就成为汉语文字学的奠基之作。它不仅使我们认识到汉字形体在体现字义方面的作用，同时还提示我们造字之初形音义三方面密合的道理。关于音义，以后我们还将详细讨论，这里主要就“形”而论。

北齐学者颜之推早就说过：《说文》“隐括有条例，剖析穷根源”，“若不信其说，则冥冥不知一点一画有何意焉”①。近代学者杨树达先生也赞扬许慎在“字形既非本始，则义无可求，于是字例不明，野言日炽”的情况下，“溯其形于古籀，探形体之真源，上承李斯之仓颉，博访当世之通人，既就形以求义，复即义以说形，而音义之相关，亦时时阐明而不废，可谓握文字之机钤，洞艺术之旨要者也”②。

当然，许慎由于没有机会见到更早的古文字，所以他只能“溯其形于古籀”，

---

① ［北齐］颜之推：《颜氏家训·书证》。

② 《杨树达文集》（九），上海古籍出版社1988年版，第8页。

这种探源就难免会出现一些错误;但是反过来说,汉字"自籀篆易为秦隶,字形殊矣"[①],如果没有许慎的这部著作作为中介,后人又怎能弄清古文字的来龙去脉?仅此一点,许慎的功绩就是不朽的。

遗憾的是,世人知许慎者盖寡,知《说文》者实稀,能利用许作解字者尤为稀中之稀。考字者或不明字例,则不知结构含义;或不明声韵,则不知变易孳乳。其研究文字,宜乎茫茫然寸步难行矣。

(三)启发我们进行语源研究的重要著作

《说文》释义中关于语源的提示以及分析形体结构时对形声字(含会意兼形声字)的说解,都为我们提供了语源研究的重要依据。

所谓"关于语源的提示",是指以声训形式出现的、以探求语源意义或语转轨迹为目的的释义方法。这在上文里已经谈到。这里着重谈一下形声字的问题。

应当承认,许慎既然在《说文》释义中屡屡运用声符字或同声符字去解释被解释字,这本身就已经说明他对形声字的分析是别有会心的。前文所列《示部》诸字以音同或音近字相训以求语源的例子中,"祰"、"祠"、"禘"等字都属于这种情况。这里再举《马部》、《车部》中的几个例子。

骐,马青骊,文如博棋也。

騢,马赤白杂毛。从马叚声,谓色似鰕鱼也。

駧,驰马洞去也。

驯,马顺也。

钣,车耳反出也。

軜,骖马内辔系轼前者。

轈,兵高车如巢以望敌也。

以上各例中,都是明言的形声字,其说解语中有一个字同被解释字在形、音、义方面有密切关系,如"骐"与"棋"、"騢"与"鰕"、"駧"与"洞"、"驯"与"顺"、"钣"与"反"、"軜"与"内"、"轈"与"巢"等,这种关系显然是许慎已经认识到了的。也就是说,这种训释方式显然也是许慎自觉的运用,其目的是为了揭示词与词之间的同源关系。

不管许慎在《说文》中揭示的语源关系其准确性如何,但他的思想和认识是

① 杨树达:《积微居小学述林》,中华书局1983年版,第213页。

非常正确的、精到的，他为研究语源作了许多有益的探索，并为后人提供了许多坚实的证据和多方面的启示。

此外，《说文》提供的重文、读若和其他说解，在客观上也为我们提供了探求语源的线索（参阅本书第五章《语源学》）。

由此推之，《说文》的价值还有待于我们进一步用科学的研究方法去发现、总结，并加以运用。

（四）认识文字本义，从而考察其词义系统

《说文》解释的一般都是本义。所以，它又为我们从认识文字本义入手，进而考察其词义系统提供了依据。

我们查阅汉语辞书，会发现多义词的义项常常有本义、引申义与假借义之分。所谓本义，一般是指上古文献所能提供或证明的原始意义或基本意义。所谓引申义，就是由本义派生、发展而来并与本义相关的意义。在众多的引申义中，与本义关系较为密切的是近引申义，与本义关系较为疏远的是远引申义。远引申义一般是在近引申义的基础上形成的。本义与引申义之间，近引申义与远引申义之间，常常是经过了一个从具体到抽象、从个别到一般的发展演变过程，它们往往自成系统，有规律可循。而假借义则一般是指用作通假字或同形同音词的意义，它独立于引申系统之外。对于具体词来说，假借义很少，多数是本义以下的引申义。掌握了一个词的本义，其他诸多引申义也就很容易掌握了。这就是所谓"一领挈而全裘振，一纲举而万目张"。"领"和"纲"就是词的本义，掌握了它，可以举一反三、闻一知十，对把握词义、阅读古书有事半功倍之效。

比如"本"，《说文》："木下曰本。从木，一在其下。"徐锴曰："一，记其处也。""本"、"末"、"朱"皆用此法。"本"本指草木的根，如《国语·晋语一》："伐木不自本，必复生。"引申为草木记数单位，如《荀子·富国》："然后瓜桃枣李一本数以盆鼓，然后荤菜、百疏以泽量。"又引申为事物的根基、主体或原本，如《论语·学而》："君子务本。"《礼记·乐记》："乐者，音之所由生也，其本在人心之感于物也。"以之为主，故又引申为执掌，如《汉书·爰盎传》："是时绛侯为太尉，本兵柄。"以之为原本，故又引申为根据，如《易·乾》："本乎天者亲上，本乎地者亲下。"作副词"本来"解自然也是名词"原本"义的引申。

又如"末"，《说文》："木上曰末。"即树梢。如《左传·昭公十一年》："末大必折。"引申为泛指物的端或尾，如《孟子·梁惠王上》："明足以察秋毫之末。"人的四肢相对于身体躯干也是末，故引申指四肢，如《左传·昭公元年》："风淫末疾，雨淫腹疾。"也用以指抽象事物的末端，如《三国志·魏书·武帝纪》："光和末，黄巾起。"又引申为最后，如《尚书·立政》："我则末惟成德之彦。"又引申为衰老，如《礼记·中庸》："武王末受命。"又引申为不重要的、非根本性的，如《商君书·壹言》："能事本而禁末者富。"又引申为渺小的，如《易·咸》："咸其晦，志末也。"又引申为碎屑，如《晋书·鸠摩罗什传》："乃以五色丝作绳结之，烧为灰末。"

又如"约"，《说文》："缠束也。"如《诗经·小雅·斯干》："约之阁阁。"引申为缠束之物，如《左传·哀公十一年》："人寻约，吴发短。"特指绳索。又引申为约束、检束，如《论语·子罕》："约我以礼。"又引申为盟约、条约或相约，如《礼记·学记》："大信不约。"《史记·项羽本纪》："怀王与诸将约曰：'先破秦入咸阳者王之。'"盟约即有相互约束之义，故又引申为阻止，如《战国策·燕策二》："秦召燕王，燕王欲往，苏代约燕王。"由检束、约束义又引申为简约、简略，如《荀子·不苟》："总天下之要，治海内之众若使一人，故操弥约而事弥大。"简略义又引申为大约，是常见副词，后起义。简约就是简单，故又引申为节俭，如《荀子·荣辱》："约者有筐箧之藏，然而行不敢有舆马。"又引申为穷困，如《论语·里仁》："不仁者不可以久处约，不可以长处乐。"又引申为卑屈，如《国语·吴语》："王不如设戎，约辞行成，以喜其民，以广侈吴王之心。"

上述诸例表明，通过《说文》掌握了一个多义词的本义，其他引申义的诸多义项就不难掌握了。

（五）认识本字，破经典通假

用通假字的情况，在古代汉语特别是上古汉语里十分普遍。那么，怎样才能辨别本字与通假字呢？我们认为，首先要弄清一个词的本义，从而确定一个词的本字，而要想解决这个问题，相当程度上要依靠《说文》。如：

《诗经·魏风·硕鼠》："逝将去女，适彼乐土。"《公羊传·昭公十五年》徐彦疏引作"誓将去女"。考《说文》："逝，往也。""誓，约束也。""约束"当系指"约束以言"，知二字音同义殊，此文中当以"誓"为本字，用"逝"者，通假字。又如：

《尚书·舜典》："寇贼奸宄。"《史记·五帝本纪》引"宄"作"轨"。《左传·成公十七年》："乱在外为奸，在内为轨。"陆德明《释文》："轨，本又作宄。"考《说文》云："宄，奸也。外为盗，内为宄……读若轨。""轨，车彻也。"知二字音同义殊，"奸宄"字当以"宄"为本字，"轨"为通假字。又如：

《尚书·顾命》:"凭玉几。"郑司农注《周礼·春官·司几筵》引作"冯玉几"。考《说文》:"凭,依几也……读若冯。""冯,马行疾也。"知"依凭"字以"凭"为本字,"冯"是通假字。又如:

《诗经·齐风·东方未明》:"东方未晞,颠倒裳衣。"毛传:"晞,明之始升。"而《说文》训"晞"为"干",训"昕"为"旦明日将出",并说"读若希"。可见,"晞"、"昕"二字音近义殊,文中当以"昕"为本字,"晞"是通假字。[①]

(六)保存古义,借以解释古籍

北齐颜之推说:《说文》"隐括有条例,剖析穷根源,郑玄注书,往往引以为证"[②]。的确,《说文》中的训释,其保留古义者至多,解释古籍时往往用得着它。如1973年长沙马王堆出土帛书竹简《医经方·十一脉灸经》第二种(甲本)中有"肩以(似)脱,臑以(似)折。是肩脉主治"等语,说的是肩脉所主治的症状。这个"臑",或以为"羊豕之臂",或以为"牲畜的前肢",说者纷纭。陆宗达先生引《说文》说:"臑,臂羊矢也。"是说臂上的羊矢穴。后来引申,也叫臂为臑。用这种解释去读《医经方》,直接而准确[③]。

又如《左传》之《庄公十年》、《僖公十年》分别有如下两段话:

> 牺牲玉帛,弗敢加也,必以信。
>
> 欲加之罪,其无辞乎!

按照一般的解释,"加"就是"增加"、"加上"的意思,这种解释虽然也能讲得通,但总不达原旨。考之《说文》:"诬,加也。"可见"加"不是简单地"增加"、"加上"的意思。在古代汉语里,"诬"是捏造罪状以陷害无辜的意思,如《易传·系辞下》:"诬善之人其辞游。"故又作"欺骗"解,如《左传·襄公十四年》:"定姜曰:'无神何告?若有,不可诬也。'"可见,训"诬"的"加"是"凭空捏造,无中生有"的意思,按照这种理解去读上述《左传》二句,当是再准确不过的。[④]

(七)字典编纂的典范

汉字是一个浩瀚的海洋。如何把众多的汉字编排在一部字典里,使之系统、

---

① 以上诸例取自杨树达《积微居小学述林·说文读若探源》,其文意在探求许慎"读若"立说的根源所在,今则利用《说文》"读若"破文字通假,其次序相反,而其道理则一。

② [北齐]颜之推:《颜氏家训·书证》。

③ 参见陆宗达《说文解字通论》,北京出版社1981年版,第9~10页。

④ 参见陆宗达《说文解字通论》,北京出版社1981年版,第152~153页。

易检，确实是一个老大难课题。直至今天，用部首归字法编写的各种大型字典，其中许多字在不同字典里都归属到不同部首里，给读者带来诸多不便，足见此事之不易。

而早在许慎时代，他就确立了“分别部居，不相杂厕”的编排原则，并创造性地使用540部首统率各部之字的办法，这在当时无疑是最为科学的了。正如段玉裁所说：

> 五百四十字可以统摄天下古今之字，此前古未有之书，许君之独创。若网在纲，如裘挈领，讨原以纳流，执要以说详。[①]

为了从形、音、义三方面去探讨文字结构，许慎采用先释义、次释形、最后释音的办法。这种解说形式也是符合汉字实际的，算是抓住了汉字的特色和本质。段玉裁说：

> 必先说义者，有义而后有形也；音后于形者，审形乃可知音，即形即音也。合三者以完一篆。说其义而转注、假借明矣；说其形而指事、象形、形声、会意明矣；说其音而形声、假借愈明矣。一字必兼三者，三者必互相求；万字皆兼三者，万字必以三者彼此交错互求。[②]

段玉裁可谓许氏知音矣。

此外，《说文》采用的具体的释义方法也给后人进行字典编纂和词义训释提供了许多宝贵的经验和有益的启示，比如前文所述《说文》采用的训释方法至今仍是字典编纂工作者所常用的方法。

《说文》释义的准确、用语的简练，也是古代字典的典范，如：

> 《说文》：“盈，满器也。”段玉裁注：“‘满器’者，谓人满宁之……《水部》‘溢’下云：‘器满也。’则谓器中已满。‘满’下云：‘盈溢也。’则兼满之、已满而言。许书之精严如此。”

《说文》训释中也有对同义词进行辨析的，仔细阅读，不难觉察。如：

> 《说文》：“疾，病也。”“病，疾加也。”段玉裁注：“析言之，则病为‘疾加’；浑言之，则疾亦病也。”

《说文》对同类词的词义分析尤为精到。如：

---

① ［清］段玉裁：《〈说文解字·叙〉注》。

② ［清］段玉裁：《〈说文解字·叙〉注》。

矇,“童蒙也。一曰:不明也”。段玉裁注:“谓目童子如蒙覆也。”

盲,“目无牟子”。段玉裁注:“‘无牟子’者,白黑不分是也。”

䀹,“目陷也”。

瞽,“目但有眹(依段注)也”。段玉裁注:“‘但有眹’者,才有缝而已。”

瞍,“无目也”。段玉裁注:“‘无目’者,其中空洞无物。”[①]

总之,《说文》创建的字典编纂原则和具体释义方法都值得后人认真总结和借鉴。正如黄德宽、陈秉新先生所说:

许慎建构的编排和解说系统,使《说文》具有双重特点:就其功用而言,它是一部实用性“字书”;就其内涵而言,它则是一部研究性文字学专著。正因为这种双重性,汉语文字学和汉字字书的编纂均以它为渊源。后世的字书,正是以《说文》为编纂的楷模,突出其应用性、工具性,不断完善和发展起来的,而汉语文字学也崛起于许慎奠基的这块土地上。[②]

《说文》的作用和功绩还可以说出许多,比如它可以帮助我们了解古代社会的生产生活状况、科学发展状况、古代典章制度、古人习俗等等(如收录牲畜的名称特别多,区别非常具体、详细,甚至不同年龄、不同毛色、不同高度的牲畜名称也往往不同,说明这些词当产生于畜牧时代;从加“贝”旁的“货、财、贿、赂、买、卖、贾、贵、贱、贡、赋、赢”等字来看,可以知道古代的货币是用贝,而不是用金银;《邑部》记载地名 160 多个,其中 140 余处说明了具体位置;《水部》记载水名 130 多条,并说明了发源地和流经方向,更是宝贵的地理学资料)。此外,它本身就是一部标准化的文字学著作,它在统一汉字形、音、义方面自然也曾起到过非同寻常的作用。限于篇幅,难以尽述。

六、《说文》的局限性

当然,在语言和文字经过了漫长的岁月以后,要去探讨造字的初衷、造字之源、造字方法,探讨文字形体、读音与意义之间的内在关系,甚至还要通过文字的形体、读音与意义去探讨语源,并且是靠自己一个人的力量、第一次大规模地做

① 以上 5 例见许嘉璐《〈说文解字〉释义方式研究》,载《词典和词典编纂的学问》,上海辞书出版社 1985 年版,第 101 页。

② 黄德宽、陈秉新:《汉语文字学史》,安徽教育出版社 1990 年版,第 43 页。

这些工作，还由于时代的局限、科学水平的局限、作者认识水平的局限等，这就自然注定许慎的《说文》不可能不带有许多不足乃至错误。如：

（一）释形的错误

许慎时代没有今人这样幸运，他接触到的金文相当之少，又没有见到甲骨文，更谈不上吸收这方面的种种研究成果。他分析文字的形体主要是通过小篆，而小篆是已经相当成熟了的、并且是历史很晚的字体，较之早期的文字已经有了许多重大的变化，更不用说与文字的原始形态相比较了。根据这些字形去探讨"一点一画之所由生"，自然会夹杂着许多主观猜测。比如：说"函"象舌形，而在甲骨文里实为矢在器中之形，表示"盛矢之器"；说"伐"是"从人持戈"，会意，而甲骨文象以戈砍头；说"龍"是"从肉，飞之形，童省声"，而实为整体象形；说"為"是"母猴"（马猴、沐猴），其实，甲骨文中"為"是"以手役象之形"，表示"从事某种劳作"的意思；据"射"字篆文从"矢"从"身"，因而说"射"是"弓弩发于身而中于远"，或从"寸"者，说"寸，法度也，亦手也"，殊不知在甲骨文和金文中"射"都是箭在弦上欲发之形，与"身"、"寸"并没有关系。

（二）释义的错误

释义正确与否与释形是否正确有直接关系，如上文说到的"為"就是一例，那是完全说错了的。有些则是把引申义说成是本义了，如"行"本象四达之衢，而《说文》据其变形解成了"人之步趋"；"保"本象负幼儿于背之形[①]，而《说文》则解成了"养"。这就颠倒了本义和引申义的关系，而《说文》是向以阐述字的本义为宗旨的。又由于作者受当时科学水平的限制，有些解释显然是十分可笑的，如训"蛟"为"龙"的一种，说"池鱼满三千六百，蛟来为之长，能率鱼飞，置笱水中即蛟去"等，纯属无稽之谈。特别是由于作者生活在封建思想统治的社会里，在说解中又加入了不少封建说教，这就更不足为训了。如训"王"为"天下所归往"，又引董仲舒的话说"古之造文者，三画而连其中谓之王。三者，天地人也，而参通之者，王也"，又引孔子的话说"一贯三为王"，等等。

（三）部首编排法还不够科学

前面说过，创建540部首用以统率全书被解释字，这是许慎的一大贡献，它为后来编制汉字字典辞书提供了样板。但是，要想用部首统率全部汉字，并且要

① 参见唐兰《殷虚文字记》，中华书局1981年版，第58～59页。

使部首与部首之间、同一部首中前后字之间都能体现某种系统性，这几乎是不可能的。特别是有些部首的内部关系许慎没有弄清，以致被人为地分割了。如古文中"人"与"儿"本是一个字的不同写法，却被远远地分开了。整个部首排列用"始一终亥"的次序也不科学，各部首内部的字，其排列顺序也常常无严格的规律可循。

尽管如此，许慎敢于去做并已经做到，仅这一点，就足以体现许慎的创造精神，足以体现他所从事的事业是开天辟地般的事业，他的《说文》自然也是开天辟地般的巨著。无怪乎《说文》诞生之后，一切字书就都变得黯然失色，而它却在千百年间被文字训诂学家、经学家和一切汉学家奉为"据形说字之祖"[①]，被考文字者"奉为百世不祧之祖"[②]。"盖许书之作，'隐括有条例，剖析穷根源'。不明字例，不知一点一画所由形；不明声韵，不知本义借义所由出"，其间所论，即或"未必悉契合乎先民制作之精"，但"此可为好学深思、心知其意者道，而不容一二庸妄之徒藉口也"。[③]

七、《说文》研究概况

(一)清代以前的《说文》研究

清代以前的《说文》研究者，首推三人：一个是唐代的李阳冰，另外两个是南唐时代的徐铉、徐锴二兄弟。

李阳冰，字少温，约生于唐开元年间，卒年不详。赵郡(今河北赵县)人。曾为缙云令、当涂令。官至将作少监。工小篆。初学李斯《峄山碑》，据说后来曾对仲尼《吴季札墓志》有所借鉴，便变化开合，自成面目。宋元人称其不下李斯，受到后人推重。曾刊定《说文》30卷，今不传。据《说文》徐铉校定本所引及徐锴《说文解字系传》，李阳冰大致做了不少正形(纠正《说文》篆文的写法及形声的分析)、正义(对《说文》的解说提出不同意见)的工作，其中虽然有不少误改的地方，但总的来说，他刊定《说文》还是有功绩的。

徐铉、徐锴是两兄弟。徐铉，字鼎臣，生于后梁贞明二年(916)，卒于北宋淳

---

① 杨树达：《积微居小学述林·廖海廷序》，中华书局1983年版。

② 杨树达：《积微居小学述林·曾运乾序》，中华书局1983年版。

③ 杨树达：《积微居小学述林·曾运乾序》，中华书局1983年版。

化二年(991),扬州广陵(今江苏扬州)人。初仕吴,为校书郎,南唐代吴以后,官至吏部尚书。后随后主李煜归宋,为太子率更令,加给事中,官至散骑常侍。他一生最大的学术功绩就是对《说文》进行了全面的整理、校定,今以大徐本行世。在大徐本中,除对《说文》做了版本订正、增补正文、补新附字、加注反切等工作外,还对《说文》做了简要注释。这些注释有些是他个人的见解,凡注"臣铉等曰"者便是,这一类共 407 条;有的是引用他弟弟徐锴的看法,凡注"徐锴曰"者便是,这样的也有 141 条;另外还有几条是引用了李阳冰的意见。注释的内容大体分辨形、辨音、辨义三类。其中虽有可取之处,但也不乏谬误。

徐锴,字楚金,生于后梁贞明六年(920),先于兄卒于北宋开宝七年(974)。书工八分和小篆,与徐铉同享大名于江左。南唐中主李璟见其文,以为秘书省正字。曾作《说文解字系传》40 卷,今本有缺佚。40 卷中,除后十卷是杂论外,前三十卷都是逐条解释《说文》的,一般用"臣锴曰"、"臣锴案"的形式与原作相区别。他的解释常常是补充本义、增补别义或引申义。比如《说文》训"婴"为"颈饰",他在下面作了增补:"徐锴曰:又,女曰婴。"是补充了别义。《说文》训"极"为"栋",他在下面增补道:"徐锴曰:按极,屋脊之栋也。今人谓高及甚为极,义出于此。"这是补充了引申义。

徐锴的《说文解字系传》,虽然说错了的地方也不少,但它确实为《说文》做了不少注解工作,在《说文》研究史上有承前启后之功。在清代《说文》学兴盛以前,二徐的功绩是最值得肯定的。

(二)清代《说文》研究四大家

清代是传统语言文字学鼎盛时期,也是《说文》研究的鼎盛时期。据近人丁福保《说文解字诂林》附录统计,有清一代研究《说文》并有著述传世者多达 203 人。其中最为突出的是段玉裁、桂馥、王筠和朱骏声四家,后人称为清代《说文》研究四大家。四家之外,其成就卓著可观者亦不下数十家。下面简要介绍四大家及其研究成果。

1. 段玉裁和他的《说文解字注》

段玉裁生于雍正十三年(1735),卒于嘉庆二十年(1815)。字若膺,号茂堂,江苏金坛人。乾隆二十五年(1760)举人。后至京师师事戴震,曾当过贵州玉屏县知县、四川富顺县和巫山县知县。46 岁时以父老引疾归,潜心学问 30 余年,81 岁卒。段氏一生著述很多,有《六书音均表》、《古文尚书撰异》、《毛诗故训传定本》、《诗经小学》、《周礼汉读考》、《春秋左传古经》、《汲古阁说文订》、《说文解字注》、《经韵楼集》等30余种，其中影响最大的是《说文解字注》。

《说文解字注》初名《说文解字读》。撰写起始于富顺县知县任上，成书于1807年，历时31年。这部书倾尽了他的心力，最能体现他的语言文字学思想和语言文字学成就。朱骏声赞扬他说："治《说文》者，精审无过段氏。"[①]王念孙也感叹说："千七百年来无此作矣。"[②]

《说文解字注》对《说文》研究的主要功绩体现在以下六个方面：

(1)纠正俗讹。《说文》问世之后到清代中叶，其间已历时1700余年，其讹误之处不可胜计。段氏搜集了各种版本，参照他书征引，详加考订，使《说文》得以以最好的版本流传于世。据郭在贻、傅卓荦统计：共正误字835条，讹音749条，指明通用字1614条(包括异体字、古今字、经典通用字、同音假借字、因隶变而产生的或体字、经典习惯用字)，《说文》的无字288条，俗字672条，假借字1287条，引经异字806条。[③] 其中不少校正已随着近世有关材料的发现而得到证实。其对今本《说文》字形所作的一些订正，能与近世出土的商周古文暗合[④]；又近代发现唐写本《说文》"木部"残卷，文字与今本多有不同，而段氏改易之字与唐写本暗合的，实不可胜数。[⑤] 可见段氏在这方面的成就是很惊人的。

(2)发明条例。《说文》一书，"其建首也，立'一'为耑，方以类聚，物以群分，同牵条属，共理相贯，杂而不乱，据形系联，引而申之，以究万原"[⑥]。其博大精深，难为一般人所理解。为此，段氏对它的分部原则、各部之字的编排规律及许氏说解条例都作了阐发，很便于初学。如：

"一"下注："凡云'凡某之属皆从某'者，自序所谓'分别部居，不相杂厕'也。"

"醫"下注："许书之例，必先举篆之'从某从某'或'从某，某声'，而下又

---

① ［清］朱骏声：《说文段注拈误》。

② ［清］王念孙：《说文解字注序》，载段玉裁《说文解字注》。

③ 参见郭在贻、傅卓荦《段玉裁》，载吉常宏、王佩增主编《中国古代语言学家评传》，山东教育出版社1992年版，第491页。

④ 郭在贻、傅卓荦文引于省吾《从古文字学方面来评判清代文字声韵训诂的得失》，载《历史研究》1962年第2期。

⑤ 郭在贻、傅卓荦文引张舜徽《广校雠略》，中华书局1963年版，第99页。

⑥ ［汉］许慎：《说文解字·叙》。

释其‘从某’之故，往往云‘故从某’者是也。”

“弌”下注：“凡言‘古文’者，谓仓颉所作古文也。”

“洒”下注：“凡言某字‘古文以为某字’者，皆谓古文假借字也。”

“吏”下注：“凡言‘亦声’者，会意兼形声也。凡字有用六书之一者，有兼六书之二者。”

“一”部下注：“凡部之先后，以形之相近为次；凡每部中字之先后，以义之相引为次。”

“秏”下注：“许书之例，谓《周官经》曰《周礼》，谓十七篇曰《礼》，十七篇之记谓《礼记》。”

“缙”下注：“凡许云《礼》者，谓《礼经》也，今之所谓《仪礼》也。”

“卤”下注：“凡既‘从某’而又‘象其形’，谓之合体之象形，多不成字；其成字者则会意也。”

(3)对《说文》的训释进行形、音、义的综合考察和阐述。这是段氏做的最为重要的工作，也是成就最大的一个方面。

首先是对字形进行了精辟的分析。如《说文》训“歺”为“列骨之残”，说字“从半冎”。段玉裁注：“冎，剔人肉，置其骨也。‘半冎’，则骨残矣。”就是说，这个“歺”是“半冎”之形。“冎”，则是剔去肉剩下的骨头；而又“半”之，自然是“残骨”的意思。这就从形体上把“从半冎”的“歺”字讲清楚了。这是一个部首字。部首字本义既明，那么，该部首所属之字就好讲了，如“殁”、“殟”、“殂”、“殛”、“殪”、“殡”、“歼”、“殚”、“殉”、“殃”等大致多与“伤残”、“死亡”有关。又如：

“晶”下注：“凡言物之盛，皆三其文。”

是说由三个独体字合成一个字，这样的字往往能表示“物之盛”。如“磊”从三石，《说文》训为“众石”；“品”从三口，则训为“众庶”；“垚”从三土，则训为“土高”等。

从语音上去分析的，如《说文》说“茸”为“耳”声，段玉裁注：“此形声之取双声，不取叠韵者。”就是说，“茸”从“耳”声，两者双声。这是分析形声字的主谐字与被谐字之间的语音关系。

又如《说文》训“泐”为“水石之理也”，段氏认为“石”字是衍文。他说：

《阜部》曰：“阞，地理也。从阜。”《木部》曰：“朸，木之理也。从木。”然则“泐”训“水之理，从水”无疑矣。浅人不知水有理，又见下文引《周礼》说“石”，乃妄增一字。水理如“地理”、“木理”可寻，其字皆从“力”。力者，人身之理也。

在“防”下又注曰：

力者，筋也。筋有脉络可寻，故凡有理之字皆从力。阞者，地理也。朸者，木理也。泐者，水理也。《手部》有“扐”，亦同意。

又如《说文》训“㴱”为“深”，段注：

此以今字释古字也。“㴱”、“湥”古今字……《水部》“湥”下但云“水名”，不言“浅之反”，是知古深浅字作“㴱”，“深”行而“㴱”废矣。有穴而后有浅深，故字从“穴”。《毛诗》“㴱入其阻”，《传》曰：“㴱，深也。”此“㴱”字见六经者。毛公以今字释古字，而许袭之，此“㴱”之音义原流也。

这就把“㴱”的形、音、义以及与“㴱”、“深”之间的关系都讲清楚了。

(4)揭示了字义(词义)的发展规律。段玉裁曾在《经韵楼集》中说：

凡字有本义，有引申假借之余义焉。守其本义而弃其余义者，其失也固；习其余义而忘其本义者，其失也蔽。蔽与固皆不可以治经。

所以，他特别注意区分本义与引申义、本义与假借义，注意探求词义的发展规律。如《说文》训“盗”为“黍稷器，所以祀者”，段注：

各本作“黍稷在器以祀者”，则与“盛”义不别。今从《韵会》本……“盗”谓谷也，“盛”谓在器也。许则云器曰“盗”，实之则曰“盛”……盖许主说字，其字从皿，故谓其器可盛黍稷曰盗。要之，盗可盛黍稷，而因谓其所盛黍稷曰盗。凡文字故训引申每多如是，说经与说字不相妨也。

“盗”即“粢”字，段氏说清楚了本义与引申义的关系，解释了经典故训。

又如《说文》训“鬈”为“发好”，段注：

《齐风·卢令》曰：“其人美且鬈。”《传》曰：“鬈，好貌。”《传》不言“发”者，《传》用其引申之义。许用其本义也。本义谓“发好”，引申为凡好之称。凡说字必用其本义，凡说经必因文求义，则于字或取本义，或取引申、假借，有不可得而必者矣。故许于《毛传》，有直用其文者，凡毛、许说同是也。有相近而不同者，如毛曰“鬈，好貌”，许曰“发好貌”；毛曰“飞而下曰颉”，许曰“直项也”是也。此引申之说也。有全违者，如毛曰“匪，文章貌”，许曰“器似竹筐”；毛曰“干，涧也”，许曰“犯也”是也。此假借之说也。经传有假借，字书无假借。

又“中”下注：

凡云“古文以为某字”者，此明六书之假借以用也。本非某字，古文用之为某字也，如古文以“洒”为“洒扫”字，以“疋”为《诗》“大雅”字，以“丂”为“巧”字，以“臤”为“贤”字。

“西”下注：

此说六书假借之例。假借者，本无其字，依声托事。古本无“东西”之“西”，寄托于鸟在巢上之“西”字为之，凡许言“以为”者类此：“韦”本训“相背”，而以为“皮韦”；“乌”本训“孝乌”，而以为“乌呼”；“来”本训“瑞麦”，而以为“行来”；“朋”本古文“凤”，而以为“朋党”；“子”本训“十一月阳气动万物滋”，而以为人称。

(5)进行同义词辨析。《说文》已经注意到同义词的辨析了，如“获”从“犬”，故训为“猎所获”；“穫”从“禾”，故训为“刈谷”，这是从形体上找辨析的根据。又如“媒”训为“谋”，说“谋合二姓”；“妁”训为“酌”，说“斟酌二姓”，这是从语音、语源上找辨析的根据。又如说“在墙曰牖，在屋曰窗”，这是从词所指事物的特点上找辨析的根据，等等。

段氏在辨析同义词方面更为具体、精审。他多用“浑言之不别，析言之有异”的说法。如“墓”下注：

……然则丘自其高言，墓自其平言。浑言之则曰：“丘，墓也。”

又《说文》训“坟”为“墓”，段注：

此浑言之也。析言之，则墓为平处，坟为高处。

又《说文》训“见”为“视”，训“视”为“瞻”。“见”下段注：

析言之，有视而不见者，听而不闻者。浑言之，则“视”与“见”、“闻”与“听”一也。《耳部》曰：“听，聆也。”“闻，知声也。”此析言之。

“视”下段注：

《目部》曰：“瞻，临视也。”视不必皆临，则“瞻”与“视”小别矣。浑言不别也。

又《说文》：“宫，室也。”段注：

宫言其外之围绕，室言其内。析言则殊，统言不别也。

又《说文》：“腯，牛羊曰肥，豕曰腯。”段注：

人曰肥，兽曰腯。此人、物之大辨也。又析言之，则牛羊得称肥，豕独称腯。

又《说文》:"祥,福也。"段注:

凡统言,则灾亦谓之祥;析言则善者谓之祥。

又《说文》:"囿,苑有垣也。"段注:

《周礼》注曰:"囿,今之苑。"按:古今异名。许析言之,郑浑言之也。

又"冠"下注:

析言之,冕、弁、冠三者异制;统言之,冕、弁,亦冠也。

又"疾"下注:

析言之,则病为"疾加";浑言之,则疾亦病也。

又"刻"下注:

金谓之镂,木谓之刻,此析言之;统言则刻亦镂也。

又"讽"下注:

《大司乐》"以乐语教国子,兴道讽诵言语",注:"倍文曰讽,以声节之曰诵。"……《周礼》经注析言之,讽、诵是二;许统言之,讽、诵是一也。

关于段玉裁辨析同义词的方法,周光庆曾从两方面加以概括。其中最主要的一条是比较同义词的指称意义。又详分为六种情况[①]:

第一种情况,是从词所表达的概念的种属上比较。如:

《说文》:"器,皿也。"段注:"《皿部》曰:'皿,饭食之用器也。'然则皿专谓食器,器乃凡器统称。"

《说文》:"香,芳也。"段注:"芳谓草香,则泛言之。"

第二种情况,是从词所指称现象的特征上比较。如:

《说文》:"唯,诺也。""诺"下段注:"唯、诺有急、缓之别。统言之则皆应也。""唯"下段注引《礼记·玉藻》"父命呼,唯而不诺"云:"析言之也。"

《说文》:"啼,号也。"段注:"号,痛声;哭,哀声。痛在内,哀形于外,此啼与哭之别也。"

第三种情况,是从词所指称的行为方式上比较。如:

"犁"下注:"盖其始,人耕者谓之耕,牛耕者谓之犁。其后互名之。"

第四种情况,是从词所指称的行为对象上比较。如:

---

① 周光庆:《段玉裁对古汉语词义关系的研究》,载《华东师范大学学报》(哲学社会科学版)1987年第3期。

“唁”下注：“……以吊生为唁，别于吊死为吊也。何注《公羊》云：‘吊亡国曰唁，吊死曰吊。’与此相发明。”

第五种情况，是从词所指称现象的程度上比较。如：

《说文》：“眷，顾也。”段注：“顾者，还视也；眷者，顾之深也。顾，止于侧而已；眷则至于反。”

第六种情况，是从词所指称事物的质地上比较。如：

《说文》：“笵，法也。”段注引玄应曰：“以土曰型，以金曰镕，以木曰模，以竹曰笵，一物材别也。”

此外值得注意的是，段氏还常常从语源关系上辨析同义词。如：

《说文》训“训”为“说教”，训“诲”为“晓教”。段注：

说教者，说释而教之，必顺其理。

晓之以破其晦，是曰诲。

这就是说，“训”的语源是“顺”，“诲”的语源是“晦”（以“晓”破“晦”，变“晦”为“晓”）。

《说文》：“鸟在木上曰巢，在穴曰窠。”段注：

巢之言高也，窠之言空也。

这就是说，“巢”的语源是“高”，“窠”的语源是“空”。

又如“悲”下注：

憯者，痛之深者也。恫者，痛之专者也。悲者，痛之上腾者也。各从其声而得之。

为什么说“憯”是“痛之深者”呢？因为字从“朁”声，与从“朁”得声的“潜”音义有相通之处。《尔雅·释言》：“潜，深也。”所以段氏解“憯”为“痛之深者”。为什么说“恫”是“痛之专者”呢？因为“恫”从“同”声，“同”含有“一”的意思。“一”即是“专”义。为什么说“悲”是“痛之上腾者”呢？因为“悲”从“非”声，据段氏考察，从“非”得声之字多有上腾的意思。这些都是从语源意义上的不同进行辨析的。其语源意义是“各从其声得之”。

(6)揭示文字孳乳规律。这里的“文字孳乳”实际上就是语词派生。因段注为《说文》而作，所以从文字角度去说。

先举一组例子：

《说文》：“句，曲也。”段注：“凡曲折之物侈为倨，敛为句……凡地名有

'句'字者，皆谓山川纡曲，如句容、句章、句余、高句骊皆是也。凡章句之句，亦取稽留可钩乙之意。古音总如钩。"

《说文》："朐，脯挺也。从肉，句声。"段注："凡从句之字皆曲物。"《仪礼·士虞礼》："朐在南。"郑玄注："朐脯及干肉之屈也。屈者在南变于吉。"

《说文》："翑，羽曲也。从羽，句声。"段注："凡从句者皆训曲。"

《说文》："拘，止也。从手句，句亦声。"《汉书·司马迁传》："尝窃观阴阳之术，大详而众忌讳，使人拘而多畏。"颜师古注："拘，曲碍也。"

《说文》："痀，曲脊也。从疒，句声。"段注："《玉部》'玖'下曰：'读若人句脊之句。'二'句'字皆'痀'之误也。"

《说文》："跔，天寒足跔也。从足，句声。"段注："跔者，句曲不伸之意。"

《说文》："剞，镰也。从刀，句声。"按：其形曲。

《说文》："軥，轭下曲者。从车，句声。"

《说文》："钩，曲钩也。从金句，句亦声。"段注："'钩'字依《韵会》补。曲物曰钩。因之，以钩取物亦曰钩……按'句'之属三字(拘、笱、钩)，皆会意兼形声。不入手、竹、金部者，会意合二字为一字，必以所重为主。三字皆重'句'，故入'句部'。"

《说文》："绚，纑绳钩也。从系，句声。读若鸠。"段注："绚，纠合之谓，以'读若鸠'知之。"

《说文》："笱，曲竹捕鱼笱也。从竹句，句亦声。"段注："曲竹，故从'竹句'。"

《说文》："耇，老人面冻黎若垢。"朱骏声《说文通训定声》："老人伛偻也。"

《说文》："雊，雄雉鸣也。雷始动，雉乃鸣而句其颈。从隹句，句亦声。"

从许慎将"钩"、"拘"、"笱"、"雊"等字解为会意兼形声这一点来看，他已经认识到这些字从"句"得声而都有"曲"义并非偶然，只是段玉裁分析得更为自觉和深刻了。他在"禛"字下注道：

此亦当云："从示从真，真亦声。"不言者，省也。声与义同原，故谐声之偏旁多与字义相近，此会意、形声两兼之字致多也。《说文》或称其会意，略其形声；或称其形声，略其会意。虽则省文，实欲互见。不知此则声与义隔。又或如宋人《字说》，只有会意，别无形声，其失均诬矣。

据此，段玉裁还总结出“凡字之义必得诸字之声”、“从某得声之字多有某义”(有时说“凡从某声皆有某义”等，绝对化了，不对)的条例。段氏《说文解字注》一书，类似的说法约有80余处。如：

“暂”下注：“凡同声多同义。”

“晤”下注：“同声之义必相近。”

“欤”下注：“音同义相近也。”

“词”下注：“形在而声在焉，形声在而义在焉。”

“犨”下注：“凡形声多兼会意。”

具体概括声义关系的，如：

“芋”下注：“凡‘于’声字多训大。”

“齮”下注：“凡从‘奇’之字多训偏。”

“诐”下注：“凡从‘皮’之字皆有分析之意。”

“浓”下注：“凡‘农’声字皆训厚。”

“枼”下注：“凡木片之薄者谓之枼，故叶、牒……字皆用以会意。”

这种认识是承宋代“右文说”而来的，但段氏有了很大发展。综观全书，我们可以看到，他并不胶执于“右文”，而强调了“声”，这是一大进步。

对联绵词的孳乳也有类似的分析。如：

“犹”下注：“古有以声不以义者，如‘犹豫’双声，亦作‘犹与’，亦作‘尤豫’，皆迟疑之貌。”

“佝”下注：“‘佝瞀’……二字多有或体……其音同，其义皆谓愚蒙也。”

“旖”下注：“许于旗曰‘旖施’，于木曰‘檹施’，于禾曰‘倚移’，皆读如‘阿那’……知以音为用，制字日多。”

段氏据此音近义通的文字孳乳规律还纠正了一些错误的训释。如《说文》训“侊”为“小貌”，段注：

“小”当作“大”，字之误也。凡“光”声之字多训光大，无训“小”者。《越语》：“句践曰：谚有之曰：‘觥饭不及壶飧。’”韦云：“觥，大也。大饭谓盛馔。盛馔未具，不能以虚待之，不及壶飧之救饥疾也。言已欲灭吴，取快意得之而已，不能待有余力。”《韩诗》云：“觥，廓也。”许所据《国语》作“侊”，“侊”与“觥”音义同。《广韵·十一唐》曰：“侊，盛貌。”用韦注。《十二庚》曰：“侊，小貌。”用《说文》。盖《说文》之讹久矣。

看来，段氏的怀疑是有道理的。

为了发扬音近义通的理论并使之更广泛地用于训诂实践，段氏还著有《六书音均表》，包括《今韵古分十七部表》、《古十七部谐声表》、《古十七部合用类分表》等，其中《古十七部谐声表》就是以《说文》谐声偏旁求古音，是"同声必同部"理论的具体实践。他说："于十七部不熟者，其小学必不到家，求诸形声难为功也。"[①] 部分十七，虽然未为笃论，但如果对文字声韵不熟，"其小学必不到家，求诸形声难为功"，则是一定的。

当然，段书也有不足之处。就拿他的音义相关的理论来说，这也许是他最有成就的学术思想：他在分析形声字和形声兼会意之字的时候，特别注重所从得声的声符字同意义之间的联系，这是他较之前代《说文》研究者聪明的地方，是他的一大成就。但由于限于注疏体，他对音义相关的理论往往不能畅其说，因而显得零散。比如他总结了许多"从某声之字多有某义"这一语言现象，是很有见地的，也符合语言实际；因为是研究《说文》的著作，所以在研究形声字的时候，他往往把基本着眼点放在"声符字"上，也是自然的。但给人的印象还是太注重形体，也就是说，他对形声字音义关系的分析还不够全面、不够科学。如上文说到"从'句'声字多有句曲义"，这个结论固然可取，因为它反映了一定的语言事实，但从"句"声之字又或有别的义类，如"狗"、"驹"等字又多有"小"义，音义与"羔"、"后"相通，或别有来源[②]。类似这种情况，在文字孳乳（语词派生）中是非常普遍的，应予以揭示。另外，限于他的古音学思想，他对古音的分析也常常不够准确，因而对音义关系的分析也有不少牵强的地方。其余如说法上的前后不一甚至矛盾（这是由卷帙浩繁、写作时间过久而又审读失检造成的），体例上的不够严密、不够科学等，也是瑕疵。

2. 桂馥和他的《说文解字义证》

桂馥（1736～1805），字冬卉，一名天香，号未谷，山东曲阜人。在乾隆末年55岁时中进士。早年曾任职北京国子监，后补任山东长山县训导。60岁时出任云南永平知县，后移任顺宁知县。平生著述丰富，其中以《说文解字义证》最为精深博大。

---

① ［清］段玉裁：《与刘端临书》第八书。

② 参见陆宗达、王宁《训诂与训诂学》，山西教育出版社1994年版，第226～227页。

《说文解字义证》共50卷，所谓“义证”，就是广征经史子集，对《说文》说解加以疏证。其书先以大字列出许书原文，再取南北朝隋唐人疏解经传旧式，低一格双行用小字加以疏解。如果古籍所载与《说文》不同，就在疏解前顶格双行小字列出。“取证于群书”，故题曰“义证”。

该书引征材料极为丰富，或引他书解说以证许书，或引他书以补许书，或引他书所引许书以相参证，是研究《说文》最为重要的学术著作之一。它的缺点是宗《说文》而泥，故有不少皮傅之说。

关于段玉裁和桂馥的著作，张之洞曾作过比较。他在《说文解字义证叙》中说：

> 窃谓段氏之书，声义兼明，而尤邃于声；桂氏之书，声义并及，而尤博于义。段氏钩索比傅，自以为能冥合许君之旨，勇于自信，欲以自成一家之言，故破字创义为多；桂氏敷佐许说，发挥旁通，令学者引申贯注，自得其义之所归。故段书约而猝难通辟，桂书繁而寻省易了。夫语其得于心，则段胜矣；语其便于人，则段或未之先也。

这段话大致说出了段、桂二书的特点。

3. 王筠和他的《说文句读》等两种

王筠(1784～1854)，字贯山，号菉友，山东安丘人。道光元年(1821)举人。曾任山西宁乡(今中阳)知县，代理徐沟(今清徐)、曲沃知县。平生著述20余种，影响最大的是《说文句读》、《说文释例》两种。

《说文句读》30卷，是在段玉裁《说文解字注》、桂馥《说文解字义证》、严可均《说文校议》三书的基础上，删繁就简、斟酌损益而成的。其中虽多本他人之说，但自加斟酌而加以考辨的也有1100余事。此书虽曰“便初学诵习”，但仍然有很高的学术价值。

《说文释例》20卷，目的是“明许君之奥旨，补茂堂所未备”，显然与前书不同。全书重点是在前十二卷，分三大部分：一是解释六书；二是解释古文、籀文、或体、俗体、重文；三是解释《说文》列字次序及解说术语。该书分析详备，每例之下，列若干正例和若干变例。作者对《说文》烂熟于心，“羊枣脍炙，积二十年，然后于古人制作之意、许君著书之体、千余年传写变乱之故、鼎臣以私意窜改之谬，犁然辨晰具于胸中”，于是“条分缕析，为之疏通其意”，卓然成一家之言。

4. 朱骏声和他的《说文通训定声》

朱骏声(1788～1858),字丰芑,号允倩,江苏吴县人。曾任安徽黟县训导。咸丰元年(1851)以所作《说文通训定声》、《古今韵准》、《说雅》等书40余卷奏上,受到咸丰皇帝的褒奖,加国子博士衔。后升扬州府学教授,因风痺不能到任,解官后侨居黟县,自号"石隐山人"。朱骏声少时曾从钱大昕学,后主讲于暨阳、萧山等书院,一生以致力于古学自娱。平生著述100余种,已刊行者20余种。其中以《说文通训定声》一书用力最勤,影响最巨。

《说文通训定声》打破《说文》540部首的顺序,将其中全部字分析出1137个声符字(所谓"声母"),再按古韵十八部编排。十八部名称用《周易》卦名代替,分别是丰部(即清人东部)、升部(蒸部)、临部(侵部)、谦部(盐部)、颐部(之部)、孚部(幽部)、小部(宵部)、需部(侯部)、豫部(鱼部)、随部(歌部)、解部(支部)、履部(脂部)、泰部(祭部)、乾部(元部)、屯部(文部)、坤部(真部)、鼎部(耕部)、壮部(阳部)。他在《自叙》中说:"部标十八,派以析而支以分;母列一千,声为经而义为纬。"这是他的苦心所在,也是他的独创之处。

这部著作所以定名为《说文通训定声》,是因为它是由三部分组成的:一是"说文",二是"通训",三是"定声"。这也是他费尽心机的表现之一。

第一部分是"说文"。"题曰'说文',表所宗也。"大体以解释形体和本义为主,一般是首先列出《说文》的解释,再征引雅书、字书的解释加以补充,然后再征引各种典籍加以疏证,往往能从文字形音义的发展上结合实际文献中的运用情况详加考察。这些都是"正义"。"正义"之下又列"别义"一项,多是本义、引申义、假借义以外的别一种意义。难能可贵的是,朱骏声说是"宗《说文》",但也不是无原则的。碰到他认为是许慎说错了的地方,他也敢于发表自己的意见。

第二部分是"通训"。"曰'通训',发明转注、假借之例也。"这部分是本书的重点,主要是讲六书之"转注"与"假借"的。他认为,"读书贵先识字","不明六书,则字无由识;不知古韵,则六书亦无由通。专辑此书,以苴《说文》转注、假借之隐略,以稽群经子史用字之通融"。可见,他著此书的主要目的也正在这里。

他在《自叙》里是这样说明转注和假借的:

凡一意之贯注,因其可通而通之,为转注;一声之近似,非其所有而有之,为假借。就本字本训而因以展转引申为他训者,曰转注;无展转引申而别有本字本训可指名者,曰假借。依形作字,睹其体而申其义者,转注也;连缀成文，读其音而知其意者，假借也。假借不易声而役异形之字，可以悟古人之音语；转注不易字而有无形之字，可以省后世之俗书。假借，数字供一字之用而必有本字；转注，一字具数字之用而不烦造字。

可见，他说的"转注"，大致就是现在一般人所理解的"引申"；他说的"假借"，就是"通假"。他关于转注的见解，多为学者所不取；但如果抛开转注之名而看他的分析，对认识词义演变的规律和考察词义确实是非常有益的，其中不乏精辟的见解。

至于他论述的假借部分，则是该书最可参考的部分。他认为，假借之原有三：一是先无正字而后造正字的，如"吉祥"原先只写"吉羊"，后来才造"祥"字；二是本有正字不用而用别字的，如本来有"云气"的"气"字不用，而借用从"米"的"氣"字；三是习讹不变而专用别字的，如用表示"面容"义的"颂"作"歌颂"之"颂"。依借字与本字之间的语音关系，他又把假借之例分为四种：一是同音的，二是叠韵的，三是双声的，四是合音的。他又把假借的具体用法分为八种，即同声通写字、托名标识字、单辞形况字、重言形况字、叠韵连语、双声连语、助语词、发声词等。

第三部分是"定声"。"曰'定声'，证《广韵》、今韵之非古而导其源也。"着重指明字与字的语音联系，指明古韵相押的情况，分"古韵"和"转音"两种。"古韵"下指明先秦时期与同韵部字相押的情况，"转音"下指明先秦时期与邻韵部字相押的情况。

全书每字之下，一般是首先释义，次列别义，次列转注，次列假借，次列声训，次列古韵，次列转音。眉目清晰，使用方便。

朱书对古籍中的通假现象搜集既广，解释亦不乏精见，缺点是太宽太滥，不少解说缺乏根据。其原因，一是他对古音的认识不够准确，对古音的研究成果利用得不够；二是把一些本来不是形声字的字看成形声字解释了；三是对一些字的源流关系没有准确的认识。

第三节　文字学的研究与应用

一、文字学研究中应该注意的一些问题

(一)充分认识汉语和汉字的特殊性

语言自有语言的共同规律,但这并不是说各种语言没有各自的特色。恰恰相反,任何语言都有自己的个性。语言学家只有研究了各种语言的个性后,才能在此基础上总结出语言的共性。汉语研究工作者的责任,就是从汉语实际出发,总结出汉语自身的特点和发展变化规律,去丰富普通语言学的一般理论。

汉语的特色主要可以从以下几个角度去分析:

(1)从语音角度分析,汉语中一个字就是一个音节,每个音节都有声母、韵母和声调,这是汉语音节的三要素。特别是声调,它具有区别意义的作用。就是说,同一个声母和韵母的字,由于声调不同,它们表达的意义也就不同。只要"平、上、去、入"或"阴、阳、上、去"地变化一下,就轻而易举地实现了"所指"的变化。汉语语音上的这些特点,使汉语显得简约、明确、高效、齐整,信息量大,表现力强,又富有音乐韵律。

(2)从文字角度分析,汉字属于语素——音节文字。① 汉语的语素大多是单音节的,单音节语素的书写符号就是一个汉字,分别代表不同的音义结合体,它是最小的语言单位,又是构词单位。在古代汉语里,一个汉字又往往就是一个词。也就是说,一般地讲,从语音上说,一个汉字是一个音节符号;从语义上说,它是一个意义符号;从语言单位上说,它又是一个语素符号。这就是常说的"形、音、义"。许多汉字不仅代表语素,又代表词,甚至还是根词。另一方面,又由于汉字是方块字,有巧妙科学的构形,一般都可以用六书理论去分析;又有占总数90%以上的形声字,它们具有一定意义上的表意和标音功能。这样的汉字书写出来以后,实际上就又有了分析语素和归纳语素的作用,使得它不但极富信息

---

① 这是采用裘锡圭先生的看法。他认为,这个名称对早期和晚期的汉字都适用。他说:"汉字既使用表音节的符号,也使用属于语素这个层次的符号。表音节的符号都是借现成的文字,即语素符号充当的,而且借来表示同一个音节的字往往有很多个。这些都是跟音节文字不同的地方。"对此应该有足够认识。(详见裘氏《文字学概要》,商务印书馆 1988 年版,第 10～21 页)

量，而且更利于“目治”。

(3)从词汇角度分析，由于汉语往往能用简约的语音形式表达语义，就使得汉语里的单音节语素、单音词(能够独立活动的语素就是词)十分发达。特别是古代汉语里，一个音节往往就是一个词，它的书写单位就是字，这就使字形、字音和字义乃至词义结合得更为固定和紧密，便于从形、音、义三方面去理解和记忆。另一方面，这些单音节词又常常是一身数任：它们或者通过体现不同的词性去表示与基本意义相近或相关却又不同的意义，或者虽然是同属一种词性，但同时又具有许多与基本意义相近或相关却又不同的用法。这些单音节词的构词能力很强，其构词方式是按照人们的思维规律进行的，是使用汉语的人们所熟悉的，因此，在构成新词以后，人们可以通过联想和逻辑关系的分析，往往容易理解和记忆；单音节词的派生和词类变化，或双音节联绵词的产生，又没有像屈折语一样的形态变化，而往往是通过自身在形、音、义上的细微变化实现的(如形体上改变形旁、声旁，乃至形、声俱变，语音上声韵相近或声调别义，意义上相近、相通、相关或相反等)，并且这些变化也是按照词汇发展规律进行的，人们也可以通过种种方法认识它、掌握它。

(4)从语法角度分析，汉语主要不是靠形态变化来表达语法意义和语法关系，没有“性”、“格”、“数”等方面的形态变化，而是利用不同的词、不同的词序或增加虚词等方法表现。因此，其成句规律简单，文辞精练，语义明确。

汉字是记录汉语的符号，是汉语的书写系统。我们研究汉字，自然不能忘记汉语的特点，不能忘记汉字与汉语的关系。

(二)分清汉字发展和使用中的各种情况

汉字在漫长的发展和使用过程中，产生过种种复杂的情况，如在分化和合并过程中产生异体字、古今字、同形字、同源字、同义换读等。[①] 因此，仅仅满足于六书理论是远远不够的，还必须仔细地加以研究。这里只举一些常见的情形：

有象整体之形者，如“人”、“鱼”、“鸟”、“马”、“心”、“目”、“山”、“木”。

有象局部之形者，如“牛”、“羊”。

有以他物衬托整体之形者，如“果”(“木”上所结实)、“眉”(以“目”衬托)、

① 有关这个问题，裘锡圭先生《文字学概要》第十章、十一章、十二章论述颇详，请参阅。又，下文有不少引例摘自此书，因太零散，恕不一一注出。

“冒”（即“帽”，以“目”衬托）、“齿”（以“口”衬托）。

有以象形之物表意者，如“大”（以大人形表示抽象之“大”）、“高”（以台观之形表示抽象之“高”）。

有以象形之物的体位变化表意者，如“屰”（即“逆”，倒立“大”形）、“匕”（即“化”，象倒人之形）。

有以同一部件用于多体而表多意者，如“彡”在“彭”中表示声音，在“影”中表示光线，在“彪”中表示花纹，在“须”中表示须毛。

有以指事符号附加于整体象形物而表意者，如“刃”、“亦”、“本”、“末”。

有合二形而突出其一以会意者，如“见”、“望”、“瞿”（三字皆突出“目”）、“臭”（即“嗅”，突出“自”，即“鼻”）。

有合二形构成某种关系以会意者，如“秉”（手执一禾）、“兼”（手执二禾）、“为”（以手役象）、“取”（以手取耳）、“得”（以手取贝）、“隻”（即“获”，以手取鸟）、“劓”（以刀割鼻）、“删”（以刀削册）、“啟”（以手开户）、“牧”（以手执卜赶牛）、“保”（人伸手以负子）、“休”（人息于树下）、“舀”（以手从臼中取物）、“析”（以斤剖木）、“斫”（以斤斫石）、“集”（鸟聚木上）、“武”（执戈出发）、“光”（人在火光下）、“信”（人言为信）、“步”（从二足。或从二足在“行”中）、“涉”（二足涉水）、“陟”（二足依阜而上）、“降”（与“陟”正相反）、“监”（即“鉴”，人面对盛水器皿照脸）、“既”（人饮食完毕后转脸向后）、“盥”（以水洗手）。

有合多形以会意者，如“寒”（人处房内草丛中，脚下有冰形）、“旅”（有旗、卒、战车）。

有合相同之形以会意者，如“林”、“珏”、“晶”、“磊”、“森”。

有减少部件以会意者，如“骨”去“肉”为“冎”（剐）。

有同为一字而以不同方式会意者，如“羴”与“羶”（即“膻”）。

有会意字复加声旁以明音读者，如“焰”本从“二火”会意，后复加“臽”声；“宝”本表示房中有玉有贝，后复加“缶”声；“饮”本表示人俯首饮酒，后复加“今”声。

有会意字造字时即用假借者，如“咸”会合“戌口”二形而训为“悉口”，实假“戌”为“悉”。

有会意兼形声字造字时已用假借者，如“到”实是以刀抹“颈”义，“经”实是以绳悬“颈”义，“缢”实是以绳勒“嗌”义，“篋”实是以竹榜“臀”义。

有形声字声符是形声字者，如“湖”（从“胡”声，“胡”从“古”声）、“鸿”（从“江”声，“江”从“工”声）。

有形声字形符取成字之部分者，如“寿”（从“老”省）、“星”（从“晶”省）。

有形声字声符取成字之部分者，如“蹇”（从“足”，“寒”省声）、“夜”（从“夕”，“亦”省声）。

有形声字形符和声符合用一个偏旁或部分笔画者，如“羆”（《说文》说“从熊，罢省声”；而中间“能”字，既可以表示“熊”的上半部，又可以表示“罢”的下半部，据此，则可以理解成“从能，罢声”）、“釜”（本是从“金”，“父”声，后来变成了“父省声”，实际是合用了形符和声符的部分笔画）、“斋”（《说文》说“从示，齐省声”；而“齐”字繁体中间的二横，既可以表示“示”的上半部，又可以表示“齐”的下半部，也是合用部分笔画）。

有形声字可以换形者，如“鸡”（可以从“鸟”，也可以从“隹”）、“歌”（可以从“欠”，也可以从“口”、从“言”）。

有形声字可以换声者，如“线”或作“缐”，“袴”或作“裤”。

有形声字字义与声符字字义相关者，如“懈”义与“解”义相关，“姓”、“性”义与“生”义相关。[①]

有形声字字义与声符字字义不相干者，如“焜”义与“尾”义不相干，“柄”义与“丙”义不相干。

有左形右声者，如“江”、“钉”。

有左声右形者，如“攻”、“顶”。

有上形下声者，如“空”、“亭”。

有上声下形者，如“汞”、“巷”。

有内形外声者，如“哀”、“辩”。

有内声外形者，如“裹”、“成”。

有形居一隅者，如“颖”（从禾，顷声）、“虽”（从虫，唯声）。

有声居一隅者，如“徒”（土声）、“施”（也声）。

有古为一字，后来分为二形者，如“首”与“页”。

有古代形义不同，后来合为一形者，如“晨”本是“房星”，是“从晶、从辰，辰亦

---

① 以下举例中有些是同源字，请参阅本书第五章《语源学》。

声”的省形字，后来与“从臼、从辰，辰亦声”而表示“早晨”义的字合一了。

有形异而实为一字者，如“己”、“已”、“巳”、“子”实为一字之变。

有形同而实为异字者(同形字，读音不同)，如当“老妇”讲的“姥”(读 mǔ)与用作“姥姥”的“姥”(读 lǎo)，当树木名的“椅”(读 yī)与当“桌椅”讲的“椅”，当“无为”讲的“怕”(实为“澹泊”之“泊”)与当“惧怕”讲的“怕”。

有因偏旁位置不同而写法不同者，如“心”又写作“忄”、“⺗”。

有结构位置不同而实为一字异体者，如“群”也可以写成“君”在上“羊”在下，“翅”也可以写成“羽”在左“支”在右。

有结构位置不同即为不同之字者，如“怡”与“怠”、“裹”与“祼”。

有形体讹变者，如“奔”下本从“三止”，后讹变从“卉”；“走”上本从急走的人形，后讹变从“夭”，又讹变从“土”。

有义同音异而可以换读者，如“俛”可以换读成“俯”，“圩”可以换读成“围”，“腊”可以换读成“臘”。

有本为一字异体，后来分化为多字而各司其职者，如“亨”与“享”本为一字，表示“享受”、“亨通”、“烹饪”等字义，后复造“烹”字，三字各司一职。

有虽为异体而只有部分用法相同者，如“雕”主要有三种意义：①一种凶猛的鸟(本义)；②雕刻、雕饰(假借义)；③凋零(假借义)。而“鵰”在第一种意义上同“雕”为异体；“琱”在第二种意义上同“雕”为异体；“凋”在第三种意义上同“雕”为异体；“彫”在第二、第三种意义上同“雕”为异体。

有一字本义被假借义所夺而终不造表示本义之字者，如：“东”本表示物置于橐内之义，而被借表“东方”之“东”；“难”本鸟名，而被借表“困难”之“难”。

有一字本义被假借义所夺后，复在原字基础上加形符以表本义者，如：“求”之与“裘”，“莫”之与“暮”，“其”之与“箕”，“匡”之与“筐”。

有一字引申义通行后，复在原字基础上加形符以表本义者，如：“止”本表示“趾”(足)，引申义“停止”通行后，复加形符造“趾”字以表本义；“州”本表示“水中可居”之地，引申义“州县”之“州”通行后，复加形符造“洲”字以表本义；“臭”本表示“嗅觉”义，引申义“气味”通行后，复加形符造“嗅”字以表本义。

有一字引申义通行后，复加形符以表此引申义者，如：“景”本“光景”义，也表示引申义“阴影”，后造“影”字表示此引申义；“奉”本表示两手捧物，也表示引申义“俸禄”，后造“俸”字表示此引申义。

有一字引申义通行后，则改其形符以表此引申义者，如："赴"本表示"趋"义，也表示引申义"奔赴告丧"，后则改换形符造"讣"字表示此引申义；"障"本表示"障隔"义，又表示"山嶂"、"幛轴"等义，后则改换形符造"嶂"、"幛"等字表示各引申义。

有一字假借义通行后，则在原字基础上加形符以表假借义者，如："胃"本表示"肠胃"义，假借为"云谓"之义后，复造加形符的"谓"字表示此假借义；"戚"本表示"斧戚"义，假借为"忧戚"义后，则造加形符的"慼"字表示此假借义。

有一字假借其分化之字表示原字本义，而由原字表示其分化字之义者，如："童"本义是"男奴"、"僮仆"，也指"童子"；造加形符的"僮"字表示"童子"义后，二字混用；后则专以"童"字表示"童子"义，专以"僮"字表示"僮仆"义。

有一字假借义通行后，又改原字之形符以表假借义者，如"莩"本是草名，假借表示"饿死的人"后，复改原字形符造"殍"字表示此假借义。

有一字假借义通行后，另造新字以表此假借义而二字并行者，如"苏"本草名，假借为"复苏"义后，复造"甦"字表示此假借义，而二字并行。

有一字假借义通行后，稍变原字笔画表示假借之义者，如："母"表示"毋"的假借义通行后，即连接"母"字中间的两点为一画而成"毋"字以专表此义；"辰巳"之"巳"表示"已然"的假借义通行后，即在"巳"字左上角留下缺口而成"已"字以专表此义；"刀"假借为"刁"的用法通行后，即改"刀"的一撇为一挑而成"刁"字以专表此义。

有一字引申义通行后，为区别词义而假借他字表示此引申义者，如："伯"本"伯仲"之"伯"，引申有"霸主"义，初仍以"伯"表示，后乃假借"月始生霸然"的"霸"表示；"指"本"手指"义，引申有"指示"、"意旨"义，初仍以"指"表示，后乃假借表示"味美"的"旨"来表示。

有一字假借义通行后，为区别词义而又假借他字表示此假借义者，如"臧"本指"奴隶"（或说是"善"义），但又常常假借为"储藏"义，为区别词义，后乃假借表示草名的"藏"来表示这个假借义。

有一义假借二字表示而不复制造表示本义之字者，如："常"本是"裳"的异体，多假借表示"经常"义；"尝"本义是"口味之"，后也假借为"经常"之"常"。

有展转假借后而不复制造表示本义之字者，如"讼"本来既表示"争讼"义，又表示"歌颂"义，后来假借表示"容貌"义的"颂"表示"歌颂"义，而"容貌"义则又假借表示“盛”义的“容”来表示。

有展转假借后复造表示本义之字者，如“前”的本义是“齐断”（即“剪”），假借为“从止在舟上”的“前”（“前进”之“前”）后，复假借表示“羽初生”义的“翦”来表示“前”的本义（即“剪”），最后又造“剪”字表示本义。

有联绵词字无定形而音义相近者，如“逶迤”、“委蛇”、“委移”等都表示“宛曲”义，“黾勉”、“文莫”、“密勿”等都表示“勤勉”义。

有双音词依类遍加形旁者，如“夫容”之与“芙蓉”，“科斗”之与“蝌蚪”，“展转”之与“辗转”，“伐阅”之与“阀阅”。

以上举例大致反映了汉字在发展和使用中常见的情形（由于排印的困难，本书尽量不举古文字中的例子）。

这里还要顺便说一说汉字能产性的问题。

汉字的能产性主要包括两种情况：一是指不断产生同源字，这属于词汇学的问题，可参见第五章《语源学》；二是指用独体的“文”为构件，不断组合成新的文字。以“人”字为例，如二人随行为“从”，二人并行为“比”，人首为“元”、为“页”，突出其目为“见”、为“望”，突出其大头为“儿”，突出其足为“企”（即“跂”），“止”（足）在人上为“先”，人入坎中为“臽”（陷），伸手及乎人为“及”，大人之形为“大”，“大”下加两点指示其部位为“亦”（腋），“大”下加一横为“立”、为“位”，二“立”并列为“并”，立等为“竢”、为“颈”……此外，上述许多字又都有相当的组合能力，如“须”（胡须）、“颜”（眉目之间）、“颠”（头顶）、“题”（额头）、“领”（脖子）、“项”（脖后）、“颁”（大头）、“颇”（偏头）、“顾”（回头）、“顿”（顿首）、“颂”（仪容）、“颈”、“颉”（直项）、“颌”（口腔上下部分）、“烦”（低头）、“颐”（颊、腮、下巴）、“头”、“颊”、“颔”（面黄）、“颗”（小头）、“颚”（面高貌）、“额”、“颡”（额头）、“颢”（白头貌）、“颤”（头摇动不定貌）等字都从“页”，并且意义也都与头部有关。如此等等，难以一一罗列。

（三）注意从形、音、义三方面综合考察

杨树达先生说：

> 夫文字之成，形与义未有不密合无间者。若形与义不相密合，必其说有可疑者也。盖形当矣而义不与之合，则说义有失也；义当矣而形不与之合，

则说形有误也。[①]

杨先生的话是对的。他有无数证据作后盾。这在他的《积微居小学金石论丛》(增订本)和《积微居小学述林》(增订本)中随处可见。如说:"慈"本当训"爱子",取义于"子"(字从"兹"为"子"之假借);"赠"本当训"以物增加于人",取义于"增";"旃"为赤色旗,取义于"丹";"暍"训"伤暑",取义于"害"(字从"曷",为"害"之假借);"祷"从"示","寿"声,其初义当为"求延年之福于神";"忻"为"心开",则"听"当为"口开",故训为"笑貌";"贩"训"买贱卖贵",取义于"反"(读为"翻");"诗"从"言寺",实是从"言志";"義"从"我羊",实假"羊"为"像",故初义当为"仪表"之"仪";"疫"初义当指"疾病延易",盖取义于"易";"呬"训为"息",盖取义于"自"(鼻);"龂"训"齿本肉",盖取义于"根";"姊"训"女兄",盖取义于"次";"娣"训"女弟",盖取义于"弟";"伯"训"长",盖取义于"霸";"旱"训为"不雨",盖取义于"乾";"袜"训为"足衣",盖取义于"末"(四肢为末);"跟"训"足踵",盖取义于"根";"裕"训"衣物饶",盖取义于"谷"(谷能容物,"容"字从之);"坻"取义于"底","沚"取义于"止","渚"取义于"著","镝"取义于"朿","绅"取义于"申"(朿),"蓄"取义于"畜","养"取义于"羊";"免"声字多有低下义,故"晚"训"莫"(暮);"瞿"声字多有分张旁出义,故四达谓之"衢";"工"声字多有横而长之义,故"虹"从之;"兼"声字多有薄小不足义,故"谦"本训当为"言之不自足"。又谓"官"下象周庐列舍之形,故其本义当为臣吏所居之所;"嫁"从"女"从"家",当谓女子往适其夫;又谓"晶"为"星"之初文,"久"为"灸"之初文,"革"为"鞹"之初文,"兽"为"狩"之初文,"反"为"攀"之初文,"各"为"格"之初文,等等。[②] 好在杨书均以"释……"为题,很便查检。下面举一个说得稍详细的例子。

"辰",甲骨文里作蜃蛤之形,正是"蜃"的初文。"辱"从"辰"从"寸",即"以手持蜃"的意思,实是"耨"的初文。《淮南子·氾论》:"古者……摩蜃而耨。"高诱注:"蜃,大蛤,摩令利,用之耨。耨,除苗秽也。"除草的动作叫"耨",叫"辱"。在此基础上,从"辰"从"辱"之字进一步派生,除草之器就叫"槈",或作"鎒"。字从木旁、耒旁、金旁,一方面是区别意义的需要,同时也是社会文物进化的反映。"辱"的本义是"除苗秽",就是锄掉苗间的杂草。除草后用土覆盖,故引申为埋

---

① 杨树达:《积微居小学述林》,中华书局 1983 年版,第 86 页。

② 均见于文中所说杨树达二书。因例子零散,恕不一一出注。

没、屈辱。“耨”是辱的后起字，但因为从“耒”(犁的木柄)，容易被人理解、接受，竟然后来居上，鹊巢鸠占，使“辱”的地位逐渐动摇，以至最终沦为“耻辱”字的专字。[1] 要是我们再问:“晨”字为什么从“辰”? 因为先民到地里劳动都是“早昧爽”之时，故字从两手持辰(古“晨”字从“臼”、从“辰”，“辰”亦声)。“農”字为什么从“辰”? 因为持蜃是农事、农人之事(古“农”字从“林”、从“辰”，象手持农器在山林耕作)。“祳”字为什么从“辰”?《说文》解释得很清楚:“社肉(祭祀土地神用的祭肉)盛之以蜃，故谓之祳。”

不过，我们在讨论这一问题时，还应该说明两个问题:

第一，说“形、音、义密合”，应该是指远古时代、造字时代，胶执于后代屡经变化了的文字去证明三者的密合是不科学的，自然也是徒劳的。现在，我们同远古时代隔得太久，如果没有足够的证据，我们的结论就难免带有主观猜测的成分。就是上引杨先生的种种见解，也还需要不断研究，以期找到更多的佐证。

第二，我们还特别要说明这样一个问题，就是:字的本义并不等于词的本义，字形表面义也不等于字的本义。“字的本义就是它所代表的词在造字时的意义。就多数字来说，它们的本义就是它们所代表的词能够为我们所追溯到的最古意义。”但是，因为“为某一个词而造的字，并不一定是在这个词出现之后很快就能造出来的”，所以，这种意义并不一定就是这些词的原始的意义[2]。所以说，字的本义不等于词的本义。

所谓“字形表面义也不等于字的本义”，就是裘锡圭先生说的“在字形表示的意义跟字的本义之间不能随便划等号”。这是因为“不但形声字形旁的意义跟形声字字义的联系往往很松懈，就是表意字的字形也往往只能对字义起某种提示作用”。其最要注意的一点，“就是字形所表示的意义往往要比字的本义狭窄”[3]。他举例说，“相”从“目”从“木”，字形是人在省视树木，但不是说它的本义就是“观木”，而是表示“仔细看”的意思。不能把“观木”说成是字的本义，把“仔细看”说成是它的引申义。所以我们说，以“目”观“木”是字形表面义，“仔细看”才是它真正的本义。所以，我们在研究文字形体结构的时候，既要重视对字形结

---

① 参见杨树达《积微居小学述林》，中华书局 1983 年版，第 50～51 页。

② 参见裘锡圭《文字学概要》，商务印书馆 1988 年版，第 146 页。

③ 引文俱见裘锡圭《文字学概要》，商务印书馆 1988 年版，第 146～147 页。

构的分析，但又不能拘泥。[①] 至于音和义的关系，则更为复杂（这将在本书第五章《语源学》里讨论，兹从略），我们更不能随便下结论。凡是遇到这一类的问题，我们的任务只有三个字：求证据。

（四）对形声字里的声符字，既要察形，更要审音，从中考察其音义相贯的系统

比如《左传·成公二年》中有一句话："左并辔，右援枹而鼓。"是说"左手并握缰绳，右手拉过鼓槌敲起鼓来"。"援"是"拉过来"的意思。人们常说"援引"，"援"就是"引"的意思。所以在《说文》、《广雅》、《经典释文》等典籍里都有"援，引也"的训释。

其实，"援"就是"爰"。在甲骨文里，像一只手抓住一物的一端，另外一只手（另外一个人）抓住另一端，表示"牵拉"、"援助"的意思，后来加上"提手"旁，成了"三只手"的"援"字，但作用却同"爰"字的基本用法没有什么两样。可见，上引《左传》里的这个"援"字正是用了本义。《孟子·离娄上》有一段话："男女授受不亲，礼也；嫂溺，援之以手者，权也。""授受不亲"，是说不亲手交接东西。这是封建礼制。可是，嫂子掉在水里，人命关天，不救不行，所以只好伸手去拉她——不过这只是临时变通的办法。这里的"援"也是用它的本义。

"援"氏家族里还有个"辕"字。其实，"辕"也就是"爰"。《说文》：爰，"籀文以为车辕字"。《史记》之《曹相国世家》、《绛侯周勃世家》"攻爰戚"，《汉书》之《曹参传》、《周勃传》"爰"都写作"辕"。《汉书·地理志》"制辕田"，颜师古注引孟康曰："辕、爰同。"王筠《说文句读》里说："辕施之大车以驾牛。"可见"车辕"是供牵引的东西。因为它用于车，所以以后写作"辕"，也可以写作"辕"。"辕"和"爰"的关系就看得更清楚了。所以，我们可以用语源学的术语解释"辕"字说："辕之言援也，牵引之谓。"字从车，袁声（爰声），声中有义。

又有一个"瑗"字。《说文》："瑗，大孔璧。人君上除陛以相引。从玉，爰声。"桂馥《说文解字义证》："'大孔璧'者，孔大能容手。'人君上除陛以相引'者，本书'爰，引也'，故从爰，谓引者奉璧于君而前引其璧，则君易升。"可见，"瑗"也是因

---

① 在甲骨卜辞里，"追"用于追赶敌人，"逐"用于追逐野兽，这与古文字字形正相合（见杨树达《积微居甲文说》，中国科学院 1954 年版，第 15～16 页），这提醒我们要分析字形。但"逐"的本义不一定就是"逐豕"，而是以"豕"（具体）代"野兽"（总体）。

其可“援引”而得名。其物为璧，故从玉。我们也可以解释“瑗”字说：“瑗之言援也，谓其可供牵引。”字从玉，爰声，声中有义。可见它也是“援”氏家族中的一员。

还有一个“猿”字。“猿”也可以写作“猨”。《大戴礼·易本命》“音主猨”，《淮南子·地形》“猨”作“猿”。《山海经·南山经》“白猿”，《艺文类聚》卷九十五引“猿”作“猨”。字也可以写作“蝯”。《淮南子》之《说林》“蝯穴”，《缪称》“蝯”作“猿”。甚至还可以直接写作“爰”，《汉书·李广传》：“为人长，爰臂。其善射亦天性。”如淳曰：“臂如猨臂。”《史记》作“猨臂”。现在要问：“猿”字为什么从“袁”声、“爰”声？《说文》：“蝯善援。”《尔雅·释兽》：“猱蝯善援。”郭璞注：“便攀援。”《考工记·总目》：“貉逾汶则死。”郑玄注：“貉或为猨，谓善缘木之猨也。”李白《蜀道难》诗：“猿猱欲度愁攀援。”可见“猿”是因善于攀援而得名。因为是兽名，所以字从犬或从虫（古时兽亦得称虫）。我们也可以这样解释“猿”之得名：“猿之言援也，谓其善于攀援。”字从犬（或从虫），袁声（爰声），声中有义。看来“猿”也是“援”氏家族中的一员。

把以上的话概括起来说，就是：爰、援、辕、瑗、猿都是由一个语源派生出来的一组同源词，同属于一个家族，它们的语源意义是“爰”。

这就是我们通过对若干形声字的声符字进行形、音、义分析，得出的最简单的音义相贯系统。学者循此法对汉语字词进行深入研究，必将得到意想不到的收获。

关于形、音、义综合考察的研究方法，陆宗达、王宁两位先生有许多精彩的论述，代表了当代最新的研究成果。这些成果见诸《说文解字通论》（陆宗达著）、《训诂与训诂学》（陆宗达、王宁合著）等著作中。

（五）结合古代社会、古代文献，互相发明

从上文我们可以看到，由于汉字的特殊功能，在早期汉语里，一个汉字常常是形音义密合的，甚至还同语源密切相关。这就是说，古人在造字、用字、再造字（派生新词）时就不可避免地注入了古人的观念，反映出古代的文化、古代的社会，从而使我们直到今天仍然能从中得到多种信息：即通过字形、字音去探求词义、语源，乃至探求古代社会、古代文化和古人的思想观念。也就是说，一个汉字也常常是一块一定历史时期的化石。反过来说，我们今天探求先民造字奥秘的时候，自然也就不能脱离对当时社会实际的考察，不能离开古代文献的佐证。在这方面，前述陆宗达、王宁先生的论著里也有许多专题论述，例证也特别丰富，如说“玉”、说“洒”、说“襄”、说“祭”等都是其中的典型例子。[①] 下面我们再举一例说明：

《说文》:“葬，藏也。从死在茻中。一其中，所以荐之。《易》曰：‘古之葬者，厚衣之以薪。’”

今按：“葬”字“从死在茻中”。“死”，甲骨文象人拜于朽骨旁，当即“屍”字（汉字简化后作“尸”）。古时“死”常解作“屍”。《左传·哀公十六年》：“白公奔山而缢，其徒微之。生拘石乞而问白公之死焉。”《吕氏春秋·离谓》：“洧水甚大，郑之富人有溺者，人得其死者，富人请赎之。”《汉书·广川惠王传》：“即取他死人与都死并付其母。”《说文》：“殡，死在棺，将迁葬柩，宾遇之。”上述典籍里的“死”（《广川惠王传》中后一个“死”字）都当“屍”字解。杨树达《积微居小学金石论丛·释死》引端方《陶斋藏砖记》载汉城旦张护葬砖云：“城旦张护永元六年十二月十四日物故，死在□（注：原文缺字）下。”“死”亦即“屍”。汉砖中这类例子不少，这里不能一一列举。“死”、“屍”、“尸”也有混用的，如《史记·鲁周公世家》：“不如杀，以其屍与之。”司马贞《索隐》：“屍，本亦作死字也。”《战国策·韩策二》：“乃抱屍而哭之。”《史记·刺客列传》“屍”作“尸”。由此我们可以知道，“葬”字从“死”，也就等于是从“屍”。实际上许慎也是把它读作“屍”的。《说文》：“茻，众草也。”读如“莽”，是草丛、草木繁茂的意思。所以“莫”（暮）字也是从“日在茻中”，表示“日且冥”的意思。那么，“死在茻中”这句话，不仅解释了字形，同时也使我们窥见了古代的葬制。古代生产力水平低下，葬制不会很讲究。许慎为此还引用了《易传·系辞下》的话说：“古之葬者，厚衣之以薪。”这种情况是可以想见的。即使以后社会生产力大大发展了，也还有因贫穷而草率就葬的。《东观汉记》：“符融妻亡，贫无殡敛，但即土埋葬而已。”新中国成立前的贫苦人民也常有用草席裹尸而葬的。可见许慎对“葬”字字形的解释是有根据的。

明白了“葬”的形和音以后，我们再看许慎的释义：“葬，藏也。”他只用了一个“藏”字来解释它。意思是说，“葬”就是把死者的尸体“藏”（掩盖）起来，这种“藏”的行为就叫作“葬”。这种解释的巧妙之处，不仅是用了一个词就解释了词义，更重要的是，它还揭示了“葬”与“藏”之间的内在联系，就是说，“葬”的语源来自于“藏”。

---

① 详见陆宗达《训诂简论》，北京出版社 1980 年版，第 124～140 页。

这实在是非常精辟的见解！“藏”(cáng)是动词，“藏”起来的东西就是“藏”(zàng)，如说“宝藏”等，就成了名词。两者的关系再密切不过了。引申之，体内肾、脾、肝、肺、心也叫“藏”(zàng)。《庄子・齐物论》：“百骸，九窍，六藏，赅而存焉。”《周礼・天官・疾医》“参之以九藏之动”，孔颖达疏谓正藏五：“肺、心、肝、脾、肾。”又于六府中取四者以益之，则为“九藏”。各“藏”字都是后来的“臟”字。“臟”是后起的区别字，就像为了区别“府库”、“天府”之“府”别造“腑”字一样。“藏”和“臟”的血缘关系也是非常清楚的。另外，贼藏也叫“贓”。引申之，纳贿也叫“贓”(见《广韵》)。可见，“贓”的语源也是“藏”。所以《玉篇》说：“贓，藏也。”《论衡・讥日》：“夫葬，藏棺也。敛，藏尸也。初死藏尸于棺，少久藏棺于墓。”这当是社会发展后的事了。但不管是藏尸、藏棺，还是葬之以草、薪、土、棺椁，都是“葬”。所以《礼记・檀弓上》里说：“葬也者，藏也。”《吕氏春秋・节丧》：“葬也者，藏也。……葬不可不藏也。”《大戴礼・保傅》：“齐桓公……失管仲，任竖刁、狄牙，身死不葬，而为天下笑。”卢辩注：“葬之为言藏也。”《广雅・释诂》：“葬、薶、扆、匿、揜，藏也。”都是《说文》解说的佐证。

可见，对一个字(词)的综合研究，甚至会带出一部小小的文化史呢。

需要指出的是，结合古代社会考察文字时，同样必须遵守历史唯物主义的原则，不能以今测古、以今律古。如：《说文》训“灋”为“刑”，谓“平之如水，从水。廌所触不直者去之，从去”。廌即解豸，神兽，《汉书・司马相如传》“弄解廌”，颜师古注引张揖：“解廌，似鹿而一角，人君刑罚得中则生于朝廷，主触不直者。”杨树达据《汉书》之《儒林传》、《李广传》载窦太后命辕固入圈击彘、武帝命李禹刺虎二事，证明古人确有兽伤有罪的观念。他说：“时至汉世，文治已大进，而犹有此制者，正古人以廌触不直之遗法矣。特古人以兽触人，汉世以人刺兽，时差后则制亦较进耳。”①

(六)关于古文字考释方法

由于古文字形体的特殊性，其研究方法也就与一般汉字研究法有所不同，这里简单说说古文字考释方法。

考释古文字的基本依据是字形。因此，要考释古文字，首先得了解古文字的形体结构特征。

① 杨树达：《积微居小学金石论丛》(增订本)，中华书局1983年版，第82～83页。

古文字(特别是小篆以前的古文字)的结构特征,除了大致也可以用六书理论解释者外(参阅上文),尚有如下一些特殊的地方:

(1)方向或有变化。即一个字形,不管是独体或复合结构,常常既可以左向,又可以右向(正反无别)。如甲骨文中,"永、易、名、专、扶、争、成、娥、旅、饮、死、降、牧、伐、以、射、卜、女、乍、勿、弘、旬、屯、司、陟、舟、禾、象、阜、渔、祭"等字就是如此(据赵诚《甲骨文简明词典》说)。

(2)位置或有变化。即左右部件的字,其左右位置可以互换(左右无别);有时又可以上下互换(上下无别);甚至可以写成左右结构,又可以写成上下结构。如甲骨文中"牝"字的左右部分可以互换,"得"(从"贝"从"又")字可以写成上下结构,"杞"字既可以写成左"木"右"己",或左"己"右"木",也可以写成上"木"下"己"。

(3)笔画或有增损。即有简繁的不同(一字殊形),如增减不重要的点画,增减形符、声符(如"商"字或省下面"口"字,"黍"字里象征谷穗的符号可以写一个,也可以写两个或三个),有些笔画可以单钩,也可以双钩(如"龙"字里象征龙身的一笔)等,使得一个字往往有多种(有的多达十几种、几十种)写法。

(4)意义相近的偏旁或可通用。如甲骨文"孚"字,上面或从"爪",或从"又";"安"字,上面或从"宀",或从"厂",或从"广";"毓"(育)字、"奚"字,可以从"人",也可以从"大",也可以从"女",等等。

(5)异字或共一形。如"正"与"足"、"大"与"夫"、"母"与"女"、"月"与"夕"等有时形体无别。

(6)有各种形式的合文。如甲骨文中多有合文例,有的合二字为一体,有的合三字为一体。

下面说一说考释古文字的常用方法。

考释古文字的方法,学者多有总结。如杨树达先生在《积微居金文说》卷首《新识字之由来》一文中,把考释古文字的途径和方法归纳为十四条,这就是:据《说文》释字,据甲骨文释字,据甲骨文定偏旁释字,据铭文释字,据形体释字,据文义释字,据古礼俗释字,义近形旁任作,音近声旁任作,古文形繁,古文形简,古文象形、会意加声旁,古文位置与篆文不同,二字形近混同等。

高明先生总结了古文字学家考释古文字的经验,在《中国古文字学通论》一书中提出了四种考释方法:

一是因袭比较法。这可以看成考释古文字的基本方法，大致谓凡遇到一个新发现的未识字，就要把它同已经认识了的其他形体相近的字进行比较。比较的资料首先是《说文》，如《说文》不载，就要利用卜辞、铭文资料，以及石刻、简书、帛书、盟书、陶文、玺印、币文、书卷等。比较时，既要注意汉字形体演变的正常规律，又要考虑各种非正常情况（如误写俗成等）。

二是辞例推勘法。它包括依据古文献中的成语推勘和依据文辞本身的内容推勘两方面。前者如释“眉寿无疆”之“眉”和“执讯”之“讯”，后者如释“叔”、“甲”、“已”、“乞”、“亢”等字。

三是偏旁分析法。就是把认识的古文字，按照偏旁分析为一个个单体，然后把各个单体偏旁的不同形式集中起来，进行比较，以此来认识含有这个偏旁的其他字。如认识了“斤”，就可以认识“折”、“兵”、“斧”、“新”等。

四是据礼俗制度。就是通过考察古代社会的风俗、习惯、礼仪制度等，解决古文字考释中的疑难问题。

另外，考释古文字还要注意从语音、从古人用字习惯上去分析，辨别通假。总之是要通过各种手段，寻找各项佐证，提高考释的准确性和可信度。

研究古文字，从反面说，有唐兰先生的“六戒”，切中要害。现移录如下：

（一）戒硬充内行。凡学有专门。有一等人专喜顽票式的来干一下，学不到三两个月，就自谓全知全能，便可著书立说。又有一等人，自己喜欢涉猎，一无专长，但最不佩服专家，常想用十天半月东翻西检的工夫做一两篇论文来压倒一切的专家。这种做学问，决不会有所成就。

（二）戒废弃根本。在前面我已经讲过，研究古文字必须有种种基础知识，并且还要不断地研究，尤其要紧的是文字学和古器物铭学。有些人除了认识若干文字，记诵一些前人的陈说外，便束书不观，这是不会有进步的。

（三）戒任意猜测。有些人没有认清文字的笔画，有些人没有根据精确的材料，有些人不讲求方法，有些人不顾历史，他们先有了主观的见解，随便找些材料来附会，这种研究一定要失败的。

（四）戒苟且浮躁。有些人拿住问题，就要明白。因为不能完全明白，就不惜穿凿附会。因为穿凿得似乎可通，就自觉新奇可喜。因为新奇可喜，就照样去解决别的问题。久而久之，就构成一个系统。外面望去，虽似七宝楼台，实在却是空中楼阁。最初，有些假设，连自己也不敢相信，后来成了系统，就居之不疑。这种研究是愈学愈糊涂。

（五）戒偏守固执。有些人从一个问题的讨论，牵涉到别的问题，因而发生些见解，这种见解本不一定可靠，但他们却守住了不再容纳别说。有些人死守住前人成说，有些（引者注：此当补一"人"字）回护自己旧说的短处。这种成见，可以阻止学问的进步。

（六）戒驳杂纠缠。有些人用一种方法，不能彻底，有时精密，有时疏阔，这是驳杂。有些人缺乏系统知识，常觉无处入手，研究一个问题时，常兼采各种说法，连自己也没明了，这是纠缠。这种虽是较小的毛病，也应该力求摆脱。①

二、文字通假问题

文字之初，字数当然不会很多，所以常常一字而数用。一字数用的办法主要有三个：

一个是字（词）义引申。即词语由本义到近引申义、远引申义，形成一个词义系统。它们体现的词性可以不同，但词形相同，意义相近或相关。其词性和词义一般通过语序和语境来体现。

二是词类活用。词类活用，从词汇角度看，它是不制造新词的"新词"；从词义角度看，它是不通过词义引申而实现的"词义引申"。总之是增加了旧词的新用法、新意义。但是，这些用法和意义都是临时性的。正是在这一点上，它与词义引申实现了分野（但词类活用、词义引申、词的义项增加，它们之间的关系是密切的。我们甚至可以这样认为：一些词的引申义的产生、词的义项的增加，或者动词和宾语之间新的搭配关系的形成，通常就是始于这些词的活用，以后才逐渐固定下来的）。

三是文字假借。按一般说法，假借分两种情况：第一，是指"六书"中的假借，即本无其字的假借，如：借表示束物形象的"东"为"东西南北"之"东"；借表示"难鸟"之"难"为"困难"之"难"，等等。《说文》中的"假借"即指此类。第二，是指"本有其字"的假借。"本有其字"是指本来有表示某种意义的约定俗成的书写形式，但是在实际运用中却写了另外一个与此意义不相关的音同或音近的字，这种情

---

① 唐兰：《古文字学导论》，齐鲁书社 1981 年版，第 272～275 页。

况一般叫作“通假”。“本有其字”的那个字叫本字；代替它的字叫借字、通假字或假借字。用裘锡圭先生的话说：“本字的定义可以这样下：用来表示它的本义或引申义的字，对假借来表示这一意义的字而言就是本字。从词的角度来看，把一个词作为本义或引申义来表示的字，对这个词的假借字而言就是这个词的本字。”①

通假现象产生的原因说法不一。我们认为其中固然有古时字数较少，不敷使用，以及古代文化教育多是口耳相授，所以每每写同音代替字等原因在，但更重要的还是由文字记录语言这个本质特征决定的。因此，写同音代替字才会成为古人的一种时尚，文字通假也因此才成为古籍里十分普遍的一种现象。

（一）文字通假是古籍里常有的现象

文字通假在古籍里十分普遍。王引之在《经义述闻·序》里引用王念孙的话说：

> 字之声同声近者，经传往往假借。学者以声求义，破其假借之字而读以本字，则涣然冰释；如其假借之字而强为之解，则诘籀为病矣。

他说的“假借”，实际上是指“通假”。王引之也在《经义述闻》“经义假借”条说：

> 至于经典古字，声近而通……往往本字见存，而古本则不用本字而用同声之字。学者改本字读之，则怡然理顺；依借字解之，则以文害辞。

朱骏声在《说文通训定声·自叙》中也说：

> 不知假借者，不可与读古书。

清人在传注学方面的突出成就，在很大程度上说，就是在破通假字方面的成就。

可以用作“通假字”的字究竟有多少？很难估计。高亨先生《古字通假会典》一书大致就收了将近17000字（不过其中有古今字、区别字、异体字和古代的简繁字等，不限于通假）。② 可见文字通假在古籍里是多么普遍了。

如“辟”字，《说文通训定声》认为它“通”18个字，《古字通假会典》认为它“通”17个字。现在举几个重要的来说一下：

通“僻”。如《论语·先进》：“师也辟。”

通“譬”。如《墨子·小取》：“辟也者，举物而以明之也。”

---

① 裘锡圭：《文字学概要》，商务印书馆1988年版，第180页。

② 参见高亨《古字通假会典》，齐鲁书社1997年版。

通“璧”。如《礼记·月令》:“仲冬之月,日在斗,昏东辟中。”

通“躄”(病脚)。如《荀子·正论》:“王梁、造父者,天下之善驭者也,不能以辟马毁舆致远。”

通“避”。如《荀子·荣辱》:“不辟死伤,不畏众强。”

通“擘”(撕裂)。如《礼记·丧大记》:“绞一幅为三,不辟。”

通“纰”(缘饰)。如《礼记·玉藻》:“而素带终辟。”

通“弭”(停息)。如《礼记·郊特牲》:“有由辟焉。”

(二)如何辨别文字通假

我们在阅读古籍过程中,如果碰到用本字本义(以及由本义引申出来的引申义、转义等)都解释不通的时候,我们就可以考虑:是不是用了通假字(假借字)?如:

> 《庄子·至乐》:“支离叔与滑介叔观于冥伯之丘,昆仑之虚,黄帝之所休。俄而柳生其左肘,其意蹶蹶然恶之。支离叔曰:‘子恶之乎?’滑介叔曰:‘亡,予何恶?生者,假借也;假之而生生者,尘垢也。死生为昼夜。且吾与子观化而化及我,我又何恶焉?’”

“柳生其左肘”,话说得很蹊跷。解者或曰:“柳者,易生之木;木者,棺椁之象,此是将死之征也。”解释得十分勉强。这时候,我们就有理由怀疑:“柳”是不是用了一个通假字?

其实,郭庆藩《庄子集释》早就作了明确的回答。他说:

> 家世父曰:《说文》:“瘤,肿也。”……瘤之生于身,假借者也;人之有生,亦假借也;皆尘垢之附物者也。柳、瘤字,一声之转。

这就巧了:瘤生于身,是假借;人之有生是假借;“柳”之为“瘤”,也是假借(通假)。《庄子》原句的意思是说,人类之寄生于社会,犹瘤之寄生于人体。望“柳”文生义,而强加解释,自然难以自圆其说。又如:

> 《战国策·秦策一》:“〔苏秦〕说秦王书十上,而说不行。黑貂之裘弊,黄金百斤尽,资用乏绝,去秦而归。羸縢履蹻,负书担橐,形容枯槁,面目犂黑,状有归色。”

> 《论语·阳货》:“阳货欲见孔子,孔子不见。归孔子豚。”

前引《战国策》文中有两“归”字,上为“归去”之“归”,读如字;下文“状有归色”,义不可解。求之文义,当为“愧”字的通假字。而《论语》中的“归”则又当为“馈”的通假字。

通过通假字求本字，主要是分析语音关系。从语音上分析通假字与本字之间的关系，可以分如下几种情况：

一是双声叠韵字。这一类实际上近于同音字，只是有些是声调的差别，或是介音的差别。如“矢”通“誓”。《诗经·鄘风·柏舟》：“之死矢靡它。”又通“屎”。《庄子·人间世》：“夫爱马者，以筐盛矢。”

二是声纽相同或相近的字。如“农”通“努”。《左传·襄公十三年》：“君子尚能而让其下，小人农力以事其上。”

但要注意，考证这类通假情况时也应同时考虑到韵部的相近才较可靠。

三是韵部相同或相近的字。如“翼”通“革”。《尚书·多士》：“非我小国敢翼殷命。”

考察这一类通假情况时也要考虑到声纽的相近才较可靠。

通过通假字求本字，也可以借助于形体推求。从形体上分析通假字与本字之间的关系，又可以有两种情况：

一是同声符字。这是最常见的。因为段玉裁有“谐声必同部”的结论，所以，只要是同声符字，语音也就一定接近甚至相同，就不用再去考虑是不是双声叠韵什么的了。所以这一条实际也是从语音情况分析的一个补充，如前举“辟”字例。

二是非同声符字。如同声符字中求不出本字，只好仍从非同声符字中求之，如前所举各例皆是。

《黄侃论学杂著·求本字捷术》[①]中说：

> 大氐见一字而不了本义，须先就《切韵》同音之字求之。不得，则就古韵同音求之，不得者盖已鲜。如更不能得，更就异韵同声之字求之。

这是根据语音求本字的常用方法。

（三）通假的证明

古籍里的文字通假现象很多，这是一个事实；但正因为如此，说通假才一定要谨慎。不能一碰到什么疑问，就想当然地找一个可以解释得通的字去“通假”一下。这样，书倒是读“通”了，但根据不足，很可能违反语言事实，得出错误结论。这就是说，有用通假字的地方，而用原字去强行解释或用假的“通假字”去强

① 《黄侃论学杂著》，上海古籍出版社1980年版，第360页。

行解释，都是不可取的。为此，我们认为，凡说通假，一定要有相当充分的证据。其证据主要是两点：一是文献依据；二是语音依据。所谓文献依据，常见的有典籍异文以及典籍传注中指明的“读曰”、“读为”、“古字通用”等情况。如《古字通假会典》说“辟”与“僻”通，列举 87 例；说“辟”与“譬”通，列举 20 例；说“辟”与“避”通，列举 80 例；说“伯”与“霸”通，列举 72 例；说“蚤”与“早”通，列举 47 例；说“罢”与“被”通，列举 64 例；说“说”与“税”通，列举 27 例；说“亡”与“无”通，列举 69 例，等等，都很具说服力。举例来说，如说“首”与“手”通，列举的例子很多，如：

《仪礼·大射礼》“后首内弦”，郑玄注：“古文‘后首’为‘后手’。”

又《士丧礼》“载道左首”，郑玄注：“古文‘首’为‘手’。”

又《丧服》“故父子首足也”，《通典·礼二十九》、《后汉书·许荆传》李注引“首”作“手”。

《礼记·檀弓上》“敛首足形”，《孔子家语·曲礼子贡问》“首”作“手”。《通典·礼四十六》引同。

《左传·宣公二年》“赵盾士季见其手”，《释文》：“‘手’一本作‘首’。”

又《成公二年》“曹公子首”，《公羊传》、《穀梁传》“首”作“手”。

又《襄公二十五年》“授手于我”，《孔子家语·正论解》“手”作“首”。

《庄子·达生》“则捧其首而立”，《释文》：“‘首’一本作‘手’。”

至于语音上的依据，注意要在同时代语音上进行比较（如说上古音同、音近等），其方法可以依据中古反切推上古音，也可以直接利用谐声偏旁，还可以利用类比法，如说“亡”与“无”通，除了异文等各种依据外，“罔”与“无”通，“方”与“夫”、“负”通，“方”、“甫”音转，“相”、“胥”音转等等，也都是佐证。关于这一点，可以参阅本书第二章《音韵学》第五节。

（四）本字很难确定怎么办

解释通假，有时确定本字很难。如：

《荀子·劝学》：“草木畴生，禽兽群焉，物各从其类也。”

《三国志·魏书·高柔传》：“萧曹之俦，并以元勋，代作心膂。”

新《辞海》上说：“畴”通“俦”。而段玉裁在《说文解字注》“畴”字条下说：

许谓耕治之田为畴。耕治必有耦，且必非一耦，故贾逵注《国语》曰：“一井为畴。”杜预注《左传》曰：“并畔为畴。”“并畔”则二井也。引申之，高注《国策》、韦注《汉书》:“畴,类也。”王逸注《楚辞》:“二人为匹,四人为畴。”张晏注《汉书》:“畴,等也。”如淳曰:“家业世世相传为畴。”考《国语》“人与人相畴”、“家与家相畴”,《战国策》曰“夫物各有畴”,《汉书》曰“畴人子弟”、“畴其爵邑”,王粲赋“显敞寡畴”,曹植赋“命畴啸侣”,盖自唐以前无不用从田之“畴”,绝无用从人之“俦”训“类”者,此古今之变,不可不知也。

又《说文》:“俦,翳也。”段玉裁注:“翳者,华盖也,引申为凡覆蔽之称……翳义废而侣义独行矣……玄应之书曰:‘王逸云:二人为匹,四人为畴。畴亦类也,今或作俦矣。’然则用‘俦’者,起唐初以至于今。”

根据段玉裁的说法,似乎“畴”还更近于本字。类似这样的情况,我们认为,似乎采取王念孙的做法比较好一些,即说成“音近义通”,二词都是“类”的意思。虽然含糊一些,但倒谨慎、稳妥,而不一定说成通假。

另外,文字通假一般要按照约定俗成的原则去解释什么是本字、什么是通假字。我们的意见是,重要的是弄清关系,而不是钻牛角尖。如“何”的本义是担荷,借为疑问词之后,其本义借“荷花”之“荷”承担;“邪”本是地名字,后借为“邪正”之“邪”和语气词之“耶”。在解释古籍时,这些用法就没有必要再说什么“假借”或“通假”了。还要注意字的源流,如“船埠”的“埠”,宋代以前作“步”,“埠”是后来才造的字。这样,解释宋代以前作后代“埠”讲的“步”字时,就不应该说成“通假”(新《辞海》说“通作埠”,《汉语大字典》说“同埠”,均可;而新《辞源》说“通埠”,则欠当)。

(五)通假字如何读

关于通假字的读音问题,学者们曾有不同看法。有人主张按借字去读,有人主张按本字去读。我们认为,原则上应该按本字读音读。因为如果不按本字读,读音和意义之间就失去了联系,也就使文词费解了。举一个最普通的例子,比如古书里“罢”通“疲”是初中生也知道的,假如我们按借字的读音读成“bà”,那恐怕就是笑话了。

又如“敦”,本读为 dūn,如果与某字通假,就读与某同。如:

扬雄《甘泉赋》:“敦万骑于中营兮,方玉车之千乘。”

“敦”通“屯”,则当读 tún。

《诗经·豳风·东山》:“有敦瓜苦,烝在栗薪。”

“敦”通“团”,则当读 tuán。

又《大雅·行苇》:"敦弓既坚。"

"敦"通"雕",则当读 diāo。

《周礼·春官·司几筵》:"每敦一几。"

"敦"通"焘"(覆盖),则当读 dào。

《逸周书·武顺》:"一卒居后曰敦。"

"敦"通"殿",则当读 diàn。

关于文字通假还有一点需要说明:文字通假也应包括"方言词和俗语词多不用本字"这样一种特殊情况,可参见本书第四章《方言学》中的有关部分。

最后,我们引用黄侃先生的话作为本节结语:

> 六书之中,惟象形、指事字,形、声、义三者多相应,其他则否。盖象形、指事之初作,以未有文字时之言语为之根,故其声、义必皆相应,而即所谓本字也。然最初造字之时,或因本字不足,即用本字以为假字,故造字之时已有假借也。文字随言语、音声而变易,因声音之变易而假借遂亦有变易。为时既远,声变日繁,其所假借之字竟与本字日远而不易推矣。至文字应用于文章,亦多用假借。有因正字不足而用假借,有因遵守习惯而用假借,有因避同去忌而用假借。盖假借之用愈广,而本字愈为难求;本字愈为难求而本字与假借不相应之处愈多,其相去亦愈远。惟研究文字学者,固不能以其难而置之也。然则如何而推之?曰:推之之法则在审音。盖假借之关乎音,犹鱼之于水也;鱼离乎水则困,假借离乎音则绝,故已知一字之音古属何类,进而求之,则可触类贯通者矣。[①]

他说的"假借"是最广义的假借。我们引用这段话的目的,主要不是为了说明探求本字的方法,而是要说明假借的成因和它的各种复杂情形,使我们知道"假借"这一论题之大,而不要把它看得太简单了。

---

① 黄焯:《文字声韵训诂笔记》,上海古籍出版社 1983 年版,第 53～54 页。

第二章　音韵学

语言是以语音为物质外壳、以词语为建筑材料、以语法为结构规律而构成的系统。作为语言物质外壳的语音，它既有物理属性、生理属性，又有社会属性。在现代语言学中，研究人类语言声音的科学叫语音学。它包括普通语音学——研究人类语言中各种声音的构成，音与音的结合和相互之间所产生的变化，以及声调、语调、轻重音等现象；历史语音学——研究某种语言各个历史时期的语音演变及其发展规律；描写语音学——研究某种语言在一定历史时期的语音系统及其特殊现象；实验语音学——利用实验仪器，研究语音的物理现象和生理现象；应用语音学——研究语音学的实际应用，如语音教学、言语矫正、言语合成、人机对话等。

汉语音韵学是研究各个时期汉语语音的声、韵、调系统及其发展规律的科学，是汉语语言学的一部分，属历史语音学范畴。

按照传统和习惯，汉语音韵学可以分为古音学、今音学和等韵学三部分。古音学研究的是周秦时期汉语语音系统，它主要以上古语言材料如《诗经》用韵和谐声字情况等为依据；今音学研究的是魏晋南北朝和隋唐时期的汉语语音系统，它主要以《切韵》音系的韵书和中古其他语言材料为依据；等韵学则是研究汉语发音原理、发音方法和声韵调结构的一门科学（因为一般都是按照主要元音开口度的大小、舌位的高低前后、前颚介音的有无等把韵母分等，所以叫等韵，它往往是用声韵配合表表述对音韵的分析结果），它以各种等韵图表为研究对象。

汉语音韵学的任务是：研究汉语历时与共时的语音类别，音位系统结构和声韵调相互配合的原则，特别是总结从原始汉语到现代汉语音韵演变的复杂曲折的过程及其规律，从而进一步认识整个汉语史材料，推动汉语史研究进程，并推动整个语言学学科的发展。

第一节 音韵学源流概述

注重审音是传统语言文字学的一个传统。这从先秦典籍保存的大量声训材料里可见一斑。及至汉代，直接记录审音的材料就多了。如《论语·述而》篇里说："子所雅言，诗、书、执礼，皆雅言也。"郑玄注说："读先王典法，必正言其音，然后义全。故不可有所讳。"可见他是深知音义相切之理的，所以他也就十分注重"就其原文字之声类考训诂，捃秘逸"[①]。

周祖谟先生说：

> 盖当东汉之末，学者已精于审音。论发音之部位，则有横口在舌之法。论韵之洪细，则有内言、外言、急言、缓言之目。论韵之开合，则有踧口、笼口之名。论韵尾之开闭，则有开唇、合唇、闭口之说（横口、踧口、开唇、合唇，并见刘熙《释名》）。论声调之长短，则有长言、短言（见《公羊传·庄公二十八年》何休注）。剖析毫厘，分别黍累，斯可谓通声音之理奥，而能精研极诣者矣。[②]

汉末魏初，我国更出现了一个"文学的自觉时代"[③]。汉语的音乐美越来越为文学家、语言学家所认识，并更加自觉地运用到文学创作和语言研究中去。及至南北朝时期，就已出现了一批音韵研究的代表人物。这一时期，影响汉语音韵学发展并为之奠定基础的，有两件大事：一是反切法的发明，二是四声说的产生。

其实，反切当始于汉末，只是到齐梁之间才盛行开来。起初或称为"反"、"翻"，或单称为"切"，也叫"反切"、"反音"。它是一种注音方法：由两个汉字组成，前面一个字称为反切上字，后面一个字称为反切下字。被切字的声母（含清浊）跟反切上字相同，被切字的韵母和声调跟反切下字相同。如"同，徒红切"，就是取"徒"的声母、"红"的韵母和声调拼成"同"的读音。需要注意的是，所有这些字的声、韵、调都是指作反切时的音，与现代汉语的语音并不一定相同。不懂音

---

① ［汉］郑玄：《周礼注·序》。

② 周祖谟：《问学集》上册，中华书局1966年版，第409页。

③ 《鲁迅全集》第3卷，人民文学出版社1981年版，第504页。

韵，也就不能弄清反切，自然不能切出准确的读音。殷焕先先生为解决其中的隔膜，曾著《反切释要》一书[①]，最便使用，学者可以参览。

"四声"是指汉字的声调。在古汉语里，四声指平、上、去、入四种。从文献资料来看，南北朝以前并无声调之名，但实际是有声调的，而到南齐时的周颙和沈约才正式提出"四声说"。

四声说的产生与反切法的发明密切相关。因为汉语是有声调的语言，没有声韵调的区分，反切法也就失去了意义；而反切法的发明，又为韵书的出现提供了条件。而且有了反切，人们才可能通过反切字声韵的系联，归纳出声类和韵类来，这就为研究声韵结构提供了可靠的依据。因此，从这个角度也可以说，汉语音韵学的研究是以反切的发明和四声说的产生为明显标志的。

音韵学史的内容太复杂，涉及的知识也太专门，这里只简单介绍韵书创作和等韵学方面的一些情况。

先说韵书创作。

韵书是为了适应诗赋的创作需要而产生的。最早出现的韵书是三国魏李登的《声类》和晋代吕静的《韵集》，二书均已久佚。据学者研究，二书大致都是按声调（宫、商、角、徵、羽五声）编排，后者并分有若干韵部。南北朝时期，韵书开始以四声为经，以韵目为纬，成为真正的"韵书"。当时的韵书很多，仅据《隋书·经籍志》和《切韵序》，就知道有十几种，但它们多在《切韵》流行后逐渐亡佚了。

隋代陆法言的《切韵》是最有影响的一部韵书，但全书也已久佚，只有一些残卷存世。此后，唐代陆续有人对《切韵》作增补，其中重要的如孙愐的《唐韵》，但也仅有残卷存世。现在流传的、反映《切韵》音系的韵书是宋代陈彭年等人的《广韵》。《切韵》、《唐韵》、《广韵》等韵书的出现，标志着汉语音韵学的系统研究已经开始。

《广韵》以后，宋代丁度等人又奉诏编撰了《集韵》。编撰《集韵》的目的，主要是提高韵书"字典"的作用。因此，该书较《广韵》收字多，注解更加详细，所收录的前代旧音更多，而且反切也更利于实用（如尽量考虑反切上字的声调、开合等）。

和《集韵》差不多同时，丁度等人为了适应科举考试的需要，又出了一部"简编本"韵书，叫《礼部韵略》（科举事归礼部负责，故冠以"礼部"二字）。《礼部韵略》跟《广韵》、《集韵》一样，也是分 206 韵，但注明"独用"、"同用"之例。后来有

---

① 殷焕先：《反切释要》，山东人民出版社 1979 年版。

人就把它“同用”的韵合而为一，编成新的韵书。宋代平水人刘渊编《壬子新刊礼部韵略》分 107 韵（今佚）；金人王文郁编《平水新刊韵略》，又名《新刊韵略》、《平水韵略》，分 106 韵，后来人们就把分为 106 韵（或 107 韵）的韵书称为“平水韵”。据钱大昕《十驾斋养新录》卷五说，这类韵书最早始于王文郁的《平水韵略》，也有把刘渊《壬子新刊礼部韵略》称作平水韵的。平水韵的影响很大，一方面，它是文人写诗用韵的标准；另一方面，由于人人习用诗韵，所以明清两代有不少工具书就按平水韵顺序排列内容，如《佩文韵府》、《经籍纂诂》等。

元代有黄公绍的《古今韵会》，因为卷帙繁多，熊忠又另外编了一部《古今韵会举要》。该书按照 36 个字母与 107 韵排列，从中可以知道元代语音的概况。

元代最有影响的韵书是周德清的《中原音韵》，它的出现具有划时代的意义。其独创之处在于：平分阴阳，入派三声。韵分十九部，十九部下按阴平、阳平、上声、去声四个声调类聚同音字，各同音字组之间用圆圈隔开。它打破了前代韵书的传统格式，从语音实际出发，从作曲用韵的需要出发，不注反切，不标字母，不加释义。

《中原音韵》以后，有明代乐韶凤等人编的《洪武正韵》（以北音为基础，“杂糅”了南音）、兰茂的《韵略易通》（该书用《早梅诗》第一次标明了云南官话的声母系统。诗云：“东风破早梅，向暖一枝开。冰雪无人见，春从天上来。”）和毕拱辰在《韵略易通》基础上改编的《韵略汇通》（取消了收[-m]尾的闭口韵）等。

清代重要的韵书有樊腾凤的《五方元音》（属北音系统，声调有阴平、阳平、上、去、入五个，不注反切，时用直音；音义兼备，简明通俗）、李光地的《音韵阐微》（用合声法改良反切。反切上字用支、微、鱼、虞、歌、麻等开音节韵母字，韵尾不带鼻音，与下字相切时中间没有多余成分；反切下字是清声的，用影母字；浊声的，用喻母字。这些字以元音或半元音开头，拼读时没有辅音声母从中阻梗。如“姑翁——公”、“基烟——坚”、“齐延——钱”等。但大多数字的反切还不能用合声反切法，所以又采用“今用”、“协用”、“借用”三种方法作为变例使用）、沈乘麟的《韵学骊珠》（合南北曲韵为一书，专为歌曲者而作。用宫、商、角、徵、羽、变宫、变徵代表声母，声调有 8 个，即平、上、去、入各分阴阳，声母是不送气的为“阴”，送气的为“阳”）、戈载的《词林正韵》（分平、上、去 14 部，入声 5 部，共 19 部。其中平、上、去各部字又按[-ŋ]、[-n]、[-m]、[-i]、[-u]、[-e]和[-a]分为穿鼻、抵腭、闭口、展辅、敛唇、直喉六大类）等。

所有这些韵书都是人们研究汉语语音状况的产物，是后人研究前代语音的宝贵资料。

其次讲一讲等韵学研究。

等韵学原是“以等分韵”的意思，始于唐代并骤然大盛，其原因主要有两个：一是佛学传播的热忱，一是以诗取士的政策。俞敏先生引日本释安然《悉昙藏》“真言对注，梵唐粗定”语说：这句话“可以说明唐朝人学悉昙的真正动力”①。“真言”是梵语“咒”的意思，其学说在唐开元年间传入我国形成宗派。“真言”的梵唐对译准确与否，关乎能否使“凡身成佛”这个极严肃的宗教课题，所以对审音的要求很高。另外，以诗取士的政策，也迫使千百万莘莘学子从小就必须懂得辨析声韵，以求写出来的诗完全符合十分苛刻的格律。这两件事都是关乎千百万人的前途、命运、信仰的大事，整个社会对此都十分重视，所以才造出各种精确、简明、利于记诵的等韵图书来。所谓“等韵图”，就是一个有关汉字声韵调相配合的图表，也就是“唐音表”。人们通过查图表，就可以知道有关汉字的声母、韵母和调类。所以说，等韵学实际是关于汉语语音分析的一门学科。

现在我们所能见到的最早的韵图是《韵镜》，作者不详。它将 206 韵分列于 43 张图表里，其中属“内转”的 20 张，属“外转”的 23 张。据学者研究，内转无“真”、“二”等字，外转有“真”、“二”等字。韵图分为开口呼和合口呼，开、合又各分四等(所谓“等”，下文还将说到)。

宋代则有郑樵的《七音略》，和《韵镜》基本相同。其后有《四声等子》和《切韵指掌图》，二书的作者均已失考，可能是南宋后期或宋元间的产物。它们的特点是把 206 韵分别概括成 16“摄”或 13“摄”(《切韵指掌图》无“摄”之名)，使语音系统的脉络更加清楚，这是音韵研究上的一个进步；但由于打破了 206 韵系统，也就不能根据图表查考出《切韵》系统的反切音，而只能知道当时的读音。

清代有潘耒的《类音》，它把韵分为 24 类，每类都有四呼，并给四呼下了明确的定义，为四呼学说奠定了基础。

其后有江永的《音学辨微》，是一部研究宋元等韵学原理的普及性读物。又有李汝珍的《音鉴》，它以问答的形式讨论了 33 个音韵学方面的问题，虽“南北方音兼列”，但大致反映的还是北方语音面貌。清代最后一部有影响的等韵学著作是劳乃宣的《等韵一得》，对语音分析得很精细，但声母仍是分 36 个，韵部有

---

① 俞敏：《等韵溯源》，载《音韵学研究》第 1 辑，中华书局 1984 年版。

[-m]尾，并存入声，说明也是“南北方音兼列”的。

韵图的使用并不难，它的办法一般是“竖推横连”：在韵图中的任何一个字，通过“竖推”可以知道它的声母是什么，再通过“横连”可以知道它的韵母是什么，读什么声调，是几等字，这样也就知道了这个字的读音。反过来，当我们知道一个字的声母、韵母、等和声调之后，也可以用同样的办法找到它的位置。

关于古音学的研究，下文有专论，这里从略。

总之，中国的审音之学，自汉代至今已有近2000年的历史。于此期间，学者审辨字音代有创获，举其大者凡七事：一是汉末反切未兴以前经师之审辨字音，二是南朝文士读外典（佛教徒称佛经以外的典籍为“外典”）而知五音之分类，三是齐梁人士之辨别四声，四是唐末沙门之创制字母，五是唐末沙门之分韵为四等，六是宋人之编制韵图，七是明人之辨析四呼。“此七事者，治声韵学史者固不可不知也。”①

第二节 中古音概说

所谓“中古音”，是指《切韵》所代表的语音系统，也叫“《切韵》音系”。

《切韵》是隋代陆法言等人的集体创作，成书于601年。成书以后影响很大，给它增字加注的著作越来越多，以致使它的原本反而失传了，现在我们只能见到陆法言写的《切韵序》及韵书的残卷。

故宫博物院藏宋濂跋唐写本《王仁昫刊谬补缺切韵》，是目前发现保存下来的最早最完整的《切韵》增补本，成书于706年。但由于它长期失传，直到1947年才从故宫发现，所以，以前的学者们研究《切韵》音系往往都以《广韵》为依据。

《广韵》全名叫《大宋重修广韵》，成书于宋真宗大中祥符元年，即1008年，是由陈彭年、邱雍等编修的。

现在，我们根据前人的研究成果说明中古音情况。

一、中古音声母

声母是指字音的开头部分，一般由辅音构成，也叫“纽”、“声纽”。一个声母

① 周祖谟：《问学集》上册，中华书局1966年版，第409～410页。

通常用一个汉字代表它,叫作"字母",实际上就是标目字。在唐人以前(何九盈先生认为当是在六朝),就出现了由反切上字类聚而产生的声类代表字(见元刊本《玉篇》卷首的《切字要法》),到唐代就正式产生了字母之学。敦煌发现的《归三十字母例》和守温韵学残卷中就有了明确的30个声母的标目字。

守温的30个字母是这样排列的:

唇音:不、芳、並、明

舌音:端、透、定、泥是舌头音

知、彻、澄、日是舌上音

牙音:见、溪、群、来、疑等字是也

齿音:精、清、从是齿头音

审、穿、禅、照是正齿音

喉音:心、邪、晓是喉中音,清

匣、喻、影亦是喉中音,浊

守温字母对声母的发音部位和发音方法都作了细致的分析,但在他列的表中,把"来"母归入牙音,把"心"、"邪"两母归入喉音,把"影"母说成是浊音,都是不对的。

在守温字母分为"五音"的基础上,后来音韵学家又把"来"母独立为半舌音,把"日"母独立为半齿音,这就是"七音"。到宋代,在30个字母基础上,又增加了"非、敷、奉、微、床、娘"6母,成为音韵学中使用得最多的36个字母。

根据发音方法,36字母又可以分为清、浊两大类。清、浊又细分为全清、次清、全浊、次浊四大类。

全清是指不送气、不带音的塞音、擦音和塞擦音,有帮、非、端、知、精、心、照、审、见、晓、影11母;

次清是指送气而不带音的塞音和塞擦音,有滂、敷、透、彻、清、穿、溪7母;

全浊是指带音的塞音、擦音和塞擦音,有並、奉、定、澄、从、邪、床、禅、群、匣10母;

次浊是指带音的鼻音、边音和半元音,有明、微、泥、娘、疑、喻、来、日8母。

我们可以用下表表示36字母的基本情况[①]:

---

① 此表见陈复华《汉语音韵学基础》,中国人民大学出版社1983年版。又,喉音有两种排法,一是影喻晓匣,一是影晓匣喻,所以"晓"母可以归为全清,也可归为次清。

发音部位 旧名	36字母	新名 发音方法	全清（不送气、不带音的塞音和塞擦音）	次清（送气不带音的塞音和塞擦音）	全浊（带音的塞音和塞擦音）	次浊（带音的鼻音、边音和半元音）	全清（不带音的擦音）	全浊（带音的擦音）
唇音	重唇	双唇音	帮	滂	并	明		
	轻唇	唇齿音	非	敷	奉	微		
舌音	舌头	舌尖中音	端	透	定	泥		
	舌上	舌面前音	知	彻	澄	娘		
齿音	齿头	舌尖前音	精	清	从		心	邪
	正齿	舌面音	照	穿	床		审	禅
牙音		舌根音	见	溪	群	疑		
喉音		零声母	影					
		舌根音					晓	匣
		半元音				喻		
半舌音		舌尖边音				来		
半齿音		舌面鼻音加摩擦音				日		

《广韵》的声母是根据《广韵》里的反切通过系联的办法得出来的。最早这样研究的是清代学者陈澧，他通过《广韵》452个反切上字的系联，发现《广韵》系统有40个声类。但到底应该归纳为多少声母，后来的学者看法不一。有些学者主张分37声母。它们是：

唇音：帮、滂、并、明

舌头：端、透、定、泥、来

舌上：知、彻、澄、娘

齿头：精、清、从、心、邪

正齿：庄、初、崇、生、俟

　　　章、昌、船、书、禅、日

牙音：见、溪、群、疑

喉音：影、晓、匣（云）、以

这37个声母的划分，争论不大（只有“俟”母、“娘”母有人不承认），但就其读音来说，看法还颇不一致。

比较它与36字母的不同，约有三点：一是《广韵》中没有轻唇音“非、敷、奉、微”；二是36字母中的照系5母（“照、穿、床、审、禅”）在《广韵》里分别为照系二等——简称“照二”（“庄、初、崇、生、俟”）和照系三等——简称“照三”（“章、昌、船、书、禅”）两组；三是36字母中的喻母字分成了“云”（喻三）和“以”（喻四），其中“以”母独立，“云”母与“匣”母合并。

一般认为，可以把《广韵》的声母作为中古声母。为了避免初学者对字母的名称产生混乱，也为了便于与上古声母的学习相衔接，我们结合36字母名称，将中古声母拟定为41个，现列表如下（反切上字据王力《汉语音韵学》，排列以使用次数多少为序，个别冷僻字删去）。

中古声母表

发音部位	中古字母	类别代表字	反切上字
喉	影	乌	乌伊一安烟挹爱哀握
		於	於乙衣央纡忆依忧谒委
	以（喻四）	以	以羊余馀与弋夷予翼营移悦
	云（喻三）	云	于王雨羽为云永有雲筠远韦洧荣
	晓	呼	呼火荒海虎呵馨花
		许	许虚香况兴休喜朽羲
	匣	胡	胡户下侯何黄乎护怀
牙	见	古	古公过各格兼姑佳诡
		居	居举九俱纪几规吉
	溪	苦	苦口康枯空恪牵谦楷客
		去	去丘区墟起驱羌绮钦倾窥诘岂祛曲
	群	渠	渠其巨求奇暨臼衢强具
	疑	五	五吾研俄
		鱼	鱼语牛宜虞疑拟愚遇危玉

续表

发音部位		中古字母	类别代表字	反切上字
舌	舌头	端	都	都多丁当得德冬
		透	他	他土吐托汤台天通
		定	徒	徒杜特度唐田地同陀堂
		泥	奴	奴那诺乃内妳
		来	卢	卢郎落鲁来洛勒赖练
			力	力林离里吕良连缕
	舌上	知	陟	陟竹知张中猪追卓珍徵
		彻	丑	丑敕痴耻抽楮褚
		澄	直	直除丈宅持柱池迟治场佇驰坠
		娘	女	女尼拏秾
齿	齿头	精	子	子即作则将祖臧资姊遵兹借醉
		清	七	七千仓苍此亲采粗青醋迁取雌
		从	昨	昨组疾才在慈秦渐自藏匠情前酢
		心	苏	苏息先相私思桑素辛斯司速虽悉须胥写
		邪	徐	徐似详祥寺辞随旬夕
	正齿（一）	庄（照二）	侧	侧庄阻邹簪仄争
		初（穿二）	初	初楚刍叉测厕创疮
		崇（床二）	士	士仕锄钼床查雏助俟崇
		生（审二）	所	所山疏色数砂沙史生疏
	正齿（二）	章（照三）	之	之职旨脂占支止征正章诸煮
		昌（穿三）	昌	昌尺叱赤充春处姝
		船（床三）	食	食神实乘
		书（审三）	式	式书失舒施伤识赏诗始试矢释商
		禅	时	时常市是承视署氏殊臣殖成植尝蜀
		日	而	而如人汝耳儒仍儿

续表

发音部位		中古字母	类别代表字	反切上字
唇	重唇	帮	博	博北伯百巴布晡补边
		滂	普	普滂匹譬
		并	蒲	蒲簿傍步部白裴捕
		明	莫	莫模谟摸慕母
	轻唇	非	方	方甫府陂彼卑并分封畀笔必鄙兵
		敷	芳	芳敷抚孚拂披丕妃峰
		奉	符	符扶房皮毗防平婢便傅附浮冯父弼苻缚
		微	武	武亡弥无文眉靡明巫望美绵

这 41 个声母与现代汉语声母演变关系如下表(少数例外字从略)：

声母	现代汉语声母		
影	零声母		
云(喻三)	一般读零声母		
以(喻四)	一般读零声母		
晓	在洪音韵母前		h
	在细音韵母前		x
匣	在洪音韵母前		h
	在细音韵母前		x
见	在洪音韵母前		g
	在细音韵母前		j
溪	在洪音韵母前		k
	在细音韵母前		q
群	在洪音韵母前	古平声	k
		古仄声	g
	在细音韵母前	古平声	q
		古仄声	j

续表

<table>
<tr><th>声母</th><th colspan="4">现代汉语声母</th></tr>
<tr><td>疑</td><td colspan="4">一般读零声母</td></tr>
<tr><td>端</td><td colspan="4">d</td></tr>
<tr><td>透</td><td colspan="4">t</td></tr>
<tr><td rowspan="2">定</td><td colspan="3">古平声</td><td>t</td></tr>
<tr><td colspan="3">古仄声</td><td>d</td></tr>
<tr><td>泥</td><td colspan="4">n</td></tr>
<tr><td>来</td><td colspan="4">l</td></tr>
<tr><td>知</td><td colspan="4">zh</td></tr>
<tr><td>彻</td><td colspan="4">ch</td></tr>
<tr><td rowspan="2">澄</td><td colspan="3">古平声</td><td>ch</td></tr>
<tr><td colspan="3">古仄声</td><td>zh</td></tr>
<tr><td>娘</td><td colspan="4">n</td></tr>
<tr><td rowspan="2">精</td><td colspan="3">在洪音韵母前</td><td>z</td></tr>
<tr><td colspan="3">在细音韵母前</td><td>j</td></tr>
<tr><td rowspan="2">清</td><td colspan="3">在洪音韵母前</td><td>c</td></tr>
<tr><td colspan="3">在细音韵母前</td><td>q</td></tr>
<tr><td rowspan="4">从</td><td rowspan="2">在洪音韵母前</td><td colspan="2">古平声</td><td>c</td></tr>
<tr><td colspan="2">古仄声</td><td>z</td></tr>
<tr><td rowspan="2">在细音韵母前</td><td colspan="2">古平声</td><td>q</td></tr>
<tr><td colspan="2">古仄声</td><td>j</td></tr>
<tr><td rowspan="2">心</td><td colspan="3">在洪音韵母前</td><td>s</td></tr>
<tr><td colspan="3">在细音韵母前</td><td>x</td></tr>
<tr><td rowspan="6">邪</td><td rowspan="3">在洪音韵母前</td><td rowspan="2">古平声</td><td>“之”韵</td><td>c</td></tr>
<tr><td>“之”韵以外</td><td>s</td></tr>
<tr><td colspan="2">古仄声</td><td>s</td></tr>
<tr><td rowspan="3">在细音韵母前</td><td rowspan="2">古平声</td><td>“尤”韵</td><td>q</td></tr>
<tr><td>“尤”韵以外</td><td>x</td></tr>
<tr><td colspan="2">古仄声</td><td>x</td></tr>
</table>

续表

<table>
<tr><th>声母</th><th colspan="3">现代汉语声母</th></tr>
<tr><td>庄</td><td colspan="2"></td><td>zh</td></tr>
<tr><td>初</td><td colspan="2"></td><td>ch</td></tr>
<tr><td rowspan="3">崇</td><td>古平声</td><td></td><td>ch</td></tr>
<tr><td rowspan="2">古仄声</td><td>“止”、“志”二韵</td><td>sh</td></tr>
<tr><td>“止”、“志”二韵以外</td><td>zh</td></tr>
<tr><td>生</td><td colspan="2"></td><td>sh</td></tr>
<tr><td>章</td><td colspan="2"></td><td>zh</td></tr>
<tr><td>昌</td><td colspan="2"></td><td>ch</td></tr>
<tr><td rowspan="4">船</td><td rowspan="3">古平声</td><td>“仙”、“谆”二韵</td><td>ch</td></tr>
<tr><td>“麻”、“真”二韵</td><td>sh</td></tr>
<tr><td>“蒸”韵</td><td>ch
sh</td></tr>
<tr><td colspan="2">古仄声</td><td>sh</td></tr>
<tr><td>书</td><td colspan="2"></td><td>sh</td></tr>
<tr><td rowspan="4">禅</td><td rowspan="3">古平声</td><td>“麻”、“脂”、“之”、“宵”四韵</td><td>sh</td></tr>
<tr><td>“虞”韵</td><td>zh
sh</td></tr>
<tr><td>其他</td><td>ch</td></tr>
<tr><td>古仄声</td><td colspan="2">一般读 sh</td></tr>
<tr><td rowspan="2">日</td><td colspan="3">一般读 r</td></tr>
<tr><td colspan="3">“止”摄
开口读零声母</td></tr>
<tr><td>帮</td><td colspan="2"></td><td>b</td></tr>
<tr><td>滂</td><td colspan="2"></td><td>p</td></tr>
<tr><td rowspan="2">並</td><td colspan="2">古平声</td><td>p</td></tr>
<tr><td colspan="2">古仄声</td><td>b</td></tr>
<tr><td>明</td><td colspan="2"></td><td>m</td></tr>
<tr><td>非</td><td colspan="2"></td><td>f</td></tr>
<tr><td>敷</td><td colspan="2"></td><td>f</td></tr>
<tr><td>奉</td><td colspan="2"></td><td>f</td></tr>
<tr><td>微</td><td colspan="3">(合口呼)零声母</td></tr>
</table>

二、中古音韵母

讲中古音韵母也得从《广韵》说起。

《广韵》里有 206 韵，其中平声 57 韵（分上下二卷，故称“上平声”、“下平声”），上声 55 韵，去声 60 韵，入声 34 韵。它们是：

上平声	上声	去声	入声
东第一 独用	董第一 独用	送第一 独用	屋第一 独用
冬第二 钟同用		宋第二 用同用	沃第二 烛同用
钟第三	肿第二 独用	用第三	烛第三
江第四 独用	讲第三 独用	绛第四 独用	觉第四 独用
支第五 脂之同用	纸第四 旨止同用	寘第五 至志同用	
脂第六	旨第五	至第六	
之第七	止第六	志第七	
微第八 独用	尾第七 独用	未第八 独用	
鱼第九 独用	语第八 独用	御第九 独用	
虞第十 模同用	麌第九 姥同用	遇第十 暮同用	
模第十一	姥第十	暮第十一	
齐第十二 独用	荠第十一 独用	霁第十二 祭同用	

续表

上平声	上声	去声	入声
		祭第十三	
		泰第十四 独用	
佳第十三 皆同用	蟹第十二 骇同用	卦第十五 怪夬同用	
皆第十四	骇第十三	怪第十六	
		夬第十七	
灰第十五 咍同用	贿第十四 海同用	队第十八 代同用	
咍第十六	海第十五	代第十九	
		废第二十 独用	
真第十七 谆臻同用	轸第十六 准同用	震第二十一 稕同用	质第五 术栉同用
谆第十八	准第十七	稕第二十二	术第六
臻第十九			栉第七
文第二十 欣同用	吻第十八 隐同用	问第二十三 独用	物第八 独用
欣第二十一	隐第十九	焮第二十四 独用	迄第九 独用
元第二十二 魂痕同用	阮第二十 混很同用	愿第二十五 慁恨同用	月第十 没同用
魂第二十三	混第二十一	慁第二十六	没第十一
痕第二十四	很第二十二	恨第二十七	
寒第二十五 桓同用	旱第二十三 缓同用	翰第二十八 换同用	曷第十二 末同用

续表

上平声	上声	去声	入声
桓第二十六	缓第二十四	换第二十九	末第十三
删第二十七 山同用	潸第二十五 产同用	谏第三十 裥同用	黠第十四 辖同用
山第二十八	产第二十六	裥第三十一	辖第十五
下平声	上声	去声	入声
先第一 仙同用	铣第二十七 狝同用	霰第三十二 线同用	屑第十六 薛同用
仙第二	狝第二十八	线第三十三	薛第十七
萧第三 宵同用	篠第二十九 小同用	啸第三十四 笑同用	
宵第四	小第三十	笑第三十五	
肴第五 独用	巧第三十一 独用	效第三十六 独用	
豪第六 独用	晧第三十二 独用	号第三十七 独用	
歌第七 戈同用	哿第三十三 果同用	箇第三十八 过同用	
戈第八	果第三十四	过第三十九	
麻第九 独用	马第三十五 独用	祃第四十 独用	
阳第十 唐同用	养第三十六 荡同用	漾第四十一 宕同用	药第十八 铎同用
唐第十一	荡第三十七	宕第四十二	铎第十九
庚第十二 耕清同用	梗第三十八 耿静同用	映第四十三 诤劲同用	陌第二十 麦昔同用
耕第十三	耿第三十九	诤第四十四	麦第二十一

续表

上平声	上声	去声	入声
清第十四	静第四十	劲第四十五	昔第二十二
青第十五 独用	迥第四十一 独用	径第四十六 独用	锡第二十三 独用
蒸第十六 登同用	拯第四十二 等同用	证第四十七 嶝同用	职第二十四 德同用
登第十七	等第四十三	嶝第四十八	德第二十五
尤第十八 侯幽同用	有第四十四 厚黝同用	宥第四十九 候幼同用	
侯第十九	厚第四十五	候第五十	
幽第二十	黝第四十六	幼第五十一	
侵第二十一 独用	寝第四十七 独用	沁第五十二 独用	缉第二十六 独用
覃第二十二 谈同用	感第四十八 敢同用	勘第五十三 阚同用	合第二十七 盍同用
谈第二十三	敢第四十九	阚第五十四	盍第二十八
盐第二十四 添同用	琰第五十 忝俨同用	艳第五十五 㮇酽同用	葉第二十九 帖同用
添第二十五	忝第五十一	㮇第五十六	帖第三十
咸第二十六 衔同用	俨第五十二	酽第五十七	洽第三十一 狎同用
衔第二十七	豏第五十三 槛范同用	陷第五十八 鉴梵同用	狎第三十二
严第二十八 凡同用	槛第五十四	鉴第五十九	业第三十三 乏同用
凡第二十九	范第五十五	梵第六十	乏第三十四

这206韵很复杂，其中有四声的区别，如"东、董、送、屋"就是四个韵(实际应分两个韵：平、上、去为一个韵，入声为一个韵)。有的是阴声韵(以元音收尾或没有韵尾)、阳声韵(以鼻音收尾)和入声韵(收塞音韵尾)的区别，如"支"是阴声韵，"东"是阳声韵，"屋"是入声韵。有的则表现为等呼的不同。等呼的学说有两种：一种是就唇形来区别等呼的，这是明代以后盛行的一种等呼说。它们是根据韵母前面的唇形变化来分类的，即开口呼、合口呼、齐齿呼、撮口呼，这就是"四呼"，也有人叫"四等"。其中开口呼和齐齿呼为一类，就是"开口"；合口呼和撮口呼又为一类，就是"合口"。如"恩、因、温、酝"分别为"开、齐、合、撮"。

在这种等呼说以前，宋、元时期的语音学家有另外一种分等的方法，就是把唇形和主要元音的洪细结合在一起考虑，既分开、合，又分四等。主要元音的洪细，就是指韵母主要元音的高低前后：一等韵，其主要元音偏低偏后，二、三、四等依次逐渐变高靠前。清人江永说的"一等洪大，二等次大，三、四皆细，而四尤细"，就是这个意思。如"豪、肴、宵、萧"同是开口，又分别属一、二、三、四等。

宋元等韵与明清等韵关于等呼的认识，可以通过下列图表表示(注意：此表只用以说明宋元"两呼八等"与明清"四呼"的不同，并不表示两者之间的演变关系)：

<table>
<tr><th colspan="3">宋元等韵学</th><th>明清等韵学</th><th rowspan="2">备注</th></tr>
<tr><th>唇形</th><th>等别</th><th>主要元音</th><th>唇形</th></tr>
<tr><td rowspan="4">开</td><td>一等</td><td>洪大</td><td rowspan="2">开口</td><td rowspan="2">没有韵头而韵腹又不是[i][u][y]</td></tr>
<tr><td>二等</td><td>次大</td></tr>
<tr><td>三等</td><td>细</td><td rowspan="2">齐齿</td><td rowspan="2">韵头或韵腹是[i]</td></tr>
<tr><td>四等</td><td>尤细</td></tr>
<tr><td rowspan="4">合</td><td>一等</td><td>洪大</td><td rowspan="2">合口</td><td rowspan="2">韵头或韵腹是[u]</td></tr>
<tr><td>二等</td><td>次大</td></tr>
<tr><td>三等</td><td>细</td><td rowspan="2">撮口</td><td rowspan="2">韵头或韵腹是[y]</td></tr>
<tr><td>四等</td><td>尤细</td></tr>
</table>

《广韵》206 韵有些还表现为古今音变和南北方言的不同（学者意见有分歧，这里取一家之说）。因为有些韵的划分，是以西晋时代的韵书《韵集》的分韵为依据的，这就杂糅了较古的语音系统了，如“元”和“魂”、“先”和“仙”、“尤”和“侯”的分立；而有些又是以方言为依据的，如“御”和“遇”、“鱼”和“虞”的分韵依据就是南方方言，而“东”和“冬”的分韵依据则是河南省黄河以北一带的方言。

由上我们可以看出《广韵》206 韵的复杂性。

附带再说一下《中原音韵》。从《广韵》语音系统过渡到现代汉语语音系统，其间还有许多大大小小的变化，能够反映这种变化的，有一部重要的音韵学著作，这就是前文已经提到的《中原音韵》。洪诚先生说：

> 隋唐的韵书，韵部分析极细，诗歌用韵无法遵守，于是立同用、独用例来解决它在实际运用中的矛盾，但是，仍解决不了；平水韵大加省并，也不能解决；最后出现《中原音韵》，彻底推翻旧韵书的束缚。[①]

元代的戏曲特别盛行，而且都用当时活的语言创作，旧的韵书自然就不能适用了。《中原音韵》就是应北曲作家作曲的需要而编写的，因此它能反映元代北方话的实际读音，在音韵学史上也就有了特别重要的地位。

后人研究《中原音韵》，认为它的声母是 20 个，也有人认为是 21 个、24 个、25 个。有人认为，明代兰茂的《韵略易通》以《早梅诗》20 个字代表当时（15 世纪）普通话的声母系统，大致与《中原音韵》的声母相当。到底哪一种意见更接近实际，还有待学者进一步研究，但总的来看，当时的语音已经很接近现代汉语语音了。

《中原音韵》的韵类，是根据实际语音重新组合过的：平分阴阳，入派三声，而且四声通押。只要主要元音和韵尾相同（如果有韵尾），就归为一个韵部。这样算起来，《中原音韵》就只有 19 个韵部，共 46 个韵母。王力先生《汉语音韵》载《中原音韵》19 韵部并例字，今录之如下：

韵部	例字
一东钟	风通同戎兄宏孔梦
二江阳	姜章双降养望
三支思	枝施儿史事志瑟

① 洪诚：《中国历代语言文字学文选》，江苏人民出版社 1982 年版，第 197 页。

四齐微	机归妻吹移实及昔入
五鱼模	居书无徐虎树叔出物
六皆来	阶斋怀来白麦客策色
七真文	分春新恩存隐损恨信
八寒山	丹帆还难罕眼旦盼看
九桓欢	官观欢端酸宽鸾满半
十先天	坚边专连前然卷软院
十一萧豪	消交腰毛小角薄弱略
十二歌戈	科波和果我合夺莫落
十三家麻	佳沙花马把驾鸭杀达
十四车遮	车斜遮写夜蝶洁说月
十五庚青	荆生升平景永命净杏
十六尤侯	休鸥楼求有轴熟肉六
十七侵寻	金侵深音林吟沉枕甚
十八监咸	堪三探南衔含减斩暗
十九廉纤	兼尖帘炎掩染

第三节　上古音概说

一般说的上古音，是指《诗经》、《楚辞》时代的语音系统，也就是指周秦时期的语音系统。

读古代韵文最能让人感受到古今语音的不同，特别是韵的不同。因为古代的韵文在创作的当时一定是押韵的，读起来能朗朗上口。后来语音发生了变化，用后代人的实际语音去读，就变得不押韵甚至拗口了。这就产生了疑问，就需要对这种现象加以解释。

南宋以前对这种现象进行解释的，有两种说法：一是“叶韵”说，一是“古人韵缓”说，二者均见诸唐代陆德明的《经典释文》。

所谓“叶韵”，就是指遇到读起来不押韵的地方，就注上“叶韵”二字，然后再说“亦音某”。如《诗经·鄘风·载驰》中有“驱”、“侯”为韵脚的两句话，本来二字在上古同属“侯”部字，但陆德明时代还认识不到这一点，只觉得读起来不对头，于是就在下面注上："驱，如字，叶韵，亦音丘。"就是说，把"驱"读成"丘"音就能与"侯"相押了。这种说法当然是不科学的。

陆德明除了提出"叶韵"说以外，还试图用"古人韵缓"来解释这种现象。所谓"韵缓"，实际是说用韵不严。如他见到《诗经·邶风·燕燕》中"音"、"南"、"心"为韵脚时就是这么解释的。

这两种说法对后代很有些影响。宋代的朱熹作《诗集传》就屡屡用"叶音"（即"叶韵"）的说法。最早把上古音作为专门学问进行研究的南宋吴棫，更是写了一部《诗补音》，专门讲《诗经》"叶韵"情况；而且为补"叶韵"说之不足，他还发展了陆德明"古人韵缓"的思想，提出"古通"（两个以上的韵部可以"通"为一部）和"古转声通"（改读以后而相通）这两种看法。因为这两种说法也是建立在"叶韵"说基础上的，因而也是不科学的。但正是从吴棫以后，学者们才逐步开始对上古音进行有意识的、系统的研究，所以说，他在古音学研究方面是有历史功绩的。

明代的陈第是真正在古音学上创立首功的学者。他在《毛诗古音考·自序》中说：

> 盖时有古今，地有南北，字有更革，音有转移，亦势所必至，故以今之音读古之作，不免乖剌而不入，于是悉委之"叶"……又《左》、《国》、《易象》、《离骚》、《楚辞》、秦碑、汉赋，以至上古歌谣箴铭赞诵，往往韵与《诗》合，实古音之证也。

他在《屈宋古音义·跋》中又说：

> 夫古今声音必有异也……自唐以来，皆以今音读古之辞赋，一有不谐，则一曰"叶"；百有不谐，则百曰"叶"。借"叶"之一字而尽该千百字之变，岂不至易而至简？然而古音亡矣……故自叶音之说以来，贤圣之咥然于地下也久矣！余不得不力为之辩。

基于这种认识，他彻底否定了"叶韵"说，并且摆脱了今韵的框架，用直音法逐个考证《诗经》、《楚辞》韵字的上古音值，为建立古韵部打下了基础。他研究古音学的观点、方法以及研究资料，一直为后来的古音学家所汲取。

在明代人研究的基础上，清人的古音学有了长足的进展，一直发展到近代，上古音声纽和韵部的研究可以说大局已定。

一、上古音声母

上古声母情况可以用下面七句话概括前人研究中得出的看法较为一致、较为可靠的结论：

(1)古无轻唇。

(2)古无舌上。

(3)喻三归匣。

(4)喻四归定。

(5)照二系归精系。

(6)照三系归端系。

(7)娘日归泥。

“古无轻唇”是钱大昕的发现。他在《十驾斋养新录》卷五里说：

凡轻唇之音，古读皆为重唇。

也就是说，唐末以后，读“非、敷、奉、微”的轻唇音(唇齿音)，在上古音里应和“帮、滂、並、明”合一；也就是说，唐末以后直至现在的轻唇音都是从重唇音(双唇音)里分化出来的。从古代文献里可以找到许多这方面的例证，如(诸例采自钱文)：

《周礼·春官·大司乐》“播之以八音”，郑玄注：“故书播为藩。”

《庄子·逍遥游》“汾水之阳”，司马彪、崔譔本“汾水”皆作“盆水”。

《仪礼·少牢馈食礼》“眉寿万年”，郑玄注：古文“眉为微”。

《汉书·武帝纪》“文山郡”，应劭说：“文山，今蜀郡岷山。”

《汉书·高帝纪下》“闽中兵”，应劭说：“闽，音文饰之文。”

《水经注·汉水》：“文水即门水也。”

《礼记·曲礼上》“毋不敬”，《释文》：“古文言‘毋’犹今人言‘莫’也。”钱大昕说：“释氏书多用‘南无’字，读如“曩谟’，梵书入中国，绎译多在东晋时，音犹近古，沙门守其旧音不改，所谓‘礼失而求诸野’也。”

《荀子·成相》篇“牟光”即“务光”。

又，“谤”从“方”声，“颁”从“分”声，“辈”从“非”声，“捧”从“奉”声，“愎”从“复”声，“闵”从“文”声，“盲”从“亡”声；“彬”音“府巾切”，“奔”音“甫闷切”，“瞥”音“芳灭切”，“贫”音“符巾切”，“弥”音“武移切”等等，也都是佐证。

“古无轻唇”的结论不仅有文献资料上的依据，而且可以从现代方言中得到证明，比如在闽方言、吴方言里，许多普通话里的轻唇字都被读成了重唇音，而没有重唇音被读成轻唇音的。另外，在印欧语言里也存有同样的音变现象。

“古无舌上”也是钱大昕的发现，同样见于《十驾斋养新录》卷五。他在“舌音类隔之说不可信”条下说：

古无舌头舌上之分，“知、彻、澄”母以今音读之，与“照、穿、床”无别也。求之古音，则与“端、透、定”无异。

中古的舌音分舌头和舌上两组。舌头音是指舌尖与上齿的塞音“端、透、定”以及同部位的鼻音“泥”。舌上音是“知、彻、澄、娘”，其具体发音部位，学者们有不同看法。钱大昕说“古无舌上”，是指中古时的“知、彻、澄”三母的字，在上古应归属于“端、透、定”。这个结论也可以在古代文献里找到许多例证，例如（诸例采自钱文）：

古音“中”如“得”。《周礼·地官·师氏》“掌国中失之事”，故书“中”为“得”。杜子春说：“当为得。”《三苍》云：“中，得也。”

古读“直”如“特”。《诗经·鄘风·柏舟》“实维我特”，《韩诗》“特”作“直”。《礼记·檀弓下》“行并植于晋国”，郑玄注：“植或为特。”

古读“猪”如“都”。《尚书·禹贡》“大野既猪”，《史记》引“猪”作“都”，故《礼记·檀弓下》“洿其宫而猪焉”，郑玄注：“猪，都也。”

古读“追”如“堆”。枚乘《七发》“逾岸出追”，李善注：“追，古堆字。”《诗经·大雅·棫朴》“追琢其章”，毛传：“追，雕也。”故《荀子》引作“雕琢其章”，《释文》：“追，对回反。”“追琢”又作“敦琢”，《诗经·周颂·有客》“敦琢其旅”，《释文》：“敦，都回反。”

古读“陈”如“田”。陈完奔齐，以国为氏，而《史记》称“田氏”；《吕氏春秋·不二》篇“陈骈”即“田骈”。

古读“竺”如“笃”。《尔雅·释诂》：“竺，厚也。”陆德明《释文》：“本又作笃。”《说文》：“竺，厚也。”“笃厚”字本当作“竺”，而经典多用“笃”。《汉书·张骞传》“身毒国”，邓展说：“毒音督。”李奇说：“一名天竺。”《后汉书·杜笃列传》“天督”，注：“即天竺国。”

另外，从闽方言、赣方言里绝少有舌上音的事实来看，“古无舌上”也有根据。至于谐声关系的例子就更多了，这里从略。

这样看来，我们对诸如“猪，都也”、“追，雕也”、“裯，祷也”之类的训释就应该

“刮目相看”了。

“喻三归匣”的意思是说，中古喻母三等字在上古应归属匣母，这是曾运乾的发现[1]。他举的例证很多，如：

古读“营”如“环”、如“还”。《韩非子·五蠹》“自环者谓之私”，《说文》引“环”作“营”。《诗经·齐风·还》“子之还兮”，《汉书·地理志》引“还”作“营”，颜师古说：“《齐诗》作‘营’，《毛诗》作‘还’。”

古读“羽”如“扈”。《考工记·弓人》郑玄注：“羽读为扈。”

古读“于”如“乎”。《庄子·人间世》“且几有翦乎”，《释文》：“乎，崔本作于。”

古读“违”、“围”如“回”。《尚书·尧典》“静言庸违”，《左传·文公十八年》引“违”作“回”。《春秋》“楚公子围”，《汉书·古今人表》“灵王围”，《史记·楚世家》“围”作“回”。

古读“沄”如“混”。《说文》：“沄，转流也。从水，云声。读若混。”

古读“又”、“有”如“或”。《礼记·檀弓下》“或敢有他志以辱君义”，《国语·晋语》“或”作“又”。《经传释词》：“或犹有也。”

“喻四归定”的意思是说，中古喻母四等字在上古应归属定母（含澄母）。这也是曾运乾的发现[2]。他举的例证也很多，如：

古读“夷”如“弟”、如“陈”（实如“田”）、如“迟”、如“稺”。《易·涣》“匪夷所思”，陆德明《释文》：“夷，荀本作弟。”《左传·僖公元年》“邢迁于夷仪”，《公羊传》作“陈仪”；《淮南子·原道》“昔者冯夷大丙之御也”，高诱注：“夷，或作迟。”《史记·田敬仲完世家》“完生稺孟思”，《索隐》引《世本》作“夷孟思”。

古读“易”如“狄”。《管子·戒》篇“易牙”，《大戴礼记·保傅》篇、《论衡·谴告》篇并作“狄牙”。

古读“跃”如“濯”、如“趯”、如“狄”。《尔雅·释训》“跃跃”，樊本作“濯濯”；《诗经·小雅·巧言》之“跃跃”，即《韩诗》之“趯趯”、《荀子·非十二子》之“狄狄”。

古读“愉”如“偷”。《诗经·唐风·山有枢》“他人是愉”，郑玄笺：愉，“读

---

[1] 参见曾运乾《喻母古读考》，载《东北大学季刊》1927 年第 2 期。

[2] 参见曾运乾《喻母古读考》，载《东北大学季刊》1927 年第 2 期。

曰偷”。

古读“扬”如“腾”。《仪礼·乡饮酒礼》“舆洗扬觯”，郑玄注：“今《礼》扬皆作腾。”盖“扬”如“荡”，音转为“腾”，故“飞扬”曰“飞腾”。

“照二系归精系”是黄侃的见解[①]。他除把“知、彻、澄”和“照”系三等字“照(章)、穿(昌)、审(书)、禅(船)”归入“端”系外，又把“照”系二等字归入了“精”系，说“庄、初、床(崇)、疏(生、山)”分别是“精、清、从、心”的变声。

这方面，周长楫有《“庄”归“精”说再证》[②]一文，可参阅。他提出的主要证据有：

谐声字关系：“庄”组与“精”组有同一个谐声偏旁的字，如“悄、俏、宵、销、鞘”等属“精”组，“梢、捎、筲、绡”等属“庄”组；“租、祖、组、姐、粗、蛆”等属“精”组，“阻、菹、鉏、助”等属“庄”组；“作、柞、迮、昨、酢、怍、炸、砟”等属“精”组，“诈、榨”等属“庄”组。

另外，反切异文、联绵词异文等方面也有许多佐证。

“照三系归端系”的意思是说，中古正齿音照系三等字，在上古应读舌头音，这也是黄侃的见解。[③] 此前，钱大昕已说过：“古人多舌音，后代多变为齿音，不独‘知、彻、澄’三母为然也。”[④]至黄侃，则明确提出这一结论。这种见解至少反映了相当一部分语言现象。余心乐先生有《照三归端证》[⑤]一文，举例很多，如：

古读“昌”如“当”，《尚书·皋陶谟》“禹拜昌言”，孔安国传：“昌，当也。”段玉裁：今文《尚书》作“党”。

古读“乘”如“登”、如“甸”，《左传·襄公二十三年》“栾氏乘公门”，杜预注：“乘，登也。”《周礼·地官·小司徒》“四丘为甸”，郑玄注：“甸之言乘也。”《释文》：“甸，绳证反。”《左传·哀公十七年》“良夫乘衷甸两牡”，《释文》：“甸，时证反。”孔颖达疏：“甸即乘也。四丘为甸，出车一乘，故以甸为名。”盖四丘出车一乘，借“甸”字表之，“丘甸”即“丘乘”，故《释名·释州国》：“甸，乘也。”

---

① 说见《黄侃论学杂著》，上海古籍出版社1980年版，第74～75页。

② 载《厦门大学学报》(社会科学版)1991年第1期。

③ 说见《黄侃论学杂著》，上海古籍出版社1980年版，第71～73页。

④ [清]钱大昕：《十驾斋养新录》卷五。

⑤ 载《江西师范学院学报》(哲学社会科学版)1979年第4期。

古读“招”如“的”，《战国策·楚策》“以其类相招”，《文选》阮籍《咏怀》引作“以其颈为的”。

古读“成”如“定”，《左传·桓公二年》“以成宋乱”，朱骏声：“成”借为“定”。

“娘日归泥”是章太炎的看法。他在《国故论衡·古音娘日二纽归泥说》中说：

古音有舌头泥纽，其后支别，则舌上有娘纽，半舌半齿有日纽，于古皆泥纽也。

他也举了不少例子，如谐声字有“涅”从“日”声，“耐”从“而”声（声转为“奈”），“如”从“女”声，“诺”从“若”声，“嫋”、“溺”从“弱”声等；或体字如“䵒”即“昵”，“溺”即“尿”；古训如“入，内也”、“男，任也”、“尔，昵也”等；通假字如“而”与“能”通，“昵”可通“祢”，“耳孙”即“仍孙”等。

另外，周祖谟先生有《禅母古音考》、《审母古音考》[①]，对黄侃禅母归定、审母归透说，对钱大昕审母归心说都有所补充证明。唐文先生有《论章系归端》[②]，举例亦详。其他还有一些关于古音归类的意见。凡此概从略。

最后再说明一点，上古音研究中还有许多学术分歧。我们这里主要立足于文献训诂，取其大势。所谓“××归×”的“归”，也不能理解得太死。初学者宜特别从喉、牙、舌、齿、唇五个大类别上分清大势。

根据以上认识，我们可以概括上古声母21个，列表说明如下：

发音部位	上古声母	中古声母
喉	影	影
	晓	晓
	匣	匣、云（喻三）
牙	见	见
	溪	溪
	群	群
	疑	疑

① 载周祖谟《问学集》，中华书局1966年版。

② 载《中华文史论丛》增刊《语言文字研究》上辑，上海古籍出版社1982年版。

续表

发音部位	上古声母	中古声母
舌	端	端、知、章(照三)
	透	透、彻、昌(穿三)、书(审三)
	定	定、澄、船(床三)、以(喻四)、禅
	泥	泥、娘、日
	来	来
齿	精	精、庄(照二)
	清	清、初(穿二)
	从	从、崇(床二)
	心	心、生(审二)
	邪	邪
唇	帮	帮、非
	滂	滂、敷
	並	並、奉
	明	明、微

王力先生定上古声母为 33 个，在高校教材中多为用，今移录于下，读者可以比照参阅①。

喉		影						
牙		见	溪	群	疑		晓	匣
舌	舌头	端	透	定	泥	来		
	舌面	照	穿	神	日	喻	审	禅
齿	正齿	庄	初	床			山	俟
	齿头	精	清	从			心	邪
唇		帮	滂	並	明			

二、上古音韵部

古音学的研究首先是从排列韵文韵例，从中联络、归纳同韵部字开始的。

① 参见王力《同源字论》，载《中国语文》1978 年第 1 期。

例如：

《诗经·国风·关雎》："求之不得，寤寐思服，悠哉悠哉，辗转反侧。"

《鄘风·柏舟》："泛彼柏舟，在彼河侧；髧彼两髦，实维我特。"

《秦风·黄鸟》："维此奄息，百夫之特。"

又："交交黄鸟，止于棘。谁从穆公，子车奄息"。

《唐风·鸨羽》："肃肃鸨翼，集于苞棘。王事靡盬，不能蓺黍稷。父母何食？悠悠苍天，曷其有极？"

《卫风·氓》："士也罔极，二三其德。"

《魏风·伐檀》："坎坎伐辐兮，寘之河之侧兮，河水清且直猗。不稼不穑，胡取禾三百亿兮？不狩不猎，胡瞻尔庭有县特兮。彼君子兮，不素食兮。"

《荀子·劝学》："蓬生麻中，不扶而直；白沙在涅，与之俱黑。"

通过推敲上述韵文的韵例，确定韵脚，然后再彼此系联，大致可以得出"得、服、侧、特、息、棘、翼、稷、食、极、德、辐、直、亿、食、黑"等字为同韵部字的结论。

当然，归纳韵例也是仁者见仁，智者见智，看法并不完全一致，因而得出的结论也会有所不同。如《鄘风·相鼠》：

相鼠有皮，人而无仪；人而无仪，不死何为？

相鼠有齿，人而无止；人而无止，不死何俟？

相鼠有体，人而无礼；人而无礼，胡不遄死？

顾炎武、江永都认为，首章为一韵，二、三章同押一韵；后来，段玉裁认为三章各自为韵，从而得出"脂"、"之"应该分部的结论。这是"前修未密，后出转精"，段玉裁的分析是正确的。

后来的学者为考订古韵用了许多办法，清末学者许瀚著《求古韵八例》[①]，概括出考订古韵的八种常用办法：

一是谐声，就是通过从同一声符的字去归纳，主要依据是《说文》中的形声字。段玉裁经过研究，得出"同谐声必同部"的结论。

二是重文，就是通过古文、籀文、奇字、小篆等各种异体字归纳，其中又以谐声偏旁不同的异体字最为有用。

---

① [清]许瀚：《攀古小庐全集》上册，齐鲁书社 1985 年版，第 163 页。

三是异文，就是通过典籍同样的话中出现的不同文字归纳，这些不同文字往往是异体字或通假字。

四是音读，就是历代学者为典籍中难字、僻字所用的直音法注音字，常用的是“读为”、“读如”、“读曰”、“读若”等。

五是音训，也叫声训，就是用与原字音同或音近的另一个字去训释字义的方法。考察这种释义方法中的释字与被训释字之间的语音关系也有助于归纳古韵部。

六是叠韵，这主要是通过分析联绵词归纳。

七是方言，许瀚主要说扬雄的《方言》，其实，一切方言材料都是可以利用的，只是要注意，方言是一种复杂的语言现象，与古音关系如何，需要仔细分析。

八是韵语，主要是指先秦两汉的韵文，如《诗经》、《楚辞》等；古代散文里也有许多韵文材料，同样可以利用。

许氏说的八条是归纳古韵的基本材料，如中古时代的韵书、韵图，汉藏语系中的其他语言材料，乃至某些早期流入别国而被保存下来了的语言材料等，也都可以利用。

古韵分部早在宋明时代已有吴棫、郑庠、陈第等人开始研究，后来清代古音学创始人顾炎武明确将古韵定为 10 部，江永分为 13 部，段玉裁分为 17 部，戴震先分为 7 类 20 部，后来又改为 9 类 25 部，孔广森分为 18 部(阴、阳各 9 部)，王念孙、江有诰都分为 21 部，章炳麟分为 23 部，黄侃分为 28 部。至此，古韵分部大局已定。后来，王力集前人研究成果，把它定为 3 大类 11 小类 29 部。这种分类法在全国高等学校教材中多被采用，流传较广。兹列表说明如下：

甲类	阴	之	支	鱼	侯	宵	幽
	入	职	锡	铎	屋	沃	觉
	阳	蒸	耕	阳	东		
乙类	阴	微	脂	歌			
	入	物	质	月			
	阳	文	真	元			
丙类	入	缉		盍			
	阳	侵		谈			

至于具体韵部的归字，可以用谐声偏旁类推法记忆。王力先生《汉语音韵》一书里列有谐声字表(以偏旁见于《诗经》者为准)，很便应用。今移录如下：

①之部

之声　目声　丝声　其声　臣声　里声　才声　兹声　来声　思声　不声
龟声　某声　母声　尤声　邮声　丘声　牛声　止声　喜声　己声　巳声
史声　耳声　子声　士声　宰声　采声　音声　又声　旧声　久声　妇声
负声　司声　事声　佩声　而声　台声　疑声

散字：裘

②职部

戠声　弋声　亟声　塞声　匐声　北声　畐声　直声　力声　食声　敕声
息声　则声　畟声　色声　棘声　或声　奭声　导声　匿声　克声　黑声
革声　伏声　服声　牧声　戒声　异声　意声

散字：特、螣

③蒸部

丞声　徵声　夌声　应声　朋声　仌声　黾声　升声　朕声　兢声　兴声
登声　曾声　厶声　弓声　瞢声　亘声　乘声

散字：陾

④幽部

幺声　求声　九声　丣声　卯声　酉声　流声　秋声　斿声　攸声　由声
翏声　收声　州声　周声　舟声　舀声　孚声　牟声　戞声　囚声　雠声
休声　叟声　矛声　寿声　咎声　舅声　叉声　缶声　棘声　牢声　包声
裒声　丑声　丂声　韭声　首声　手声　阜声　卣声　受声　秀声　鸟声
昊声　早声　枣声　呆声　牟声　帚声　牡声　戊声　好声　簋声　守声
臭声　褎声　售声　报声　臼声

散字：椒

⑤觉部

尗声　祝声　六声　复声　宿声　夙声　肃声　畜声　学声　毒声　竹声
逐声　匊声　肉声　穆声　告声　就声　奥声

散字：穋(稑)、迪、涤

⑥宵部

小声　朝声　麃声　苗声　要声　票声　爻声　尞声　劳声　尧声　巢声
䍃声　夭声　交声　高声　敖声　毛声　刀声　兆声　丩声　喿声　到声
盗声　号声　吊声　少声　焦声

散字：呶

⑦药部

卓声　丵声　勺声　龠声　弱声　虐声　乐声　翟声　暴声　皃声　隺声

散字：沃

⑧侯部

侯声　区声　句声　娄声　禺声　刍声　需声　俞声　殳声　朱声　取声
豆声　口声　后声　後声　厚声　斗声　主声　臾声　侮声　奏声　冓声
扇声　具声　付声　羿声　壴声

散字：饫

⑨屋部

谷声　屋声　蜀声　卖（余六切）声　㱿声　束声　鹿声　族声　菐声
卜声　木声　玉声　狱声　辱声　曲声　足声　角声　豖声　局声

⑩东部

东声　同声　丰声　充声　公声　工声　冢声　囱声　从声　龙声　容声
用声　封声　凶声　邕声　共声　送声　双声　庞声

⑪鱼部

鱼声　余声　与声　旅声　者声　古声　车声　疋声　巨声　且声　去声
于声　虍声　父声　瓜声　乎声　壶声　无声　图声　土声　女声　乌声
叚声　家声　巴声　牙声　五声　圉声　宁声　卸声　鼠声　黍声　雨声
午声　户声　吕声　鼓声　股声　马声　下声　寡声　夏声　吴声　武声
羽声　禹声　兔声　素声　亚声　罜声　䀠声

⑫铎部

睪声　各声　蒦声　屰声　昔声　舄声　夕声　石声　㲃声　若声　霍声
郭声　百声　白声　谷声　乇声　尺声　亦声　赤声　炙声　戟声
庶声　乍声　射声　莫声

散字：薄

⑬阳部

羊声　量声　畺声　昌声　方声　章声　商声　香声　襄声　相声　向声
昜声　亡声　长声　爿声　刅声　尚声　上声　仓声　王声　㞷声　央声
桑声　爽声　网声　㒳声　卬声　光声　黄声　亢声　庚声　京声　羹声
明声　象声　亨声　兵声　兄声　行声　皀声　庆声　丙声　永声　竞声

⑭支部

支声　斯声　圭声　巂声　卑声　虒声　氏声　是声　此声　只声

⑮锡部

益声　易声　厄声　析声　狊声　狄声　辟声　帝声　脊声　鬲声　解声
朿声

⑯耕部

丁声　争声　生声　嬴声　盈声　𤇾声　贞声　壬声　殸声　正声　名声
顷声　骍声　巠声　㗊声　盗声　冥声　平声　敬声　鸣声　甹声
散字：刑、屏

⑰歌部

可声　左声　差声　我声　沙声　加声　皮声　为声　吹声　离声　罗声
那声　多声　禾声　它声　也声　瓦声　咼声　化声　罢声
散字：傩

⑱月部

兑声　世声　彗声　丰声　万声　匄声　乂声　大声　带声　外声　会声
介声　祭声　拜声　贝声　吠声　喙声　最声　卫声　欮声　戌声　列声
舌声　昏声　折声　伐声　市声　月声　戉声　犮声　癶声　末声　寽声
叕声　羍声　截声　桀声　热声　杀声　夺声　㕡声　彻声　设声
散字：怛

⑲元部

泉声　袁声　亘声　爰声　釆声　樊声　繁声　半声　言声　干声　執声
吅声　难声　安声　奴声　苋声　戋声　元声　丸声　专声　卵声　厂声
反声　官声　山声　閒声　闲声　睘声　犬声　延声　丹声　廛声　连声
肙声　虘声　夗声　展声　巽声　宪声　柬声　虔声　衍声　焉声　肩声
奂声　乱声　段声　曼声　毌声　弁声　羡声　散声　见声　燕声　鲜声

㒼声

⑳脂部

二声　匕声　夷声　弟声　饥声　氐声　屖声　屎声　尸声　厶声

示声　矢声　米声　齐声　妻声　美声　𠦝声　死声　履声　豊声

𢼸声　皆声　眉声　癸声　伊声　师声　岂声

㉑质部

一声　七声　至声　必声　疐声　日声　乙声　疾声　实声　桼声　匹声

吉声　栗声　血声　穴声　逸声　抑声　卪声　毕声　季声　隶声　弃声

替声　惠声　戾声　肆声　畀声　四声　兕声　利声

散字：溢、届

㉒真部

因声　臣声　人声　信声　申声　频声　㐱声　粦声　真声　尘声　民声

身声　旬声　匀声　命声　令声　千声　田声　𣶒声　玄声　天声　扁声

𦘔声　引声　卂声

散字：矜

㉓微部

自声　隹声　畾声　贵声　虫(许伟切)声　回声　鬼声　畏声　褱声

韦声　尾声　皋声　微声　非声　飞声　几声　希声　衣声　水声

毁声　妥声　枚声　威声　委声

散字：火

㉔物部

勿声　卒声　夂声　孛声　聿声　朮声　出声　弗声　鬱声　气声　旡声

退声　内声　对声　未声　胃声　㣇声　位声　类声　尉声

㉕文部

文声　困声　分声　屯声　胤声　辰声　巾声　殷声　章声　先声　西声

门声　云声　员声　焚声　尹声　熏声　斤声　堇声　昆声　孙声　飧声

存声　军声　川声　罙声　刃声　允声　昷声　豚声　壶声　免声　卉声

亹声　昏声　垔声　典声

㉖缉部

咠声　合声　㚔声　执声　立声　入声　及声　邑声　集声

散字:钠

㉗侵部

㓝声　先声　林声　品声　罙声　甚声　壬声　心声　今声　音声　彡声

三声　南声　男声　冘声　马声　毚声　凡声　臽声　占声　覃声　冬声

众声　宗声　中声　虫声　戎声　宫声　农声　夅声　宋声

散字:贬

㉘葉部

枼声　业声　疌声　涉声　甲声　厌声

㉙谈部

炎声　甘声　监声　詹声　敢声　斩声　兼声　佥声

第四节　关于声调

声调表示的是语音的长短和音阶的高低。我们对古音声调的实际调值已经无从知道了,要讨论的是古音调类的问题。

清代以来,对上古调类的研究主要有如下几种看法:

一是以顾炎武为代表,认为“四声一贯”(四声可以通用,不分四声);二是以段玉裁为代表,认为只有平、上、入三声,而无去声;三是以黄侃为代表,认为分两类,平、上为一类,去、入为一类;四是以王念孙、江有诰为代表,认为古有四声,但具体字音的声调与后代并不相同。一般认为,第四种意见较为可信。

齐梁时代开始有“平、上、去、入”四声的名称,而且又把它分为平声和仄声(含上、去、入)两大类。用在文学创作上,用韵分四声,句中文字的声调也开始讲究平仄。到了唐代,律诗的形式固定了,用韵一般是平声,句中文字用平仄对仗。后来的律诗一直以唐人的法度为准。

唐、五代和宋代的词,用韵一般分三类:平声为一类,上、去为一类,入声为一类。句中文字一般守平仄,而且也有严格规定用不同声调甚至讲究清浊的。

元曲中大部分入声已派入平、上、去三声(即所谓“入派三声”),又分阴调与阳调。一般认为,阴调就是指清音,阳调指浊音。

在语音演变中,声、韵、调三者往往是“相挟而变”的。一般来说,声母在发音方法上的演变通常以声调为条件,在发音部位上的演变通常以韵母为条件。因此，中古“平、上、去、入”四声向普通话的四声演变，大致是以中古声母的清浊为条件的。其关系可以用下列图表表示：

古四声		今四声
平	清声母字	阴
	全浊、次浊声母字	阳
上	清声母字	上
	次浊声母字	
	全浊声母字	去
去	全部	去
入	清声母字	阴、阳、上、去
	次浊声母字	去
	全浊声母字	阳

反过来说，现代汉语里的阴平，来自古平声清声母字和部分古入声清声母字；阳平，来自古平声和入声的全浊声母字，小部分入声清声母字；上声，来自古上声的清音和次浊声母字，以及小部分入声清音声母字；去声，来自古去声字，古上声全浊声母字，入声次浊声母字，以及少数入声清声母字。

这段话也可以用下表来表示：

今四声	古四声		例　字
阴	平	清声母字(全部)	刚、专、尊、低、安、婚、飞
	入	清声母字(部分)	织、积、出、黑、七、劈、割
阳	平	全浊声母字、次浊声母字(全部)	穷、陈、才、唐、平、鹅、人、龙、文
	入	全浊声母字(全部)	局、宅、食、杂、读、合、舌、俗、服、白
		清声母字(部分)	急、竹、得、菊、觉、决、福
上	上	清声母字(全部)	古、展、纸、走、短、比
		次浊声母字(全部)	五、女、染、老、暖、买、网、有
	入	清声母字(部分)	笔、百、尺、铁、蹶、雪、谷
去	去	全部	盖、正、怕、汉、共、暂、饭、岸、怒、用
	上	全浊声母字(全部)	近、柱、是、坐、淡、抱、厚、社、似、父
	入	次浊声母字(全部)	岳、入、六、纳、麦、物、药
		清声母字(部分)	策、设、郁、酷、触、龊、作

第五节 古音通转

一、广义"古音通转"说

广义地看,古音通转是指古代语音随着时间或地域的变化,或者随着表达的意义的变化而产生相应变化的语言现象,它多反映在谐声字孳生、文字通假、同源词派生、邻部字互相押韵等情况下。古音通转规律是前代学者研究古代语音演变规律、词语派生规律等得出的一些结论,对研究汉语音韵学、词汇学、方言学、语源学、传注学等都有特别重大的意义。

古音通转的学说,最早应该是受了扬雄"转语"说的启发,这在本书第五章《语源学》中有说明。因为早期的古音研究首先是从押韵问题开始的,所以早先的古音通转说一般也只着眼于韵部关系上。比如一个字本来是在某一个韵部,但在一些韵文里却同另一个韵部里的字押韵了,或是在一些文献资料里同另一个韵部里的字通假,或是以它为声符的字(或与它同一个声符的字)却属于另一个韵部,或是与它同源的一些字(词)却属于另一个韵部,等等,语言学家就把这些情况下的两个或多个字之间的关系说成是"转"或"通转"。后来人们发现,语音相转也不仅仅限于韵部,在声纽的变化中也有类似情形,那么这种情况也未尝不能叫作"通转"。

学者们考察古音通转,首先注意到古韵阴声韵与阳声韵互相押韵、谐声和通假等语言现象,戴震因此把古音分成 9 类 25 部,每类都是阴阳入三者相配(无阴声韵者只以阳入相配),并且可以互转,创立了"两两相配,以入声为枢纽"的理论,从而为阴阳对转的学说奠定了基础。①

戴震的学生孔广森继承和发挥了江永和戴震阴阳入三声相配的理论,把古韵简化为 18 部,其中阴声韵和阳声韵各 9 部,认为阴阳相配的两韵部字常常可以互相"转",这就是"阴阳对转"。明确建立起阴阳对转理论是孔广森对语言学的一大贡献。但是,由于他对古音分析得不够严密,又图个"整齐对应",所以也只能得其大势。

---

① 参见[清]戴震《声韵考》、《声类考》。

“讲阴阳对转的以章炳麟为集大成者。”[①]他的学说与孔广森有很大不同，特别是不同意孔广森只能两两相配的说法，认为有“二阴配一阳”或“三阳配一阴”的；此外，他还特别强调了“旁转”。

据此，我们可以看到，所谓“对转”，就是韵前半部大体相同，后头加不加鼻韵收尾的问题，“旁转”则主要是韵的介音与收尾音不动（有些也有变化）而主要元音变化的问题。对转和旁转都是古音通转中的常见现象。

应该看到，考察古音通转的规律，在考察韵部关系的同时，还必须考察它们的声纽关系，特别是在古音通转理论的实际运用中更是如此。一般地说，古音通转除了互相押韵是指几个字的韵部关系（不涉及声纽）以外，其余文字谐声关系、文字通假关系、同源词派生关系等，大致也多兼有双声或准双声关系。所以，我们除了在考察押韵情况时并不考虑声纽关系以外，其余情况下都应该同时考虑声纽关系。

王力先生在《同源字典》一书中有一节专门“从语音方面分析同源字”，并列有上古声母、韵部系统表（见本章第三节《上古音概说》所录），并阐述了古音通转规律，对训诂实践具有很重要的意义。

按照王力先生的意见，在韵部系统表中，除同部为叠韵外，同类同直行者为对转：这是元音相同而韵尾的发音部位也相同者。无韵尾的韵部同韵尾为舌根音[-k]、[-ng]的韵部相对应；韵尾为舌面元音[-i]的韵部同韵尾为舌尖音[-t]、[-n]的韵部相对应，韵尾为唇音[-p]的韵部同韵尾为唇音[-m]的韵部相对应。如：之、职；之、蒸；职、蒸等。

同类同横行者为旁转：这是元音相近、韵尾相同（或无韵尾）者。如：侯、幽；职、铎；职、屋。

旁转而后对转者为旁对转。如：幽、屋；幽、沃；幽、东。

不同类而同直行者为通转：这是元音相同而韵尾发音部位不同者。如：之、文；鱼、歌；鱼、元。

虽不同元音，但是韵尾同属塞音或鼻音者，也算通转。这种现象较为罕见，如：质、盍；真、侵。

---

① 俞敏先生语，见《中国大百科全书·语言文字分册》“阴阳对转”条，中国大百科全书出版社 1988 年版。

在声组系统表中，同组者为双声，除双声外，其余也可看作“转”。如：

同类同横行者为旁纽，如：见、群；见、匣；溪、群。

同类同直行，或舌齿同直行者为准双声，如：端、照；泥、日；照、庄；审、心。

同类不同横行者为准旁纽，如：透、神；定、喻。

喉音与牙音、舌音与齿音、鼻音与鼻音或边音为邻纽，如：影、见；神、邪；疑、泥；来、明。

我们认为，准确地说，除了考察押韵情况可以只管韵部而不管声纽外，在考察文字通假、同源词派生时一定要考虑“声韵俱近”这条原则。当然，所谓“近”也是相对的，其中有些可能是声母更近一些，有些则可能是韵部更近一些。一般地说，在文字通假和同源词关系中要以声母为双声或旁纽、同时叠韵或对转这一部分为最可靠。

比如在王力先生《同源字典》所举的例子中，“陟”与“登”、“斯”与“析”、“题”与“定”等，虽然分别是“职”和“蒸”对转、“支”和“锡”对转、“支”和“耕”对转，但它们的声母却都是双声关系；“负”与“背”、“比”与“频”等，虽然分别是“之”和“职”对转、“脂”和“真”对转，但它们的声母却都是旁纽关系；同样，“特”与“直”、“国”与“域”等，虽然分别是同纽和旁纽，但它们同时又是同韵部关系；“至”与“臻”、“铄”与“销”，虽然都是准双声，但它们所在的韵部却分别又为“质”和“真”对转、“沃”和“宵”对转。

至于谐声字，因为有了段玉裁“同谐声必同部”的原则，所以在古韵里一般可以类推；而声纽的大类也基本可以确定，在解决文字通假和同源词派生时，仅从“音近”这一点上说，一般也不需要其他特别的证明，比较可靠。

二、古音通转举例

古音通转的例证多见于古代文献。章太炎先生在《文始》、《成均图》中已提供不少，以后杨树达先生作《古音对转疏证》、《古音咍德部与痕部对转证》[①]，徐复先生作《章氏〈成韵图〉疏证》[②]，俞敏先生作《〈国故论衡·成均图〉注》[③]，等等，

① 载杨树达《积微居小学金石论丛》(增订本)，中华书局 1983 年版。

② 载《徐复语言文字学丛稿》，江苏古籍出版社 1990 年版。

③ 载北京市语言学会编《罗常培纪念论文集》，商务印书馆 1984 年版。

都为我们提供了许多实例。今从上述诸家著作中摘取部分实例，作为古音通转的证明。[①]

(一)对转例

1."之"、"职"、"蒸"三部对转例

《诗经·小雅·沔水》"宁莫之惩"，毛传："惩，止也。"

按："止"，章母，之部；"惩"，定母，蒸部。

《战国策·楚策》"仰承天露而饮之"，《新序·杂文》"承"作"时"。

按："时"，禅母，之部；"承"，禅母，蒸部。

《周礼·春官·司几筵》"仍几"，郑玄注："故书仍为乃。"郑司农云："乃读为仍。"

按："仍"，日母，蒸部；"乃"，泥母，之部。

《尔雅·释亲》"仍孙"，《汉书·惠帝纪》作"耳孙"。

按："仍"，日母，蒸部；"耳"，日母，之部。

《史记·屈原贾生列传》"品庶冯生"，《汉书·贾谊传》"冯"作"每"。《史记·伯夷列传》"众庶冯生"，《索隐》："邹诞本作'每生'。"

按："每"，明母，之部；"冯"，并母，蒸部。

《说文》："倗，辅也。从人，朋声。读若陪位。"

按："陪"，並母，之部；"朋"，并母，蒸部。

《礼记·内则》"诗负之"，郑玄注："诗之言承也。"《仪礼·特牲馈食礼》"诗怀之"，郑玄注："诗犹承也。"

按："诗"，书母，之部；"承"，禅母，蒸部。

《说文》："缯，帛也。从系，曾声……綷，籀文缯，从宰省。"

按："宰"，精母，之部；"曾"，从母，蒸部。

《尚书·舜典》"汝陟帝位"，《史记·五帝本纪》"陟"作"登"。

按："陟"，端母，职部；"登"，端母，蒸部。

《尚书·大诰》："厥子乃弗肯堂，矧肯构?"注："肯一作克。"孙星衍《尚书今古文注疏》："陈寿《三国志》用'克构'字，则今文肯为克也。"

按："克"，溪母，职部；"肯"，溪母，蒸部。

---

① 上古声韵类据郭锡良先生《汉字古音手册》，北京大学出版社1986年版。

《史记·魏世家》“中旗冯琴而对”,《春秋后语》“冯”作“伏”。

按:“伏”,并母,职部;“冯”,并母,蒸部。

《公羊传·隐公五年》“登来之也”,何休注:“登读言得来。得来之者,齐人语也。齐人名求得为得来。作登来者,其言大而急,由口授也。”

按:“得”,端母,职部;“登”,端母,蒸部。

2.“鱼”、“铎”、“阳”三部对转例

《易传·系辞上》“《易》之序也”,陆德明《释文》:“序,虞本作象。”

按:“序”,邪母,鱼部;“象”,邪母,阳部。

《诗经·鄘风·相鼠》“人而无仪”,《汉书·五行志》引“无”作“亡”。《陈风·宛丘》“无冬无夏”,《汉书·地理志》引“无”作“亡”。

按:“无”,明母,鱼部;“亡”,明母,阳部。

《礼记·投壶》“毋怃毋敖”,《大戴礼记》“怃”作“荒”。

按:“怃”,晓母,鱼部;“荒”,晓母,阳部。

《史记·天官书》“迎角而战”,徐广曰:“迎一作御。”

按:“御”,疑母,鱼部;“迎”,疑母,阳部。

《尔雅·释诂》:“阳,予也。”

按:“予”,余母,鱼部;“阳”,余母,阳部。

《尔雅·释诂》:“卬、吾,我也。”

按:“吾”,疑母,鱼部;“卬”,疑母,阳部。

《淮南子·俶真》“分徒而讼”,高注:“徒,党也。”

按:“徒”,定母,鱼部;“党”,端母,阳部。

《穀梁传·桓公三年》:“胥之为言犹相也。”

按:“胥”,心母,鱼部;“相”,心母,阳部。

《孟子·滕文公上》:“夏曰校,殷曰序,周曰庠。”

按:“序”,邪母,鱼部;“庠”,邪母,阳部。

《说文》:“逋,亡也。”

按:“逋”,帮母,鱼部;“亡”,明母,阳部。

《说文》:“旁,溥也。”

按:“溥”,滂母,鱼部;“旁”,並母,阳部。

《左传·襄公二十六年》“逆于门者”,《说文》引“逆”作“迎”。《左传·昭公十三年》"归楚而不逆",《史记·楚世家》引"逆"作"迎"。

按:"逆",疑母,铎部;"迎",疑母,阳部。

3."微"、"物"、"文"三部对转例

《诗经·大雅·皇矣》:"其德克明,克明克类,克长克君。王此大邦,克顺克比。"

按:"类"(物部)、"比"(脂部)、"君"(文部)为韵。

《易·革》:"象曰:'君子豹变,其文蔚也;小人革面,顺以从君也。'"

按:"蔚"(微部)、"君"(文部)为韵。

《荀子·致士》:"水深而回,树落则粪本,弟子通利则思师。"

按:"回"(微部)、"师"(脂部)、"本"(文部)为韵。

《楚辞·渔父》:"新沐者必弹冠,新浴者必振衣,安能以身之察察受物之汶汶者乎?"

按:"衣"(微部)、"汶"(文部)为韵。

"伊"从"尹"声,"祈"、"沂"从"斤"声,"挥"从"军"声。

按:声符字与所从得声之字都是"文"、"微"关系。

《易·小畜》"月幾望",陆德明《释文》:"幾,《子夏传》作近。"

按:"幾",见母,微部;"近",群母,文部。

《周礼·夏官·大司马》:"乃以九畿之籍施邦国之政职。"郑玄注:"故书畿为近。"郑司农云:"近当言畿。"

按:"畿",群母,微部;"近",群母,文部。

《左传·成公十三年》(曹)"欣时",《汉书·古今人表》作"曹郗时",颜师古注:"即曹欣时。"

按:"郗"从"希"声,"希",晓母,微部;"欣",晓母,文部。

《尔雅·释亲》:"姑舅在,则曰君舅君姑。"《说文》"威"下引《汉律》"妇告威姑"。

按:"威姑"即"君姑"。"威",影母,微部;"君",见母,文部。

《礼记·中庸》:"壹戎衣而有天下。"郑玄注:"衣读如殷,声之误也。"

按:"衣",影母,微部;"殷",影母,文部。

《说文》:"脽,臀也。"

按:"脽",禅母,微部;"臀",定母,文部。

《史记·绛侯周勃世家》:"其椎少文如此。"

按:"椎"即"钝"。"椎",定母,微部;"钝",定母,文部。

《尔雅·释丘》:"丘一成为敦丘。"郭璞注:"成,犹重也。《周礼》曰:'为坛三成。'今江东呼地高堆者为敦。"章太炎《新方言·释地》:"《七发》:'逾岸出追。'李善曰:'追,古堆字。'今直隶呼堆如追。"

按:"敦",端母,文部;"堆"、"追",端母,微部。

《周礼·地官·廪人》:"掌九谷之数,以待国之匪颁。"郑玄注:"匪读为分。"

按:"匪",帮母,微部;"分",帮母,文部。

《说文》:"昕,旦明也。从日,斤声。读若希。"

按:"昕",晓母,文部;"希",晓母,微部。

《诗经·大雅·云汉》"蕴隆虫虫",陆德明《释文》:"蕴,《韩诗》作鬱。"

按:"蕴",影母,文部;"鬱",影母,物部。

以上都是对转关系,属"声韵俱近"一类,因此比较可靠。

(二)旁转例

除了对转之外,还有旁转一类。前人论及旁转,主要着眼于韵部。具有旁转关系的字,因为一般韵部都比较远,它们之间的音义关系不明显,所以往往引起人们的怀疑。有人也因此批评章太炎先生的《成均图》,说这样一搞就"无所不通,无所不转"了。其实,古音通转虽然自有一定规律可以遵循,但由于使用汉语的历史太长,使用的人太多,使用地域太广,因此除了大规律、大趋势之外,特殊的情况都是随时而有、随处而在的。王力先生说:

> 人们往往不满意于章氏的《成均图》,因为他无所不通,无所不转,近于取巧的办法。但我们须知,章氏的通转说与孔氏的通转说很不相同。孔氏根据通转说以分古韵,于是古韵由旁转而并为十二部,更由对转而并为六大类,似密而实疏;章氏只根据通转说以谈文字之转注、假借及孳乳之理,并未因此而完全泯灭古韵二十三部的疆界。所以我们说,《成均图》与他的古韵分部的理论没有很大的关系,只表示某韵与某韵相近或相对而已。[①]

这种说法是对的。除此之外,我们还认为,所谓"旁转",不能仅仅看成是此韵部

---

① 王力:《汉语音韵学》,中华书局1956年版,第399页。

转入彼韵部,而应当这样说:旁转是指一些声母相同或相近的字转入相邻韵部甚至转入较远韵部这样一种语言现象。因此,不承认旁转,也就是不承认“双声相转”、“一声之转”这一语言事实。为了说明这个问题,也要看些例子:

《诗经·大雅·行苇》“敦弓既坚”,《荀子·大略》称为“雕弓”。

按:“敦”,端母,文部;“雕”,端母,幽部。

《战国策·秦策》“款关请见”,《周礼·地官·司关》:“凡四方之宾客敂关,则为之告。”《楚辞·卜居》:“吾宁悃悃款款朴以忠乎?”《玉台新咏》收繁钦《定情》诗:“何以致叩叩?”

按:“款关”即“敂关”,“款款”即“叩叩”。“款”,溪母,元部;“敂”,见母,侯部;“叩”,溪母,侯部。

《礼记·祭义》:“五十不为甸徒。”郑玄注:“四丘为甸。”《释名·释州国》:“甸,乘也。出兵车一乘。”

按:“甸”,定母,真部;“乘”,船母,蒸部。

《诗经·大雅·棫朴》“追琢其章”,毛传:“追,雕也。金曰雕,玉曰琢。”

按:“追”,端母,微部;“雕”,端母,幽部。

《左传·宣公二年》“畴昔之羊”,《尔雅·释训》:“谁昔,昔也。”《尔雅·释诂一》:“畴、孰,谁也。”

按:“谁昔”即“畴昔”。“谁”,禅母,微部;“畴”,定母,幽部。

《说文》:“允,信也。从儿,以声。”

按:“以”,余母,之部;“允”,余母,文部。

《说文》:“存,恤问也。从子,才声。”

按:“才”,从母,之部;“存”,从母,文部。

《说文》:“敏,疾也。从文,每声。”

按:“每”,明母,之部;“敏”,明母,文部。

《说文》:艰,“艮声,籀文从喜”。

按:“艰”之籀文实从“喜”声。“喜”,晓母,之部;艮,见母,文部。

《礼记·射义》“旄期称道不乱者”,郑玄注:“旄期或为旄勤。”《诗经·大雅·行苇》“序宾以贤”,毛传“期”作“勤”。

按:“期”,群母,之部;“勤”,群母,文部。

《左传·昭公十年》引《春秋经》“季孙意如”,《公羊传》引作“隐如”。《史记·文帝本纪》“苏意”，《汉纪》作“苏隐”。

按：“意”，影母，职部；“隐”，影母，文部。

《左传·成公十三年》“曹公子欣时”，《公羊传·成公十六年》作“喜时”。

按：“喜”，晓母，之部；“欣”，晓母，文部。

《礼记·乐记》“天地䜣合”，郑玄注：“䜣读若熹。”

按：“熹”，晓母，之部；“䜣”，晓母，文部。

《说文》：“悔，恨也。从心，每声。”

按：“悔”，晓母，之部；“恨”，匣母，文部。

《诗经·郑风·风雨》“风雨如晦”，毛传：“晦，昏也。”

按：“晦”，晓母，之部；“昏”，晓母，文部。

《说文》：“荄，草根也。”

按：“荄”，见母，之部；“根”，见母，文部。

《诗经·小雅·节南山》“不宜空我师”，毛传：“空，穷也。”《孟子·告子上》：“所识穷乏者得我与？”又，《告子下》：“饿其体肤，空乏其身。”

按：“空”，溪母，东部；“穷”，群母，冬部。

《尔雅·释草》：“戎菽谓之荏菽。”

按：即胡豆，今称大豆。“戎”，日母，冬部；“荏”，日母，侵部。

“凤”本作“朋”，而小篆从“凡”声。

按：“朋”，並母，蒸部；“凡”，並母，侵部。

《风俗通》：“空侯，一名坎侯。”《文选·曹植〈箜篌引〉》李善注引《汉书》作“坎侯”。

按：“空”，溪母，东部；“坎”，溪母，谈部。

《左传·昭公三年》“谗鼎”，服虔注：即《明堂》所云“崇鼎”是也。

按：“谗”，崇母，谈部；“崇”，崇母，冬部。

《荀子·哀公》：“富有天下而无怨财。”杨倞注：“怨读为蕴，言虽富有天下而无蕴蓄私财也。《家语》作‘无宛’，《礼记》：‘事大积焉而不宛。’古‘蕴’‘宛’通，此因误为‘怨’字耳。”又《富国》：“使民夏不宛暍。”杨倞注：“宛读为蕴，暑气。”

按：“蕴”，影母，文部；“宛”与“怨”，影母，元部。

《韩非子·五蠹》：“自环者谓之私。”《说文》引“环”作“营”。

按:“环”,匣母,元部;“营”,余母,耕部。

《后汉书·刘焉传》:“焉遣叟兵五千助之。”李贤注:“汉世谓蜀为叟。孔安国注《尚书》云:‘蜀,叟也。’”

按:“叟”,心母,幽部;“蜀”,禅母,屋部。

《论语·八佾》:“八佾舞于庭。”《汉书·礼乐志》载《郊祀歌》作“八溢”。颜师古注:“溢与佾同。佾,列也。”

按:“佾”,余母,质部;“溢”,余母,锡部。

《荀子·劝学》:“锲而舍之,朽木不折。”《大戴礼·劝学》作“朽木不知”。《晏子春秋·杂篇》:“夫不出于尊俎之间,而知冲千里之外,其晏子之谓也。”

按:“知冲”即“折冲”。“折”,章母,月部;“知”,端母,支部。

《国语·鲁语下》:“忠信为周。”《左传·哀公十二年》:“盟所以周信也。”

按:“忠”,端母,冬部;“周”,章母,幽部。

《尔雅·释言》:“究,穷也。”《诗经·小雅·鸿雁》“其究安宅”,毛传:“究,穷也。”

按:“究”,见母,幽部;“穷”,群母,东部。

《左传·昭公十三年》:“董之以武师。”杜预注:“董,督也。”

按:“董”,端母,东部;“督”,端母,觉部。

《说文》:“禫,除服祭也。从示,覃声。”《仪礼·士虞礼》:“中月而禫。”郑玄注:“古文禫或为导。”

按:“禫”,定母,侵部;“导”,定母,幽部。

《论语·阳货》:“色厉而内荏。”皇侃疏:“荏,柔佞也。”《楚辞·九章·哀郢》:“谌荏弱而难持。”

按:“荏弱”即“柔弱”。“荏”,日母,侵部;“柔”,日母,幽部。

《诗经·小雅·小旻》:“谋夫孔多,是用不集。”毛传:“集,就也。”陈奂传疏:“集即就之假借字。”

按:“集”,从母,缉部;“就”,从母,幽部。

《诗经·豳风·七月》:“九月叔苴。”毛传:“叔,拾也。”

按:“叔”,书母,觉部;“拾”,禅母,缉部。

《周礼·地官·师氏》:“掌国中失之事,以教国子弟。”郑玄注:“故书中为得。杜子春云:‘当为得。’”

按:"中",端母,冬部;"得",端母,职部。

《汉书·刘向传》:"民萌何以劝勉。"颜师古注:"萌与氓同。"《说文》:"甿,田民也。"《诗经·卫风·氓》"氓之蚩蚩",毛传:"氓,民。"

按:"萌"、"甿"、"氓",明母,阳部;"民",明母,真部。

《国语·齐语》:"牺牲不略。"韦昭注:"略,夺也。"《管子·小匡》:"牺牲不劳则牛马育。"

按:"劳",来母,宵部;"略",来母,铎部。

《三国志·蜀书·诸葛亮传》裴松之注引《魏略》:"尝为人报仇,白垩突面,披发仗剑而走。"

按:"突"即"涂"。"突",定母,物部;"涂",定母,鱼部。

《说文》:"在,存也。从土,才声。"

按:"在",从母,之部;"存",从母,文部。

《说文》:"黑,火所熏之色也。""熏,火烟上出也。"

按:"黑",晓母,职部;"熏",晓母,文部。

看了上述列举的例子,我们再用新的眼光审视古籍里的各种古训、异文以及传统语言文字学里经常涉及的通假、声训、文字孳乳和变易等问题,就会有许多别有会心的见解,这对我们真正把握训诂的方法、理解训诂的含义具有特别重要的意义。正因为这样,我们才在这里不厌其烦地引证这么多例子。

第六节　音韵学的应用

平时接触音韵学知识较少的人,也许觉得学习音韵学的意义不大。其实,音韵学之于语言学的其他分科以及文献学或其他学科,关系至大,有时离开了音韵学知识,甚至寸步难行。

音韵学知识可以用于帮助句读。如:

《尚书·洪范》:"汝则从,龟从,筮从,卿士从,庶民从,是之谓大同。身其康强,子孙其逢,吉。"

《传》以"逢吉"连读,解为"遇吉"。王引之《经义述闻》卷三引王念孙说:"余友李氏成裕曰:当读至'逢'字句绝,与上文五'从'字一'同'字音韵正协。'吉'字别为一句,与下文五'吉'字二'凶'字体例正合。"又说:"逢,大也。""子孙"对身言之,

"逢"对"康强"言之。"子孙其逢",犹言其后必大耳。"体例、训诂、音韵,三者皆合,理无可疑。"李氏的考订首先着眼于押韵分析,显然是对的。

又可以用于帮助校勘。如:

> 《文心雕龙·比兴》:"赞曰:诗人比兴,触物圆览。物虽胡越,合则肝胆。拟容取心,断辞必敢。攒杂咏歌,如川之涣。"

此《赞》隔句押韵,而古音"览"、"胆"、"敢"都收[-m]尾,只有"涣"字收[-n]尾,必有误。黄侃《文心雕龙札记》说:"'涣'字失韵,当作'澹'。"黄先生的意见是对的,"涣"、"澹"形近而误。

又可以用于识别增形字、换形字、增声字和换声字等。如"尰"与"逺"、"濒"与"滨"、"谈"与"谭"、"凤"与"鹏"、"冰"与"凝"等等。

又可以用于了解古籍中的特殊读音。如"龟(qiū)兹(cí)、吐蕃(bō)、高句(gōu)丽、阿房(páng)宫、皋陶(yáo)、伍员(yún)、曹大家(gū)、斩衰(cuī)"等。特殊读音还可以包括"又读"、"破读"等,懂得音韵学知识,也便于认识这些语言现象,如"还"又读为 xuán,"汤"又读 shāng,"丁"又读 zhēng(《诗经·小雅·伐木》"伐木丁丁"),"台"又读 yí(训为"我"),等等。

又可以用于帮助考证语源、识别同源词,参见本书第五章《语源学》。

又可以用于帮助考证方言渊源关系,参见本书第四章《方言学》。

又可以用于帮助考证各类古音通转关系,参见本章第五节《古音通转》。

又可以用于帮助破文字通假,参见本书第一章《文字学》。

至于汉语史研究以及审音、正音、推广普通话、方言调查等,就更离不开音韵学这个武器了。

顾炎武在《答李子德书》中说:"读九经必自考文始,考文自知音始。"因此,欲治传统语言文字之学,舍音韵则无由臻胜境。音韵之用大矣哉!因本书各章都已涉及音韵学之应用,故此章不再专门论述,只讲一讲音韵学知识用于文学阅读与欣赏方面的作用。

从"美"这个角度来分析,汉语韵文的最大特色是讲究文辞的音乐节奏,这就是汉语韵文的音乐美。如在遣词造句时讲究在整齐的音节形式中协调规则性的音乐节奏,其中最重要的是押韵和平仄规则。

《文心雕龙·声律》篇说:

> 异音相从谓之和,同声相应谓之韵。

这上句是讲平仄,下句是讲押韵。又说:

韵气一定,故余声易遣;和体抑扬,故遗响难契。属笔易巧,选和至难;缀文难精,而作韵甚易。

可见,文章的辞藻美固然重要(它能表现文章的绘画美),但不明声韵,还是写不出富有音乐美(声律美)的诗文来。音乐美之中,做到押韵还算不难,讲究平仄就不那么容易了。但无论是押韵,还是平仄,都涉及音韵学知识。所以孙愐《唐韵叙论》中说:"《切韵》者,本乎四声,纽以双声叠韵,欲使文章丽则、韵调精明于古人耳。"陆法言《切韵序》中也说:"凡有文藻,即须明声韵。"

中国的诗何以会走上"律"的道路呢?朱光潜先生曾从诗史角度深刻地分析了律诗产生的内部原因。他说:

赋的影响和梵音的影响之外,中国诗在齐梁时代走上"律"的路,还另有一个更重要的原因,就是乐府衰亡以后,诗转入有词而无调的时期,在词调并立以前,诗的音乐在调上见出;词既离调以后,诗的音乐要在词的文字本身见出。音律的目的,就是要在词的文字本身见出诗的音乐。[①]

这种看法是很有见地的。

创作是这样,欣赏也是这样。下面就从欣赏角度谈谈这个问题。

先说押韵。

古代的"韵"也写作"均",本指制陶器时用的轮子。它以圆心为轴一圈一圈地转,就把泥加工成圆筒状,再去做成各种陶器的坯胎。所谓"韵文",要求每一句或几句的句末在语音上有个重复(声母和介音不限)的过程,这同制陶器坯胎时用的"均"类似,所以人们也就叫它为"韵"。既然如此,在韵文创作的当时,韵文作品读起来一定是非常优美、符合押韵要求的(后代按韵书和格律要求创作的作品,按后代实际语音读就不一定了)。可是,由于年代久远,语音产生了巨大的变化,许多很优美、富有歌舞音乐节奏和旋律、读起来朗朗上口、铿锵有致的韵文,现在读起来却变得十分拗口。但是,如果学习过音韵学,懂得古音知识,那就比较容易领略这些韵文昔日的风采了。如《诗经·豳风·七月》:

七月流火,九月授衣。一之日觱发,二之日栗烈。无衣无褐,何以卒岁?三之日于耜,四之日举趾。同我妇子,馌彼南亩,田畯至喜。

① 朱光潜:《诗论》,生活·读书·新知三联书店1984年版,第221～222页。

按照现代汉语的语音，上诗中的押韵情况就乱套了；而按上古音分析，“火”、“衣”同属微部，“发”、“烈”、“褐”、“岁”同属月部，“耜”、“趾”、“子”、“亩”、“喜”同属之部。用韵情况一目了然。

《诗经》中还有很优美的句句押韵的例子，如《小雅·甫田》：

以我齐明，与我牺羊，以社以方。我田既臧，农夫之庆。

琴瑟击鼓，以御田祖，以祈甘雨，以介我稷黍，以谷我士女。

前五句用阳韵，后五句用鱼韵。又如《豳风·七月》：

五月斯螽动股，六月莎鸡振羽。七月在野，八月在宇。九月在户，十月蟋蟀入我床下。穹窒熏鼠，塞向墐户……

六月食郁及薁，七月亨葵及菽。八月剥枣，十月获稻。为此春酒，以介眉寿。

七月食瓜，八月断壶。九月叔苴，采荼薪樗，食我农夫。

所引三段中，每段各句押韵。如果不懂古音，就很难欣赏了。

韵文中还有句中押韵的例子。如虞集《折桂令》：

美乎周瑜妙术，悲夫关羽云殂。

其中，“乎”、“瑜”、“术”、“夫”、“羽”、“殂”六字押韵（元曲允许四声通押），使句式和韵律都特别整齐。

古代散文中也不乏用韵的例子。如《庄子·山木》：

市南子曰：“君无形倨，无留居，以为君车。”

“倨”、“居”、“车”押韵。再如《荀子·荣辱》：

憍泄者，人之殃也；恭俭者，偋五兵也。

“殃”、“兵”押韵。再如《礼记·乐记》：

子夏对曰：“今夫古乐，进旅退旅，和正以广。弦匏笙簧，会守拊鼓，始奏以文，复乱以武，治乱以相，讯疾以雅。君子于是语，于是道古，修身及家，平均天下。此古乐之发也。”

文中“旅”、“鼓”、“武”、“雅”、“语”、“古”、“家”、“下”都是鱼部字，“广”、“簧”、“相”是阳部字，鱼阳对转，故可通押。

《荀子》中的韵语很多，后人不解，常常不能欣赏其中的韵味，甚至还有误改误删原书字句的。如《劝学》篇有“假舆马者，非利足也，而致千里；假舟楫者，非能水也，而绝江河”数句，赵振铎先生据《文选·郭璞〈海赋〉》李善注引《荀子》

“河”作“海”，说：原文当是作“海”，为后人不明“里”、“海”押韵而改。又同篇有“蓬生麻中，不扶而直”，今本下脱“白沙在涅，与之俱黑”。一旦补足，不仅两两对比，更有说服力，而且“直”、“黑”押韵，读起来也更和谐有力。①

古籍里常常引用一些谚语，现在我们读起来已经没有什么味道了，其实古代和现在一样，谚语多数是押韵的。如《洛阳伽蓝记·城西》引秦民语曰：

快马健儿，不如老妪吹篪。

“儿”、“篪”押韵。不明此例，也往往误改古籍。如《史记·季布栾布列传》中有一则谚语，有版本作：

得黄金百斤，不如得季布一诺。

“斤”和“诺”不押韵。赵振铎先生说：“斤”字为后人不明音韵误加，原文当以“百”、“诺”为韵，同在铎部②。

再说平仄。沈约说：

夫五色相宣，八音协畅。由乎玄黄律吕，各适物宜；欲使宫羽相变，低昂互节。若前有浮声，则后须切响。一简之内，音韵尽殊；两句之中，轻重悉异。妙达此旨，始可言文。③

也是强调不懂平仄，难以为文。

平仄之用，主要用于近体诗和四六文、词曲、楹联等。在近体诗中，平仄规则的基本要求可以归结为三个字：粘、对、间。

所谓“粘”，就是上联对句与下联出句的第二个字的平仄必须相同，即平粘平，仄粘仄。

所谓“对”，就是在同一联中，出句与对句的平仄必须相反，即平对平，仄对平（首句入韵者不完全受此限制）。

所谓“间”，就是一句之中，平仄必须相间（但不是“间”成“仄仄平仄仄”和“平平仄平平”）。

根据上述要求，就可以归纳近体诗的四种基本句式：

仄仄平平仄

---

① 详见赵振铎《音韵学纲要》，巴蜀书社1990年版，第334页。

② 参见赵振铎《音韵学纲要》，巴蜀书社1990年版，第334页。

③ ［南朝梁］沈约：《宋书·谢灵运传论》。

平平仄仄平

平平平仄仄

仄仄仄平平

知道了这一点，其他问题也就不难办了。

或许有人以为："只要我不写近体诗，也就可以不懂平仄了。"这种认识是不对的。首先，因为平仄规则并不仅仅限于创作近体诗，而且常用于词曲、对联等。其次，即使不创作，比如截取、改造前人诗句以为己用的情况还是常见的，因而也就有个懂得平仄的问题。比如书法家爱写对联，但由于不懂平仄，闹出的笑话就很不少。有随意把字数相等、意义相关的两句看成对联书写的，如某报载对联书法："颠张醉素已奇绝，法无定法贵应变。"这本来是两句普通的七字句，二句平仄为"平平仄仄仄平仄，仄平仄仄仄仄仄"，怎么能把它当成对联呢？

有把上下联写颠倒了的，如某报载对联书法："风驰万壑开，云卷千峰集。"按：对联常例是"仄起平收"，极少"平起仄收"，此联宜颠倒之。

有错误改造的，如旧联有："华岳三峰凭槛立，黄河九曲抱关来。"某报载对联书法改成"华岳三峰凭栏，黄河九曲抱关"，使上下联的末字都成了平声，这就不对了。

作家、编辑还经常节引或改造旧诗词联语用于自己的文章，但不懂平仄也容易出笑话。彭铎先生《学识何如观点书》[①]一文中曾举过不少例子。如白居易《春至》诗："乐事渐无身渐老，从今始拟负春光。"引者或改"从今"为"从此"。岳飞庙诗："底回往事成今古，祠宇空余夕照红。"引者或改"夕照"为"夕阳"。清人诗："莫道侬家无宝玉，黄花遍地是金针。"引者或改"黄花遍地"为"遍地黄花"。单引一句者也有类似情况，如：苏轼诗"却教（平声）明月送将来"，引者或改"却教"为"却被"；韩愈诗"福无双至今朝至"，引者或改"今朝"为"今日"；杜甫诗"萧条异代不同时"，引者或改为"异代萧条不同时"；于谦诗"粉骨碎身浑不怕"，引者或改为"粉身碎骨浑不怕"。如此等等，都是由于不明平仄规则所致。

反过来说，如果懂得平仄规律，还能帮助我们解决许多问题，如认识书法作品中的古字、草字、错别字，纠正释文错误。如《王铎墨迹大观》载《草书五律五首卷》中有"二室遗经古，三峰削壁寒。依然燧人氏，呼鹳舞青坛"四句，因为草书

---

① 载《古籍整理研究通讯》1983年试刊。

"经"和"径"相近,"氏"和"民"相近,被编者误释为"径"(成了仄声)和"民"(成了平声)。其他如《五言诗卷》"百感中原事,魂魂向夜生",误释"生"为"坐"(成了仄声字);《行书五言诗轴》"旅客菰蒋冷,漕船刁斗威",误释"冷"为"泠"(成了平声字);《五律九首卷》"邀友临鸡栅,烹葵傲鹿门",误释"葵"为"艺"(成了仄声字);《七律诗轴》"宸翰亲题硃墨湿,天容霁照玉珠鸣",误释"湿"为"淫"(成了平声字);《行书诗卷》"日蒸龙藏立,天迥雁王回",误释"立"为"玄"(成了平声字),等等。又如《三潭诗卷》有"雷响砰轰霖雨蓄,神光摩荡药苗荣……怪岛休将心境说,栖真玄灏有天声"等句,因为王铎书法用了几个古字,编者对此不甚了了,就把诗中的"光"、"天"二字都误释成了"共"字。其实,上述草书例、古文例,如果编者略有平仄知识,也不难作出判断——至少不会想当然地解释,致使平仄失调,使大诗人王铎难堪。

另外,懂得平仄还可以帮助律诗的校勘和断句。如王铎《行书五言诗轴》,释文中有一段是:"鹭惊湍白鲧(字误,见下),鸣破寺红虚。空吾欲翥海,外驾瞳胧(二字误,见下)镇。江蒜山作。"其实,此诗书法"鹭"下脱一字,四句当作"鹭口惊湍白,鲸鸣破寺红。虚空吾欲翥,海外驾瞳昽。"诗题是"镇江蒜山作"。如果略知平仄,上述错误是完全可以避免的。

要想掌握平仄,首先要记住上述"粘"、"对"、"间"三条规则,其次是记住古代的入声字。因为古代的平、上、去三声的字并不影响我们识别平仄,而入声字由于早就派入三声(平、上、去),也就是说,它分布到现代汉语阴、阳、上、去四声里了,所以根据现代汉语的读音推断,只能导致错误。

下面就介绍一下入声字的记忆方法。

第一,通过自己的方言记忆。自己方言里有入声字的人(以吴、闽、粤、湘、赣、客家方言区最为典型)几乎不用记。只要用自己的方言读一下,如果这个字是入声字,那当然就是仄声字。

第二,通过背诵熟悉的古代诗词来帮助记忆。如柳宗元《江雪》诗:"千山鸟飞绝,万径人踪灭。孤舟蓑笠翁,独钓寒江雪。"诗中"绝"、"灭"、"雪"都是入声字。又如白居易《长恨歌》:"汉皇重色思倾国,御宇多年求不得。杨家有女初长成,养在深闺人未识。天生丽质难自弃,一朝选在君王侧。回眸一笑百媚生,六宫粉黛无颜色。""国"、"得"、"识"、"侧"、"色"都是入声字。

第三,通过入声字的谐声偏旁记忆。一般地说,一个声符字是入声字,那么,所有从它得声的形声字也都读入声；同样，一个形声字是入声字，与它有相同声符的其他形声字也读入声。比如，只要记住“各”是入声字，就可以推知其他从“各”得声的字一般都是入声字，如“洛、落、阁、略、络”等；同样，知道其中的任何一个字是入声字，也可以推知其他的字也是入声字。

第四，通过现代汉语语音记忆。如：

(1)声母为b、d、g、j、zh、z而声调为阳平的字，古代都是入声字，如“白、别；达、得；革、骨；节、角；逐、职；杂、则”等。

(2)声母为d、t、n、l、z、c、s而韵母为e的字，古代都是入声字，如“德、特、讷、乐、泽、策、塞”等。

(3)声母为k、zh、ch、sh、r而韵母为uo的字，古代都是入声字，如“括、桌、戳、硕、若”等。

(4)声母为b、p、m、d、t、n、l而韵母为ie的字，古代都是入声字(“爹”字除外)，如“憋、撇、灭、迭、铁、聂、列”等。

(5)韵母为üe的字都是入声字(“瘸”、“靴”除外)，如“疟、掠、绝、缺、雪、月”等。

(6)fa音节的字古代都是入声字，如“发(发展)、伐、法、发(头发)”等。

第五，通过排除法记忆。如：

(1)有鼻音韵尾n和ng的字不是入声字。

(2)读zi、ci、si三个音节的字不是入声字。

(3)读uei音节的不是入声字。

(4)声母为m、n、l、r而读阴平、阳平或上声的字不是入声字。

如此说来，只要掌握规律，善于巧用方法，记入声字也不算太难。[①]

---

① 以上(4)、(5)两项，详见叶盛《学点音韵知识》，上海教育出版社1987年版，第81～83页。

第三章 雅 学

雅学是以《尔雅》以及后代模仿《尔雅》而作的一类词典式专著为研究对象的学问，是传统语言文字学的一门子学科。它主要研究雅学源流以及各类雅学著作的编撰体例、得失等，不仅涉及各代词汇、词义的分析，还涉及辞书编纂等方面的知识。

第一节 雅学源流概述

《尔雅》是我国第一部词典式专书，属训诂类著作。《尔雅》之后，其仿拟之作很多，最早的要数旧题汉代孔鲋所撰《小尔雅》。《小尔雅》原本不传，今存《孔丛子》中。它的体例完全模仿《尔雅》，目的是补充《尔雅》所未收的词语，分《广诂》、《广言》、《广训》、《广名》、《广服》、《广器》、《广鸟》、《广兽》、《广度》、《广量》、《广衡》等13章。这个“广”是增广的意思。书名称“小”，是说篇幅规模较之《尔雅》要小(全书不足万言)。尽管如此，它在《尔雅》类著作中仍有一定地位：第一，它是最早补充和仿拟《尔雅》之作；第二，其补充的词语对认识古义、解释古书有很大帮助。所以，清人胡承珙说它是“《尔雅》之羽翼，六艺之绪馀”。

后代研究《小尔雅》的著作很多，如晋代有李轨的《小尔雅略解》，宋代有宋咸的《小尔雅注》，清代有王煦的《小尔雅疏》、宋翔凤的《小尔雅训纂》、葛其仁的《小尔雅疏证》、胡承珙的《小尔雅义证》、朱骏声的《小尔雅约注》、王贞的《小尔雅补义》、钱东垣的《小尔雅校证》等，其中以胡承珙、葛其仁、宋翔凤三家之作最为精核。关于《小尔雅》的研究材料，可参见宋翔凤《小尔雅训纂》所附列。

《小尔雅》以后最重要的补充、仿拟之作是三国魏人张揖的《广雅》(这将在下文作专门介绍)。《广雅》之后,补充、仿拟《尔雅》的著作,则有宋代陆佃专门解释名物的《埤雅》。这个"埤"是增补的意思,即增补《尔雅》名物词语之未备的书。全书分《释鱼》、《释兽》、《释鸟》、《释虫》、《释马》、《释木》、《释草》、《释天》8 篇。这八篇之末标以"后阙"二字,可见是一部不完整的著作。该书搜罗广泛,共解释名物 297 种,基本都是动植物名称。对名物的解释,特别是要弄清它们的命名之由,绝不是一件容易的事,陆氏独辟蹊径,开训诂一途,值得肯定;只是他对这些名物的解释往往牵强附会,从而又从根本上动摇了该著的科学价值。

这类著作在宋代还有一部,就是罗愿编撰的《尔雅翼》。"翼"是羽翼的意思,就是说,该书是《尔雅》的辅助之作,也有增补的意思。该书体例一依《尔雅》,惟解释的对象只有动植物名称,所以只有《释草》、《释木》、《释鸟》、《释兽》、《释虫》、《释鱼》6 大类,共解释名物 407 种,较之《埤雅》要多、要全,解释也较严谨,但牵强附会的地方仍然很多。

明代则有朱谋玮的《骈雅》。"骈"是相并的意思,这里指双音节或多音节联绵词。就是说,《骈雅》是一部专门解释联绵词的著作。其体例也一依《尔雅》,分《释诂》、《释训》、《释名称》、《释宫》、《释服食》、《释器》、《释天》、《释地》、《释草》、《释木》、《释虫鱼》、《释鸟》、《释兽》13 类,共收联绵词 4278 个(不包括双音节复合词),分 1782 条加以训释。如:

> 昳丽,光艳也。
>
> 守宫,槐也。
>
> 石山戴土曰崔嵬。
>
> 配离,披离也。

该书搜罗广博,解释精核,是早期研究联绵词的最重要的著作之一。

这部书的缺点是,虽然作者对联绵词的认识是明确的、正确的(所谓"析之则秦越,合之则肝胆"。见《自序》),但在实际取舍上却有失误,有些明显的联绵词不曾收入,而有许多不是联绵词的却被误收了(此类著作,"后出转精"的,则有近人朱起凤的《辞通》、符定一的《联绵字典》等,足以补其缺失)。

明代又有方以智的《通雅》,是一部解释词语、考证名物、探求语源意义的训诂学著作。该书正文部分分释诂、天文、地舆、身体、称谓、姓名、官制、事制、礼仪、乐曲、乐舞、器用、衣服、宫室、饮食、算数、植物、动物、金石、谚原 20 类。书名中的“通”，取其“期于通达”之义；“雅”，同样是《尔雅》类著作的标志。该书内容丰富，解释精当，考辨详明。

另外，明人郎奎金将《尔雅》、《小尔雅》、《广雅》、《逸雅》(《释名》)、《埤雅》合刊印行，题为《五雅》。

清代以“雅”标名的著作很多，如洪亮吉的《比雅》(排比相同、相近、相对、相关的词语，在对比中释义)、夏味堂的《拾雅》(“拾”取拾遗之义，补《尔雅》、《小尔雅》等诸“雅”而作之“雅”)、刘灿的《支雅》(补《尔雅》之缺，为《尔雅》支脉)、史梦兰的《叠雅》(专释叠音词)、朱骏声的《说雅》(将《说文》中的字，条为系贯。“说”指《说文》)、华长卿的《说雅》(专治《尔雅》19 篇字义)、吴玉搢的《别雅》(原名《别字》，收字形错互、音义各别、疑于传讹承谬的词语)、魏源的《蒙雅》(儿童识字启蒙)、吴东发的《石鼓尔雅》(解释石鼓文字)、程先甲的《选雅》(解释昭明《文选》词语)、施何牧的《韵雅》(用平水韵排列见于经典的字)等。

前代亡佚的此类著作也不少，如唐代刘伯庄的《续尔雅》，宋代程端蒙的《大尔雅》，明代张萱的《汇雅》、《汇雅后编》，无名氏的《本草尔雅》等。

第二节 《尔雅》

一、《尔雅》的性质与作者

《尔雅》是我国古代第一部词典式训诂著作，并且作为“通经”的经典，很早就被列入儒家教科书。它在传统语言文字学中影响很大，以至于形成一门“雅学”。

书名中的“尔”，音义通“迩”，是“近”的意思。“雅”是“正”的意思，这里指“雅言”，即规范化的语言。清代学者刘台拱《论语骈枝》、近人黄侃《尔雅略说》都认为，“雅”是“夏”的假借字，“夏言”就是诸夏之言，即通行华夏民族的共同语。这种解释与解“雅”为“正”的说法殊途同归。简言之，“《尔雅》之作，本为齐壹殊言，归于统绪”[①]。即用雅言解释方言，用今语解释古语，目的是为了沟通古今方俗。

至于《尔雅》究竟属于什么性质的著作，何九盈先生同意欧阳修的看法，“正

---

① 《黄侃论学杂著》，上海古籍出版社 1980 年版，第 361 页。

名命物，讲说者资之”[1]。“正名命物”，就是对客观事物的名号与实体进行分辨，自然就包括解释具体的事物与抽象的名词概念（包括古语词、方言词等）。“讲说者资之”，是说讲解语言文字、讲解经典意旨的人要借助于它。可见，它确实具有教科书的性质。至于它的编排体例后来竟影响了辞书编纂，它本身也便具备了辞书的性质，这恐怕是编纂者也始料不及的。

关于《尔雅》的作者，历来说法不一。郑玄认为是孔子门人所作，并且不是出于一人之手。[2] 扬雄说是“孔子门徒游夏之俦所记”[3]。郭璞、张揖等人认为是周公所作而或有后人增益。[4] 欧阳修则认为是“秦汉之间学《诗》者纂集说诗博士解诂”[5]。从现在掌握的材料来看，说《尔雅》为周公所作，缺少根据，说是秦汉间学者所纂集也难以成立。学者们一般认为，该作大约成书于战国，但秦汉学者也有所增益。

阮元说：“泰山者，上古大山，居下之中者也。”又说：“泰山……所居曰齐州。齐者，中也，居天下之中也。”自注：“《尔雅》曰：‘齐，中也。’又曰：‘中有岱岳。’《列子·汤问》篇言‘齐州’，《黄帝》篇言‘齐国’，皆中州、中国也。”[6]何九盈先生因此说：这样的观念，汉代人不可能有，战国时秦楚人也不可能有，“这是《尔雅》为齐鲁儒生所作的一个难以动摇的证据”。此外，他还补充了一些其他材料，如《尔雅》有“齐有营州”的记载，而营州是汉以前的古制，为先秦其他古籍所不载，仅见于《尔雅》；《尔雅》解释星名不用“二十八宿”（二十八舍）这个秦汉时代的天文术语，又不录秦楚两国分野的星宿等，据此得出“《尔雅》当成书于战国末年，它的作者是齐鲁儒生”[7]的结论。

二、《尔雅》的内容与编排

《尔雅》全书13113字，分19篇，2091条，共收词4300有余。词语分通用词和专用名词，通用词语2000多个，约占一半。前三篇《释诂》、《释言》、《释训》，主要解释古词语。其中《释诂》的每条之中往往类聚许多词而用一个词语加以解

---

① 详见何九盈《〈尔雅〉的年代与性质》，载《语文研究》1984年第2期。

② 见《诗经·王风·黍离》正义引郑玄《驳五经异义》。

③ ［晋］葛洪：《西京杂记》卷三。

④ 见［晋］郭璞《尔雅序》、［魏］张揖《上广雅表》。

⑤ ［宋］欧阳修：《诗本义》。

⑥ ［清］阮元：《研经室二集》卷七《封泰山论》。

⑦ 参见何九盈《〈尔雅〉的年代与性质》，载《语文研究》1984年第2期。

释。如：

初、哉、首、基、肇、祖、元、胎、俶、落、权舆，始也。

如、适、之、嫁、徂、逝，往也。

这就是说，古称为“初、哉……权舆”的这些词，今则称之为“始”，也就是说，“初、哉……权舆”诸词都是“始”的意思。“往也”条同此。

《释言》聚合的词往往很少。如：

般、齐，中也。

还、复，返也。

《释训》所解释的多为形容词。如：

明明、斤斤，察也。

穆穆、肃肃，敬也。

后十六篇内容庞杂，具体如下：

《释亲》解释的是表示亲属关系的词，分宗族、母党、妻党、婚姻四方面。如：

父为考，母为妣。

父之考为王父，父之妣为王母；王父之考为曾祖王父，王父之妣为曾祖王母；曾祖王父之考为高祖王父，曾祖王父之妣为高祖王母。

《释宫》以下解释名物，一般是“通古今之异语，明同实而两名”（《释宫》郭璞注语）。其中，《释宫》主要解释与古时居处有关的词语。如：

宫谓之室，室谓之宫。

牖户之间谓之扆，其内谓之家，东西墙谓之序。

观谓之阙。

门侧之堂谓之塾。

所居之室，不论贵贱都可称为“宫”。秦汉以后只有王者所居才能称“宫”，这是古今的不同。至于“扆”、“家”、“序”等，则都是古时宫室各部的名称。

《释器》主要解释与笾豆、鼎鼐、网罟、衣服、车舆、弓矢等有关的词语。如：

木豆谓之豆，竹豆谓之笾，瓦豆谓之登。

大版谓之业，绳之谓之缩之。

黄金谓之璗，其美者谓之镠；白金谓之银，其美者谓之镣。

璧大六寸谓之宣，肉倍好谓之璧，好倍肉谓之瑗，肉好若一谓之环。

《释乐》主要解释与音乐有关的词语。如：

大琴谓之离。

大笙谓之巢。

大箫谓之言。

徒鼓瑟谓之步，徒吹谓之和，徒歌谓之谣。

《释天》主要解释与四时、天文、灾异及祭祀、习武等有关的词语。如：

春为青阳，夏为朱明，秋为白藏，冬为玄英，四气和谓之玉烛。

载，岁也。夏曰岁，商曰祀，周曰年。

《释地》主要解释与九州、地制、特产、珍异等有关的词语。如：

两河间曰冀州，河南曰豫州，河西曰雍州，汉南曰荆州，江南曰扬州，济河间曰兖州，济东曰徐州，燕曰幽州，齐曰营州。

南方有比翼鸟焉，不比不飞，其名谓之鹣鹣。

《释丘》主要解释与丘陵有关的词语。如：

泽中有丘，都丘。

厓内为隩，外为隈。

坟，大防。

涘为厓。

《释山》主要解释与诸山有关的词语。如：

河南，华；河西，岳；河东，岱；河北，恒；江南，衡。

山大而高，崧；山小而高，岑；锐而高，峤；卑而大，扈；小而众，岿。

《释水》主要解释与江河有关的词语。如：

水草交为湄。

天子，造舟；诸侯，维舟；大夫，方舟；士，特舟；庶人，乘泭。

水注川曰溪，注溪曰谷，注谷曰沟，注沟曰浍，注浍曰渎。

水中可居者曰洲，小洲曰陼，小陼曰沚，小沚曰坻，人所为为潏。

《释草》主要解释花草之名。如：

荼，苦菜。

稌，稻。

茨，蒺藜。

荷，芙蕖。其茎，茄；其叶，蕸；其本，密；其华，菡萏；其实，莲；其根，藕；其中，的；的中，薏。

《释木》主要解释树木之名。如：

杜，甘棠。

杜，赤棠；白者，棠。

灌木，丛木。

枞，松叶柏身。

桧，柏叶松身。

《释虫》主要解释各类虫名以及与虫有关的词语。如：

蒺藜，蝍蛆。

蚍蜉，大蚁；小者，蚁。

食苗心，螟；食叶，蟘；食节，贼；食根，蟊。

有足谓之虫，无足谓之豸。

《释鱼》主要解释各类鱼名以及与鱼有关的词语。如：

鲲，鱼子。

科斗，活东。

鳖三足，能；龟三足，贲。

鱼枕谓之丁，鱼肠谓之乙，鱼尾谓之丙。

《释鸟》主要解释各类鸟名以及与鸟有关的词语。如：

蝙蝠，服翼。

仓庚，商庚。

鹣鹣，比翼。

鸟之雌雄不可别者以翼，右掩左，雄；左掩右，雌。

《释兽》主要解释各类兽名以及与兽有关的词语。如：

熊虎丑，其子狗。

貀，狗足。

罴如熊，黄白文。

兕，似牛；犀，似豕。

《释畜》主要解释各类家畜家禽之名以及与它们相关的词语。如：

其子犊。

鸡大者，蜀。

《尔雅》的内容大体如此。

三、《尔雅》的训释方式与条例

前面说过,《尔雅》是一种解释性的著作。要读懂它,就必须弄清被解释语与解释语之间的关系。"训释方式"主要是从形式上说的,"条例"主要是从内容上说的。

(一)训释方式

(1)被解释部分在上,解释部分在下,解释词下一般都用"也"字足句。如《释诂》:

希、寡、鲜,罕也。

畴、孰,谁也。

但有时也不用"也"字,如《释丘》:

隩,隈(厓内为隩,外为隈)。

坟,大防。

(2)解释部分在上,被解释部分在下。如《释丘》:

左高,咸丘;右高,临丘;前高,旄丘;后高,陵丘;偏高,阿丘。

如乘者,乘丘;如陼者,陼丘。

又有被解释部分前加"为"字者。如《释训》:

美女为媛,美士为彦。

又有被解释部分前加"谓"或"谓之"者。如《释宫》:

宫中之门谓之闱,其小者谓之闺,小闺谓之阁。

又有被解释部分前加"曰"字者。如《释地》:

下湿曰隰,大野曰平,广平曰原,高平曰陆,大陆曰阜,大阜曰陵,大陵曰阿。

(3)有些不加确切解释,只是泛泛说明或叙述的。如《释训》:

如切如磋,道学也。如琢如磨,自修也。

又如《释地》:

鲁有大野,晋有大陆……宋有孟诸,楚有云梦,吴越之间有具区,齐有海隅。

(4)有些解释部分中有省略成分,需要正确理解。如《释器》:

金谓之镂,木谓之刻,骨谓之切,象谓之磋,玉谓之琢,石谓之磨。

是指表示对各种物质进行加工的词各有不同。

这些问题虽然很简单，但只有先明白这些，才能读懂它。

(二)条例

从清代直至近代，许多学者都谈到了《尔雅》的条例，其中影响较大的有王引之、严元照、王述曾、刘师培、陈玉澍、宋育仁、饶炯、黄侃诸家。他们的分析各有所长，我们这里只说最应注意的几种情况：

(1)《尔雅》里有"二义合为一条"("一训兼为两义")的情况。如《释诂》：

台、朕、赉、畀、卜、阳，予也。

此条中，"台、朕、阳"都是第一人称代词，训为"予"，这个"予"当然也应解释为第一人称代词；而"赉、畀、卜"三词训为"予"，是"给予"的意思。两个"予"是同形词，读音不同(声调有别)，《尔雅》把它们混一了。《释诂》有"赉、贡、锡、畀、予、贶，赐也"一条，据此可以辨别。又如《释诂》：

亶、展，信也。

"信"兼诚信、屈伸二义。"展"训"信"，亦兼此二义。又如《释诂》：

犯、奢、果、毅、剋、捷、功、肩、堪，胜也。

"胜"有胜任、胜负二义，"犯、奢、剋、捷、功"为胜负之"胜"，"果、毅、肩、堪"为胜任之"胜"。如此之类，都是《尔雅》不科学、不严密的地方。

(2)同一个词语虽然在不同的条目里有不同的解释，但这些不同的训释词的词义实际是相近或相通的。如"俶"可以训为"始"，又训为"作"，但"作"也可以训为"始"；"介"可以训"大"，又可以训"善"，而"善"又或训为"大"。

(3)有些词语分别在几条之中，这几条里的各词常有相通的地方。如《释诂》：

仇、偶、妃、匹、会，合也。

仇、雠、敌、妃、知、仪，匹也。

妃、合、会，对也。

妃，媲也。

前两条中都有"仇"、"妃"、"匹"，第一条与第三条中都有"妃"、"会"、"合"，四条中都有"妃"，因此这四条中的各词就有了贯通的可能。

(4)同一条中的词语有些实际上是经典通假字或古今字等。如《释诂》：

嘏、假、京、景，大也。

锡，赐也。

于，於也。

上述诸训中，“嘏”、“假”经典通用，“京”、“景”亦通，“锡”在经典中多用为“赐”，“于”、“於”是古今字。

(5)同一个词语可以用貌似意义相反的不同词语去解释。如“繇”训“忧”，又训“喜”。这种情况，训诂学中叫“反训”，又叫“美恶不嫌同辞”等。

(6)古今语和雅俗语两者实际上常常是交叉的。也就是说，有些古今语的不同实际上是体现了方俗语的不同。有些方俗语的不同实际上又是体现了古今语的不同。如《释诂》：

允、孚、亶、展、谌、诚、亮、询，信也。

而郭璞注曰：

《方言》曰：“荆、吴、淮、汭之间曰展，燕、岱、东齐曰谌，宋、卫曰询。”亦皆见《诗》。

可见，虽然“展、谌、询”诸词作“信”解都见之于《诗经》，但它们实际上还是不同的方言词。

以上是《释诂》、《释言》、《释训》三篇的情况。

近代学者王国维作《尔雅草木虫鱼鸟兽名释例》，对《尔雅》名物训诂的条例作了分析，后来胡朴安在《中国训诂学史》里将王国维的说法分为 14 例。现简释如下：

(1)雅与雅同名而异实者，则别以俗。如说“椋，木槿”，又说“椋，梧”。这就是说，同为“椋”名者有两种植物，所以用两种俗名区别，这就叫“别以俗”。

(2)俗与俗异名而同实者，则同以雅。如说“杜，甘棠”，又说“杜，赤棠”。这就是说，甘棠、赤棠是不同的两个俗名，其实是一种植物，雅名叫“杜”，这就叫“同以雅”。这种情况表面与第(1)种相同，其实并不相同。

(3)雅与雅异名而同实者，则同以俗。如说“椋，木槿”，又说“榇，木槿”。这就是说，“椋”与“榇”虽然同实而雅名不同，但俗名都叫“木槿”，所以都用俗名去解释，这就叫“同以俗”。

(4)雅与俗同名而异实者，则各以雅与俗之异者异之。如说“荼，苦菜”，又说“蕇，荼”。这就是说，雅名叫作“荼”的东西，它的俗名叫“苦菜”；俗称为“荼”的东西，其雅称为“蕇”，两者并不是一回事。

(5)雅与俗异名而同实者,则各以其同者同之。如说“鵹黄,楚雀”,又说“仓庚,黧黄”。这就是说,同是一种鵹黄鸟,雅称是“仓庚”,俗名叫“楚雀”,故以“鵹黄”之名而同之。

(6)雅俗多同名,而稍变其音。如“仓庚”即“商庚”,“仓”、“商”叠韵。

(7)俗名多取雅之共名,而以地别之。如“藿,山韭”,“旄,泽柳”,“韭”、“柳”是“雅之共名”,前面以其所生长的地方“山”、“泽”以别之。

(8)俗名多取雅之共名,而以形别之。如“洗,大枣”,“鲷,小鱼”,这是以形之大小相区别。有些大的事物冠以“王”(如“蟒,王蛇”)、“牛”(如“莙,牛藻”)等,有些小的事物冠以“女”(如“女萝,菟丝”)、“羊”(如“遵,羊枣”)等。

(9)俗名多取雅之共名,而以色别之。如“芑,白苗”、“秬,黑黍”等。

(10)俗名多取雅之共名,而以味别之。如“荼,苦菜”、“樲,酸枣”等。

(11)俗名多取雅之共名,而以有实无实别之。如有实者冠以“母”(如“莔,贝母”),无实者冠以“牡”(如“蒴,牡蕟”),实而不成者冠以“童”(如“稂,童粱”)等。

(12)以俗名释雅名,而以物之德名之。或取其物之形状、颜色、声音、习性、功用等,如“皇”而以“守田”释之,就是取其习性。

(13)以俗名释雅名,而以与他物相似之形名之。如“鱏,白鱼”等。

(14)以俗名释雅名,而以双声叠韵之词名之。双声的如“蒺藜,蝍蛆”,叠韵的如“果赢,蒲卢”等。

特别需要注意的是,《尔雅》所载名物中,“凡雅俗古今之名,同类之异名与夫异类之同名,其音与义恒相关”。其中,“同类之异名,其关系尤显于奇名”,如“枳”,“大者谓之栱,长者谓之阁”。“栱”、“阁”一声之转。“川注溪曰谷,注谷曰沟,注沟曰浍”。“谷”、“沟”、“浍”皆一声之转。“异类之同名,其关系尤显于偶名”,如《释草》、《释虫》都有“果赢”,一为草名,一为虫名,都取其圆而下垂之形。《释草》有“颗冻”,《释鱼》有“科斗”、“活东”,皆语之转。还有草名“莪萝”,虫名“蛾螺”;虫有“密肌,继英”,鸟有“密肌,系英”,等等。这些现象,“今虽不能言其同名之故,要皆相关必自有说。虽其流期于相别,而其源不妨相同。古人正名百物之意,于此亦略可睹矣”[①]。

---

① 以上俱见王国维《尔雅草木虫鱼鸟兽名释例》(下),载《观堂集林》上册,中华书局 1959 年版,第 221～226 页。

《尔雅》的条例还可以概括一些(如黄焯《文字声韵训诂笔记·训诂笔记下》即又有所发明),但基本情形大致如此。

研治《尔雅》,当然要先明其条例,但更重要的还是注意研究方法。黄侃先生说:

> 治《尔雅》之要,在以声音证明训诂之由来,而义例在所不急。今于《尔雅》之例皆无滞疑,然不能使声、义同依,亦不能致用。故凡条例之本,仅能于研究后助人参证,不能于研究前启人径途。且古书条例往往不甚谨严,必欲以己意整理,将有移东补西、改章窜句之弊。此不独《尔雅》学为然,治国学者皆宜深悉此意。[①]

黄先生此语,学者当深思之。

四、《尔雅》的成就与不足

《尔雅》在中国传统语言文字学史上有着重要的地位:

(1)它是我国乃至全世界第一部专释词语的辞书,其中有同义词、近义词的汇编,有学科分类词语的汇编,是后代百科辞典的滥觞。它的著述体例和释词方式为后世辞书编纂提供了一定经验。

(2)它汇集了古代常用的两千多个词语的训释,保存了它们的古义,为我们解释古籍提供了根据。

(3)它反映了上古汉语基本词汇的概貌,不仅是我们研究上古汉语的可靠材料,同时也是我们认识古代社会、学习百科知识的宝贵资料。

据此我们也就知道了研究《尔雅》的意义所在。章太炎在《小学略说》中说:

> 《尔雅》乃运用文字之学,其功用在解释经典。经典所无之字,《尔雅》自亦不具,是故字书为体,《尔雅》为用。

黄侃先生也说:

> 《尔雅》解释群经之义,无此则不能明一切训诂。《说文》解释文字之原,无此则不能得一切文字之由来。盖无《说文》,则不能通文字之本,而《尔雅》失其依归;无《尔雅》,则不能尽文字之变,而《说文》不能致用。如车之运两

① 黄焯:《文字声韵训诂笔记》,上海古籍出版社1983年版,第237页。

轮,鸟之鼓双翼,缺一则败矣。[1]

这段话不仅说出了研究《尔雅》的重要性,还说明了研治《尔雅》与研治《说文》的关系。

《尔雅》也有不科学、不严密的地方。如:

(1)有些条目中的有些词语是同形词,应当分开,说已见前。

(2)有些条目中的多数词是应当合并的,《尔雅》又将它们分开了。如"覯、逢,遇也","覯、逢、遇,遻也","覯、逢、遇、遻,见也"等。

(3)同一条中,往往罗列很多词语,有的多达三十多个,但它们意义的相同、相通、相近都有一定条件,它们或用本义,或用引申义,或用比喻义,或用假借义,等等,而《尔雅》仅仅以"某,某也"的形式来概括它,未免粗疏。

(4)词语的分类不够科学。如"旌旗"、"舟泭"应归入《释器》,但因为"旌旗"是讲武所要用的东西,而"讲武"的名称又因四时不同而有所不同,所以"旌旗"、"肄武"都随四时类归入了《释天》;"舟泭"则因为是行水器,就又把它附入了《释水》。

五、研究《尔雅》的著述

据殷孟伦先生讲,研究《尔雅》者,在东晋郭璞之前有犍为文学、刘歆、樊光、李巡、孙炎五家。但自郭璞《尔雅注》盛行后,诸家著述多已不传,只散见于其他古籍里。清代辑录《尔雅》古义的,有臧镛堂的《尔雅汉注》、黄奭的《尔雅古义》、叶蕙心的《尔雅古义斠》、马国翰的《玉函山房辑佚书》(有《尔雅》部分)、严可均的《尔雅一切注音》、余萧客的《古经解钩沉》(有《尔雅》部分)、张澍的《蜀典》(有《尔雅》部分)等。晚近自日本传来的佚书如慧琳《一切经音义》、《玉烛宝典》、《原本玉篇》等书中也多存《尔雅》古注。

到现在为止,我们所能见到的最早、最完整的《尔雅》注本是郭璞的《尔雅注》。

郭璞,字景纯,生于西晋,卒于东晋。曾任著作佐郎、尚书郎,名重一时。他注《尔雅》的做法是:"缀集异闻,会稡旧说,考方国之语,采谣俗之志,错综樊孙,博关群言,剟其瑕砾,搴其萧稂。事有隐滞,援据征之;其所易了,阙而不论。别

① 黄侃笺识、黄焯编次:《尔雅音训》,上海古籍出版社 1983 年版,第 1～2 页。

为《音图》，用祛未寤。”[①]唐代陆德明称赞他“洽闻强识，详悉古今”，并依郭本作音义；后来邢昺等人为之作疏，因而畅行于世。

郭注的长处，黄侃在《尔雅略说》中有论述。大致概括为五条：一是取证丰富，二是说义谨慎，三是旁证《方言》，四是多引时语（50 余条），五是阙疑不妄（阙疑 180 余条）。其最为突出、最为可贵之处，是能够引证古今方言俗语以证古语，用“语转”说明词语孳变规律。它的缺点，黄侃提出两条：一是袭旧而不明举，二是不得其义而望文作训。[②]

唐代研究《尔雅》的几家，如沈旋、施乾、谢峤、顾野王、陆德明、曹宪、裴瑜、释智骞、孙炎（不是东州大儒孙叔然）、高琏等，其著述多已不存，只能从典籍里见到其中的一些佚文，现存的有陆德明《尔雅音义》（存《经典释文》中）。

宋代研究《尔雅》的主要著作有邢昺等人的《尔雅注疏》、陆佃的《尔雅新义》、罗愿的《尔雅翼》等。其中，影响最大的是《尔雅注疏》。该作是邢昺等人奉敕校定的，“考察其事，必以经籍为宗；理义所诠，则以景纯为主”[③]。黄侃说，邢疏有三善：一是补郭注之阙，二是知声义之通，三是达词言之例。[④] 缺点是：虽多能引证，但限于“疏家之体，惟明本注；注所未及，不能旁搜”[⑤]。但这也是唐以来的疏体通病，不能独责于邢氏。

元明两代研究《尔雅》的，从《经义考》和《小学考》等著述中知道也有多家，但都未见传本。

清代研究《尔雅》的著作最为繁富，也最有成就。重要的有戴震的《尔雅文字考》（见于《戴氏遗书》）、阮元的《尔雅校勘记》、张宗泰的《尔雅注疏本正误》、王引之的《尔雅述闻》（见于《经义述闻》）、翟灏的《尔雅补郭》、钱坫的《尔雅古义》、严元照的《尔雅匡名》、王树楠的《尔雅郭注佚存补订》、龙启瑞的《尔雅经注集证》、俞樾的《尔雅平议》（见于《群经平议》）、邵晋涵的《尔雅正义》、郝懿行的《尔雅义疏》等。此外还有程瑶田的《释宫小记》、《释草小记》、《释虫小记》（见于《通艺录》）等，诸篇虽不是专为解释《尔雅》而作，但其中涉及解释《尔雅》名物的地方也

---

① [晋]郭璞：《尔雅·序》。

② 详见《黄侃论学杂著》，上海古籍出版社 1980 年版，第 374～375 页。

③ [宋]邢昺等：《尔雅注疏·序》。

④ 参见《黄侃论学杂著》，上海古籍出版社 1980 年版，第 380 页。

⑤ [清]纪昀等撰：《四库全书总目》。

很多。上述著作中,以邵晋涵、郝懿行二家最为博大精深。

据邵氏《尔雅正义》自序,是书主要做了以下六方面的工作:一是校文。根据唐石经、宋刊本及诸书所引审定了原文,增校郭注。二是博义。以郭氏为主,兼采诸长,进行疏释。三是补郭。取证雅训,补郭氏之未备。四是证经。钩稽典籍,以与郭注相证明。五是明声。取声近之字,旁推交通,以明义存于声。六是辨物。其灼知副实者,详其形状之殊,辨其沿袭之误。黄侃说:邵氏此书,其"校文"部分,于经于注,多所遗漏,不如严元照的《尔雅匡名》和王树楠的《尔雅郭注补订》;其"博义"部分,于诸家注义,搜采不周,不如臧镛堂的《尔雅汉注》;其"补郭"部分,则胜于翟灏的《尔雅补郭》;其"证经"、"明声"部分,只略引其端,而待郝氏抽其绪;其"辨物"部分,嫌于简略过甚,又多不列今名。[①] 尽管如此,邵氏《尔雅正义》在清代研究《尔雅》的著作中还是很有成就的一部,后来的许多研究者,他们的研究方法和研究规模大抵也都不曾超出邵书的范围。

郝氏的《尔雅义疏》,写成于邵氏《尔雅正义》之后,初名为《尔雅略义》。郝书大致以邵书及臧镛堂的《尔雅汉注》为蓝本,其中用邵说者至多。它的长处,一是运用声义相关的理论,博其旨趣,会其要归,依同、近、通、转四科以相统系,往往能发前人所未发;二是解释草木鱼虫时,其疏语有和旧说不同的,总是据目验下结论。宋于庭序曰:"[郝疏]最后成书,其时南北学者,知求于古字古言。于是通贯融会谐声、转注、假借,引端竟委,触类旁通,豁然尽见,且荟萃古今,一字之异,一义之偏,罔不搜罗;分别是非,必及根原,鲜逞胸臆。"极为推重。

郝书也有不足,其中最重要的是,他在利用声音"同、近、通、转"关系解释词语现象时往往出现差错,这说明作者对古今音变的规律还缺乏正确的认识,解释名物的由来尤其缺少精辟的见解。

比较邵、郝二书,邵氏恪守唐人正义之例,井然有序,但又限于体例,难以畅其说;郝书只疏正文,对郭注却缺乏系统的补正。邵氏于声音训诂之原尚多壅阏,故少有发明;郝氏注重声义相依之理,却又疏于声韵之学,故时有失误。总的来看,邵氏有开创之功,郝氏有转精之成,二书虽各有瑕疵,但也各有千秋。他们二人都是《尔雅》的功臣,其研究成果足以代表清人的最高水平。

近代以来,研究《尔雅》而卓有成就者当推蕲春黄侃(季刚)先生。他的治学

---

① 参见《黄侃论学杂著》,上海古籍出版社 1980 年版,第 393～394 页。

经验很多，其中最重要的一条就是文字、声音互为利用。他说：

> 治《尔雅》之始基在正文字，其关捩在明声音。字不明，则义之正假不能明；音不明，则训诂之流变不能明。故使《说文》之学不昌，古韵之学未显，虽使《尔雅》至今蒙晦可也。惟声音、文字讲求纤悉，然后训诂之道得其会归；惟训诂渐即阐明，斯名物渐知实义。一学之立，必待与之相关诸学尽有纪纲。清世《尔雅》之业独隆前古者，正由此尔。[①]

黄先生研究《尔雅》的成果多散见于各类遗书、手稿中，现在可以参考的有《黄侃论学杂著》、《尔雅音训》以及黄焯先生所编《文字声韵训诂笔记》等。另外，他的学生殷孟伦先生有《〈尔雅〉郭注纂疏》遗稿一部（《子云乡人类稿》曾载《〈尔雅〉郭氏纂疏举例》。山东大学古籍整理研究所编《古籍整理研究论丛》一、二、三辑均有部分发表），也能从侧面体现他治《尔雅》的思想和方法。

第三节 《广雅》和《广雅疏证》

一、《广雅》

历代因循《尔雅》体例仿效、增补的著作中，影响最大、成就最高的当推《广雅》。

《广雅》的作者是张揖（或作“张楫”、“张挹”，然从其字“稚让”推之，当以“揖”为是），字稚让，三国时魏国人。史籍无传，具体生卒年代不详。籍贯是清河（今山东临清东北），一说河间（今河北献县东南）。二地相去不远，汉魏时都是郡名。张揖在魏初至魏明帝曹叡太和（227～232）间为博士，擅长书法，著有《广雅》、《埤苍》、《古今字诂》、《杂字》等，除《广雅》之外，余书均已亡佚（清人有辑本）。

《广雅》是张揖的唯一传世之作，看来也是他全部著作中最重要的一部。关于这部书的写作目的，作者在《上广雅表》中说：

> 夫《尔雅》之为书也，文约而义固；其陈道也，精研而无误。真七经之检度，学问之阶路，儒林之楷素也。若其包罗天地，纲纪人事，权揆制度，发百家之训诂，未能悉备也……窃以所识，择撢群艺，文同义异、音转失读、八方

---

① 黄焯：《文字声韵训诂笔记》，上海古籍出版社1983年版，第231页。

殊语、庶物易名不在《尔雅》者,详录品覈,以著于篇。

这段话说出了《广雅》与《尔雅》的关系。

大家知道,《尔雅》成书于汉初。它收集词语的材料主要以经书训诂为主,其他许多词语未曾收入。两汉是训诂学特别昌盛的时期,训诂范围扩大了,出现了前所未有的训诂成果。另外,由于社会的发展,语言也产生了许多变化,如新词产生、旧词产生新义等。再加上古今方俗音转字异等方面的原因,势必造成"文同义异、音转失读、八方殊语、庶物易名"等情况。这样,《尔雅》所收的训诂资料就显得很不全面,从而使它的使用价值也受到了很大限制。为了弥补这个缺憾,张揖依《尔雅》旧例,于《尔雅》所收词语之外,又广搜博求。"自《易》、《书》、《诗》、《三礼》、《三传》经师之训,《论语》、《孟子》、《鸿烈》、《法言》之注,《楚辞》、汉赋之解,谶纬之记,《仓颉》、《训纂》、《滂喜》、《方言》、《说文》之说,靡不兼载",从而使《广雅》成为一部训诂资料集大成之作。

《广雅》全书分 19 篇(与《尔雅》同),共 2343 条,内容包括人事、自然、生物等。篇名、次第一依《尔雅》。其训释条例,胡朴安《中国训诂学史》归纳为 22 例,兹就重要者说明如下:

(1)以偶名释奇名,即以人们熟知的双音节词或词组去解释单音节词。如《释器》:"韬,弓藏也。"按"韬"即"弢",本指藏弓的套子,后引申为隐藏、计谋、韬略等义。

(2)以奇名释偶名,即以人们熟知的单音节词去解释人们不熟知的双音节词或词组。如《释器》:"龙渊、太阿、干将、镆铘、莫门……剑也。"这里的"偶名"实际上只是各种剑的具体名称。如"太阿"是一种宝剑,并不是说"太阿"就是"剑"的"意思"。

(3)以今名别古名,即以某事物当时的名称去解释古代的名称,以当时的词语去解释古代的词语。如《释草》:"藋粱,木稷也。"即今之高粱,在《广雅》时代叫"木稷",而于古则叫"藋粱"。

(4)以通语释异语,即以当时通行的词语去解释包括古今方俗词语在内的不同词语。如《释亲》:"翁、公、叟、爸、爹……父也。""媦、孟,姊也。""父"、"姊"等为通语,其余都是"异语",或为古语、方言或其他用得不够普遍的词语。

其他还有异名同实分两条以释、异实同名并一条以释、一物异年龄而异名、一物异容量而异名、大小同实异名而不言大小、大小同实异名而一明言一不明言、释名物性质、释称谓意义、共名上加一字为别、原名上加一字自成一名词、以动词为名词、连释、同实因所在而异名、异实一部分同名、同实以雌雄而异名、同实以小部分不同而异名、全体同名而一部分异名、属等，例从略。

由于《广雅》收词广，因此很为后人重视。清人王念孙《广雅疏证序》说出了它在训诂学上的价值：

盖周秦两汉古义之存者，可据以证其得失，其逸散不传者，可藉以窥其端绪，则其书之为功于训诂也大矣。

《广雅》成书以后，有隋代人曹宪为它作注。曹宪以后直到清代，研究它的人不多。

清代研究《广雅》的主要有三家：一是卢文弨，谢启昆《小学考》著录卢氏《广雅注》三卷（一说是《广雅注释》），但未见有传本。一是钱大昭，他曾著《广雅疏义》，成书早于王念孙《广雅疏证》，但书成之后未能及时刊行。后来日本人购得一部手抄本，并于1941年在日本影印出版，现在国内很少能见到。另外一家就是王念孙，他著《广雅疏证》传世。三家之外，研究《广雅》的专著还有俞樾的《广雅释诂疏证拾遗》、王士濂的《广雅疏证拾遗》、王树楠的《广雅补疏》等，但影响都不大。

二、《广雅疏证》

（一）《广雅疏证》的作者及成书情况

《广雅疏证》的作者是王念孙。

王念孙（1744～1832），字怀祖，号石臞（亦作“石渠”）。江苏高邮人。祖籍在苏州，明初迁居高邮。由于家学渊源，王念孙从小就受到了极好的传统文化的熏陶和教育。特别是在他12岁的时候，他父亲给他延请了寓居京师的学者戴震做老师。后来二人又同居扬州，仍从戴氏问学，过从甚密。戴氏当时已是很有名气的学者，学风严谨，学识渊博，对王念孙一生的治学无疑产生了重大影响。

王念孙传统文化的基础虽然很厚，但多次进京会试不中，直到他32岁的时候才赐进士出身，授庶吉士，以后便回乡读书四年。后来供职于翰林院，转任监察御史。嘉庆年间又出任直隶永定河道。1811年以后，随其子引之居家，专事著述，直到逝世。

王念孙毕竟首先是一位学者，他的志趣全在学问上，与当时许多著名学者都有过学术上的交往。就是在他居官期间，学问之事也未尝一刻懈怠，传世巨著《广雅疏证》就主要是任监察御史期间完成的。

王念孙在早年读书期间，实际上就已经做了许多关于经典故训的积累和整理工作，而且早就有了著述计划。在他 25 岁的时候，他曾对他的友人李文藻说，要“作书四种，以配亭林顾氏《音学五书》”[①]。此后，他又做了《说文》、《方言》方面的考订工作。他的《韵谱》、《谐声表》、《雅诂表》以及《尔雅》、《小尔雅》、《广雅》、《方言》一类故训的《分韵》等资料，大约也都是在他作《广雅疏证》之前编撰的。《广雅疏证》的写作开始于乾隆五十三年(1788)，当时他 45 岁。为了能够保证质量和进度，他制订并严格执行了写作程限：每日疏证三个字，不许有一日间断。到乾隆六十年(1795)即完成了一至九卷的稿子。第十卷用的是他儿子王引之的稿子，至此全书即告完成，历时约八年。

(二)《广雅疏证》所做的工作

《广雅疏证》对《广雅》主要做了以下几方面的工作：

(1)校勘文字。《广雅》历经散佚、误抄、臆改，向无善本，讹误衍夺之处比比皆是。他说过：“《广雅》积误已久，有明本之误，有宋、元本之误(原注：以曹宪注知之)。又汉儒谶纬及小学诸书，今多亡佚，训诂无征，疏通证明大非易事。”[②]正是面对如此艰难、浩繁的校勘工作，他废寝忘食，孜孜不倦，共校正讹字 580 个，脱文 490 个，衍文 39 个，先后错乱者 123 个，校订正文误入音内者 19 字，音内文字误入正文者 57 字。[③] 单是这一项工作，也就可以称得上是《广雅》的功臣了。

(2)纠正《广雅》误采及先儒误说。《广雅》原书有误采处，王念孙皆“博考以证其失”，如《广雅·释诂》中说：“比，乐也”，“师，忧也”。王念孙说：《杂卦传》云：“比乐师忧”，“言亲比则乐，动众则忧，非训‘比’为‘乐’、‘师’为‘忧’也”。而《广雅》二训“皆失其义”。同样，对先儒误说也随文多有匡正。

(3)博采群籍故训及先儒时贤之说，对《广雅》进行全面的疏通证明。这是《广雅疏证》要做的和实际做的最重要的工作。据江式《古今文字表》，《广雅》原书只有 18150 字，而《疏证》全书则达 50 万字之多；而且，其浅显易见者，《疏证》

---

① [清]李文藻：《送冯渔山说文记》，载《南涧文集》。

② [清]王念孙：《王石臞先生遗文》卷四。

③ 参见[清]王念孙《广雅疏证·自序》。

则置之不论，并不是有意增大篇幅以徼其功。它的主要篇幅是用在对疑难冷僻词语的疏证上。王念孙不仅对唐以前的文献曾经做过普遍的考察，还参用了唐以后的大量文献资料，对顾炎武、惠栋、戴震、邵晋涵、程瑶田、钱大昕、段玉裁、阮元等人的研究成果也广为征用。全书除征引将近300种典籍外，还大量引用了活着的方言资料以及经过目验的实物资料。

（三）《广雅疏证》的基本条例

至于《广雅疏证》的条例，徐复先生曾在《重印〈广雅疏证〉弁言》（后收入《徐复语言文字学丛稿》）中概括为以下六条：

（1）王氏书中屡称“字异而义同”，实为文字的异体、假借之别称。如《释器》“弓藏也”条下说：“鞬”、“韔”、“鬯”、“畅”，“并字异而义同”。前二字当为“文字之异体”，后二字当为“假借之别称”。

（2）王氏书中不言本字，而实本《说文》之义，其云“某与某通”者，多为声音相关之通假字。如《释宫》“造也”条下说“灶”与“造”通。“造”实为借字，“灶”为本字。

（3）王氏自称“训诂之旨，本于声音”，书中推阐“声近义同”、“声转义近”之理，皆其精义之所在。如《释诂》“踞也”条下说：“居、踞、跽、启、跪”等一声之转，其义皆相近。

（4）王氏以声音通训诂，语多独创，其词源、词族之研究尤微至。书中屡言“某之言某也”，妙达神旨，可谓有卓见灼识者。如《释言》“潎也”条下说：“漂”、“潎”、“洴”、“澼”一声之转，实为同源词，皆谓“击”。

（5）王氏论叠韵，又创为正转、变转、语转之说，示人以研究之规范。如《释训》“夭挢也”条下说“徘徊”与“便旋”为叠韵变转，徘徊之正转为“盘桓”，变之则为“便旋”。

（6）王氏解释词义，多有时代特征，考证详尽，方法周密，为研治汉语词汇史者所效法。如王引之在《释草》“华也”条下说：“华”、“花”并用，西晋初人已然，顾炎武说始于后魏李谐的《述身赋》，不确。

（四）《广雅疏证》对词义的研究方法

关于《广雅疏证》对词义的研究方法，殷孟伦先生在《王念孙父子〈广雅疏证〉

在汉语研究史上的地位》[1](下引殷先生文即见于此篇)中有详细论述。其中最重要的一条,就是从古今文字的形、音、义三方面互相推求这一根本方法。段玉裁在《广雅疏证序》里说得很明白:

> 小学有形,有音,有义,三者互相求,举一可得其二;有古形,有今形,有古音,有今音,有古义,有今义,六者互相求,举一可得其五……圣人之制字,有义而后有音,有音而后有形。学者之考字,因形以得其音,因音以得其义。治经莫重于得义,得义莫切于得音……怀祖氏能以三者互求,以六者互求,尤能以古音得经义。

殷先生说,这主要表现在三方面:

(1)考求文字形体。王氏往往能从字形结构、同字异体、传本异文等以推证其意义之所同。

所谓字形结构,就是说汉字字形中从某形者即往往有某义,因而在具体语言中,依据其字所从之某形,可以推证其字即有某义。如《释诂》"美也"条下《疏证》说:

> 将者,《豳风·破斧》首章:"亦孔之将。"毛传云:"将,大也。"大,亦美也……美从"大",与"大"同意,故大谓之将,亦谓之皇;美谓之皇,亦谓之将。

同字异体,包括重文和古今字,如说"辅"与"俌"、"迺"与"乃"、"予"与"与"等都是古今异字,必以此释彼而其义始明。

传本异文是指古籍中不论在某一书中或见于其他书中,往往语言句式相同或基本相同,意思又复相同,其中位置相同的某字某词,虽然彼此有别,如果不是误字,可以彼此互证,以明其意。如《释诂》"好也"条据《诗经·齐风·还》"子之还兮",《韩诗》"还"作"嫙",解为"好貌",知二字字异而义同。此类现象,在全书中有200例以上。

(2)考求声音(说详见下)。

(3)考察词义训诂。主要从上下文的制约关系来理解,贯以类比之法,通其言辞之情,考察意义上的相同、相近、相因、相反,以及据互文、对文、散文、互训、连文等表达方式推证词义等。

词义相同的,又分为上下辞句相对成文;异章排比其位置,相当之字词义多

---

① 参见殷孟伦《子云乡人类稿》,齐鲁书社1985年版,第215～234页。

同；位置相当之字义同，句意也必然全同；语句结构相同，句中位置相当之字其意义应作同解；也可会通全文以推证其相同四项。如《释诂》“始也”条下《疏证》说：

作之言乍也，乍亦始也。《皋陶谟》“烝民乃粒，万邦作乂”，“作”与“乃”相对成文，言“烝民乃粒，万邦始乂”也。

这是从上下辞句相对成文的制约关系推知“作”与“乃”同义，因而推证“作”字在本句里也就有了“始”义。

又如《释诂》“往也”条下《疏证》据《论语·八佾》“成事不说，遂事不谏，既往不咎”，知“成事”、“遂事”即“既往”。这是就句中位置相同之字对比词义，因而确知其意义为相同。

又如《释诂》“道也”条下《疏证》据《左传·昭公二十六年》“天道不谄”，《昭公二十七年》“天命不慆”，知“命”即“道”。这是据语句结构相同，句中位置相当之字，其词义应作何解，也可会通全文推证其相同。

词义相近的，如《释诂》“顺也”条下《疏证》据《考工记·弓人》郑玄注“析干必伦”之“伦”说“顺其理”；陆德明解释《诗经·魏风·伐檀》“河水清且沦猗”引《韩诗》说“顺流而风曰沦”，推知“沦”与“伦”义相近。

词义相因的，是由于上下文互相承接的关系，因而推证出在这样的语言环境中，这个互相承接的字义应作何解。如《释诂》“比也”条下说：“党谓之比，亦谓之频；数谓之频，亦谓之比，义相因也。”这就是说，“党”、“比”是并比的意思，“数”、“频”是急促的意思，一就空间言，一就时间言，二义相因。

词义相反的，如《释诂》“大也”条下《疏证》引《庄子·秋水》篇“夫精，小之微也；垺，大之殷也”说：“微，亦小也；殷，亦大也。”这里“殷”之所以训为“大”而不训为“盛”，是由上文“小之微也”之“微”相衬而来的，“微”有小义，知“殷”在这里应训为“大”。

其余通过各种表达方式、名字关系、方言俗语等推求词义的例子随处而有，这里就不一一举例了。

（五）以声音通训诂的基本情况

从前辈学者的论述中我们可以清楚地看到，《广雅疏证》的最大特色是以声音为突破口研究词义，研究此词与彼词的关系。下面我们就重点分析一下这方面的情况。

我们粗检全书，其明言“某之言某也”者约有800条（段玉裁注《说文》“祼”字下云:"凡云'之言'者,皆通其音义,以为诂训,非如'读为'之易其字、'读如'之定其音。"又"卤"字下云:"凡云'之言'者,皆就字之本音本义而转之。"此段氏为先儒训诂方式术语发凡,皆训诂通例),明言"声转"、"语转"、"一声之转"、"声递转"、"变转"、"叠韵转"、"切音"以及"方俗语有轻重"、"缓急"、"侈弇"等者 400 余条。如《释诂》"大也"一条,明言"某与某通"者 14 条,"声近义同"(包括"从某声义同"、"并从某声"各 1 条)者 9 条,"之言"者 5 条,"语转"者 2 条,"同声"者 3 条,"字同"者 2 条,"字亦作"、"又作"者 3 条,合计 38 条。其以声音通训诂,于此可见一斑。

关于以上术语的详细情况,崔枢华先生曾有详细分析。他虽然只统计了《释诂》一篇,但很有代表性;并且又经他一一审查统计,故弥足珍贵,很有说服力。现将其重要的结论说明如下:

(1)书中所谓"声近义同"、"声义同"、"声义相近"、"古声义同"中"声同"的字今音反切多相同;"声近"的字,今音反切大多不同。但从古音看,所谓"声同"并不比"声近"在语音上关系更近密,而所谓"义同"与"义近",基本上没有什么不同。

(2)所谓"古声义同",多是用于说明古今字、同源字之类。

(3)在说"声相近"、"古声相近"、"同音"、"古同声"的情况中,只说"声近"、"声同",一般也指意义上相近或相同。

(4)在说"义同"、"字异而义同"、"同义"、"凡言某者皆某之义"、"义相近"等情况中,虽然只交代了一组字(词)在意义上的关系,但实际上 90%以上的字词有声音关系(只有说"同义"或"义相近"的时候,没有声音联系的例子比较多)。

(5)在说"与某同"、"字同"、"同字"的情况下,大多是指字音、字义以至字形上关系都很密切的字,大多属异体字。

(6)所谓"一声之转",一般是指同一声纽之转。所谓"声之转"、"语之转"则兼有旁纽双声,而且"声之转"多是一般地说明一组意义相关的字在声音上的关系,"语之转"则多用于说明同事物而异名的现象,因此它在交代"语之转"之后往往以"甲亦乙"、"甲犹乙"、"某谓之甲、亦谓之乙"等术语加以补充。"方俗语转"专门用于交代由于方言不同而出现的同实异名的现象。这些"声转"、"语转"的情况比较复杂,主要包括阴(入)与阳声正对转、阴入同部相转、阴(入)与阳声异部转、阴(入)异部转、阳声异部转、今音异韵之转等,其中以阴(入)异部相转及阴

(入)与阳声异部相转所占的比例最大。成"声转"、"语转"关系的两个双音节词，其中的某两个字可能是同一字，或具有谐声、双声叠韵关系。

(7)"某言"、"某之言"、"某之为言"等也是《疏证》常用的以声音通训诂的条例。其中"某言"一般是引用郭璞注，"某之为言"大多引自《尚书大传》、《春秋说题辞》、《春秋繁露》、《白虎通》等，"某之言"则包括王氏自己所下的注语与引用郑玄、徐锴等。其中情况各异，如"某之言"类又有"甲之言乙"(如"作之言乍也")、"甲之言乙然"(如"怖之言勃然也")、"甲之言甲然也"(如"孑之言孑然小也")、"甲之言乙也，丙也"(如"佁之言待也，止也")、"甲之言乙乙"(如"养之言阳阳也")、"甲之言甲甲"(如"堂之言堂堂也")、"甲之言乙乙(甲甲)然"(如"佚之言秩秩然"、"暍之言暍暍然")、"甲之言乙丙"(又分为两种：一种，乙丙二字为一双音词，且多为联绵词，二字与甲有声音关系，如"跋之言发越也"。另外一种，乙丙二字一般是词组或复合词，其中只有一个字与甲有声音关系，如"阊之言开明也"等多种情形)等。

(8)所谓"某与某通"、"数字并与某通"、"数字并通"等，多用来论说诸字之间相通的关系；所谓"某通作某"，通常是用比较通行的字去解释比较冷僻的字；所谓"古通用"，一般指古代可以通用而后世区别较明显的字；所谓"义通"，一般指几个词词义相通或一个词的几个意义相通。

(9)上述所谓相"通"的字，较之其他各类情况在声音关系方面要更为密切。仅谐声一项就占 73.3%，在各大类情况中比例最高，合以双声叠韵、双声韵转两项，约占 92%。

(10)上述所谓相"通"的字，其中有些是古今字、异体字，但绝大多数是通假字。

(11)所谓"语之轻重"、"侈弇"、"缓急"等，通常是指方俗语间声音上的分别，其中"轻重"多指声调的不同，"侈弇"(侈敛)多指等呼不同，"语有缓急"仅得四例，情况各异。

(12)书中点明假借关系的情况很少，点明双声或叠韵关系的则更少(一般只用于说明联绵词中两个字的声音关系)。

(13)《疏证》说字义、明假借，其认定声音关系的最主要的依据是谐声声符，即谐声关系；其次是双声和叠韵关系(以双声叠韵居多，其次分别是双声、叠韵、双声韵转、韵转)，但多数情况下并不明确说明双声叠韵关系，而是暗含在其他条例中;同时也利用合韵、异位相转和反切相同等关系。[①]

(六)以声音通训诂的主要内容

《疏证》以声音通训诂的内容主要体现在破字、探源、指明转语三方面。

1. 破字主要是说破假借

这与探源声训形似而实殊,而且前人著述甚多,故略而不论。这里需要说明的是,《疏证》在破字中往往不注重指明本字与借字之别,而径直用"字异义同"把包括本字、借字、异体字、区别字、古今字在内的诸字贯通起来,这就与一般的破假借的情况不大相同了。如《释器》"釜也"条下说:

> "釜"与"鬴"同声同义,而《广雅》训"鬴"为"釜"者,古今异字,必以此释彼而其义始明。《尔雅》云"辅,俌也";"嗟,蹉也";"迺,乃也";《广雅》云"壹,弌也";"炳,爇也";"煖,燠也";"花,华也",皆以同声同义之字转相训释。"鬴"之训"釜"亦犹是也。

同篇"蔽膝也"条下说:

> 《说文》作市……《易》作绂,《诗》作芾,《礼记》作韨,《左传》作黻,《方言》作绂,《易·乾凿度》作茀,《白虎通义》作绋,并字异而义同。

这样,《疏证》就将多个形殊声近而义同的字贯通起来,使疑者豁然开朗了。

2. 探源主要是指探索语源意义或命名缘由

所谓语源意义和命名缘由,就是刘熙说的"自古制器立象,名之于实,各有义类"[②]。由于语言产生于人类之初,其间不知在音义上发生了多少变化,一个词语的真正源头已经很难推求了;但是通过同源词的分析,仍然可以求得一部分词语的"相对源头"。世界上许多语言学者都曾为此花过不少气力,我国古代的许多学者(如东汉刘熙等)也曾作过许多努力(详见本书第五章《语源学》)。

这方面王氏主要用两个办法:

(1)利用一族同源词中的一个词去推求另外一些词的语源意义。如《释诂》:"蜕、毻,解也。"《疏证》云:"蜕之言脱也","毻亦蜕也"。这是说"蜕"、"毻"语源于"脱"。并引《说文》"蜕,蛇蝉所解皮也"、《庄子·寓言》篇"予蜩甲也,蛇蜕也"、

① 参见崔枢华《〈广雅·释诂〉疏证以声音通训诂发覆》,载《北京师范大学学报》(社会科学版)1991年第6期。

② [汉]刘熙:《释名·序》。

《广韵》"毻，鸟易毛也"、《文选·郭璞〈江赋〉》李善注云"字书曰：毤，落毛也"等加以证明。按：《释诂》"落也"条下、"脱也"条下都引古代典籍、古今方言俗语反复证明"毻"、"蜕"等词并源于"脱"。今俗云"蜕毛、蜕皮、蜕壳、蜕变、蜕色"之"蜕"当即"脱"音之转，口语之"脱"当即古语孑遗。

(2)通过抽绎一组音近义通的词语的义类，判定同源关系及其语源意义。其形式大体可归纳为义同称同、象同称同、用同称同和体用称同四大类。

第一，义同称同(下"同"谓音近于同，下仿此)。如《释诂》"分也"条下引《尔雅》"象谓之鹄，角谓之鱟"后说：

此虽有治角、治象之不同，而同为分析之义，其声亦相近也。

第二，象同称同。如《释诂》"短也"条下《疏证》引《方言》、《玉篇》、《庄子》郭象注、《淮南子》高诱注证明"貀、炪、掇、叕"皆短小之称，故吴人呼短物为貀(《玉篇》)、短面曰窡(《说文》)、短头曰颛(《广韵》)、短气貌曰惙(《众经音义》引《声类》)、短见曰拙(今俗语)。语转之，又为"侏儒"等语。结论说："凡物形之短者，其命名即相似，故屡变其物而不易其名也。"

他如《释诂》"末也"条下说"兵器之端谓之锋，山端谓之峰"等，从而说明古人在生活实践中常常对有某种相同形象、相同特点的事物命以同名，据此我们可以推断这些词语的同源关系。

第三，用同称同。如《释器》"軥谓之輗"条下云：

絇，所以拘持屦头；軥，所以拘持鸟兽。二者不同而同为拘持之义，故其训同也。

这也就等于说"絇"、"軥"同源，并下结论说："凡物之异类而同名者，其命名之意皆相近。"据此，我们也可以推断一些词语的同源关系。

第四，体用称同。如《释诂》"系也"条下云：

纼之言引也。《说文》："纼，牛系也。"《祭统》"君执纼"，郑注云："纼，所以牵牲也。"

按："纼"为牛系，所以引牛者。其用在"引"，故谓之纼。"纼"为体，"引"为用，体用同称而同源。

与此相类的还有意义相关而称谓相同的例子。如"膳"之与"善"："善，美也；膳，食之美者"，"善、膳"同源。兹不详述。

此外，王氏还有所谓"凡事理之相近者，其名即同"的说法，如《释诂》"止也"

条下说：

凡言阁者，皆止之义也。凡止与至义相近，止谓之阁，犹至谓之格也；止谓之底，犹至谓之抵也；止谓之讫，犹至谓之迄也。

“取也”条下说：

取之义近于聚……取谓之捊，犹聚谓之裒也；取谓之掇，犹聚谓之缀也；取谓之捃，犹聚谓之群也。

王氏的意思无疑是说：“阁、格，底、抵，讫、迄，捊、裒，掇、缀，捃、群”等都分别是同源词。

3.《疏证》以声音通训诂的方法还体现在指明转语上

王念孙在《程易畴果赢转语记·跋》中说：

双声叠韵出于天籁，不学而能，由经典以及谣俗，如出一轨，而先生独能观其会通，穷其变化，使学者读之而知绝代异语、别国方言无非一声之转，则触类旁通，而天下能事毕矣。

程瑶田，字易畴，是以声音求训诂的专家。王氏这段话虽是赞美他人之语，其实也是王氏自己一生（王时年 87 岁）研究训诂之学的有得之言，同时也说明了转语理论在训诂学上的地位和作用。

王氏《疏证》一书用“一声之转”、“声转”、“语转”等术语说明转语情形的共 400 余条。如《释地》“厓也”条下说“厓”、“岸”等为一声之转。“坑也”条下说“康”、“坑”等皆“空”之转声。“击也”条下说“考”、“叩”语之转。《释虫》“螗蜋”条下说“螳蜋”、“刀蜋”声之转。其他还有“叠韵之转”、“正转”、“变转”、“声之递转”、“急言”（或称“合声”）、“徐言”（或称“缓言”）、“倒言”、“单言”、“重言”、“方言有轻重”等。

王氏说明转语时往往采用各种方法加以证明，这就加强了科学性和严密性。有人怀疑“一声之转”的说法，以为结果会导致无所不通。我们说，理论上我们应该承认转语理论，因为它反映了音转字异、词语派生的客观实际，“怀疑论”是没有根据的；实践上，我们反对滥用转语理论，因为它的确可能导致唯心主义，“谨慎论”是正确的。道理很简单：因为我们说的“转语”实践上是指由同一语源派生出来的文字形式不同、语音相近、意义或相同或相近或相关甚至相反的一组词。也就是说，“一声之转”是以同一语源为前提的，它不过是同源词的一种特殊形式罢了。如果只是根据古代字书、辞书和经籍故训，把声类相同、意义相同或相近的词全部排列在一起，命之曰“一声之转”，那是毫无意义的，也是不科学的，因为我们无从知道它们是否都由同一语源所派生。因此，我们要做的工作，就是从各种语言资料里找出足以令人信服的证据。

《疏证》就在这方面作了可贵的努力。其证明方法可概括为如下几种：

(1)证之以经典异文。如《释诂》“覆也”条下云“荒、芜一声之转”，下引二例就很有说服力：

《诗经》“遂荒大东”，《尔雅》注引作“遂怃大东”；

《礼记》“毋怃毋敖”，《大戴》作“无荒无傲”。

又《释诂》“忧也”条下谓“慛、愁语之转”后说：

《易·晋·初二》“晋如摧如”，虞翻注云：“摧，忧愁也。”摧与慛通。《六二》云：“晋如愁如。”

连语异文也是一个证明。如《释训》“盘姗也”条下云：

《庄子·大宗师》篇“跰躃而鉴于井”，陆德明《释文》：“跰躃，崔本作边鲜。”司马云：“病不能行，故跰躃也。”并与蹁跹同。《史记·平原君传》“有躄者槃散行汲”，《集解》云：“散亦作跚。”

(2)证之以古今方言。如《释诂》“煴也”条下云：

《众经音义》卷四引《通俗文》云：“热灰谓之煻煨。”……今俗语犹谓煻火为煨。

又《释草》“其表曰笢”条下云：

笢之转声为蔑……今顺天人呼竹篾为竹笢，声如泯。又转而为篾，音弥……《众经音义》卷十引《声类》云：“篾，篾也。”又云：“今蜀土及关中皆呼竹篾为篾。”

(3)类推比况。如《释训》“转戾也”条下云：

凡字从包声者多转入职、德、缉、合诸韵；其同位而相转者，若包牺之为伏羲、抱鸡之为伏鸡是也。亦有异位而相转者，《续汉书·五行志》注引《春秋考异邮》云：“阴气之专精凝合生雹。雹之为言合也。”是雹、合声相近。

又《释宫》“奔也”条下云：

凡脂部之字多有与萧部相转者。若……《周官》“追师”之“追”，音丁回、丁聊二反。《郊特牲》“壹与之齐”，“齐”或为“醮”。《史记·万石君传》“谯何”音“谁何”，皆其例也。

又《释草》"苏也"条下云：

"香莱"、"香茸"声之转。孟诜《食疗本草》谓之"香戎"。"戎"与"茸"同声。颜师古《匡谬正俗》(卷六)云：〔或问曰：'今之戎兽，皮可为褥者，古号何兽？何以谓之戎？'答曰……〕"戎即猱也。〔此字既有柔音，〕俗语变讹谓之戎耳，犹今之香柔谓之香戎也。"(方括号里的文字为引者据原书补)

又如《释诂》"覆也"条下云：

《诗·公刘》传云："荒，大也。"《闷宫》传云："荒，有也。"《尔雅》："幠，大也"，"有也"。是幠与荒同义。幠从无声，荒从……亡声。荒之转为幠，犹亡之转为无。

这是类推中的又一种情形。《疏证》中此类俯拾皆是，不遑暇录。

(4)证之以前人著说。如《释诂》"有也"条下云：

《小雅·天保》篇"无不尔或承"，郑玄笺云："或之言有也。""或"即"邦域"之"域"。《说文》："或，邦也。"从口从戈以守一。一，地也。或从"土"作"域"。域、有一声之转。故《商颂·玄鸟》篇"正域彼四方"，毛传云："域，有也。"

其他方法还有一些，兹不一一列举。

正因为王氏如此善于理董诂训，所以《疏证》一书精确严密，鲜有臆说。但由于时代的影响和疏证体例的限制，王氏只能随文立说，缺乏系统的阐述，所以仍不免有支离破碎的毛病。到了晚年，他可能感到他的《疏证》还不足畅其转语学说，因更作《释大》(载《高邮王氏遗书》)一文，以申其旨。其文以声纽为类，说明声义递转的脉络。提纲挈领，读来使人耳目昭发。可惜只完成了喉牙八纽八篇，而且也没有理论上的分析。下面节录《见纽》一段，以见其例：

冈，山脊也；亢，人颈也。二者皆有大义，故山脊谓之冈，亦谓之岭；人颈谓之领，亦谓之亢……

冈、颈、劲，声之转，故强谓之刚，亦谓之劲；领谓之颈，亦谓之亢。

(七)《广雅疏证》的成就和历史地位

王氏通过毕生的学术研究，得出一条最为宝贵的经验，这就是"训诂之旨本于声音"。他在《广雅疏证》自序中说：

窃以训诂之旨，本于声音。故有声同字异、声近义同；虽或类聚群分，实亦同条共贯。譬如振裘必提其领，举网必挈其纲。故曰本立而道生，知天下之至啧而不可乱也。此之不寤，则有字别为音，音别为义，或望文虚造而违古义，或墨守成训而鲜会通。易简之理既失而大道多歧矣。今则就古音以求古义，引申触类，不限形体。

这段话是深入考察了以往古训诂理论和历代故训资料得出的科学结论。从最近的影响来说，他首先是接受了戴震的转语理论，借鉴了段玉裁十七部古音分部方法，建立了古音二十一部的学说，并把这种学说直接运用到训诂实践中去。因此，他如此卓著的成就，乃是他科学的理论和研究方法与他严谨的学风相结合的产物。这在传统语言文字学史上有着特别重要的地位和影响。殷孟伦先生在《王念孙父子〈广雅疏证〉在汉语研究史上的地位》一文中说：

王念孙、王引之父子著《广雅疏证》一书，是十八世纪中国语言学的重要著作之一。这部书和与之同时代的段玉裁《说文解字注》的问世，标志出中国语言学的研究发展已进入到近代语言学革命阶段，是一个划时代的里程碑……两百年来，研究中国语言学的，不论中外学人，莫不推崇。[①]

他在分析《广雅疏证》出现以前，中国语言文字研究的历史情况后，得出了"《广雅疏证》在中国古代语言研究史上正是长期以来前代学者研究积累的总体现"的结论：

大体说来，王氏的这部《广雅疏证》，在中国语言学研究史上，原是有了以上的发展过程，然后由以前的单科深入进而成为综合运用，由散见的个别资料进而为集中的整理、分析，由时代不同的语言演变进而为古今的条贯的对比，由理论的正确指导进而为具体语言的证实，由繁复的语言现象进而为语言内部规律的探讨，因而获得了一些很不平凡的业绩。他和段玉裁共同奠定了近代中国语言学研究的基础。因此，我们评价《广雅疏证》一书，应看到它是中国语言学史上一大转折点的标志，当然我们并不说王氏的成就已经是登峰造极。[②]

这是纵览上下、俯视古今的结论，对《广雅疏证》在中国汉语言学史上的地位作了实事求是的评价。

智者千虑，必有一失。整理《广雅》之难，说已见前文。《疏证》卷帙浩繁，历

---

① 殷孟伦：《子云乡人类稿》，齐鲁书社 1985 年版，第 215 页。

② 殷孟伦：《子云乡人类稿》，齐鲁书社 1985 年版，第 220～221 页。

时多年，自然有些顾此失彼之处，其不足乃至错误故所难免。比如他十分重视古音，但他用的“声同”、“声近”、“声转”之类的概念并不严格明确；有时对声义关系也求之太过（事实上义通者未必声近）；他强调意义上的相同、相通、相近、相因等，但对其中的“异”却缺乏必要的分析，特别是对有些同条而异义的情况也未加辨别；在具体的疏证中，也有疏失的地方。

该书刊行之后，王氏已经发现了其中的一些问题，并且开始补正。据后人统计，王氏自己补正的地方计463条，约2万字。其中绝大部分是写在原刊行本上的，小部分是用墨签或朱签夹在书中的。这些补正意见，在王氏父子生前一直未能印行，而是先后藏于淮安黄海长、上虞罗振玉的家中。到1900年，才由黄海长写出一卷刊在淮阴，但也只印20部。后来王国维以黄刊本与原补正本相校，并于1917年由仓圣明智大学印行，收在《广仓学窘丛书》中。补正部分，有校正《广雅》原讹文、脱文、衍文的，有补加《疏证》付阙的，补加例证的，改换例证的，补加声近义通词语的，等等。[①]

除王氏自己补正内容之外，俞樾、章太炎等人在他们的著作中也间有补正。

总之，王氏父子已经为《广雅》作出了许多贡献，但粗疏、阙如乃至错误的地方仍有不少，这说明无论是《广雅》还是《疏证》，还有许多工作等待我们去做。学问是不能穷尽的。人生有涯而学问无涯，研究学问就像跑接力赛一样，总是需要一代人接一代人地不断探索，才能接近真理，臻于妙境。

第四节　古汉语同义词辨析

《尔雅》、《小尔雅》和《广雅》等书，其《释诂》、《释言》、《释训》三篇大致也可以认为是编著者脑子里的同义词汇释；三篇以外解释名物的部分，虽然带有百科辞典的特点，但其中也有许多是同义词（李新魁先生曾编《类别词汇释》一书，其中不少例子即采自雅类或雅类研究的著作。他在该书《前言》中说：“类别词有点近似于一般所说的‘同义词’，但它要比同义词广，它既包含大类之中种、属的概念，也包括某些同一事物各分体部分的名称。”按：他所说的“类别词”，就是“类中有别”的词，其中有不少与一般概念上的“同义词”并没有区别，如《尔雅·释水》“大

① 参见祝鸿熹《〈广雅疏证补正〉略说》油印稿。

波为澜，小波为沦，直波为径”，《释丘》“绝高为之京，非人为之丘”，《释地》“大野曰平，广平曰原”，“大陆曰阜，大阜曰陵，大陵曰阿”等等）。因此，从这个意义上来看，它们都近于同义词词典，或者说是带有同义词词典性质的著作。这些著作经过历代学者的整理研究，实际已经粗略地展示了同源同义词（习惯上归入同源词，说见下）和非同源同义词（即同义词）两大系统。同义词问题是词汇研究中的一个重要内容，与阅读古籍关系至为密切。因此，关于雅学的运用，我们就着重讨论一下关于同义词的几个问题。

（一）什么是同义词

一般认为，同义词是指没有语音联系而意义相同或相近的这一部分词。它们可以是两个、三个或者更多。对这个定义，我们要作如下两点解释：

（1）这个定义是要把同义词跟同源词区分开来，所以加了个“没有语音联系”的限定语。但它实际上已告诉人们，同义词中还有一部分是“有语音联系”的。这部分词被“送”到哪儿去了呢？送到同源词里去了。因为同源词是指语音相近而意义相同、相近或相关（甚至还相反）的一组词。可见，其中有一部分也可以叫“同义词”。从这一点来看，也可以说，同义词实含同源同义词与非同源同义词两大类。但同源同义词一类，习惯上不把它们称为“同义词”。这是学者为了便于学术研究而进行的一种人为的区分。

（2）上述定义又表明，同义词的“同”是一个近似的说法、笼统的说法。严格地说，同义词实含等义词与近义词两大类。但由于严格意义上的等义词很少，“等”和“近”也难以严格区别，所以一般学者就把它们合在一起称为“同义词”。

（二）同义词的形成

先从语言中的“同实异名”现象说起。所谓“同实异名”，是指同一个或同一类事物而有若干不同的名称。从词汇学角度说，就是用许多互不相同的词去表示相同（或相近）的意义或概念。汉语中的这类现象特别普遍。如“月球”有130多个不同的叫法，“太阳”也至少有50多个不同的名词指称。这就是所谓“同实异名”现象。这些词在俗、雅或感情色彩方面虽然也有一些差异，但都是一般概念上的同义词，甚至有相当多的部分还是等义词。

那么，这些词是怎样产生的呢？对此，《古汉语同实异名词典》[①]前言中有过

① 杨士首、杨北宁：《古汉语同实异名词典》，吉林出版社1994年版。

分析。有八方面的缘由：

(1)由于对事物命名角度不同而产生。如“雪”的异名，从寒冷的角度来命名，叫“寒英”、“寒酥”；从形状角度来命名，叫“六出”、“六葩”、“六花”、“六英”；从体态角度来命名，叫“干雨”、“凝雨”；从颜色角度来命名，又叫“玉花”、“玉英”、“玉蕊”、“琼英”、“琼瑶”、“瑞白”、“玉沙”、“玉尘”等。

(2)由于古人的认识而产生。如古人认为“天圆地方”，所以将天叫作“大圆”、“上圆”、“幽圜”、“圆苍”、“圆盖”、“圆精”、“圆灵”、“圆象”、“圆宰”等；将“地”叫作“大方”、“大矩”、“方祇”、“方仪”、“方舆”、“方载”、“方州”等。

(3)由于古代制度、历史掌故而产生。如古代的太学学宫前有一个半圆或圆形的池水(雍水)，其形如璧玉，因此就把太学称为“璧池”、“璧海”、“璧原”、“璧水”、“璧雍”、“璧沼”等。

(4)由于神话故事和传说而产生。如“月亮”还有许多通过神话传说得来的名称：传说月中有桂树，就称月亮为“桂轮”、“桂魄”、“桂枝”、“桂花”等；传说月中有兔，就称月亮为“顾兔”、“金兔”、“银兔”、“玉兔”、“冰兔”、“兔魄”、“玄兔”、“夕兔”、“西兔”、“阴兔”等；传说月中有蟾蜍，就称月亮为“玉蟾”、“金蟾”、“清蟾”、“蟾魄”、“寒蟾”、“明蟾”、“蟾窟”、“蟾轮”、“小蟾”等；又传说有嫦娥奔月的故事，就又称月亮为“娥月”、“素娥”、“金娥”、“娥轮”等；还有多种传说混称的，如“蟾桂”、“蟾兔”、“桂兔”等。

(5)由于宗教缘由而产生。如“天”的异名，从佛教角度命名的有“九灵”、“灵曜”、“乾灵”、“天庭”等；从道教角度命名的有“碧落”、“九清”、“九遐”、“上清”、“玉清”、“玉虚”、“太一”、“太元”等。

(6)由于天文、历法、音律等学说而产生。如“二十八宿”在古代天文学说中，是指黄道和赤道附近一周天的二十八个星座。古人用以观测行星位置的标志，就将它分为东西南北四组，每组七宿，分别叫“苍龙”、“玄武”、“白虎”、“朱雀”，并借以指代四方。又与五行中的“木、火、金、水”，五音中的“角、徵、商、羽”，八卦中的“震、离、兑、坎”相配，都分别代表四方之名。如“东方”又叫“震方”、“震位”等，南方又叫“南离”、“炎方”等，西方又叫“兑隅”、“金虎”等，北方又叫“坎劳”、“玄方”等。

(7)由于语言发展变化的规律以及交际与表达的需要而产生。如社会不断发展，语言不断丰富，必然会有大量双音词产生，特别是韵文产生以后，更讲究音律、对仗等，就必然会大量产生出同实异名的双音词。

(8)由于修辞的需要而产生。如“月亮”的别称，通过比喻出来的就有“水镜”、“冰镜”、“金镜”、“宝镜”、“天镜”、“冰鉴”、“宝鉴”、“圆轮”、“冰轮”、“夕轮”、“珠轮”、“丹轮”、“冻轮”、“瑶轮”、“冰盘”、“玉盘”、“寒璧”、“寒玉”、“珠球”、“金盆”、“玉环”、“玄烛”、“天眼”等。修辞的手法还很多，几乎各种修辞手法都能创造新词，如：毛笔又称“宝帚”、“兔毫”、“管城子”、“中书君”；“墨”又称“松烟”、“墨卿”、“玄中子”等；纸又称“云肪”、“剡藤”、“楮先生”、“好畤侯”等；“砚”又称“黑白月”、“石友”、“即墨侯”等，就用了比喻、拟人、借代等修辞手法。其他还有避讳、曲说、藏词等，例多不能一一列举。

以上八条说出了“同实异名”现象产生的主要缘由。

我们认为，同义词的产生大致也可以有上述原因。不过，由于上述分析是针对“同实异名”现象的，也就是说，它主要以名词和名词上的等义词为研究对象，基本不涉及名词以外的其他词类，也基本不涉及一般概念上的同义词，因而也就不能完全代替同义词产生原因的分析。

同义词产生的原因很多，除上述八条以外，我们这里只强调一点，就是词义引申。

从词义引申角度看，同义词的“同”，只限于词义发展的一定层面上。其中，有本义与本义同义的。如“网”、“罗”都本指捕捉鸟兽的网。

有引申义与本义同义的。如“京”本指人工堆起的大土山，词义引申后才与“都”同义；“嘴”、“喙”本指鸟兽嘴，词义引申后才与“口”同义。

有本义与本义同义，引申义与引申义同义的。如“众”、“庶”本来都指奴隶，词义引申后又都有百姓、众人、众多的意思；“惊”、“骇”本来都是指马“惊”，词义引申后，又都泛指惊骇。

有在几个引申义上同义的。如“年”、“岁”在引申义年龄、收成和表示一年的时间上都是同义词。

有引申义与引申义同义的。这类最为常见。如：“翼”本指翅膀，“辅”本指车轮外用来夹毂的两条直木，二词词义引申后都表示辅佐。“房”本指室两旁者，“屋”本指以帷幕为之者，二词词义引申后泛指一般的房屋。“治”本指治水，“理”本指治玉，二词词义引申后都表示一般治理。“谋”本表示咨询义，“计”本表示结账义，“图”本表示地图义，三词词义引申后都表示谋划、计谋。“觉”本指睡醒，

“醒”本指酒醒，“悟”本指内心觉悟，三词词义引申后都表示觉悟、觉醒等义。“休”本指人倚树而息，“息”本指呼吸，“歇”本指因困倦而停息，“辍”本指临时修理车辆，四词词义引申后都表示中止、停下来等。

（三）同义词的时代性和语境限定性

既然同义词的“同”是体现在词义发展的一定层面上，那么，它就具有时代性和语境限定性。举例来说，如《孟子·滕文公下》：“且许子何不为陶冶，舍皆取诸宫中而用之？”这个“宫”就是指一般人的住处，与“室”同义，所以《尔雅·释宫》中才说：“宫谓之室，室谓之宫。”但这种用法只限于上古。唐陆德明《经典释文·尔雅音义》就指出：“古者贵贱同称宫，秦汉以来惟王者所居称宫焉。”这就是“同义”的时代性。又如“脸”本指两颊上部的颧骨部分，如杜牧《冬至日寄小侄阿宜》：“头圆筋骨紧，两脸明且光。”大约到宋代以后就有了“颜面”的意义，而逐渐与“面”成为同义词了。又如“购”本指悬赏征求、高价收买，购求的对象往往都不是商品。如《史记·项羽本纪》：“吾闻汉购我头千金，邑万户。”《旧唐书·褚遂良传》：“太宗尝出御府金帛购求王羲之书迹。”文天祥《指南录后序》：“穷饿无聊，追购又急。”明清以后才逐渐与“买”成为同义词。

但是，即使同一时代，词义也要受到语境的限制。不同语境里的词，其同义之“同”，究竟到什么程度，甚至是不是同义或在什么意义上同义，还要仔细分辨。比如还是那个“宫”，它可以与“室”同义，又可以与“庙”（宗庙）同义，如《诗经·召南·采蘩》：“于以用之，公侯之宫。”毛传：“宫，庙也。”

又如“身”、“躬”、“躯”都有今语“身”的意思，但“身”可以指人身，也可以指生物或其他物体之身，而“躬”、“躯”一般只指人之身。如：

《诗经·小雅·何人斯》：“我闻其声，不见其身。”

《尔雅·释木》：“桧，柏叶松身。”

《周礼·考工记·桃氏》：“桃氏为剑……身长五其茎长。”

《史记·司马相如列传》：“心烦于虑而身亲其劳，躬胝无胈，肤不生毛。”

《荀子·劝学》：“口耳之间则四寸耳，曷足以美七尺之躯哉！”

“身”和“躯”又有“身孕”的意思，“躬”没有这种用法。如：

《诗经·大雅·大明》：“大任有身，生此文王。”

《三国志·魏书·华佗传》：“其母怀躯，阳气内养。”

“身”和“躬”又有“亲身”、“自身”、“自己”等意思，“躯”没有这些用法。如：

《墨子·号令》:"伍有罪,若能身捕罪人,若告之吏,皆构之。"

《诗经·小雅·节南山》:"弗躬弗亲,庶民弗信。"

《楚辞·惜诵》:"吾谊先君而后身兮,羌众人之所仇也。"

《诗经·大雅·文王》:"命之不易,无遏尔躬。"

"身"又有"生命"、"毕生"、"身份"和表示第一人称等用法,而"躬"、"躯"没有。如:

《楚辞·离骚》:"鲧婞直以亡身兮,终然殀乎羽之野。"

《史记·李将军列传》:"终广之身,为二千石四十余年。"

《论语·微子》:"子曰:'不降其志,不辱其身,伯夷、叔齐与!'"

《三国志·蜀书·张飞传》:"身是张益德也,可来共决死!"

而"躬"又有弯曲的意思,则为"身"、"躯"所无。

可见,一个词在什么情况下、与什么词在什么意义上为同义词,这要通过具体语境的分析才能确定。

(四)同义词的"同"中之"异"

那么,如何去辨析同义词呢?我们认为,除了上文说到的要注意分析词义演变的时代性和具体语境的具体意义外,还要熟知同义词"同中有异"(大"同"小"异")的各种情况。下面,我们就着重分析一下这个问题。

1.本义即有不同

如"弓"本指用力的一种,"弩"本指用机械的一种,二词词义引申后在今语"弓弩"意义上不再有区别。"筵"本指铺垫在地上(古人席地而坐)垫底的一层竹席,"席"本指铺垫在上面一层的草席、苇席,二词词义引申后,在今语"席子"意义上不再有区别(但铺在床上的不叫"筵",只叫"席")。"文"本指独体字,"字"本指合体字,二词词义引申后在今语"文字"意义上不再有区别。"士"本指战车上的战士,"卒"本指徒步的战士,二词词义引申后在今语"士卒"意义上不再有区别。"牙"本指在后辅车者(牙床后的槽牙),"齿"本指在前当唇者,二词词义引申后在今语"牙齿"意义上不再有区别。"姓"是一种族号,是用以统其祖先之所自出的;"氏"是姓的分支,是用以区别子孙所由出的。二词词义引申后,在今语"姓氏"意义上不再有区别。

2.词源意义不同

如"年"、"岁"、"祀"都有今语"年"的意思,但"年"以庄稼一熟而名,"岁"以岁星一年经过一个星次而名,“祀”以祭祀而名。“黔首”、“黎”、“布衣”都有今语“老百姓”的意思,但“黔首”以其头部装饰特征(戴黑头巾)为名,“黎”以面部颜色特征为名,“布衣”以穿着特征为名。

3.所指对象不同

如“瞽”、“矇”、“瞍”、“盲”等,都有今语“瞎子”的意思,但它们表现的对象并不完全一样。“瞽”是“目瞑不开”,所以看不见,“矇”是“有眸子而无见”,“瞍”、“盲”则都是“有目无珠”,而“盲”取义于“茫茫然”无所见,因之多用于泛指失明的人。如:

《尚书·尧典》“瞽子”,孔传:“无目曰瞽。”朱骏声《说文通训定声》:“谓目眠不开,惟有缝者。”

《吕氏春秋·达郁》:“是故天子听政,使公卿列士正谏,好学博闻献诗,矇箴师诵。”高诱注:“目不见曰矇。”《诗经·大雅·灵台》“矇瞍奏公”,毛传:“有眸子而无见曰矇。”《说文》:“矇,童矇也。”王筠校录:“谓目之童子为物所蒙也。”

《国语·晋语四》:“矇瞍不可使视。”《诗经·大雅·灵台》毛传:“无眸子曰瞍。”《说文》段注引《字林》:“目有眹无珠子也。”

《论衡·自纪》:“观读之者,晓然若盲之开目,聆然若聋之通耳。”《说文》:“盲,目无牟子。”《释名·释疾病》:“盲,茫也,茫茫无所见也。”

4.所指范围不同

如“牡”、“雄”为同义词,“牝”、“雌”为同义词,但词义引申后,其所指范围不同:

“牡”、“牝”本用于兽类,引申后,大致至禽类而止。如:

《论语·尧曰》:“予小子履敢用玄牡,敢昭告于皇皇后帝:有罪不敢赦。”

《诗经·邶风·匏有苦叶》:“雉鸣求其牡。”

《淮南子·时则》:“游牝别其群。”

《尚书·牧誓》:“牝鸡之晨,惟家之索。”

“雄”、“雌”本用于禽,引申后,扩大到泛指包括人类的一切生物。如:

《诗经·小雅·小弁》:“雉之朝雊,尚求无雌。”

杜甫《义鹘行》:“雄飞远求食,雌者鸣辛酸。”

《诗经·齐风·南山》:“南山崔崔,雄狐绥绥。”

《左传·昭公二十九年》:“龙一雌死,潜醢以食夏后。”

《庄子·天运》:“虫,雄鸣于上风,雌应于下风而风化。”

苏轼《仇池笔记·竹雄雌》:“竹有雄雌。”

《管子·霸形》:“楚人攻宋郑……令其人有丧雌雄。”尹知章注:“失男女之偶。”

再引申,“雄”表示“雄健”等,“雌”又表示“柔弱”等,这些更为“牡”、“牝”所无。

又如“皮”、“革”、“肤”都有今语“皮”的意思,但“皮”本指带毛的兽皮,引申后也指加工好的兽皮和一切动植物的表层组织,它的用法最广;“革”是指去了毛的兽皮,引申后人肤也叫革;“肤”一般只用于人,引申后也指树皮。如:

《左传·襄公二十一年》:“然二子者,譬于禽兽,臣食其肉而寝处其皮矣。”

《周礼·天官·掌皮》:“掌皮,掌秋敛皮,冬敛革,春献之。”

晁错《言守边备塞疏》:“木皮三寸。”

《汉书·高帝纪上》:“高祖为亭长,乃以竹皮为冠。”

《诗经·召南·羔羊》:“羔羊之革,素丝五緎。”

《商君书·算地》:“衣不暖肤。”

《礼记·礼运》:“四体既正,肤革充盈,人之肥也。”孔颖达疏:“肤是革外之薄皮。”

《后汉书·蔡伦传》:“伦乃造意,用树肤、麻头及敝布、鱼网以为纸。”

又如“基”、“础”都有今语“基础”的意思,但“基”本指墙下地基,以后引申为一切之基础,用法最广;“础”是埋在柱子底下的石礅,其引申用法很少独用。如:

贾思勰《齐民要术·园篱》:“于墙基之所,方整深耕。”

《老子》第三十九章:“故贵以贱为本,高以下为基。”

《诗经·小雅·南山有台》:“乐只君子,邦家之基。”

《淮南子·说林》:“山云蒸,柱础润。”

5. 所指形制不同

如“向”、“牖”、“窗”都可以用今语解释成“窗户”,但古代的形制各不相同。“向”是“北出牖”(《说文》);“牖”是“穿壁以木为交窗”(《说文》),就是房屋门旁的窗户;“窗”本作“囱”,是指屋顶上的天窗,兼有透气、透光两种作用。如:

《诗经·豳风·七月》:“塞向墐户。”

《论衡·别通》:"开户内日之光,日光不能照幽,凿窗启牖,以助户明也。"

《说文》:"在墙曰牖,在屋曰囱。"

又如"碑"、"碣"都是今语说的"石碑",但"碑"是长方形的,"碣"是圆顶形的,方圆之间的,上小下大的。如:

《后汉书·曹娥传》:"至元嘉元年,县长度尚改葬娥于江南道傍,为立碑焉。"

柳宗元《故御史周君碣》:"柳宗元立碣于其墓左。"

又,《唐故兵部郎中杨君墓碣》:"葬令曰:'凡五品以上为碑,龟趺螭首;降五品为碣,方趺圆首。'"

6.褒贬不同

如"征"、"侵"、"伐"都有"进攻对方"的意思,但"征"多用于上攻下,有道攻无道,有褒义;"侵"则不宣而战,有贬义;"伐"则表中性,并且要有钟鼓。如:

《公羊传·僖公四年》:"古者周公东征则西国怨,西征则东国怨。"

《左传·僖公四年》:"齐侯以诸侯之师侵蔡。"

《左传·庄公十年》:"齐师伐我。"

7.程度不同

如"憾"、"恨"、"怨"都有今语"恨"的意思,但"憾"只表示遗憾,程度最轻;"恨"是悔恨;"怨"是深深的痛恨,程度最重。如:

《左传·襄公二十九年》:"美哉,犹有憾。"

《三国志·蜀书·诸葛亮传》:"先帝在时,每与臣论此事,未尝不叹息痛恨于桓、灵也。"

《史记·屈原贾生列传》:"屈平之作《离骚》,盖自怨生也。"

又如"酗"、"醉"、"酣"除都表示沉湎于酒而外,在"醉"的程度上也有不同:"酗"是醉而至于为凶的程度,"醉"仅仅是神志不清,"酣"甚至还没有到醉的程度。如:

《北史·牛弘传》:"弟弼,好酒而酗,尝醉射杀弘驾车牛。"

《楚辞·渔父》:"众人皆醉而我独醒。"

《抱朴子·酒诫》:"小大乱丧,亦罔非酒,然而俗人是酣是湎。"

8. 所指情状不同

如“含”、“衔”在“把东西放在嘴里”的意义上是同义词，但“含”表示的是把东西放在嘴里不咽也不吐出的情状，而“衔”表示的则是咬着东西，半在嘴里、半在嘴外的情状。如：

《庄子·马蹄》：“含哺而熙。”

《周礼·夏官·大司马》：“遂鼓行，徒衔枚而进。”

又如表示今语“看”的意思的词，在古代汉语里多达几十个，常见的有“望”、“视”、“见”、“睹”、“观”、“看”、“察”、“瞻”、“瞰”、“觇”、“顾”、“窥”等，但它们表示的具体情态并不相同。其中，“望”一般是远看，“视”一般是近看，“见”、“睹”表示看见（“睹”还可以表示观察、了解的意思），“观”有仔细看、审察、观赏等意思，“看”有探望的意思，“察”侧重于辨察，“瞻”是向上或向前看，“瞰”是居高临下，“觇”是伺察的意思，“顾”多用以表示回头看，“窥”常表示从缝隙或隐蔽处观看或偷看的意思。如：

《左传·庄公十年》：“登轼而望之。”

《礼记·大学》：“心不在焉，视而不见。”

《荀子·王霸》：“其谁能睹是而不乐也哉？”

《庄子·秋水》：“夫子奚不时来入观乎？”

《韩非子·外储说左下》：“梁车为邺令，其姊往看之。”

《礼记·礼器》：“无节于内者，观物弗之察矣。”

《诗经·大雅·桑柔》：“维此惠君，民人所瞻。”

《后汉书·光武帝纪上》：“云车十余丈，瞰临城中。”

《左传·成公十七年》：“公使觇之，信。”

《论语·乡党》：“车中不内顾，不疾言，不亲指。”

《礼记·少仪》：“不窥密，不旁狎。”

9. 侧重不同

如“完”、“全”、“备”都有今语“全”的意思，但“完”侧重于表示完整无缺、完好无损，“备”侧重种类、数量等方面的齐全，“全”可以兼表上述二义（此外还有“整个”、“保全”等义）。如：

《战国策·齐策四》：“夫玉生于山，制则破焉；非弗宝贵矣，然夫璞不完。”

范仲淹《岳阳楼记》："前人之述备矣。"

《周礼·考工记·弓人》："得此六材之全，然后可以为良。"

《礼记·祭统》："禘尝之义大矣……不明其义，君人不全；不能其事，为臣不全。"

又如"愠"、"怒"都有"生气"的意思，但"愠"多表示内心的怨恨，而"怒"则兼有外在的显露。如：

《论语·学而》："人不知而不愠，不亦君子乎？"

《史记·项羽本纪》："项羽大怒，曰：'旦日飨士卒，为击破沛公军！'"

10. 动作行为所表现的对象不同

如"崩"、"薨"、"卒"、"没"都有"死"的意思，但这是封建社会礼制的产物，是人为的区分。《礼记·曲礼下》："天子死曰崩，诸侯曰薨，大夫曰卒，士曰不禄，庶人曰死。"如：

《尚书·大诰》："武王崩，三监及淮夷叛。"

《左传·昭公三十二年》："鲁文公薨而东门遂杀嫡立庶。"

《后汉书·张衡传》："张衡年六十二，永和四年卒。"

不过这种区分有时也不很严格。如：

《左传·僖公三十二年》："冬，晋文公卒。"

《汉书·陈胜项籍传》："孝公既没，惠文、武、昭襄蒙故业。"

这是称诸侯为"卒"和"没"的例子。唐代甚至还规定，二品以上的官员之死也可以称"薨"，如《新唐书·百官志一·礼部》："凡丧，二品以上称薨，五品以上称卒，自六品达于庶人称死。"

11. 动作行为涉及的对象不同

如"贡"、"献"、"奉"都有今语"贡献"、"进献"的意思，但"贡"的对象一般指帝王，所贡为财物；"献"的对象也常指帝王，但又不限于帝王，甚至不限于人，所献或特指酒，或其他东西；"奉"的使用范围最广，甚至不限于尊卑上下，也不限于人，所奉又不限于财物、酒类等。如：

《史记·五帝本纪》："各以其职来贡，不失厥宜。"

《史记·秦始皇本纪》："魏献地于秦。"

《周礼·地官·大司徒》："祀五帝，奉牛牲。"

《汉书·匈奴传下》："即遣弟右贤王舆奉马牛，随将率入谢。"

又如“冶”、“炼”都有今语“熔冶”的意思，但“冶”指冶炼金属，“炼”则兼金石等物。如：

《史记·平准书》：“冶铸煮盐。”

《论衡·谈天》：“女娲销炼五色石以补苍天。”

沈括《梦溪笔谈·辩证一》：“余出使至磁州锻坊，观炼铁，方知真钢。”

顾炎武《天下郡国利病书·云南四·威远州》：“其境内莫蒙寨有河，汲其水炼于炭水，即为细盐。”

12.语法特点不同

如“自”、“己”都可以指称“自身”，但“己”可以作主语、宾语和定语，如：

《论语·雍也》：“己欲立而立人。”

《孙子·谋攻》：“知彼知己者，百战不殆。”

《史记·孙子吴起列传》：“庞涓恐其贤于己。”

《孟子·滕文公上》：“尧以不得舜为己忧，舜以不得禹、皋陶为己忧。”

而“自”一般只用作代词作宾语，并且要放在动词前面。作主语的用法产生较晚。如：

《史记·孙子吴起列传》：“彼必释赵而自救。”

又如“危”、“殆”都有“危险”的意思，但“危”的应用范围较广，一般可以作名词、形容词或不及物动词，而“殆”的应用范围较窄，一般只作不及物动词。如：

《韩非子·十过》：“其君之危，犹累卵也。”

《庄子·则阳》：“安危相易，祸福相生。”

《左传·昭公十八年》：“小国忘守则危，况有灾乎？”

《孙子·谋攻》：“知彼知己者，百战不殆。”

又如“餍”、“饱”在“吃饱”意义上是同义词，但“餍”是及物动词，后面带宾语，而“饱”则是不及物动词。如：

《孟子·离娄下》：“其良人出，则必餍酒肉而后反。”

《尚书·酒诰》：“尔乃饮食醉饱。”

（五）同义词辨析的意义

比较同义词的“同”中之“异”，目的是为了更好地掌握词义，理解文义。如：“沐”、“浴”、“澡”、“盥”、“浣”、“洗”、“涤”、“濯”都有“洗”的意思，但早先的汉语里，洗的对象各有不同，后来有些逐步混同了。“沐”本指洗头发。如：

《史记·鲁周公世家》："然我一沐三捉发，一饭三吐哺，起以待士，犹恐失天下之贤人。"

"浴"指洗身。如：

《左传·文公十八年》："夏，五月，公游于申池。二人浴于池。"

"澡"指洗手。如：

《魏书·西域传·悦般国》："日三澡漱，然后饮食。"

"盥"也是洗手，但一般是用手接水冲洗。如：

《论衡·讥日》："盥，去手垢。"

"浣"指洗衣。如：

韦应物《寄卢庾》诗："乱发思一栉，垢衣思一浣。"

"洗"指洗脚。如：

《汉书·黥布传》："汉王方踞床洗而召布入见。"

"涤"指洗器物。如：

《仪礼·少牢馈食礼》："乃官戒宗人命涤。"

"濯"则多可兼指。如：

《楚辞·渔父》："沧浪之水清兮，可以濯吾缨；沧浪之水浊兮，可以濯吾足。"

只有了解这些区别，对《史记·屈原贾生列传》"新沐者必弹冠，新浴者必振衣"以及上引《魏书》"日三澡漱"、《汉书》"踞床洗"、《仪礼》"命涤"等语才能正确理解。

特别要指出的是，在同义词并举的情况下，更能体会"辨异"的必要性。

如"商"、"贾"都是做买卖的人，但"商"是"行商"，"贾"是"坐贾"，只有对此有所了解，才能明白《周礼·地官·司市》"凡市，伪饰之禁，在民者十有二，在商者十有二，在贾者十有二，在工者十有二"句中为什么要将"商"、"贾"分列。

又如"宾"、"客"都是"客人"，但《说文》："宾，所敬也。""客，寄也。"说明"宾"的地位较高，"客"则是一般外来的人。只有对此有所了解，才能明白《周礼·秋官·大行人》"大行人掌大宾之礼及大客之义，以亲诸侯"句中为什么要将"大宾"和"大客"分列。

又如"诺"、"唯"都有"应答"的意思，但"诺"是缓声应答，多用于尊对卑、上对下或平辈之间，而"唯"则与上相反。只有了解到这一点，对《礼记·曲礼上》"父召无诺，先生召无诺，唯而起"以及《玉藻》"父命呼，唯而不诺"等语才能有正确的解释。

又如“偃”、“仆”都是“倒下”的意思，但“偃”指向后倒下，即“仰倒”，“仆”指向前倒，只有懂得这些，才能对《吴越春秋》中的“迎风则偃，顺风则仆”、柳宗元《蝜蝂传》中的“踬仆不能起”有个准确的理解。

又如“饥”、“饿”都有今语“肚子饿”的意思，但“饥”只到“饥肠辘辘”的程度，而“饿”则到难以忍受，甚至生命受到威胁的程度了。正因为有这种差别，所以《韩非子·饰邪》中才说：“家有常业，虽饥不饿。”《淮南子·说山》也说：“宁一月饥，无一旬饿。”

又如“疾”、“病”都有今语“病”的意思，但“疾”是指一般的病，“病”是指病势严重或重病。明白了这个差别，再读下面的话就好理解了。

> 《韩非子·喻老》：“扁鹊见蔡桓公，立有间，扁鹊曰：‘君有疾在腠理，不治将恐深。’……居十日，扁鹊复见，曰：‘君之病在肌肤，不治将益深。’”

毛病在“腠理”，“不治将恐深”，说明还不算严重，故称“疾”；十日以后，已经发展到“肌肤”，“不治将益深”，说明已经严重了。又如：

> 《左传·宣公十五年》：“初，魏武子有嬖妾，无子。武子疾，命颗曰：‘必嫁是。’疾病，则曰：‘必以为殉。’及卒，颗嫁之。曰：‘疾病则乱，吾从其治也。’”

武子有“疾”的时候，神志还清醒，所以交代的话是“必嫁是”；“疾病”的时候，神志就错乱了，交代的话是“必以为殉”。所以颗“从其治”，让武子的妾改嫁了。

又如“听”、“闻”都有今语“听”的意思，但“听”重于表示听的行为（而不管听见与否），“闻”则重于表示听的结果，即“听见”。与此相类似的还有“视”、“睹”、“见”等词，它们都有今语“看”的意思，但“视”重于表示看的行为（而不管看见与否），“睹”、“见”则重于表示看的结果，即“看见”。了解了这些词的基本用法，再读下面的句子就好懂了：

> 《庄子·知北游》：“光曜……终日视之而不见，听之而不闻。”
>
> 《礼记·大学》：“心不在焉，视而不见，听而不闻，食而不知其味。”
>
> 《文选·刘伶〈酒德颂〉》：“静听不闻雷霆之声，熟视不睹泰山之形。”
>
> 韩愈《应科目时与人书》：“是以有力者遇之，熟视之若无睹也。”

第四章　方言学

方言是语言的变体，可以分为社会方言与地域方言两大类。

社会方言是语言的社会变体。它的形成是由使用同一种语言的人因职业、阶层、年龄、性别等不同而造成的口音、措辞等方面的不同。

地域方言是语言的地域变体。它的形成原因则比较复杂。据学者研究，中国现代境内的语言大致可分属于五大语系：汉藏语系（遍布全国）、阿尔泰语系（北部边疆地区）、南亚语系（云南西南沿边地区）、印欧语系（新疆西北一带）、马来・玻利尼西亚语系（即南岛语系，是台湾高山族语言）。其中，汉藏语系，特别是其中的汉语分布最广、使用人口最多。汉语包括官话（主要分布于中国北部各省和四川、贵州、云南、西藏诸省、市、自治区以及江苏、安徽、江西、湖北等省份的偏北地区）、吴语（主要分布在苏南、上海、浙江以及浙江与江西交界地区）、赣语（主要分布在江西的北部和中部）、客家话（主要分布在江西南部、广东北部、福建西部及台湾部分地区）、湘语（主要分布在湖南南部）、闽语（主要分布在福建、广东东部、海南及台湾部分地区）和粤语（主要分布在广东及广西东南地区）。其中，官话就是北方方言，它是数千年来古代汉语在北方广大地区不断发展、演变、交融的结果；而其余南方六大方言，除了当地土著语以外，其余则是历史上不同时期、不同地区的北方人民屡屡南迁，北方话在南方扎根，并或多或少地与当地土著语言实现交融后的产物。除了本土方言外，由于汉语的影响巨大，在今天的朝鲜、韩国、日本、越南等国的语言中也保留了许多不同时代的古代汉语词语和音读，所以有人称它们为“域外方言”。

本书所指的方言学，即地域方言学。

方言学包括描写方言学(对方言语音、词汇、语法等进行平面描写,概括其特征)、历史方言学(即比较方言学,主要通过对古今方言及共同语之间的对比分析,研究方言与普通话的异同、各方言的异同以及古今方言的异同等,说明方言的形成和发展过程)、方言地理学(即语言地理学,主要研究方言分布)。传统语言学中的方言学在上述诸方面都有所著述,但主要是以描写和比较汉语古今方言词词义为主。所以,前代学者总是把方言研究归入训诂学的范围。这里,我们把它独立出来,以与现当代的方言研究相衔接。当然,我们这里主要介绍古代方言研究情况以及它对训诂学的意义,并不涉及方言调查方法等问题。

第一节　方言学源流概述

在一般人的印象中,我国的方言研究一定起步很晚。其实不然,方言研究的萌芽与研究文字的形音义大致是同步的,甚至还要早一些。试想,华夏之大,方言当自古有之。"古"到什么时候?也可以说"古"到有语言之初。人类的最初时期是群居的。但不会是一个群居点,一定有分布面很广的若干群居点。只要语言是同属一个母体,又只要有不同的群居点,历时既久,必然会形成各自的语言特色。隔得越久越远,也就越有各自的特色。这大概就是最初的"方言"了。而各个群居点之间又不会是封闭的,也会有交流,比如人员的交往、贸易的交往等;有交往,就要靠语言为媒介;语言既然会各有特色,也就自然会有解释和沟通的。这种不同"方言区"的人对彼此方言的解释和沟通,自然应该就是最初形式的"方言研究"了。因为任何复杂、庞大的事物总是在最初简单得无法再简单、渺小得无法再渺小的基础上逐步形成、发展起来的。

从先秦典籍里我们可以知道,我们的祖先很重视语言研究。比如对字形、读音、词义、修辞、名物训诂、语言理论等涉及语言学基本方面的研究,早在春秋战国时期就已经开始了。就方言而论,据《论语·述而》篇载:"子所雅言,《诗》、《书》、执礼,皆雅言也。"是说孔子讲的是官话,像诵读《诗经》、《尚书》以及举行各种礼仪的时候,他总是用官话。从这段话里,我们也可以从反面知道,许多人就是在这种场合也不会说官话,只能讲方言土语;就是孔子本人,他在一些不正式的场合也不一定讲官话,也只讲方言土语。为什么要强调孔子会讲"雅言"?因为孔子有修养,因为不讲雅言就显得不严肃、不庄重,甚至为非本方言区的人或不熟悉该方言区方言的人所不懂。

古代有派官员到民间采集乡土歌谣的习惯，称为“采诗”，也叫“采风”。《汉书·艺文志》载：“故古有采诗之官，王者所以观风俗，知得失，自考正也。”《汉书·食货志上》：“孟春之月，群居者将散，行人振木铎徇于路，以采诗，献之大师，比其音律，以闻于天子，故曰：王者不窥牖户而知天下。”白居易《采诗官乐府》：“采诗官，采诗听歌导人言，言者无罪闻者诫，下流上通上下泰。周灭秦兴至隋氏，十代采诗官不置。郊庙登歌赞君美，乐府艳词悦君意。”可见周代以前是设有采诗之官的。中国幅员辽阔，采诗之官如果不懂方言是难以想象的。

古代有“九译”这个词。所谓“九译”，就是言语不通，要经过一道一道的翻译才能明白其意，因以“九译”指边远地区。《文选》载张衡《东京赋》：“重舌之人九译，佥稽首而来王。”李善注：“重舌，谓晓夷狄语者。九译，九度译言，始至中国者也。”因而古代有负责边远少数民族事务的属官，叫“九译令”。《汉书·百官公卿表上》：“典属国，秦官，掌蛮夷降者……属官，九译令。”陆游《读书》诗中说：“三苍奇字已杀青，九译旁行方著录。”可见，当时一定是有人专门研究方言的，只是这种研究纯粹是为了实用。

我们再看通常被称为我国第一部辞书的《尔雅》(成书时间大约是在战国末年)，那里面收的词语，除了古语就是方言(有时古语就是方言，方言亦即古语)。可见，解释方言也是《尔雅》的基本任务之一。如《释草》：“中馗，菌。”《释鱼》：“蛭，虮。”“菌”和“虮”都是江东方言。这是同一事物在一些方言区里有不同的名称。有些方言词则完全是方言音变的结果。如《释草》：“茨，蒺藜。”《释鸟》：“仓庚，商庚。”所以，何九盈先生说：

> 《方言》卷一共计三十二个词条，其中有十七个词条与《尔雅》相同或基本相同，占一半多。《尔雅》有相当一些篇如果在释词部分加上方言区名，就成了《方言》；《方言》如果将释词部分的方言地名通通删掉，就会和《尔雅》某些篇的面目一个样了。《尔雅》如此关心当时的方言，是由此书的性质决定的。[①]

文中，他又引用阮元《与郝兰皋户部论〈尔雅〉书》中的话说：

> 《尔雅》一书皆引古今天下之异言，以近于正言。夫曰“近”者，明乎其有

① 何九盈：《〈尔雅〉的年代与性质》，载《语文研究》1984年第2期。

异也。"正言"者，犹今官话也；"近正"者，各省土音近于官话者也。扬雄《方言》自署曰《輶轩使者绝代语释别国方言》，夫'绝代'、'别国'尚释之，况本近者乎！

从政治角度来看，没有方言研究，语言不通，怎么能"一统天下"？《吕氏春秋·知化》篇所谓"夫习俗不同，言语不通，我得其地不能处，得其民不能使"，这在任何形态的社会制度下都是难以想象的。所以，我们有理由说，重视辨别方言、解释方言、研究方言，应该是由来已久的事。

当然，我们这里说的"研究"，并不是说已经真正建立起一个"方言学"学科了。事实上，不用说学科的建立，就是我国第一部方言研究的专著也不过是到了汉代才出现的，它就是扬雄的《方言》（关于《方言》，详见下节）。

遗憾的是，由于社会、历史的原因，自扬雄《方言》之后，对汉语方言进行大规模调查研究的工作几乎沉寂了千余年。直到明代，也只有短小的方言著作问世，如李翊的《俗呼小录》、李实的《蜀语》，其中《蜀语》较有影响。

李实出生于四川遂宁，对蜀地方言比较熟悉。但他中进士以后，即到长洲（今江苏苏州）任县令，后即长期留寓长洲，看来《蜀语》主要还是据他早年居蜀时积累或以后回忆的方言资料整理而成的。

《蜀语》共列 563 目，收词 652 个。如：

村市曰场。入市交易曰赶场。三六九为期，辰集午散，犹河北之谓集，岭南之谓墟，中原之谓务。

《蜀语》有一点与《方言》不同：《方言》所收不限于一域，而《蜀语》则限收"蜀"地方言词语。所以说，它在汉语方言研究史上是第一部以一地方言作为描写对象的专著，因而具有一定历史地位和较大影响。

清代研究方言的著作日渐增多，有影响的如杭世骏的《续方言》。顾名思义，该书是为增补扬雄《方言》而作的，也是《方言》的第一部续作。但是，《续方言》所收词语并不是靠作者自己搜集而成，而是从《十三经注疏》、《说文》、《释名》、《逸周书》、《战国策》、《经典释文》等唐宋以前的经史子集和其他字书辞书里掇拾而成，补《方言》所未载者 522 条。因该书旨在撮录，对音义缺少考释，并有滥收、失收、重出等缺点，所以以后又有程际盛的《续方言补正》、徐乃昌的《续方言又补》、张慎仪的《续方言新校补》、程先甲的《广续方言》、《广续方言拾遗》等著作，对杭书不断订正和增补。

在清人众多的方言著作中，毛奇龄的《越语肯綮录》算得上是第一部考证方言本字的著作。如据《说文》释“斯”为“析”，《尔雅》释“斯”为“离”，《诗经·陈风·墓门》“斧以斯之”之“斯”为“析薪”等，证明“山阴西乡以对扯物裂曰斯”，即“支”韵之“斯”字。文字虽然简短，但考求本字的思路和方法是正确的。可惜毛氏的兴趣太广，学术著作太多，不能专心于方言本字的研究，因此，他的这部著作仅仅一卷，共33目57条而已。

比上述二书稍晚一些的，有胡文英的《吴下方言考》。“吴下”即吴中，为今江苏苏州、常州一带。作者是江苏武进人，对该地区的方言比较熟悉。这部书里收的多是清代苏、常一带通行的方言词语，共900余条，按平水韵排列。它不仅是在撮录，而且对其音义也进行了较为严密的考证，是一部重要的方言词语考源之作。

其后有范寅的《越谚》，它收录了清代会稽、山阴（今浙江绍兴）的方言词语，包括各种成语、谚语、歌谣以及其他特殊的词语，是关于古代绍兴方言的最重要的著作。又有张慎仪的专门收录唐代至清末书面材料中方言词语的《方言别录》和专门收录、考释四川方言词语的《蜀方言》等。

还有一些材料也可以把它们归入方言研究一类，这就是继汉代服虔《通俗文》以后一些记载方言俗语的著作。这将在本章第三节里讲到，此处从略。

总的来看，此前的方言研究，除了对《方言》进行校勘注释（如戴震的《方言疏证》、钱绎的《方言笺疏》）外，主要有两派：一派是从历代典籍中网罗古代方言，以补扬书之遗；一派是收录或考证一地的方言（有些是考证方言本字的，有些是杂录各种特殊的方言俗语的）。沈兼士在《今后研究方言之新趋势》一文中说：

> 这两派的方法虽各不同，却都是目治的古典方言学，而非耳治的现代方言学。老实说起来，前者只是辑补古书，后者不过考证故实。[①]

晚清国学大师章太炎不满意于这两派的方言研究。他在《新方言·序》中说：

> 自扬子云纂《方言》，近世杭、程二家皆广其文，撮录字书，勿能为疏通证明，又不丽于今语。钱晓徵盖志輶轩之官守者也，知古今方音不违，及其作《恒言录》，沾沾独取史传为征，亡由知声音文字之本柢。仁和翟灏为《通俗

① 《沈兼士学术论文集》，中华书局1986年版，第44页。

编》，虽略及训诂，亦多本唐宋以后传记杂书，于古训藐然亡丽。俄而撮其一二，又梱不理析也。

考方言者，在求其难通之语，笔札常文所不能悉，因以察其声音条贯，上稽《尔雅》、《方言》、《说文》诸书，敫然如析符之复合，斯为贵也……然自戴、段、王、郝以降，小学声均，炳焉复于保氏，其次说解典策，谍然理顺。独于今世方言，丘盖如也。

章氏既不满于先儒时贤"虽家人箄席间造次谈论，且弗能证其故"，以及世人学外语多寻其语根，而于国语"顾不欲推其本始"等现状，因而采用戴震"疑于义者，以声求之；疑于声者，以义正之"的方法，略取殊语，征之古音，遂得其条理，认为："有诵读占毕之声，既用《唐韵》，俗语犹不违古音者"，"有数字同从一声，《唐韵》以来，一字转变，余字则犹在本部，而俗语或从之俱变者"，"其语至常，其本字亦非僻隐不可知者。不晓音均变转之友纪，遽循其唇吻所宣以检字书则弗能得"，于是发扬戴氏转语学说用于考证方言，并创设六例以范围十类语词，作《新方言》，俾使读是书者，"虽身在陇亩与夫市井贩夫，当知今之殊言不违姬汉"。①

《新方言》共 11 卷，收录方言俗语共 8000 余条，旨在"以古语证今言，以今言证古语"。该书征引十分丰富，上到字书辞书、经史子集，下至俚俗土语，并且运用音转的学说，对这些表面不相干的语言材料进行分析推断，考求其源流，揭示其渊源关系，往往有十分精辟的见解。如说第一人称代词，今北方音为"簪"，俗作"偺"，本就是"朕"字，"自秦以来，文字无敢称'朕'者，而语言不能禁也"。又说明代北方人自称"洒家"，"洒"即"余"。"余"从"舍"声，古音如"舒"。"舍"转为"书野切"，故"余"亦为"书野切"。又如说扬雄《方言》"党，知也"，"党"即今语之"懂"字，等等。

沈兼士还在前述论文中说，《新方言》有两大长处：一是章氏认为今言与古语，其质本同。今世笔札常文所不能悉的口语，倘以古今声韵通转的定律推之，皆可于《尔雅》、《说文》中得其本字，较之扬雄《方言》但列同训而不辨本字者更为彻底，其他诸家更无可伦比；二是章氏以为小学不但可以考古，亦可以通俗致用。向来只用之以考证死文字，现在却拿来整理活语言，经学附庸的"小学"一跃而成为一种有独立精神之语言文字学，这是传统语言文字学史上的一个关键。正是

① 引语俱见章太炎《新方言·序》，载《章氏丛书》，浙江图书馆 1919 年版。

在这一点上，因为有了这一部著作，才使文字学的效用全面不偏，而于方言学可以算得上有起衰继绝之功。

但《新方言》也有明显的缺点。沈氏概括了六点，大约谓：一是表示语言的文字，本不一定用其本字；二是凡音理相近之字，其意义多有可通之点，不可拘泥执一于某个本字；三是后起的语言，不必在古书中都有本字；四是语言或因种族交通而混杂，不能一概以汉字当之；五是拘守于“字”而不注意到“词”，把复音词拆开理解，再去替它找本字，殊不可取；六是倘不举出应用于句子中的种种例子而只是孤立地解释，很难准确。这六点，《新方言》都不曾注意到或注意不够。正因为这样一些理论问题和认识问题没有解决，实践上就难免武断和错误，其结论也就很难可靠。

章氏之后，到 20 世纪 30 年代现代方言调查前，方言研究并没有引起社会足够的重视。值得一提的是沈兼士先生，他曾经多次提及方言研究，并对今后的方言研究提出过宝贵意见。如说方言研究应从纵、横两方面着手。从纵的方面来说，包括各代记载中的方言调查和比较，单缀语渐变为多缀语的历史，语言与文字的分合，语根等；从横的方面说，包括语汇的调查，同一意义的各地方言的比较，各地各单语的词性变化法比较，与异族语的关系等。他还说，“再调查方言不但是要用科学的方法，还要应用科学的工具——如发音学上所需用的仪器”。总之，今后的方言研究，较于旧方言研究，应有三点不同：一是改旧式目治的注重文字，为耳治的注重言语；二是改旧式片断的考证，为用有系统的方法实行历史的研究和比较的研究，以求得了解古今方言流变的派别、分布的状况；三是改旧式孤立的研究，为利用与之直接或间接相关的发音学、言语学、文字学、心理学、人类学、历史学、民俗学等，以为建设新研究的基础。[①] 他的意见是非常正确的。

总的来看，旧时的方言研究，主要还是校注扬雄的《方言》以及少数文人对局部地区的方言调查、整理和考证。真正科学方言学的建立和在科学理论、科学方法指导下的大规模的方言调查、方言研究，那还是近几十年的事。

---

① 详见《沈兼士学术论文集》，中华书局 1986 年版，第 47～49 页。

第二节　《方言》

一、《方言》的作者及内容

《方言》的作者是西汉的扬雄(前 53～18)。扬雄字子云，四川成都人。其先出自有周伯侨，以支庶初食采于河东扬县，因以“扬”为氏。后迁四川郫县。

扬雄为人简易佚荡，清静寡欲。口吃不能剧谈，默而好深湛之思，善为辞赋。曾被大司马车骑将军王音召为门下吏，后由蜀人杨庄以其文章似司马相如而推荐给汉成帝刘骜，召为黄门侍郎。扬雄少而好学，对当官不感兴趣。在担任黄门侍郎期间，他曾上奏皇帝，说自己“少不得学，而心好沈博绝丽之文”，表示愿意三年不要国家俸禄(停薪留职)，让他到国家图书馆去看书学习。汉成帝果然同意了他的请求，并且指示俸禄照发，还令尚书赐给笔墨钱六万，让他到藏书的石室看书。王莽当政时，他更不问世事，独坐天禄阁校书。后来居家，在艰苦的条件下专事研究和著述。当时家境很穷，刘歆曾去劝他：“空自苦！今学者有禄利，然尚不能明《易》，又如《玄》何？吾恐后人用覆酱瓿也。”扬雄笑而不应。其鄙视世风、钟情学术如此。

扬雄才大志雄，一生不汲汲于富贵，不戚戚于贫贱，而立志以文章传世。“以为经莫大于《易》，故作《太玄》；传莫大于《论语》，作《法言》；史篇莫善于《仓颉》，作《训纂》；箴莫善于《虞箴》，作《州箴》；赋莫深于《离骚》，反而广之；辞莫丽于相如，作四赋。皆斟酌其本，相与放依而驰骋云。”

扬雄精于传统语言文字之学。早在汉元帝刘奭时代，他就参加过由全国精通文字的学者参加的、在未央殿举行的文字讨论会，后来还编写了一部著名的《训纂篇》。他十分重视方言调查。那时的京师长安，是个十分繁华的地方，全国各地的人都有。特别是各地的孝廉每年要随同郡国派遣的官吏来到京城，内郡每年还要轮流派遣士兵守卫京师。扬雄就利用这些机会，手里拿着笔和上过油的绢帛(上油是为了擦后再用)，向来长安的外地人调查各地方言，把它们记在绢帛上，回去以后加以整理，用铅制的笔记在木板上。这样的工作一直持续了 27

年，终于写成了15卷著作，这就是以后的《方言》。[①]

《方言》的全名是《輶轩使者绝代语释别国方言》，也简称为《輶轩使者绝代语》或《别国方言》，也称《殊言》。“輶轩使者”是古代人对调查方言官员们的称呼，也叫“轩车使者”、“遒人使者”、“輶轩之使”。“輶”和“轩”都是一种轻便车子的名称，也可以并列起来合称“輶轩”。“绝代语释”中的“绝代语”，即刘歆所谓“先代绝言”，郭璞所谓“六代之绝语”。它虽然好像仅仅是从时间上说的，其实，这个表现为时间上的差异很可能就是地域差异的表现，即可能就是古方言。“别国方言”，就是方言。这个“国”是“古今方国”的“国”，和“方”的意思差不多。“别国方言”就是郭璞说的“九服之逸言”。当然，同样的道理，它虽然似乎是仅仅就地域而言的，但事实上，也可能是古代语词的孑遗。但总的来说，或者就作者实际所做的工作来说，《方言》所搜集整理的仍然是存于当时各个方言区中的方言词。至于这些方言词是不是又属古语词，那又是另外一回事了。

周秦时代派使者到各地调查方言的事见之于扬雄《答刘歆书》和应劭《风俗通义·序》。扬雄说：“尝闻先代輶轩之使奏籍之书，皆藏于周秦之室。及其破也，遗弃无见之者。”应劭的说法也同扬雄说的差不多，他说：“周秦常以岁八月，遣輶轩之使求异代方言，还奏籍之，藏于秘室。及嬴氏之亡，遗脱漏弃，无见之者。”据此可知，早在周秦时代，国家对方言调查和方言资料就已经十分重视，所搜集的方言材料可能已经不少，可惜都毁于秦乱了。

但在当时也不是毁得一干二净。扬雄在《答刘歆书》中说：“独蜀人有严君平、临邛林闾翁孺者，深好训诂，犹见輶轩之使所奏言。”不过，“君平财有千言耳，翁孺梗概之法略有”。严君平即庄遵，因避东汉明帝刘庄的讳改姓严；林闾翁孺与扬雄有“外家牵连之亲”。这两个人都是当时的著名文人，也是扬雄年轻时代的师长。从扬雄这封信中看，扬雄一定看到了他们二人保存的周秦时代的“千余言”资料和“梗概之法”(当是指纲要之类)的。既然看到，就不能不有所借鉴，甚至可以说，《方言》一书里也应该有周秦时期方言资料编制体例、编写形式的影子。

前面讲到，《尔雅》也有解释方言的任务，但并不像《方言》这样“考九服之逸言，标六代之绝语，类离词之指韵，明乖途而同致”[②]，更没有像《方言》这样点明

① 以上引文及扬雄事迹见《汉书·扬雄传》及扬雄《答刘歆书》。

② [晋]郭璞：《方言注·序》。

方言词通行的地域。所以，沈兼士说《方言》要比《尔雅》精密，称赞它“考逸言”、“标绝语”、“古今兼包、耳目并用的一种精神，实驾乎《尔雅》之上了”。他解释前引郭璞《方言注·序》中的一段话说：这是“言其不但由纵方面观其嬗变之迹，且能由横方面明其推衍之势”。因此说，扬雄研究方言的目的是：“因为古书中所存留已死的语言，不容易懂得，想拿活的方言来比照着寻一个相当的解释；倒转过来说，就是拿当时各地表示方言的声音，和方言里面所包含的意义，来推寻古书里面相当的文字(找不出相当之字的，但直音之)。”[①]扬雄的这些认识和做法是非常高明的。

今本《方言》共13卷，675条，11900余字。各卷所收的词语并没有严格的分类。大体上说，前三卷和第六、七、十各卷多是一般词语，第四卷是衣服类，第五卷是器具类，第八卷是禽鸟走兽类，第十一卷是昆虫类，第十二、十三两卷除个别条目外，其余都没有方言的比较。推测可能是调查前的一个提纲，调查后再把相对应的方言语词写进去，是个未完成稿。

二、《方言》涉及的方言区

《方言》涉及的方言区非常大。东北到今朝鲜，西北到西秦，东南到吴越、西瓯，西南到梁益，南面到桂林，差不多覆盖了当时全国的各主要方言区。

学者们对《方言》里的方言区划有不同意见，有分成七系、十一系、十四系的，实际上主要是粗分与细分的问题。何九盈先生认为扬雄对方言区的划分“与当时的地理形势和行政区域密切相关”，大致可以分为三类[②]：

(1)大方言区。以“关”(函谷关，汉武帝时改设在今河南新安县境)、“山”(崤山或华山)、“河”(黄河)、“江”(长江)为标志。书中“自关而东”、“自山以西”、“自河而北”、“自江而北”等一类说法就是指的这些大方言区。

(2)次方言区。有按古国界分的，如秦、晋、赵、魏、燕、郑、宋、齐、鲁、陈、楚、吴等；有按州郡分的，如青州、幽州、徐州、雍州、梁州、益州、荆州、扬州、蜀州、凉州等。

(3)小方言区。有以河水流域分的，如淮水、泗水、沅水、澧水、湘水、瀑水、

---

① 《沈兼士学术论文集》，中华书局1986年版，第43页。

② 详见何九盈《中国古代语言学史》，河南人民出版社1985年版，第39页。

淮水、浉水等;有以古地名分的,如周南、召南、洛、郢、宛、湘潭等。

三、《方言》的条例

《方言》记载方言也是采用类似《尔雅》的办法,即把意义相同、相近的语词类聚在一起。所不同的是,《方言》还要具体指出哪些是共同语,哪些是什么地区的方言。解说中的基本概念是这样的:在全国较大范围内通行的共同语,称之为"通语"、"凡语",有时也称"凡通语"、"通词"、"通名"、"总语"等。较小范围内的共同语(方言)则指明通行的区域,如"楚通语"、"赵魏之间通语"、"南楚之外通语"等。至于个别地区的方言则指明"某地语"等。

殷孟伦先生曾把《方言》的条例析为十项①。今就此十项结合上述分类概念举例如下:

(1)以通语释别语。如卷一:

娥、媙,好也。秦曰娥。宋魏之间谓之媙。秦晋之间凡好而轻者谓之娥;自关而东河济之间谓之媌,或谓之姣。赵魏燕代之间曰姝,或谓之妦。自关而西秦晋之故都曰妍。好,其通语也。

嫁、逝、徂、适,往也。自家而出谓之嫁,由女而出为嫁也。逝,秦晋语也。徂,齐语也。适,宋鲁语也。往,凡语也。

(2)明著其为古今语或古雅之别语或古语之遗。如卷一:

敦、丰……般、嘏、奕、戎、京、奘、将,大也。凡物之大貌曰丰……宋鲁陈卫之间谓之嘏,或曰戎。秦晋之间凡物壮大谓之嘏,或曰夏。秦晋之间,凡人之大谓奘,或谓之壮。燕之北鄙、齐楚之郊或曰京,或曰将,皆古今语也。初别国不相往来之言也,今或同。而旧书雅记故俗语,不失其方,而后人不知,故为之作释也。

假、狢(注,即古"格"字)、怀、摧、詹、戾、艐(注,即古"届"字),至也。邠唐冀兖之间曰假,或曰狢。齐楚之会郊或曰怀。摧、詹、戾,楚语也。艐,宋语也。皆古雅之别语也,今则或同。

(3)以别语释别语。如卷一:

逢、逆,迎也。自关而东曰逆,自关而西或曰迎,或曰逢。

---

① 详见殷孟伦《〈尔雅〉〈方言〉简析》,载《山东大学学报》(哲学社会科学版)1961年第2期。

(4)词同而义有别者则区别解说。如卷二：

倚、踦，奇也。自关而西秦晋之间，凡全物而体不具谓之倚，梁楚之间谓之踦。雍梁之西郊，凡兽支体不具者谓之踦。

又如卷三：

斟，益也。南楚凡相益而又少谓之不斟，凡病少愈而加剧亦谓之不斟，或谓之何斟。

“踦”、“不斟”两词都各有二义。

(5)词异义同而仍有区别者则著于说解。如卷二：

搜、略，求也。秦晋之间曰搜。就室曰搜，于道曰略。略，强取也。

餬、托、庇、寓，寄也。齐卫宋鲁陈晋汝颍荆州江淮之间曰庇，或曰寓，寄食为餬，凡寄为托，寄物为媵。

“搜”与“略”，“托”与“媵”，词异而义同，但又或有区别，故明加解说。

(6)词异而音义相关的，则明著如“转语”或“代语”。如卷三：

庸谓之倯，转语也。

铤，空也，语之转也。

又如卷十：

煤，火也，楚转语也。

又如卷十一：

蝙蝓者，侏儒语之转也。

(7)词同而义有别异，则别作一解以附其后。如卷二：

孑、荩，余也……孑，俊也。

又如卷十：

荆汝江湘之郊，凡贪而不施……或谓之啬，或谓之悋。悋，恨也。

“孑，俊也”，“悋，恨也”，都是别为异义。

(8)有因类而及者也著其语。如卷二：

自关而西秦晋之郊、梁益之间，凡物小者谓之私。小或曰纤。缯帛之细者谓之纤。东齐言布帛之细者曰绫，秦晋曰靡。

又如卷三：

燕齐之间养马者谓之娠，官婢女厮谓之娠。

说“布帛之细者曰绫”、曰“靡”，“官婢女厮谓之娠”都是“因类而及”，其语或同或不同。

(9)取"若某(地)之言"、"犹某(地)之言"以助说解。如卷六：

荆吴之人相难谓之展，若秦晋之言相惮矣。

(10)词义同但地异而用别者，则详加说明。如卷二：

娃、嫷、窕、艳，美也。吴楚衡淮之间曰娃，南楚之外曰嫷，宋卫晋郑之间曰艳，陈楚周南之间曰窕。自关而西秦晋之间，凡美色或谓之好，或谓之窕……秦晋之间，美貌谓之娥，美状为窕，美色为艳，美心为窈。

(11)除以上十项外，我们还可以补充一项，就是：实为转语而不明言转语者(殷先生把这一条当成总的规律讲了，所以不曾将它列入条例里)。这里列出，作为条例(6)的补充。如卷十：

崽者，子也。湘沅之会，凡言是子者谓之崽，若东齐言子矣。

郭璞注："崽音枲，声之转也。"极是。《方言》中此类例子至多，说详下。

四、读《方言》的其他问题

(1)《方言》中的许多字只是各方言词语的同音字甚至还是近似音，不能认为它们就是"方言本字"，如卷一中说"晓"也叫"党"，这个"党"其实就是"懂"在某些方言里的读音，也就是说，"党"实际是个记音字。

(2)《方言》中的有些字看上去很古怪，很冷僻难认，这一方面大概因为方言口语多保存古词、古音、古义的缘故，另一方面，也与我们对古今方言词语的渊源关系还缺乏研究有关。一旦我们了解了古今音变，得其源流，就会发现，许多看上去很古怪的词语其实正活在我们的口语里。如卷一说，"取"也叫"攓"，这个字其实就是"捡"；卷五中说，"罂"也叫"瓬"，其实就是"缸"；也叫"瓶"，其实就是"坛"，等等。[①]

(3)《方言》所载条目的解说中，有许多辨析词义的地方，应注意区别。如前举表示"美貌"、"美状"、"美色"、"美心"的词自有不同；同是"搜求"，"就室"与"于道"用词也各异。又如卷一：

延，永长也。凡施于年者谓之延，施于众长谓之永。

又如在卷十一关于"蝉"的说解中，除记载了不同地区的不同名称外，还列举了大的、小的、有花纹的、雌的、大而黑的、黑而赤的等各自不同的名称。

---

① 见何九盈《中国古代语言学史》，河南人民出版社1985年版，第44页。

(4)扬雄通过方言调查、对比和考察,对古今方俗语的纵横流变有了一定的科学认识。其中最重要的一条,就是对转语的认识。他实际已经清楚地认识到,许多语词在时间上和地域上的差异,其实仅仅是语音上的细微变化,因而他便首创了“转语”的概念去记录他的这个认识。这一点,既是他于“语言或交错相反方复论思”①后得出的科学结论,又体现了他科学的研究方法。这等于是在告诉人们,古今语变自有轨迹可寻。这对汉语语音和词汇的研究确有振聋发聩的意义。蔡凤圻说:

> 语言变易,类皆如此。一源滥觞,化成千百,声转较远,统系乃失。如考其辗转相通之道,不难溯流究源。②

扬雄以后,有郭璞、孔颖达、颜师古、邢昺等学者相继有所阐发,而戴震更将它发扬光大,使转语理论在清代传统语言文字学领域独领风骚达200余年。

这里说一下郭璞。他是东晋人,精于语言文字学。南渡后常年居于江东,这使他有机会对比南北语音的差异,因而加深了对“转语”说的认识,他在《方言注》中九次用到“声转”一类的说法便是证明。如:

> 《方言》卷十一:“蝇,东齐谓之羊。陈楚之间谓之蝇,自关而西秦晋之间谓之蝇。”郭璞在“东齐谓之羊”下注:“此亦语转耳。今江东人呼‘羊’声如‘蝇’。凡此之类,皆不宜别立名也。”

扬雄在说解此条时没有提到“蝇”和“羊”也是一语之转,所以郭璞才说“此亦转语耳”,就把两个词之间的关系点明了。“今江东人呼‘羊’声如‘蝇’”,固然有解释为什么说二词为转语的作用,但也有以此示范批评扬雄的意思。因为“今江东人呼‘羊’声如‘蝇’”这句话如果按扬雄《方言》里的说法,该说成“羊,江东谓之蝇”,这就可能使读者产生疑惑:怎么“羊”和“蝇”还能是一回事儿?所以郭璞就换了一个说法。这种说法当然要清楚多了,但我们也要替扬雄想一想:如果一部《方言》,都写成“某地呼某,声如某”,那成什么样子?所以他就说“谓之”。一代大文豪、大学问家,为此当然是费了脑筋的。因此我们说,郭璞的批评虽然不无道理,但在没有其他标音符号的当时,也只能借助于汉字,此外便没有什么办法。所以如上文所说,《方言》里的许多字其实都是记音字,只起标音作用,也可以说是用

---

① [汉]扬雄:《答刘歆书》。

② 蔡凤圻:《方言声转说》,载《说文月刊》第2卷合订本。

直音法记音罢了。

五、《方言》在汉语言学史上的历史地位

钱曾怡先生从三方面概括了《方言》的出色成就：

第一，《方言》是我国第一部描写方言学的专著，其所记录的方言词语，可以使我们看到汉代方言的基本面貌，包括各地方言词的具体使用情况，通过对地域分布情况的分析归纳，了解当时方言分区的大概情形。对于汉语词汇史的研究，《方言》更是我国历史文献中不可多得的宝贵材料。今天，在对现代汉语方言的调查中，《方言》仍有许多地方值得注意。现代方言中常有一些被认为很土很俗的词，却还可以在《方言》中找到，证明它早在汉代就已存在。

第二，《方言》在我国语言学史上开辟了一个独立的学科。在《方言》之后的很长时期内，方言研究虽然基本上是从属于训诂学的一个门类，但是到了国内外汉语方言研究迅速发展的今天，方言学作为独立的学科已毋庸置疑。在研究汉语方言学发展历史的时候，《方言》作为开章之篇也是毫无疑问的。

第三，从治学精神看，方言调查虽非扬雄首创，但是对同一历史时期方言进行有计划调查而又进行系统整理的还当首推扬雄。在研究方法上，扬雄能够从历史、地理两个角度观察语言，把共同语和方言、古语和今语综合起来进行说明，使《方言》这部描写方言学的著作又带有比较方言学的成分。其所着重注意的语言材料多是口语，当然也不排斥书面语言。《方言》对树立我国语言学研究实事求是的朴实的学风具有积极的意义。①

早在《方言》尚未完稿的时候，就被人称为"悬诸日月而不刊之书"②，后来郭璞又称赞它"真洽见之奇书，不刊之硕记"③。即使在方言研究的发展始终比较缓慢的封建社会里，它仍然被学者当作训诂类专著而受到特别的重视。从汉末应劭注《汉书》开始，到三国魏孙炎注《尔雅》、吴薛综注《二京赋》、晋杜预注《左

---

① 钱曾怡、刘聿鑫主编：《中国语言学要籍解题》，齐鲁书社 1991 年版，第 471～472 页。

② [汉]扬雄：《答刘歆书》。

③ [晋]郭璞：《方言注·序》。

传》、张载和刘逵等注《三都赋》等，都屡引《方言》。而后代直至当代的训诂学家在研究古代词语、注释古代典籍时，则更为广泛地利用了《方言》。至于受《方言》启发，进而编著各类方言著作，并利用这些材料解释古今方俗词语的，更代有其人，其成就早已载入了传统语言文字学的史册。这些事实都充分说明了《方言》的学术价值，从而也决定了它在传统语言文字学史上的影响和历史地位。虽然以今天的眼光来看，《方言》也存在不少缺点，比如作者调查和记录方言的方式以及方言专著的体例、解说和编纂方法等方面，都不能说是科学的，但这都是由于受时代的局限造成的。扬雄的伟大，就在于在当时的历史条件下，首先在蛮荒之路上迈出了一大步。说扬雄是汉语方言学史上的一位最伟大的功臣、他所著的《方言》是汉语方言学史上的一块最伟大的丰碑，这绝非溢美之词。

第三节　方言研究对训诂学的意义

训诂的对象主要是古词语，而古词语的音义又往往能通过方言俗语保存下来。这就是说，方言不是无源之水、无本之木，它往往就是古代词语的孑遗。因之，利用方言俗语去上求古语与通过古语来下推流变，是同样符合情理的。从这个意义上看，传统的方言研究被附在训诂研究里是很有道理的。

清人程瑶田在《通艺录・释虫小记・螟蛉蜾蠃异闻记》中曾提出了十分精辟的见解。他说：

> 夫简策之陈言，固有存人口中之所亡者也。而其在人口中者，虽经数千百年，有非兵燹所能劫，易姓改物所能变，则其能存简策中之所亡者，亦固不少。

吕正华在《谈方言口语对训诂的作用》[①]一文中引用清末客家籍诗人黄遵宪的话说：

> 此客人者，来自河、洛，由闽入粤。传世三十，历年七百，而守其语言不少变。有《方言》、《尔雅》之字，训诂家失其意义，而客人犹识古义者；有沈约、刘渊之韵，词章家误其音，而客人犹存古音者；乃至市井诟谇之声，儿女噢咻之语，考其由来，无不可笔之于书。

---

① 载《汕头大学学报》(人文科学版)1985年第2期。

黄遵宪的话，是说方言不仅对训诂学有益，而且对音韵学也有益。

吕文还引用黄典诚先生在全国第三届训诂学研究年会上的讲话说：

训诂是研究我国解决阅读古书——特别是先秦古籍困难的学问，必须要有"左右相"的帮助，"左相"是音韵学，"右相"是方言学。

黄侃先生说得则更为直截了当。他说："方言乃是不刊之训诂书。"[①]

由此来看，方言和训诂的关系，的确十分密切；方言之于训诂的作用，的确至为紧要。

人类现实生活中残存的原始社会的遗迹叫作"社会化石"，同样的道理，我们也可以把现在残存于方言口语中的旧词、旧音、旧义，看成是古代汉语的化石。人们通过它，不仅可以研究古代汉语，甚至还可以通过它去研究古代的社会历史。

这里，我们只想说明方言研究对古词语音义考释方面的意义。

一、以古证古

以古证古，就是用一种古籍中关于方言的记载材料去解释其他古籍里的疑难。如：

陆机《文赋》："彼琼敷与玉藻，若中原之有菽。"

李善于"敷"字无解。徐复先生说：郭璞注《尔雅·释草》谓今江东呼"华"而"音敷"。作者陆机是吴人，故用江东语入文。可为其佐证者有：晋尚书郎晋灼注《汉书·隽不疑传》云："古长剑首以玉作井鹿卢形，上刻木作山形，如莲花初生未敷时。""未敷"即"未花"，则"琼敷"即"琼花"。[②] 又如：

《晏子春秋·内篇杂下》："圣人非所与熙也，寡人反取病焉。"

或以为"熙"、"戏"通假。徐复先生说：照"音近"这一条，二字可以通假，"但楚国方言的特色没有反映出来，犹为未达一间"。因为这句话是晏子使楚时楚王说的一段话，所以徐复先生这样说，并转而求之于楚语。《楚辞·九章·惜诵》："行不群以颠越兮，又众非之所咍。"王逸注："咍，笑也。楚人谓相嘲笑为咍。""咍"、

---

① 殷孟伦先生授课时转述。

② 《徐复语言文字学丛稿》，江苏古籍出版社 1990 年版，第 158 页。

"熙"古音同为晓母、之部,故可通假,而义又密合,当为确诂。[①]

下面举利用扬雄《方言》去考证古籍词义的例子。如:

《左传·成公十三年》:"芟夷我农功,虔刘我边陲。"

《方言》卷一:"虔、刘、惨,啉,杀也。秦晋宋卫之间谓杀曰刘,晋之北鄙亦曰刘。秦晋之北鄙、燕山北郊、翟县之郊,谓贼为虔。"又如:

《左传·昭公十八年》:"今执事撊然授兵登陴,将以谁罪?"

《方言》卷二:"撊,猛也。晋魏之间曰撊。"故服虔注曰:"撊然,猛貌。"又如:

《孟子·公孙丑上》:"宋人有闵其苗之不长而揠之者。"

按:《方言》卷三:"揠,拔也……东齐海岱之间曰揠。"

朱季海先生著《楚辞解故》[②](以下简称《解故》)多以楚事、楚言证发,在《后记》中说:

今为《解故》,务使楚事、楚言,一归诸楚。其有明文者,必征其始;其无明文者,亦以参伍而知之……盖必先明楚语,而后《楚辞》始有达诂也。

由于他治学方法得当,因而其成就也就灿然可观。兹举数事:

《离骚》:"判独离而不服。"《九章·抽思》:"牉独处此异域。"《悲回风》:"伴张弛之信期。"

孙诒让《札迻》说:"判、牉、伴、叛字并通,盖分别离散之意。"《解故》谓诸篇字异义同,孙说是。以为"分别离散",意亦不远,然未达乎楚语。《方言》:"拌,弃也。楚凡挥弃物谓之拌。"郭璞注:"音伴,又普槃反。"今湖南新宁人犹谓弃去曰"拌掉",音近"伴",作去声呼之,平江人则曰"拌开",音近"普槃反",作平声呼之。正与郭璞注音相合,说明验之楚语而未讹。又如:

《离骚》:"齐玉轪而并驰。"

王逸注说:"轪,锢也。一云:车辖也。"《解故》引《方言》卷九:"輨,南楚曰轪。"则"齐玉轪",言并毂而驰。又如:

《九歌·湘夫人》:"将以遗兮远者。"又《大司命》:"将以遗兮离居。"

王逸注:"远者,谓高贤隐士也。""离居,谓隐者也。"《文选》五臣注:"远者,神及君也。"《解故》引《方言》卷六:离,"楚谓之越,或谓之远"。则"离"犹"远","离居"亦

---

① 《徐复语言文字学丛稿》,江苏古籍出版社 1990 年版,第 340 页。

② 朱季海:《楚辞解故》,上海古籍出版社 1980 年版。

即“远者”。

《九歌·大司命》:“老冉冉兮既极。”《九章·惜诵》:“有志极而无旁。”“同极而异路兮。”又《哀郢》:“怊荒忽其焉极?”“眇不知其所蹠。”

《解故》:“极”皆当训“至”,《淮南子·说林》:“蹠越者或以舟,或以车,虽异路,所极一也。”高诱注:“蹠,至;极亦至,互文耳。”此“极”、“蹠”与《淮南子》同。《淮南子》语楚,当不误。王逸解“极”为“穷极”,解“蹠”为“践蹠”,非。又如:

《天问》:“天何所沓?”

《解故》:“沓”本字作“遝”。楚人二字音同。《尔雅·释言》:“逮,遝也。”郭璞注:“今荆楚人皆云‘遝’,音沓。”足证楚读。又如:

《大招》:“丽以佳只。”

王逸注:“佳,善也。又性婉顺,善心肠也。”《解故》:王多以“佳”训“善”,义不主于体貌,非。《方言》卷二:“娃,美也。吴楚衡淮之间曰娃。”《说文》:“或曰:吴楚之间谓好曰娃。”是楚人谓美好曰娃,本就体貌言。

二、以今证古

以今语证古语而求古义的方法早就为前代学者所习用。如《说文》中说:

湝,涫溢也。今河朔方言谓“沸溢”为“湝”。

嫸,有所恨也……今汝南人有所恨曰“嫸”。

郑玄注经也常引用方言作证。如《周礼·春官·司尊彝》“凡酒脩酌”,郑玄注:

“脩”读如“涤濯”之“涤”……今齐人命浩酒曰“涤”。

又如《仪礼·士虞礼》“祝命佐食堕祭”,郑玄注:

下祭曰堕……齐鲁之间谓祭为堕。

又如《礼记·乐记》“而卵生者不殈”,郑玄注:

殈,裂也。今齐人语有殈者。

又如《坊记》引《诗经》“采葑采菲”,郑玄注:

葑,蔓菁也。陈、宋之间谓之葑。

又如《诗经·小雅·瓠叶》“有兔斯首”,郑玄注:

斯,白也。今俗语“斯白”之字作“鲜”,齐鲁之间声近“斯”。

郑玄还用方言推证古籍中“音转字异”或“音转字误”的情况。如《礼记·中庸》"壹戎衣而有天下"下注：

"衣"读如"殷"，声之误也。齐人言"殷"声如"衣"。

《缁衣》"资冬祁寒"下注：

"资"当为"至"，齐鲁之语，声之误也。

因为郑玄是北海高密（今山东高密）人，所以他引用的方言多是"齐人语"或"齐鲁之间"语。

宋代沈括《梦溪笔谈·辩证》中说：

《庄子》云："程生马"，尝观《文字注》："秦人谓豹曰程。"余至延州，人至今谓虎豹为"程"，盖言"虫"也。方言如此，抑亦旧俗也。

《楚辞·招魂》尾句皆曰"些"。今夔峡、湖湘及南北江獠人，凡禁咒句尾皆称"些"，此乃楚人旧俗。

沈括说《庄子》中的"程"实际就是"虫"，反映了方言词中"音转字异"的情况。第二条是说有些古语仍存于活的语言中。

众所周知的王安石解释"剥枣"之"剥"也是一个用方言解释古语的典型例子，他解释《诗经·豳风·七月》"八月剥枣"时说："剥枣者，剥其皮而进之，养老故也。"他把这种解释写进了《三经新义》，并上呈给宋神宗。以后他偶然到山下散步，碰到一位老妇人，便向老妇人打听男主人到哪儿去了。老妇人告诉他："在后山树上剥（音"扑"）枣。"听了老妇人的话，他猛地想到："剥枣"正是"打枣"的意思，"剥"当是"攴"的借字。回来以后，立即写了奏章，修正了自己的意见。

清代以后，引用方言考证古义的方法得到更加广泛的使用。如段玉裁注《说文》、王念孙著《广雅疏证》等都十分重视考察方言俗语与古语词之间的渊源关系。程瑶田著《果臝转语记》也多用此法。如说：

山西人以米粉杂面入水和之，散碎成块（中杂以菜及油）蒸食之，谓之"谷垒"。吾徽谚语：切鱼肉成厚块，不藿叶切者，谓之"谷仑块"，余谓即"囫囵"也。

而章太炎著《新方言》，则差不多全用古今互证之法。如卷一：

《尔雅·释言》："孔，甚也。"东、幽音转（同入，故相转），故《释器》云："肉倍好谓之璧，好倍肉谓之瑗，肉好若一谓之环。"郭璞曰："好，孔。"是借"好"为"孔"也。"好"、"孔"声义皆通，今人谓"甚"曰"好"，如"甚大"曰"好大"，"甚快"曰"好快"，与古音"孔"正同。

又自注云:"古人名'嘉'字'子孔',是则'孔'训为'嘉',亦与'好'同。'好'、'孔'古盖一字,音变始分为两耳。"

由此我们看到,考察现今方言,可以在古代典籍里找到它在历史上的形态(形体、读音),而且反过来又可以为一些似乎"死"了的语言找到存"活"着的例证。

下面的例子是从杨树达《长沙方言考》、《长沙方言续考》[①]中选出来的(引用时冠以"杨文说"):

《汉书·楚元王传》"浮邱伯",《盐铁论》作"包丘子"。

杨文说:今长沙谓躁妄不定之人曰"浮动子","浮"尚如古音读。又物浮于水亦读如"袍",不作轻唇音。

《淮南子·览冥》:"鼛龟无腹。"高诱注:"鼛,空也。"

杨文说:今长沙言空无所有曰"鼛空"。

《后汉书·冯衍传》:"饥食毛食。"李贤等注:"《衍集》'毛'字作'无'。"

杨文说:今荆楚犹有此音。

《公羊传·桓公六年》:"曷为慢之?化我也。"何休注云:"齐人谓行过无礼谓之化。"

杨文说:今长沙斥人为无赖之行者曰"化",詈人为"化哥",或云"化生子"。

《说文》:"戾,曲也。"

杨文说:今长沙犹谓不正为戾,读如"列"之去声。

《说文》:"唐,大言也。"

杨文说:今长沙谓言语夸诞不实者为"扯唐"。

司马迁《报任安书》:"彼观其意,且欲得其当而报于汉。"

杨文说:"当"者,犹今言"机会"。长沙今云"当口"("当"字读去声),盖"当可"之讹也。

《汉书·西域传》:"以金银为钱,文为骑马,幕为人面。"如淳曰:"幕音漫。"

杨文说:今长沙谓钱背面曰"幕子","幕"音正如"漫"。

《汉书·贾谊传》"偏诸缘",服虔云:"'偏诸'如牙条。"

---

① 载杨树达《积微居小学金石论丛》(增订本),中华书局 1983 年版。

杨文说：今长沙犹云“牙条”。

《诗经·卫风·氓》：“将子无怒。”

杨文说：“将”即“请”也。今长沙东乡及浏阳皆读“请”如“抢”，即“将”字也。

《说文》：“萦，收卷也。”（“卷”字从段校）

杨文说：《诗经·周南》毛传：“萦，旋也。”今长沙谓收绳卷之为“萦”，读如“央”。

《说文》：“炕，干也。”

杨文说：《广雅·释诂》：“炕，曝也。”今长沙犹谓以火干物曰“炕”，去声。

徐复先生《方言溯源》[①]（以下简称《溯源》）一文中也有许多生动的例子。如：

《广雅·释诂》：“捭，击也。”

《溯源》：曹宪注音：“布蟹反。”《说文》训为“两手击”，北买切。今江苏武进人谓打人曰“捭”，读浊音并母，声转为“抷”。

《汉书·高帝纪》“卢绾”，颜师古注：“苏林曰：‘绾音以绳绾结物之绾。’师古曰：‘音乌板反。’”

《溯源》：苏林是三国时魏人，“绾结”之语当出汉末。今俗犹谓结绳为“绾结”。

龚自珍《金坛方言小记》：“揭壁上败楮曰亨。”

《溯源》：《说文》有“捇”字，训为“裂”，呼麦切。“裂”谓撕裂，音如“赫”，亦转如“亨”，谓以手撕物。江苏武进方言同。

陆继辂《合肥学舍札记》卷三：“瓮，吴下诋人语。此亦有本。王充《论衡·别通篇》：‘鼻不知香臭曰瓮，人不知是非为闭。’”

《溯源》：《广韵》去声一送：“鼻塞曰齆。乌贡切。”与“瓮”同音，当为鼻病之本字。盖以拥蔽生义，故亦用为诋人之语。

《汉书·王莽传上》：“诚见君面有瘢，美玉可以灭瘢。”颜师古注：“瘢，创痕也。”

《溯源》：今俗语谓疮痕为“疤”，即“瘢”字之声转。《说文》：“瘢，痍也，薄官切。”

《说文》：“籓，大箕也。”

《溯源》：今吴俗谓形圆浅边的大匾为“盘篮”，即《说文》此字，读重唇并母。

《说文》：“歙，歠也。”

---

① 载《徐复语言文字学丛稿》，江苏古籍出版社1990年版。

《溯源》:今谓水浆入口为"喝",即此字。江苏武进人声转读为"呵"。北方人或声转读为"哈"。

《广雅·释言》:"坋,垢也。"

《溯源》:郭璞注《山海经·西山经》"钱来之山多洗石"句以"垢坋"连文,明其同义。今四川巴县谓积垢作"坋坋",正是魏晋语言的遗留。

《元史·高智耀传》:"时淮蜀士遭俘虏者,皆没为奴。智耀奏言:以儒为驱,古无有也。"

《溯源》:蜀人谓佣工为驱儿,音转如"丘",正奴仆之称。又陶宗仪《辍耕录》:"今蒙古色目人之臧获,男曰奴,女曰婢,总曰驱口。"是"驱"为元人之共语。

《汉书·文帝纪》:"诏曰:为酒醪以靡谷者多。"

《溯源》:蜀人谓甜汁有滓之酒曰涝汁,当即此"醪"字。《说文》:"醪,汁滓酒也。"鲁刀切。

需要说明的是,"今"和"古"是相对的,因此,"以今证古"也是相对的。如《颜氏家训·勉学》篇就举过一个例子,说:

吾在益州,与数人同坐。初晴日晃,见地上小光,问左右此是何物。有一蜀竖就视,答云:"是豆逼耳。"相顾愕然,不知所谓,命取将来,乃小豆也。穷访蜀土,呼"粒"为"逼",时莫之解。吾云:"《三苍》、《说文》,此字'白'下为'匕',皆训'粒',《通俗文》音方力反。"众皆欢悟。

颜氏讲的故事,是说他听到一个方言(蜀方言)读音(音如"逼"),而通过它考察了这个方言的本字("皀")。现在我们根据颜氏的提示,同样也可以用于解诂、证古。如《史记·扁鹊仓公列传》:

躁者有馀病,即饮以消石一齐,出血。血如豆比五六枚。

解者不知"豆比"之义,竟断句为"血如豆,比五六枚"。徐复先生引上述《颜氏家训》故事后说:"豆皀"、"豆比"与"豆逼"音近。《说文》:"或说:'皀,一粒也。'"皮及切。则"豆比"即"豆皀"。[①] 前例,在颜之推而言,他是"以今证古";而就徐复先生而言,则是"以古证古"了。再扩大开来说,扬雄著《方言》,也是"以今证古",我们利用《方言》记载的材料去解释古籍,则又是"以古证古"。

① 见《徐复语言文字学丛稿》,江苏古籍出版社 1990 年版,第 341~342 页。

三、考证俗语

现在说的“俗语词”研究，一般都是指古白话里的俗语词。其实，早期古籍里俗语词也很多，只是中古以后，俗语词大量涌现在文学作品里，使得俗语词问题显得更加突出罢了。

研究古代俗语词的著作，最早有汉代服虔的《通俗文》（今佚，清人有辑本）。南朝齐梁间有沈约作《俗说》，刘霁作《释俗语》（二书已佚，已无从知其面目）。从宋代起，有龚颐正的《释常谈》，明代陈士元的《俚言解》、张存绅的《雅俗稽言》、陆嘘云的《世事通考》、周梦旸的《常谈考误》，清代有翟灏的《通俗编》、梁同书的《直语补正》、钱大昕的《恒言录》、钱大昭的《迩言》、陈鳣的《恒言广证》、顾张思的《土风录》、郝懿行的《证俗文》、郑志鸿的《常语寻源》、平步青的《释谚》、胡式钰的《语窦》等，都录有大量俗语词。近代则有徐嘉瑞的《金元戏曲方言考》、朱居易的《元剧俗语方言例释》、张相的《诗词曲语词汇释》等。此外，从宋代开始，又有王应麟的《困学纪闻》、王观国的《学林》、陶宗仪的《辍耕录》、杨慎的《丹铅总录》、胡应麟的《庄岳委谈》、郎瑛的《七修类稿》、徐渭的《南词叙录》、方以智的《通雅》、赵翼的《陔馀丛考》等书，也在部分章节里录有不少俗语词。

俗语词一般来自方言。方言中经常有些“有音无字”的词。旧时乡间有些懂文墨的人考一个人的学问，常常问：“请问吾乡某某语中的某某字该怎么写？”这常常使一些大学问家难堪。

所谓“有音无字”，其实并不是“无字”，而是一时未考得其源，或者已经不为一般学者所知晓。所以，如果一定要记录这些方言词（比如在一些夹杂方言的文学作品里），一般文人采取的办法就是“顺手牵羊”——随意用一个同音字去代替方言本字，而传抄者、流布者往往更图简单明了，干脆写成俗体的就更多了。因此，俗语词里这种“挂羊头、卖狗肉”的情况实在不少。如今语说“跑”为“颠”、“颠儿”，其本字当为“趟”；“唠叨”，其本字当为“嘐啁”；上海人说“打打头”（洗头）的“打”，其本字当为“汏”，等等。要识别这些字，了解它们的用法，沟通此形与彼形的关系，沟通书面语与口语的关系，往往要借助于方言研究。

这里我们举《敦煌变文》俗语考释为例说明。

《敦煌变文》里的俗语词很多，如谓“多”为“娄”，谓“张挂”为“定”，谓“气力尽”为“滩”，谓“被人诳骗”为“赚”，谓“树立”为“卓”，谓“骄傲自高”为“贡”，这些在字书、韵书里都能找到“本字”，而《变文》一般都用借字。

徐复先生和蒋礼鸿先生都为考释《敦煌变文》里的俗语词做出了杰出贡献①，学术界甚至还以此为题作了专门性的讨论。段熙仲先生《在〈敦煌变文词语研究〉讨论会上的发言》总结了这次讨论。现将其中精彩的一段话抄录如下：

> 俗语言的研究并不是一个新的课题，至少它不是完全陌生毫无基础的一门学问。早在公元前十年左右，扬雄已经用三十年的时光作《方言》的研究，意在沟通通行语言和地方语言之间的隔阂，俗语言研究在汉语史上已经开始了。……因此我同意徐复同志的主张，某些保留下来的古代俗语语言，乍看起来不可通解，但由于语言的特征，时间上可以绵延，地域上也可以流播，古今语是可以通解，方俗语也可以通解，只要能耐心地探讨他们的语源和他们的语转，在早些时是什么形态，之后有什么发展，持续到什么时代，在不同的地区里以哪些不同的形态出现，还是有可能通解，这条路是完全可能走得通的。语转这一语言现象，首先由扬雄发现并形成概念，郭璞继起加以发挥，成为语言研究的金钥匙。……徐复同志在这篇论文中，通解俗语言的主要途径是从声音着眼，确是一条可靠的道路。俗语言的记录最贯用通假字，而汉字的通假，从古以来就是声音的转化问题，历史上争执了上千年的今古文派别问题，说穿了也只是一个本子的不同问题，而本子之所以不同，无非是纪录的不同。……俗语言的纪录也是如此。我同意徐复同志的看法，不是在古雅的汉语书里就是通假字，大有研究价值，而在俗文学里就是别字而应该纠正。……
>
> 蒋礼鸿同志走的是《经传释词》的道路，比较某一语词在不同结合关系的例句里而归纳出它的意义，好处是联系看问题，但在例句不够广泛或一词有更多引申义时，还不易得出十分准确的注解。徐复同志似乎走着章太炎《新方言》的道路，从古今语转的复杂现象里，追根究底，找出较早的纪录形式或者说是正字吧，寻得语源。古辞书里某一久已不用的字，恰恰是今天俗

---

① 徐复先生有《敦煌变文词语研究》，载《中国语文》1961年第8期；《评〈敦煌变文字义通释〉（增订本）》，载《中国语文》1961年第10、11期合刊。蒋礼鸿先生有《敦煌变文字义通释》，中华书局1960年版。

语言中的这个字的正字，再进而从源到流找出它的语转。这个方法的优点是从发展看问题。高邮王氏和太炎先生在这方面的思想方法能不自觉地与辩证唯物主义和历史唯物主义思想方法无心暗合，因而比较得到不少正确的结论。①

下面再举些具体的例子。胡竹安《中古白话及其训诂研究》一文在谈到中古白话的训诂方法时就讲到“印证古今方言”这样一种方法②。他举了几个例子：

元剧《望江亭》三折：“衙内见爱媳妇，借与我拿去治三日鱼好那?”

《燕青搏鱼》二折：“那持鱼的盆子也拿来摔碎了!”

明冯梦龙《山歌》：“我是砻糠里驰得肚肠。”

文中“治”、“持”、“驰”就是如今许多方言里作“剖鱼腹、刮鱼鳞”解的词。又如：

元剧《窦娥冤》三折：“要一领净席，等我窦娥站立。”

又：“我不要半星热血红尘洒，都只在八尺旗枪素练悬。等他四下里皆瞧见，这就是咱苌弘化碧，望帝啼鹃。”

文中两个“等”字都是“让”的意思。今西南方言、上海和嘉兴方言还是如此。

诗词曲语里也有大量俗语词，金兆梓为张相《诗词曲语辞汇释》作跋说：

诗词曲中所用语辞所以如是其难求解，固非作者之有意以艰深生僻擅胜场也。反之，凡今所视为难求解者，皆当时人习用之口语也。于何征之?即征之于今语。盖此等语辞固迄今尚有存于各地人民大众之口中也。例如……“的”之为“得”，“么”之为“门”，“多喒”之训“大概”，“敢则是”(今音转如“敢情”)之训“大约是”，今京语犹习用之；“能”之训“如此”，“罪过”之训“多谢”，“谁家”之音转为“啥箇”，今吴语犹习用之；“憋”之训“赌”，音如“别”(如“别苗头”之“别”)，沪语习用之；“没”、“摩”、“末”之训“什么”，音如“马”，津语习用之；“刬”之训“只”，杭语习用之。今口语然，歌辞亦犹是也。京剧《法门寺》“叫衙役将人犯与爷带定”之“定”，“住”义也；《武家坡》“将身跪在地平川”之“川”，“原”义也。此固非惟斯二剧为然，亦一切京剧习见之用法也。凡此，骤视之固皆艰且僻，或竟以与雅诂旧义相违过远，易目为不辞，读是书

① 《徐复语言文字学丛稿》，江苏古籍出版社 1990 年版，第 236～241 页。

② 载《天津师范大学学报》(社会科学版)1983 年第 5 期。

> 则皆可知其为人人口中所能道……故此其语辞，似艰深而实非艰深，似生僻而实非生僻，推其所以艰深生僻之由，则由吾国从来述作者文必求古，义必求雅，遂至口与手分，目与耳分，明明通俗，明明习用，然而艰深矣，生僻矣，求之字典辞书而不可得矣。
>
> 至于诗词曲之所以用此等出于口语之语辞，则以其本为配合音乐之歌辞。……自须使听之者入于耳而即可了然于心。欲其入于耳而即可了然于心，则必其辞之能径道俗情。……顾正唯其为口语，向来即仅以口耳相传，绝少写成文字。即有写成文字者，亦往往只写其声而不复顾及其义，故即仅有写成文字之口语，亦悉凭写之者之方音写之，异地之人即不易通其解……同时异地之人且然，而况更益之以异时。盖同一辞，同一声，异代之人写之，即往往异其写。故同一“争”声也，唐人写作“争”，宋人则写成“怎”；同一“拚”声也，宋人写作“拚”，唐人则写成“判”。于是此等语辞既歧于异地，复乱于异时。盖以异地异时之故，辞之声音与涵义又往往有所更移，如“恶叉白赖”在吾乡今语中已音转为“恶积不刺”而涵义则为“恶作剧”，与“无赖”亦有间矣。故口语之写成文字，往往荆棘满目，即坐只能求之于声而不复能求之于义也……然则吾人居今日而欲尚读唐诗、宋词、金元杂剧，其不能求解于寻常之字典辞书，亦固其所。

此类例多，不遑暇举。

最后需要说明两点：

第一，俗语词中还有没有语音关系的一类。它们有的表现为古今词义的不同。如：

> 宋人传奇《谭意哥传》：“门户潇洒，庭宇清肃。”

解者或谓“潇洒”是“清静”、“干净”的意思，其实，这里的“潇洒”是“凄清”或“凄凉”的意思，与“洒脱”或“洒落”意义不同。有的则是属于“俗话说”，如：

> 《红楼梦》第十六回：“引风吹火，站干岸儿，推倒油瓶不扶。”

读者或以为“站干岸儿”是“占为地盘”，其实是比喻不担风险，遇事袖手旁观的意思，系北京土语。天津叫“站旱岸儿”，意思一样[①]。

---

① 参见隋文昭《〈小说词语汇释〉质疑》，载《天津师范大学学报》（社会科学版）1985年增刊。

第二，由于中华民族是个多民族的大家庭，汉语中也糅合了不少少数民族的语言成分。如《诗经》里有“猃狁”，《楚辞》里有“摄提贞”，《古乐府》里有“祁连”等，都是少数民族词语的音译。宋元时期这类词语就更多了。这些少数民族语言有蒙古语、女真语、契丹语等。要了解这些音译词的意义，只能靠查阅有关工具书。另外，由于中外的交往，有些还借用了一些外来的词语，如“麒麟”是阿拉伯语“长颈鹿”的音译，“佛”、“佛陀”是梵语“觉悟的人”的音译等，凡此之属，都不能误认为是方言词。

第五章　语源学

我国传统语言文字学里并没有“语源学”这一名称。但没有“名”并不等于没有“实”，倒是相反，“实”往往总是产生于“名”的前面。从世界语言学情况来看，语源研究虽然在公元前的许多年就有人着手了，但“语源学”这一名称的出现却是很晚以后的事。所以说，有没有某一事物的名称有时并不重要，重要的是要看其实际。我们就是抱着这个态度来考察传统语言文字学里的语源学的。

所谓“语源”，实际上就是“词源”，但不是“词语在文献里最早出处”的词源，而是指词语的音义来源。既然讲“来源”，就不是一个词语的问题，至少它要讨论到此词与彼词的关系，即涉及两个或两个以上的词；同时，由于语言的发展经过了漫长的历史过程，特别是还有相当一段没有文字记载的历史，要想通过有形的词语去探求无形的远古语源，当然是很难办到的。因此，我们这里说的“词语的音义来源”，一般并不是指语言之始的本源，而只能是指可以考求的一定历史时期里的源头。因而这样的“源”实际上通常也只是“流”。打个比方说，我们可以通过长相、性情或血型等科学鉴定的手段，在人群中考察和判断一个人的父母、兄弟姊妹乃至子孙，以此来联络一个有血缘关系的家族，而不一定非要考察他多少代以前的远祖，尤其不能设想连他成千上万年以前的始祖也一定要弄得清清楚楚。因此，语源学所要研究的，实际上主要还是同源词（又叫“同族词”）的问题，即研究一个或多个词语的历史的渊源关系，属历时语言学的范畴。它的任务是上推语源，下求流变，借此联系同源词，进而探求词语的孳生规律、建立科学的语源学理论等。传统语言文字学里的“声训”和“推原”等训诂方式大致可以看成是语源研究的性质。

第一节　语源学源流概述

汉语语源研究的开始，远在先秦时期就有了萌芽。而到了汉代，则出现了专为探求语源而作的专书《释名》，为汉语语源学导夫先路。不过，传统语言文字学里的语源学研究，是以“声训”的名目和形式出现的。什么是声训呢？声训是指就字（词）音来探求语源和贯通词义的训诂方法。又可以分为三种类型：

第一类是破读声训。破读声训反映的是同字异读、同字异体和同音通假等语言现象，在文字形式上表现为同字相训、古今字相训、本字与借字相训三种情况。“同字相训”反映了一个字的各声各义（声调别义），如《诗经序》：“风，风也。”古今字相训的，如《释名・释天》：“災，烖也。”本字与借字相训的，如《诗经・豳风・七月》毛传：“壶，瓠也。”

第二类是探源声训。即探求语源意义，实际上多属系源性质。如《释名・释衣服》：“绔，跨也。”是说“绔”之得名源于“跨”（其实，“跨”之得名当源于“胯”。“绔”和“胯”的关系可能更密切些，而“胯”又当另有来源）。

第三类是转语声训。它主要体现于“音转字异”这种同源词。如《说文》：“丛，聚也。”“逆，迎也。”《方言》卷二：“庸谓之倯，转语也。”《尔雅・释天》：“扶摇谓之猋。”“丛”与“聚”、“逆”与“迎”、“庸”与“倯”、“扶摇”与“猋”都是因音转而字异，大致反映了转语关系。

由上可以看出两点：第一，只要是声训，其被训释词与训释词之间一定有语音（古音）上的联系；第二，只要这个声训可以成立（结论正确），那么，这些被训释词与训释词就一定构成同源关系（破假借一项除外）。这就从研究内容（语源、同源词）和研究手段（借助于语音分析）上跟语源学差不多取得了完全的一致。它们都是以研究词汇的同源系统为主要目的的。

从我们掌握的材料看，在前代学者提出的大量声训资料里，虽然存在不少主观唯心主义的猜测和封建思想的说教，但相当多的部分还是向我们提供了研究语源和同源词的蛛丝马迹，另外还有大量相当准确的语源和同源词方面的研究成果。因此，我们完全可以说，我国古代的声训实际上早已经开语源研究的先河了，它作为传统语言文字学里的一个重要分支，也是祖国传统文化中的一部分，是我国学者对世界文化做出的重要贡献之一。

清人王先谦在《释名疏证补·序》中说：

流，求；珥，贰：例启于周公。乾，健；坤，顺：说畅于孔子。仁者，人也；谊者，宜也：偏旁依声以起训。刑者，侀也；侀者，成也：展转积声以求通。此声教之大凡也。侵寻乎汉世，间见于纬书。韩婴解《诗》，班固辑《论》，率用斯体，宏阐经术，许、郑、高、张之伦，弥广厥旨。逮刘成国之《释名》出，以声为书，遂为经说之归墟，实亦儒门之奥键已。

这段话是说声训的运用可以追溯到先秦时代，而到汉代则更广被运用，以致成为一种重要的训诂方法。

我们先举先秦典籍里的例子。

《论语·颜渊》："季康子问政于孔子。孔子对曰：'政者，正也。'"

《孟子·滕文公上》："庠者，养也；校者，教也；序者，射也。"

又，《滕文公下》："洚水者，洪水也。"

又，《尽心下》："仁也者，人也。"

《荀子·王制》："君者，善群也。""夫乐者，乐也。"

又，《大略》："友者，所以相有也。"

《礼记·中庸》："义者，宜也。"

《大戴礼记·诰志》："明，孟也；幽，幼也。"

如果说上述多数还不是典型训诂意义上的例子的话，那么，《周易》诸传中对卦名的解释就应该算是比较典型的了。如：

《说卦》："乾，健也；坤，顺也。""坎，陷也；离，丽也。""兑，说也。"

《序卦》："蒙者，蒙也。""嗑者，合也。""剥者，剥也。""颐者，养也。""坎者，陷也。""离者，丽也。""遁者，退也。""晋者，进也。""夬者，决也。""萃者，聚也。""兑者，说也。"

坦率地说，要想准确地解释这种语言现象还有待于我们不断深入研究后才能办到。但可以肯定，这些都绝不会是训诂学家纯主观的胡说，而是一定有其语言根据的。比较一下长沙马王堆出土的汉帛书《周易》中的卦名与今本《周易》的卦名，也许对我们认识这种语言现象会有所启发。现将两种本子的异文(相同者略去。卦序依帛书，与今本异)列表如下：

卦序	1	2	3	4	7	8	9	10	14	16	17	18	25	26	27	28	31
今本	乾	妇	遁	履	无妄	姤	艮	大畜	贲	蛊	坎	需	震	大壮	豫	小过	丰
帛书本	键	否	掾	礼	无孟	狗	根	泰畜	蘩	箇	赣	襦	辰	泰壮	余	少过	礼
卦序	33	35	36	40	41	42	43	44	48	49	51	53	55	57	58	61	
今本	坤	谦	临	升	兑	夬	萃	咸	大过	离	晋	睽	噬嗑	巽	小畜	中孚	
帛书本	川	嗛	林	登	夺	诀	卒	钦	泰过	罗	溍	乖	筮嗑	筭	少筭	中复	

六十四卦中有三十三卦文字形体不同，但差不多都是些同音字或语音非常接近的字，这就说明，前人“即音求义”是有其语言事实根据的。

这一点我们还可以从古人用字重音不重形这一事实加以说明。

甲骨卜辞里就有许多用同音代替字的。如人称代词“余”或作“鱼”，祭祀之“祀”或作“司”、“巳”，日夜之“夜”或作“亦”，前后之“後”或作“后”(君也)。

国名也可以写同音代替字。如今本《诗经》“燕”，金文作“匽”、“郾”；长沙马王堆三号汉墓出土的帛书《战国策》，“韩”作“乾”，“赵”作“勺”。

人名也可以用同音代替字。如鲁伯愈父之“愈”，有些铭文中作“俞”；甲骨卜辞中的“唐”，后代写作“汤”(成汤)。

月份也可以写同音代替字。如长沙楚墓在新中国成立前曾出土一张帛画，上书十二月份名称，与《尔雅》相一致，但字多有不同：

帛画本：取、女、秉、余、好、叡、仓、臧、玄、□、姑、荃。

《尔雅》：陬、如、寎、余、皋、且、相、壮、玄、阳、辜、涂。①

这些文字虽然形体不同，语音却都是相近的。

以上事实说明古人用字确有重音不重形这一风尚。既然如此，那么，训诂学里的“即音求义”原则上也就可以成立了。

汉魏时期的政治思想形势特别复杂，因而给传统语源学也投下了阴影。从表面看，似乎都在讲语源，而实际上却存在着本质不同的两种内容：一种从本质上来说是属于哲学范畴的、政治思想范畴的，另一种才是属于真正语源学意义上的。

---

① 郭沫若：《古代文字之辩证之发展》，载《考古学报》1972年1月号。

先说前一种。西汉统治阶级为了巩固和发展封建所有制,不断地加强中央集权。特别到汉武帝时期,又强化了思想文化领域里的统治。他们采纳了董仲舒"罢黜百家,独尊儒术"的建议,实行了儒法杂用、德刑并施的统治术,在思想领域里引"刑名"与"五德终始"说入儒,歪曲阴阳五行思想,借《春秋》有关天事、灾异的记载,穿凿附会,用"天人感应"的目的论给他们的社会政治主张提供神学依据,开谶纬神学之端绪。东汉以后,刘秀令尹敏等人校定图谶,颁布天下,谶纬神学一时泛滥。章帝白虎观会议以后,作为这次会议的结论性文件,《白虎通德论》又把武帝以来今文经学的唯心主义与神秘主义的哲学思想加以发挥,而成为封建统治阶级政治统治的思想基础,取得了特有的法定地位。其中影响最大的就是董仲舒"奉天而法古"的思想。"奉天"就是奉行天德,"法古"就是效法先王。为了说明这条路线是出于天籁、顺乎天意的,他们就用"声训"去解释自然、解释社会、解释先王经典。为什么要借助于"声训"?因为声训是研究语源的,是研究名实关系、词语音义关系的。在他们看来,这种方式最能解释"天意",因而也就最有说服力;同时,它又可以不受语言现实限制而随心所欲。显而易见,这些所谓"声训"其实是最不足为训的,是同语源学格格不入的。因为凭主观想象,撷取一音同或音近之字相训,则势必得出一语多源的结论。如《说文通训定声》"酉"字条下列声训五条,五训各异;"秋"字条下列七条,七训各异;"州"字条下列八条,八训各异(其中一条不属声训);"舍"字条下列十条,十训各异(其中有字异而音义相通的)。郭沫若曾引《说文》、《淮南子·天文》、《史记·律书》和《汉书·律历志》四本书中对干支的解释列表对比,说:"同是汉人之说,而歧出如是,其故盖同依转注(注:指声韵转注说)之法以附会己见,子丑同音字如有一百,即可有一百种异说成立,此固丝毫不足怪异也。"①

但另一方面,西汉毕竟是封建社会上升时期,又有武帝前后一段比较稳定的政治局面,所以传统语言文字学也和其他学科一样,曾经一度繁荣。特别是东汉中叶以后,贾逵、服虔、马融、许慎、郑玄等古文大师博采众说,遍注群经,古文经学一时兴盛,为传统"汉学"研究奠定了坚实的基础,在语源学研究领域也有重大成就。

这一时期语源学研究的成就主要表现在如下几方面:

① 郭沫若:《甲骨文字研究》,科学出版社1962年版,第218~219页。

第一，当时的训诂大家如郑玄等无一不在训诂实践中自觉不自觉地运用了探语源、求音义贯通的办法。

第二，传统语言文字学著作如《说文》中已有大量因声探源的例子(详见本书第一章《文字学》)。

第三，更出现了集中探求语源的专著《释名》(详见下节)。

唐代的语源学研究，除孔颖达、颜师古等有所阐发外，没有很大突破。宋代邢昺在《尔雅》研究中对语源学有所贡献。不过这里特别要提到对后代影响较大的《字说》和"右文说"。王安石作《字说》，恣意扩大形声字声符的作用，甚至曲解会意为形声，多为无稽之谈，如说"薇，微贱所食，故谓之薇"、"薑，能强御百邪"等。陆佃从学王安石，作《埤雅》和《尔雅新义》，不仅对《字说》多有称引，而且更有弘扬之势，如说"鲫又名鲋，以相即也谓之鲫，以相附也谓之鲋"等，全凭想象说源，为后人诟病。

王、陆等人唯心主义的说字之风引起了一些学者的不满，他们试图以较为审慎的态度去说解文字、探求语源，其中影响最大的是王圣美(子韶)，他创立的"右文说"理论就是对王、陆之学的矫正。据《宣和书谱·正书》载：

> 方王安石以字书行于天下，而子韶亦作《字解》二十卷，大抵与王安石之书相违背，故其《解》藏于家而不传。

《字解》久佚，唯沈括《梦溪笔谈》卷十四有一段记载：

> 王圣美治字学，演其义为右文。古之字书，皆从左文。凡字，其类在左，其义在右。如木类，其左皆从"木"。所谓"右文"者，如戋，小也。水之小者曰"浅"，金之小者曰"钱"，歹而小者曰"残"，贝之小者曰"贱"。如此之类，皆以"戋"为义也。

"右文说"的意思是讲形声字声中有义。其说在《说文》中已见端倪，后来晋代杨泉的《物理论》中更可以见到"右文说"的萌芽。《物理论》久佚，《丛书集成》(初编)辑本中有一条说："在金石曰坚，在草木曰紧，在人曰贤。"这就是说："坚"、"紧"、"贤"在意义上有相通之处(物质坚固曰"坚"、曰"紧"，德行坚定曰"贤")，它们语出一源。究其原因，是因为它们所从得声的声符字相同。可见王圣美的说法是有所本的。

王圣美之后，王观国有"字母说"，意思也差不多。张世南《游宦纪闻》卷九里也有类似的说法：

自《说文》以字画左旁为类，而《玉篇》从之，不知右旁亦多以类相从。如“戋”有浅小之义，故水之可涉者为“浅”，疾而有所不足者为“残”，货而不足贵重者为“贱”，木而轻薄者为“栈”。“青”字有精明之义，故日之无障蔽者为“晴”，水之无溷浊者为“清”，目之能明见者为“睛”，米之去粗皮者为“精”。凡此皆可类求。聊述两端，以见其凡。

宋末戴侗又有“六书推类说”，其义亦同“右文说”，所著《六书故·六书通释》中说：

六书推类而用之，其义最精。“昏”本为日之昏，心目之昏犹日之昏也，或加“心”与“目”焉。嫁娶者必以昏时，故因谓之昏，或加“女”焉。“熏”本为烟火之熏，日之将入，其色亦然，故谓之熏黄。《楚辞》犹作纁黄，或加“日”焉。帛色之赤黑者亦然，故谓之熏，或加“糸”与“衣”焉。饮酒者酒气酣而上行，亦谓之熏，或加“酉”焉。夫岂不欲人之易知也哉？然而反使学者昧于本义。故言婚者，不知其为用昏时；言日曛者，不知其为熏黄；言纁帛者，不知其为赤黑。

“右文说”有相当的道理。从理论上说，因声求义固然不能限于字形，但由于形声字的声符兼有标音作用，同一个声符又可以孳生出许多形声字，其中确有不少具有音义相承关系。因为汉语的这一特色，“因声求义”的这个“因声”，自然也就不能完全排斥字形。虽然语源和字源并不相同，但它们也绝不是毫无关系的。有人统计王力先生《同源字典》中的同源词，其中有一半是用同声符字相贯通的[①]，足见“右文说”有相当语言事实的根据。另外，在古音学尚未兴盛的时候，人们考察字的读音也往往要借助于形声字的声符（所以至今仍然有一句俗谚叫“秀才识字识半边”），这也是一个不得已的办法。

但是，“右文说”也有致命的弱点。黄侃先生说：

形声之字虽以取声为主，然所取之声必兼形义方为正派。盖同音之字甚多，若不就义择取之，则何所适从也。右文之说固有至理存焉，而或以字体不便、古字不足，造字者遂以假借之法施之形声矣。假借与形声之关系，盖所以济形声取声之不足者也。是故不通假借，不足以言形声。[②]

---

① 详见杨润陆《论右文说》，载《学术之声》（《北京师范大学学报》增刊）1990年第3辑。

② 黄焯：《文字声韵训诂笔记》，上海古籍出版社1983年版，第39页。

有鉴于此，黄先生提出："凡形声字之正例，声必兼有义"；"凡形声字无义可说，有可以假借说之者"，因为"古者造字时已有假借"。[①] 这才避免了强作解人，给右文说也作出了一个历史性的结论。

值得一提的是，戴侗除了"六书推类说"以外，还明确提出了"一声之转"的概念。他在《六书故》卷九里说：

> 吾、卬、我、台、予，人所以自谓也；尔、汝、而、若，所以谓人也。皆一声之转。

又在卷八里说：

> 但、第、地、特，声相通。

"一声之转"、"声相通"，显然也开清人"以声音通训诂"的先河了。这种见解在当时尤为难得。

明代方以智著《通雅》，也有揭示方言词与古词语音义关系的论述。如在《谚原》里说：

> 叔然作反切，本出于俚里常言。宋景文《笔记》之如"鲫溜"为"就"、"突栾"为"团"、"鲫令"为"精"、"窟笼"为"孔"，不可胜举，讹失日已远矣。然相沿各有其原，考之于古，颇有暗合。方音乃天地间自然而转者，上古之变为汉晋，汉晋之变为宋元，势也。

又在《疑始》序里说：

> 方言者，自然之气也，以音通古义之原也。

因为他认识到语音孳变这一语言现象，并"以音通古义之原"，所以能多所创获。

明承宋学，注重义理，一些理学家束书不观，游谈无根，传统语源学衰微不振，但明末有个黄生是应该写上一笔的。

黄生字扶孟，安徽歙县人。明朝诸生，著有《字诂》、《义府》。从这两部书里，我们可以清楚地看到他已深明转语之理了。如《义府》卷上说：畴、谁、孰"总一音之转"；"鞮鞻当音低娄，反语为兜离，转音为侏离"；"古今语转，谓堆为墩"；《左传》寺人勃鞮即披，"由语有缓急，非人有二名"；"懵懂即茗艼之转"，等等。

可贵的是，黄氏对这类现象还有简短的理论说明。如《字诂》里说：尔、汝、乃、若、而，皆语辞，"方土不同，各取其声之相近者"；婀娜、旖旎、猗傩、倚尔、伊泥

---

① 徐复：《蕲春黄先生讲授〈说文〉之记录》，载《制言》1935 年第 7 期。

等词语,"皆随声之转,各相其声势所协"。《义府》里说:"犹豫"犹"容与","字无本义,以声取之";"偻伛,俯身而前也,此背曲之病……《左传》:'臧会窃其宝龟偻句',此亦以其形名之";"山势凌迟曰坡陀,屋势凌迟曰庯庩,有转声而无异义也。屋庯庩则其形峭丽,故人之有风仪者曰庯峭",等等。

比较黄氏与以后王氏父子的做法,我们可以看到两者的渊源关系,甚至可以说,早在黄氏之时,"段王之学"已经揭其端绪了。

其次要说到戴震,他是清代声义相依理论的首倡者。他说:"故训音声,相为表里。"[①]"字学、故训、音声,未始相离。"[②]他还在《转语二十章·序》中更明确提出了"疑于义者以声求之,疑于声者以义正之"的研究方法。他的这些论说为清代学者"综声例以探音训之原,考音位以极声韵之变"[③]开辟了道路。王念孙是他的学生,其影响自不待言;而程瑶田《果蠃转语记》也屡次称引戴说,可知程氏亦"主戴氏之《转语》,以为张本"。并且,"乾嘉而后,群趣于声音、文字、训诂之沟合,而戴君《转语》,实为其不祧之祖"[④]。

戴氏之后,古音学逐渐发展,特别是钱大昕、章太炎、黄侃、曾运乾等人在考求上古声韵方面取得的重大进展,给语源学研究提供了古音学的根据,语源学研究因此取得了前无古人的成就,并且出现了一大批这方面的研究专家,其中最为突出的则有段玉裁、王念孙、程瑶田、章太炎等人。段玉裁、王念孙的有关语源学思想,可参见《文字学》、《雅学》部分,这里只简单介绍程瑶田和章太炎二人在语源学方面的成就。

程瑶田与王念孙是同时代人,他著有一篇关于转语的文字,题目叫《果蠃转语记》,与王念孙的《释大》堪称"姊妹篇"。程文以为"果蠃"之名,其初则一,后乃繁衍滋蔓。也就是说,作者认为"果蠃"等300多个词语都是出自一个语源。细考其文,虽然因具体佐证不足,其结论终难令人全部信服,但是他的研究也自有特点:他认为双声叠韵"不可为典要",而是"唯变所适";又以为"声随形命,字依声立。屡变其物而不易其名,屡易其文而弗离其声"。这些见解对研究语源都很

---

① [清]戴震:《六书音韵表·序》。

② [清]戴震:《与是仲明论学书》。

③ 曾广源:《戴东原转语释补》,海事编译局1929年版。

④ 殷孟伦:《子云乡人类稿》,齐鲁书社1985年版,第263～264页。

有价值。所以，王念孙为程文作《跋》，称赞它是“训诂家未尝有之书，亦不可无之书”[①]，足见该书在训诂学中的地位了。

近代语源学研究的鸿篇巨制当首推章太炎的《文始》，它的出现标志着语源学研究的新阶段。

《文始》成书于1910年。章氏在《自述学术次第》一文中曾谈到写作这部书的理论根据。他说：

> 古字至少而后代孳乳为九千，唐宋以来，字至二、三万矣。……字虽转繁，其语必有所根本。盖义相引伸者，由其近似之声转成一语，转造一字，此语言文字自然之则也，于是作《文始》，分部为编，则孳乳浸多之理自见。

根据这种思想，他从《说文》510个“初文”（独体字）和“准初文”（初文的变体）中，刺取437个作为“语根字”，由此统纪由同一语根派生出来的一族同源词。全书以声音为纲，把有阴阳入对转关系的诸韵部放在一起，分为九编，以“讨其类物，比其声韵”，“以明语源”。

《文始》所说的同源词包括变易、孳乳两大类别。他在《叙例》中说：

> 音义相雠，谓之变易；义自音衍，谓之孳乳。

黄侃先生在《与人论治小学书》中对此有解释。他说：

> 变易者，形异而声、义俱通；孳乳者，声通而形、义小变。试为取譬：变易，譬之一字重文；孳乳，譬之一声数字。今字或一字两体，则变易之例所行也；或一字数音、数义，则孳乳之例所行也。[②]

看起来，“变易”主要含转语变易和一字殊体两种情况，强调“意同而语异”；而“孳乳”则“语相因而义稍变”，强调意义上的变化。

“章炳麟一部《文始》，其成功的部分就是突破了字形的束缚，从音义联系的观点上得到了成功。”[③]它不仅“综合观察了训诂的汇通，也指出了训诂学发展的一个重要的历史方向，自是训诂学史的一部名著”[④]。故黄侃先生说：

> 若由声韵、训诂以求文字推演之迹，则自太炎师始……故自明以至今代，其研究小学所循途径，始则徒言声音，继以声音贯串训诂，继以声音、训

---

① 罗振玉辑印：《高邮王氏遗书》卷四。

② 《黄侃论学杂著》，上海古籍出版社1980年版，第164页。

③ 王力：《龙虫并雕斋文集》，中华书局1980年版，第323页。

④ 陆宗达：《训诂简论》，北京出版社1980年版，第115页。

诂以求文字推演之迹。由音而义，由义而形，始则分而析之，终则综而合之，于是小学发明已无余蕴，而其途径已广乎其为康庄矣。[①]

所谓“由声韵、训诂以求文字推演之迹，则自太炎师始”，当即就《文始》言之。

但也毋庸讳言，《文始》一书也有明显的不足和错误：第一，语源研究固然必须通过声韵和文字的桥梁，但是，同源词的派生是个非常复杂的语言现象，判断其同源关系必须有充分的证据，必须借助于各种手段和各种语言资料互相证发，而《文始》仅仅胶执于《说文》，又以为《说文》中的“初文”和“准初文”就是原始文字，又把字根和语根等同起来，这样去探求语源和同源词就必然不可能得出完全可靠的结论。第二，《文始》虽然在以韵部为纲的同时，实际上也已经兼及声类了，但在声、韵之间，它是重韵而轻声，又泥于《成均图》23 部，所以往往扞格不通。

黄侃早有了运用声义同条之理“解说造字之理”的想法。他在《声韵略说》一文中说：

声义同条之理，清儒多能明之，而未有应用以完全解说造字之理者。侃以愚陋，盖尝陈说于我本师。本师采焉以造《文始》，于是转注、假借之义大明；令诸夏之文，少则九千，多或数万，皆可绳穿条贯，得其统纪。[②]

虽然他的老师采纳了他的意见写了《文始》，但他自己实际上也在为这样的设想准备材料，这从他的未刊稿中可以见到。徐复先生在《〈黄侃声韵学未刊稿〉前言》中列举了未刊稿内容，它们依次为：《象形、指事、会意字声表》、《象形、指事、会意字古韵表》、《黄季刚先生手写声类表》、《黄季刚先生手写古韵表》、《声母分韵表》、《黄季刚先生著音学八种》、《五雅古韵表》、《尔雅声类表》、《小尔雅声类表》、《方言声类表》、《释名声类表》、《广雅声类表》凡 12 种，后附《读〈集韵〉证俗语》一种。徐先生说：此“皆先生留储为日后著述之资粮，光彩灿然，历久弥新”[③]。黄先生“日后著述”具体是什么，我们不能确知，但从他对《文始》中的一些结论并不十分满意以及他留储的“资粮”内容来看，我们可以这样猜测：他在计划着一个性质与《文始》相似而可补《文始》之不足、规模将更加浩大的工程。惜

① 黄焯：《文字声韵训诂笔记》，上海古籍出版社 1983 年版，第 4～5 页。

② 《黄侃论学杂著》，上海古籍出版社 1980 年版，第 94 页。

③ 《徐复语言文字学丛稿》，江苏古籍出版社 1990 年版，第 400 页。

其每以为“敦古之不遐，无遑自造”，因而“五十岁前不著书”，使我们终不能见到他的精构。这实在是学术界的一大憾事。

章氏之后，语源学研究方面成就卓著者还有沈兼士和杨树达。沈兼士的研究成果多集中在《右文说在训诂学上之沿革及其推阐》和《声训论》等论文里，[①]杨树达的研究成果则见于《积微居小学金石论丛》和《积微居小学述林》等。

第二节　《释名》

《释名》的作者是汉末的刘熙。刘熙字成国，北海（郡治在今山东潍坊西南）人。精通经学，但于史无传，事迹不详。

《释名·序》中说：

> 夫名之于实，各有义类，百姓日称而不知其所以之意，故撰天地、阴阳、四时、邦国、都鄙、车服、丧纪，下及民庶应用之器，论叙指归，谓之《释名》。

可见《释名》之作，是试图通过语音探求语源，说明事物命名的由来。

有人看到汉代常常有借“以声音通训诂”之名进行封建说教的假语源学，就把《释名》也同它们“一锅煮”了，我们认为是不公正的。

的确，两汉时期的声训，特别是一些政治、哲学方面的论著如《白虎通》、《春秋繁露》以及各类纬书中的声训，它们训释的对象往往是些带政治色彩、神秘色彩和与封建礼教有关的词语，它们的目的不过是在“声训”的幌子下随心所欲地兜售他们的政治主张。例如《春秋繁露·深察名号》中说：

> 名号异声而同本，皆鸣号而达天意者也……名则圣人所发天意，不可不深观也。……事各顺于名，名各顺于天。

这就是说，世界万事万物之名，不是由于社会的约定俗成，而是受之于天。董仲舒“奉天法古”的哲学，不仅有“天人感应”的神学根据，就连文字训诂之学也给蒙上了一层神秘主义的色彩。这样，一切封建统治秩序都可以归入奉天顺命的轨道而成为神圣不可动摇的天经地义了。

然而，“奉天”实际上是“奉天子”、“顺王命”，因为天与人之间是有血缘关系

① 二文载《沈兼士学术论文集》，中华书局1986年版。

的："天人之际，合而为一。""惟天子受命于天，天下受命于天子，一国则受命于君。"[1]可见，"发天意"、"达天意"还得靠人，靠"圣人"，靠天子，靠君王。因此，"语源"的解释可以随心所欲。

再以对"天"的解释为例，什么是"天"呢？贺述《礼统》上说：

> 天之为言镇也，神也，陈也，珍也。施生为本、运转精神、功效列陈，其道可珍重也。

《春秋说题辞》上则说：

> 天之为言镇也。居高理下，为人经纬，故其字从一大以镇之。

不仅证之以声，而且还证之以形，可见这种解释是何等合乎"天意"了。

可惜，这些说教同文字训诂学、同语源学中的声训完全是两码事。

现在要问，《释名》也是这样的吗？先看《释名·释天》对"天"的解释：

> 天，豫、司、兖、冀以舌腹言之：天，显也，在上高显也；青、徐以舌头言之：天，坦也，坦然高而远也；春曰苍天，阳气始发色苍苍也；夏曰昊天，其气布散颢颢也；秋曰旻天，旻，闵也，物就枯落可闵伤也；冬曰上天，其气上腾与地绝也。故《月令》曰："天气上腾，地气下降。"《易》谓之乾，乾，健也，健行不息也；又谓之玄，玄，悬也，如悬物在上也。

"天"的语源意义怕是很难有确诂了，《释名》的训释大致也是"想当然"耳，但同上引纬书中的训释比较，其性质是截然不同的：纬书的解释夹以伦理观念，而《释名》则纯然是以自然特色和发音特征为依据的。

与为"辨风正俗"的《风俗通》比较，两者的训释也有很大不同。如：

> 《释名·释水》："江，公也，小水流入其中公共也。"
>
> 《风俗通》："江，贡也，珍物可贡献也。"
>
> 《释名·释州国》："县，悬也，悬系于郡也。"
>
> 《风俗通》："县，玄也，言当玄静平徭役。"

可见，《释名》的训释或许离语源还相差很远，但同封建说教完全不同，它显然是就事物的自然性质、特点、作用等去探求语源的。所以，无论《释名》中有多少牵强附会的地方，我们也得承认，《释名》的确是一部语源学著作，而且是我国第一部语源学著作。

---

① ［汉］董仲舒：《春秋繁露·天地》。

《释名》共 8 卷,27 篇,约 1500 条。其被解释词与解释词之间一般都有语音关系,这就是所谓"因声探源"了。据易云秋先生《释名新疏·序》(油印稿)统计,训字与被训字有声韵关系的有 1275 条,其中同音者 292 条,四声相承者 215 条,洪细相转者 58 条,双声者 250 条,叠韵者 56 条,同位(发音部位相同)者 293 条,位同(发音方法相同)者 111 条。他还详细剖析了《释名》的训诂条例凡八条:

①音义递训例。如《释宫室》:"庑,幠也;幠,覆也。"

②方言转变例。如《释水》:"兖州人谓泽曰掌。"

③同文相训例。如《释宫室》:"阙,阙也。"此音同而词义别例。《释典要》:"传,传也。"此四声相承而词义别例。

④形义譬况例。如《释床帐》:"幄,屋也,形如屋也。"

⑤重言释一言例。如《释床帐》:"幕,幕络也。"

⑥先训音后缀形容例。如《释天》:"光,晃也,晃晃然也。"

⑦一字数训例。如《释天》:"雨,羽也,亦曰辅也。"

⑧数字同训例。如《释形体》之"口"、《释言语》之"凶"、《释乐器》之"钟"、《释车》之"釭",四者同训为"空也"。

凡此八条,足见《释名》训释条例。

我们这里着重以实例说明它的语源学价值。

我们认为,《释名》因声探源的方法对后代影响很大,其中又以下列数种最为突出:

(1)因形象命名,形似称同(指古音近于同,下仿此),语出一源。如《释床帐》:

幄,屋也,以帛衣板施之,形如屋也。

按:《周礼·天官·幕人》:"掌帷、幕、幄、帟、绶之事。"郑玄注:"四合象宫室曰幄,王所居之帷也。"义同《释名》。又如《释天》:

珥,气在日两旁之名也。珥,耳也,言似人耳之在两旁也。

按:《汉书·天文志》:"抱珥虹蜺。"颜注引如淳云:"凡气在日上为冠、为戴,在旁直对为珥。"义与《释名》亦合。

《释名》中此类例子甚多,如《释形体》:"足后曰跟,在下方著地,一体任之,象本根也。"《释宫室》:"楣,眉也,近前各两,若面之有眉也。"《释水》:"湄,眉也,临水如眉临目也。"等等。

(2)因特点命名，形、体同称，语出一源。如《释首饰》：

梳，言其齿疏也。数者曰比。比之与梳，其齿差数也。比，言细相比也。

《急就篇》："镜籢疏比各异工。""疏"即今之"梳"字，"比"即今之"篦"字。颜注："栉之大而粗所以理鬓者谓之疏，言其齿稀疏也。"《史记·匈奴列传》"比余一"，司马贞《索隐》引《苍颉篇》云："靡者为比，粗者为梳。"粗疏之栉谓之梳，犹粗丝之帛谓之疏，菜食谓之蔬，不精谓之粗。引申之，其体用亦得同称，如云"疏通"、"梳头"、"爬梳"等。

比者，《说文》："密也。"知"比"(后起字作"篦")因密得名。又如《释宫室》：

房，旁也，室之两旁也。

《说文》："房，室在旁也。从户，方声。"杨树达《积微居小学金石论丛·释放》：《说文》"旁"从方声，"实假方为旁耳。盖古方、旁音同，故二字多通用"。则"房"之从方声，亦犹从旁声。《说文》段注："凡堂之内，中为正室，左右为旁，所谓东房西房也。"知房、旁同源，房因其在旁得名。室之在旁者为房，犹人体旁之肢为膀，人相依为傍，所以辅弓弩为榜，两舟相并为方。

《释名》中此类例子也很多。如《释水》："涧，间也"，"浍，会也"。《释亲属》："娣，弟也"。《释饮食》："饼，并也"，"脍，会也"。《释首饰》："帽，冒也"。《释乐器》："簧，横也"。《释书契》："莂，别也"。《释车》："辋，罔也"，"輮，柔曲也"。《释疾病》："痈，壅也"，等等。

(3)因作用命名，体、用同称，语出一源。如《释用器》：

锸，插也，插地起土也。

"锸"即今之锹类农具，因其插地起土而名。或谓之"铧"，《淮南子·齐俗》："修胫者使之跖铧。"高诱注："长胫者以蹋插。"铧，即俗所谓铧锹。铧之言华，《礼记·曲礼上》："为国君者华之。"郑玄注："华，中裂之。"钱绎《方言笺疏》："中裂谓之华，故以锸入地使土中裂即谓之铧矣。"又如《释衣服》：

韠，蔽也，所以蔽前也。

《说文》："韠，韨也，所以蔽前。"《说文通训定声》："上古之世衣兽皮，先知蔽前，继知蔽后。后王易以韦布，而存其蔽前者以象之，不忘本也。"故郑玄注《礼记·玉藻》云："韠之言蔽也。"毕，田网也。《礼记·月令》："田网毕翳。"《尔雅·释丘》："毕，堂墙。"李巡注："厓似堂墙曰毕。"《说文》："筚，藩落也。"则为今之篱笆。诸词都取遮蔽之义，故知韠之得名亦犹是。

《释名》中此类例子还有,如《释宫室》:“壁,辟也”(避御风寒)。《释车》:“靷,所以引车也”,“锏,间也”,等等。

(4)字异音近,义有关联,语出一源。如《释姿容》:

载,戴也,戴在其上也。

同篇又云:“戴,载也,载之于头也。”此互训之例。《说文》“戴”字条下段玉裁注:“言其上曰戴,言其下曰载。”古者“戴”、“载”通用。《尔雅·释山》:“石戴山谓之崔嵬。”“戴”,本或作“载”。《左传·隐公十年》:“蔡人从之伐戴。”《穀梁传》“戴”作“载”。《礼记·郊特牲》“载冕璪”,《释文》:载,“本作戴”。《诗经·周颂·丝衣》“载弁俅俅”,郑玄笺:“载犹戴也。”然则上覆下、下承上于古同称,犹上覆下、下触上均谓之冒,后乃别为二字(如“帽”之与“冒”)。又如《释言语》:

威,畏也,可畏惧也。

《尚书·皋陶谟》“天明畏自我民明威”,陆德明《释文》:“畏,马本作威。”《周礼·地官·乡大夫》注引“畏”作“威”。《尚书·洪范》“威用六极”,《史记·宋微子世家》、《汉书·谷永传》均作“畏用六极”。铜器铭文“畏天畏”,后“畏”字当即“威”。贾谊《新书·容经》:“有威可畏谓之威。”皆“威”、“畏”音义相通之证。

此类与以上三类略有不同:它们不属于具体事物的命名,故分别于此。《释名》中此类例子还有不少,如《释言语》:“德,得也”,“颂,容也”,“顺,循也”,“曲,局也”,“饰,拭也”,“克,刻也”,等等。以上表现为非同声符字相训。其以同声符字相训者,如《释天》:“祲,侵也。”《释姿容》:“挟,夹也”,“践,残也”。《释言语》:“悌,弟也”,“敬,警也”,“慢,漫也”,“委,萎也”,“消,削也”,“污,洿也”,“盟,明也”,等等。

分析《释名》训释词与被训释词之间的关系,主要有如下几种情况:

(1)同形字相训。如《释宫室》:

观,观也,于上可观望也。

此类反映了汉语里所特有的声调别义的现象。声调别义是汉语构词法之一,由来已久。现代汉语里仍有许多这类例子,如“把”、“担”分别有上、去和阴平、去两读,词性、词义各异。徐锴注《说文》:“为二台于门外,作楼观于上,上员下方,以其阙然为道谓之阙,以其上可远观谓之观,以其悬法谓之象魏。”

(2)同声符字相训。如上述以“疏”释“梳”等。

(3)非声符字相训。如《释书契》:

契，刻也，刻识其数也。

“契”下本从“木”，后经典多作“契”。《尔雅·释诂》：“契，断也。”郭璞注：“今江东呼刻断为契断。”是“契”即“刻”。《吕氏春秋·察今》“遽契其舟”，高诱注：“疾刻舟识之。”“契”即“刻”，故刻物之器亦曰契，《周礼·春官·菙氏》郑玄注：“契，谓契龟之凿也。”刻成之物亦曰契，《列子·说符》：“宋人有游于道得人之遗契者，归藏之。”所刻文字亦曰契，《周礼·夏官·大司马》：“群吏撰车徒，读书契，辨号名之用。”并为契、刻同源之证。

以上可以看出，《释名》对语源研究是很有启发意义的。许多语源关系的揭示，使我们至今仍然不得不叹服作者的智慧。这是前代学者对中国语言文字学做出的杰出贡献。

作为一定历史时期的产物，《释名》中也有许多唯心主义的封建说教，牵强附会的探源更是很多。比如因为一个词语在不同历史时期、不同地域有不同的读音，就认为有几个不同语源（如训“天”为“显”，又为“坦”等），这种做法显然是不科学的；将联绵词分训（如训“辟历”为“所历皆破析”，训“望羊”为“阳气在上，举头高似若望之然”，训草履之“不借”为“自蓄之不假借人”等），尤为荒诞可笑。

《释名》一书，前人评说是非功罪，纷扰不一。有人必以为是，有人必以为非，有人抽象肯定而又具体否定，其偏激之处主要是由于缺乏缜密翔实的分析。《礼记·曲礼上》说：“爱而知其恶，憎而知其善。”《荀子·正名》篇说：“度之以远事，验之以近物，参之以平心。”倘能如此，则庶几近焉。

第三节　语源学原理

说语源学原理，实际上就是说通过语音探求语源或同源词系统的可能性。

1982年江苏科学技术出版社出版了一本书，叫《英语四千单词百日通》（蓝之中、王耀庭编著）。可以在100天内掌握4000个单词，凭什么？原来是借助于词源学。

编著者的方法是：首先列出拉丁词词干，再从英语里找到它们各自的家族成员——同源词。一个拉丁语动词词干，加上各种词头和词尾，可以派生出几十甚至近百个英语同源词，这样就可以使初学英语的人像串糖葫芦一样，一下子记住了几十个单词，这就是词源学的意义。正如编著者在该书《配画前言》中所说：

这一研究，实际是把词源学这一深邃的课题，从词源学家的书斋里解放出来，变为广大英语学习者的得心应手的工具。

前面说过，词源学是西方语言学中的一个重要门类，它以研究词语来源、历史以及词语的形式与意义的变化等为主要内容。

那么，汉语里有没有同源词？当然有。因为世界上绝无无本之木、无源之水，任何事物都不会是从天而降的飞来之物，词汇也是这样。随着社会的发展和人类思维能力的增强，它必然要经过一个由少到多、由简单到复杂、不断踵事增华、不断孳生繁衍的过程。这种繁衍首先应该表现为同源繁衍，从而形成同源词系统，无数组同源词汇成整个浩大汗漫的词汇海洋。所以我们说，任何语言里都会有同源词存在。汉语也绝不会例外。只是因为汉语一般被认为是非屈折语，少形态变化，在探求语源、判断同源关系时比起屈折语来要麻烦、困难些罢了。承乾嘉之前、启现代语言学之后的学者如章太炎、黄侃就多次提到：凡语言非一人所能造，必有其根，认为语言孳变的规律是“由少而多，由简而繁，由混涵而分明”，但“多定包含于少之中”，其单独之本即是本字，其共同之本就是语根[①]。章太炎所谓“盖义相引申者，由近似之声转成一语、转造一字，此语言文字自然之则也”[②]，更明确概括了同源词孳生的基本情形。因此，他们都明确主张将“求语根”纳入训诂学，甚至独立，成为训诂学或整个语言文字学的一个重要研究内容和研究方法。我们经过详细考察后认为，语源学是建立在语言文字自身发展变化规律基础上的。

下面分别从文字的发展变化规律，从古汉语词语音义关系上的相对严整性，从人类心理活动对词义引申和词语派生的影响三方面说明语源学和同源词研究的基本依据。

一、语言文字发展变化规律

随着社会的进步，语言不断丰富。为了适应记录语言的需要，文字也要不断发展变化。

文字发展变化的形式是多样的，汉字更有其独特的变化形式，这里我们着重

① 黄侃语，转引自黄焯《文字声韵训诂笔记》，上海古籍出版社 1983 年版，第 60 页。

② 章太炎：《自述学术次第》，载 1936 年 9 月《制言》第 25 期“太炎先生纪念专号”。

说明如下几种：

第一，由于表现对象不同，因而产生了增形字、换声字和其他新造字。

一个汉字在古代常常可以兼指多种相类事物或相关意义，以后由于表现对象的不断增多，为了区别起见，就加上了各种形符，这就产生了增形字。如“支”字，当即“枝”之初文，以后用它去表示其他类似（某一方面的类似）事物时，就加上了相应的形符：于人为肢，于足为跂（多指），于器为鼓（三足镀），于鸟为翅（支出），于山为岐（《说文通训定声》：“山有两枝，故名”），于水为汥（水之所聚），等等，凡此诸字皆有歧出之义。再如“句”字，本象物曲之形，后由此繁衍：于人为痀（曲脊），于竹为笱（曲竹捕鱼具），于金为钩（曲钩）、为刨（曲形镰），于羽为翑（羽曲），于车为軥（轭下曲），于肉为朐（脯脡之曲者），于木为枸（树木圈屈），等等，凡此诸字皆有曲义。

以上只是此类中的特殊情形，它表现为同声符字的增形。事实上，文字的变化要比这复杂得多，换声字和新造字的情况是很普遍的，只是我们不易觉察罢了。比如：编竹为册，编木为栅、为栈；传宣为胪，传遽为驿，传舍为庐、为旅；骟牛为犗，骟羊为羯；人之特立者为杰，木之特立者为榻，石之特立者为碣；于烧器为窑，于被烧器为匋；看曰视，使看曰示（亦作视）；猎物，于动作为狩、为擒，于猎取对象为兽、为禽，等等。

第二，由于古今方俗语转音变，因而造成了增声字、换声字和其他新造字。

因为古今方俗词语的差异，在许多时候只是表现了语音上的差异，因而作为记录语言的文字在形体上的变化，在许多时候也只不过表现为随着语音变化（有时也兼有语义上的细微变化）而产生的一种变化，于是文字上的增声字、换声字和其他新造字也就产生了，这就是所谓的“音转字异”。

比如“火”与“焜、燬、煤”，《诗经·周南·汝坟》“王室如燬”，毛传：“燬，火也。”字或作“焜”。《尔雅·释言》：“燬，火也。”郭璞注：“燬，齐人语。”邢昺疏引李巡云：“燬，一名火。”又引孙炎注云：“方言有轻重，故谓火为燬也。”《方言》卷十：“煤，火也，楚转语也，犹齐言煤，火也。”可见，“火”、“燬”、“焜”、“煤”四字音近义同，都是各本异时、异地的语音而造的字，因而也可以看作一个字的或体字。他如“馕”之与“饷”、“妹”之与“娟”、“埂”之与“坑”等，都属此类情形。

由于我国幅员辽阔，历史悠久，方言复杂，体现在古今方俗语转音变方面的情况也就显得更加复杂。比如“逆”字，《说文》：“迎也……关东曰逆，关西曰迎。”

《左传·襄公二十六年》“逆于门者”,《说文》引“逆”作“迎”;《昭公十三年》“归楚而不逆”,《史记·楚世家》“不逆”作“不迎”。迎者,迓也,字或作“御”。《史记·天官书》“迎角而战”,徐广曰:“‘迎’一作‘御’。”可见,“迓、御、迎、逆”四字音近义通。从今音来看,我们很难发现诸字的语音联系,但从古音来看,它们都是双声,又阴阳入对转,古音是非常接近的。他如“凝”和“冰”、“鹅”与“雁”、“过”与“愆”、“锫”与“馆”、“何”与“揭”、“晦”与“昏”、“曰”与“云”、“踬”与“蹎”等等,情况大体与上相似。

还有一些由于时空的原因而音转更远的例子。如“喜”之与“欣”,“在”之与“存”,“荄”之与“根”,“监”之与“镜”,“螯”之与“蜂”,“党”之与“懂”[①],等等,这些都是几乎没有区别意义作用的例子。有些则表现为同时兼有区别语义的作用,如《说文》:“直言曰言,论难曰语。”

上述情况初看起来使人难以理解,这是由于我们常常囿于一时一地所闻的缘故。倘若我们能综观古今音变,通谙方俗殊语,自然也就不会有什么惊诧了。试以口语为例,“摆弄”或称“拨弄”,“拨拉”或称“巴拉”,“疙瘩”或称“克拉”、“块辣”,“抹一抹”或称“漫一漫”,“馒头”或称“馍馍”,“满好”或称“蛮好”,“堆”或称“屯”、或称“墩”,“杨家庄”或称“杨各庄”,“沐猴”或称“马猴”、“母猴”、“猕猴”。这种情形在联绵词上体现得更加明显,如“逍遥”与“须臾”、“相羊”,“徘徊”与“盘桓”、“彷徨”,等等。凡此种种,都说明语转现象是语言中的普遍现象。用于训诂称为“一声之转”,这是训诂学家深入研究语言的重大发现。

第三,由于语转音变,有些原先读音不同的词语变得相同了,人们有时为了节制文字,就借旧有的文字形式表示新义,这样的一组字在表现新义上的作用是相等的。其所以如此,就是因为它们各自体现了某一词语在某一时间、空间里的语音形式。如第一人称代词“吾、我、姎、卬”双声(此均依古音,下同),“台、予、朕、余、阳”双声;第二人称代词“尔、汝、而、若、你”双声;疑问代词“谁、孰、畴”双声。语气词如“暇、遐、胡、侯、何、盍、阖、害、曷、奚、乎、遑”用法相似,“焉、安、乌、鸣、於、恶”用法相似,“第、但、徒、特、直”用法相似,“勿、毋、无、微、亡、罔、靡、蔑、曼、末、没”用法相似。如此等等,都是因为古音声母相近的缘故。

---

① [汉]扬雄《方言》卷一:“党、晓、哲,知也。”

清人袁守定说："时代不同，各就其口之所近，故助词愈多，日就流易。"[①]明白了这一点而即音求训，可以执简驭繁，知一隅而反三。

第四，还有一些是属于这种情况：文字形式不同，从今音来看，也看不出它们之间在语音上的联系，但意义却是相同的；推究其古音，也是相通的。它们是语音演变的历史产物，是不同时代不同语音形式的不同文字记录形式，表现为音义来源上的同一性。

比如，我们称生自己者为"爸"、"妈"，古人的读音当与今音相近，但字写作"父"、"母"。后来，由于书面语的"父"、"母"的音发生了变化，如读作中古音的扶雨切、莫厚切，而和口语游离了，这时，人们就根据口语另造了两个形声字"爸"、"妈"，这就使汉语中出现了一些今字古读（如"爸"、"妈"）和古字今读（如"父"、"母"）的有趣现象。其他如"噫"即今之"唉"，"呜呼、猗兮"即今之"啊哈"等等，这是由于情感词语出于自然、不易变化而多存古音的缘故。

一些文白异称的词语也有类似的情形，不过所谓"古读"已远远失真了，如"微"与"没"、"否"与"不"、"陟"与"登"、"负"与"婆"（老妇）、"孵"与"抱"、"娓"与"美"、"封"与"邦"、"尔"与"你"、"首"与"头"、"住"与"逗"（留也）、"俾"与"派"（使也），等等。

由上可以看出，随着语言的发展变化，文字也要随着发展变化。作为表意体系的方块汉字，它发展变化的一个重要特征就是：或随音转，或因义移。其随音转者，字异而义同；其因义移者，也常常音义并相近。这就是黄侃先生说的"变易者，意同而语异"，"孳乳者，语相因而义稍变"[②]。

以上情形，大致都体现了同源词的派生。

二、古汉语词语音义上的相对严整性

语音和语义的关系一般可以概括为任意性、依赖性和不平行性。

音义关系的任意性，是说用什么样的语音形式去表现什么样的意义，这不取决于声音的物理特点而取决于社会习惯，它是由使用某种语言的人们在长期的共同社会实践中产生的。我国古代思想家荀子在《荀子·正名》中说的"名无固

① [清]袁守定：《占毕丛谈》。

② 《黄侃论学杂著》，上海古籍出版社1980年版，第362页。

宜，约之以命，约定俗成谓之宜”就是这个意思。这是普通语言学的一条重要原理。这里的道理是好理解的：假如音义结合有某种必然性的话，那么，世界上就不会像现在这样有上千种语言，同一种语言中也不会有许多同音词和同义词了。

音义关系的依赖性，是说语音和语义是不可分割的。对于任何一种具体语言，其语言成分都是音义的结合物。作为语言要素之一的语义，“尽管它不属于语音的任何部分，它却必须和语音结合起来，并且受到语音的制约”①。语音是语言的物质外壳，语义是语言传递的信息内容。语音离开了语义，即不成其为语音；语义离开了语音，语义则无所寄托。因此，“词的语音和意义必须作为一个整体来掌握”②。在任何语言里，用某种语音形式来表达某种语义一旦经社会约定俗成之后，音义之间的联系就相对固定了。

音义关系的不平行性，是说语言在发展过程中，语音系统和语义系统都要遵循各自的规律发展变化，虽然它们之间也要互相影响、互相制约，但它们的发展不能是彼此平行的。因此，在具体语言里，一种语音形式能体现的语义内容往往不是单一的，而是可以同时表示数种意义，这种情况下产生的是同音词。同样，一种意义所寄托的语音形式也往往不是单一的，而是可以同时由数种不同的语音形式来表达，这种情况下产生的是同义词。没有语义联系的同音词和没有语音联系的同义词，是任何语言里都有的。这些情况就造成了语音和语义之间极其复杂的关系。

这里我们要着重说明的是，汉语有其区别于任何屈折语的特殊情形：它少形态变化，特别是在古汉语里，单音词占绝对优势。一般说来，一个字就是一个词，一个音节，而产生新的音节往往是困难的。为了表达日益丰富的语言，先民们不得不借用表达某一概念的语音形式，或是利用固有音节内部屈折变换形式，来表达与旧有概念相近、相类或相关的其他概念，这种情形就造成了词语音义上的相对严整性。

所谓音义关系上的相对严整性，是说由于社会发展，语言不断踵事增华，词汇不断丰富，新产生的词语和相关的旧词在音义上有时存在着相对规则的对应关系，即相同意义的词语中有一些常常具有某种语音上的关联（如双声、叠韵），

① 高名凯：《语言论》，科学出版社1963年版，第197页。

② ［前苏联］斯米尔尼茨基：《词义》，载《语言学译丛》1958年创刊号。

一些具有相同或相近的语音形式(文字形体不同)的词群中也往往能够抽绎出某种共同的义类,或者能够找出它们意义之间的某种关联。这种情况下产生的多为同源词。

前面说过,词语的音义关系有其任意性,但任意性一般只指语言之初,当音义结合一旦经社会约定俗成之后,它们之间就建立了较固定的联系。这种联系不仅使人们因此可以借声达义,而且会反过来影响语言,使新的音义结合带有某种相对必然性,使新生的词语常常带上旧词音义的印记,造成语言中由同一语根派生出来的一族词语之间的音近义通现象,它反映了古汉语词汇发展的一条规律。

这首先可以从语言交际作用方面说明。

大家知道,语言的交际作用是通过语音的媒介实现的。特别是人类在没有文字的漫长岁月里,或者虽然有了文字,而在没有掌握文字的人群中间,一般说来,口呼某音,即指某物某义,人们因此得以实现社会交际。所以,斯米尔尼茨基曾提醒人们"特别注意一个问题",就是:"词义依靠它同现实的语音及其在意识中的反映的联系,给后两者之间建立起第二联系,使词的语音形象的作用比别的现象在意识中的反映通常所起的作用大。"①

由于这个原因,就势必造成语言中的趋异和从同这两种对立统一的现象。"趋异"是为了求区别,求明确,就是要求新词的语音形式必须和那些旧有词语的语音形式相区别。因为如果许多个概念都用同一个语音形式来表达,就必然会造成误会,影响交际,于是人们就设法使它们之间产生差别,利用这些差别来区别语义。

但是另一方面,如果一个劲儿地求差别,每个概念都有各自独特的语音形式(在古汉语里,一般就是一个音节),而事物成千成万,层出不穷,那么人的发音系统是无法胜任的,他不可能造出成千成万的音节去表达这些纷纭复杂的事物、概念(现代汉语的音节才400多个,连声调算起来也不过1000多个),而且人们也很难掌握如此复杂的语言系统,交际也就很难进行,于是就走"从同"这条路。所谓"从同",就是用相同或相近的语音形式去表达与原有概念相近、相似或相关的其他概念。这也是交际的需要。

---

① [前苏联]斯米尔尼茨基:《词义》,载《语言学译丛》1958年创刊号。

这种情况几乎同汉字求区别和求简单的两种要求是完全一样的:求区别是为了明确,于是在旧字上增加各种形符或新造其他字;但区别得太厉害了,字太多,笔画太繁,又难写又难认,影响使用,又需要求简单,于是搞同音代替等等,使一字多用,这也是为了学得方便,用得方便。太简单了,一字“兼职”太多,又容易产生混乱,影响使用,又要求区别,求明确。文字就是这样在对立统一的矛盾运动中向前发展的。

生活中求区别的事例是很多的。比如,在座的有一位姓张的同志,那我们只要招呼“老张”(或者“小张”)就可以了。如果有两位张同志,那就只好叫“老张”和“小张”了(或者还有其他办法)。如果两个字不一样,那就只好叫“弓长——张”或是“立早——章”。这是口语里求区别的需要。

而在古汉语里,因为它以单音词为主,复音词很少,情形就不会这样简单了。

还以“张”字为例,《说文》上说:“张,施弓弦也。”张与弛相对。段玉裁注:“施弦于弓曰张,钩弦使满以竟矢之长亦曰张。”拉开了弦就叫作“张”,再引申之,拉开、扩开、拉大一类的意义都可以叫作“张”。以后随着社会的发展,新事物、新概念要不断产生,新的词语也就会应运而生,如我们现在说的“膨胀”、“情绪高涨”、“水涨船高”等里面的“胀”、“涨”都是扩张、增大的意思。再如蚊帐、帐篷,这里的“帐”也是同样的意思,因为帐子是拉开、张开的东西,所以也管它叫“帐”。《说文》里没有“胀”、“涨”两个字,它们是后造的。《说文》里有“帐”字,但它不释为“用布或其他材料做成的遮蔽用的东西”,而是释为“张”也,这是探源式的释义方法,无异于说,“帐”之得名盖源于“张”。这就是说,一个“张”字(词),由用来表达“施弓弦”的概念发展到以后用来表达其他许多相关的概念了。表达这些概念的字(词)是由一个语源繁衍派生出来的一族同源字(词),只是于水则改加“水”旁,于人则改加“肉”旁,于物则改加“巾”旁等等,形、音、义都发生了细微变化,而语义仍然相关,语音仍然相承,总的说来是大同小异,音近义通。我们就把这一类情况叫作“从同”,是音义上的从同。这种情形就必然造成词语音义关系上的相对严整性。

很显然,我们说的音近义通是有条件的,并不是说所有读作“zhāng”的词都是一个意思,也不是说“扩张、增大”的意思也只能由一个“zhāng”这样的语音形式来表达。我们在这一部分一开始就谈到了音义关系的不平行性,音义上的不平行性就是音近义不通的根据。

为了说明古汉语词语音义关系上的从同现象，让我们举一组例子来加以说明。

《说文》："雄，鸟父也"；"雌，鸟母也"。杨树达先生以为雄以其大受名，举"厷"声字多含大义为证；雌以其小受名，举"此"声字多含小义为证。[①] 下文引证亦有从此文刺取者。其说甚是。

雄与雌，大与小，是两两对立的概念，也是人们在生活中常用的概念，按理说，表达这些概念的语音形式是不应混淆的。验之于文献，它们恰恰相对规则地分成两组，兹据杨文推衍说明如下。

鲸与鲵对立：

《异物志》："鲵，鲸之雌者也。"《左传·宣公十二年》孔颖达正义引裴渊《广州记》云："雄曰鲸，雌曰鲵。"

按：鲸以其大受名，鲵以其小受名。

《说文》："京，人所为绝高丘也。"因引为他称，《管子·轻重丁》："有新成囷京者二家。"尹知章注："大囷曰京。"又引申为凡大之称，《广雅·释诂》："京，大也。"《公羊传·桓公九年》："京者何？大也。"故"京"声之字多含大义，《尔雅·释诂》："景，大也。"《说文》："勍，彊也。""彊"亦有大义。《淮南子·览冥》："鲸鱼死而彗星出。"高诱注："鲸鱼，大鱼。"《汉书·扬雄传》"骑京鱼"，以京为之。

京、畺音相近，故鲸字或作鳉。又，《说文》："麠，大鹿也。"字亦作麖。《文选·左思〈蜀都赋〉》"屠麖麋"，刘逵注："麖麋体大，故屠之。"《说文》："橿，牛长脊也。"又，"缰，马绁也。"则为大绳。

京、亢音相近，"亢"声字亦多含大义，《说文》："魧，大贝也。"又，"沆，莽沆，大水也。一曰：大泽貌"。《汉书·扬雄传》"陈众车于东阬兮"，颜师古注：阬，"大阜也"，《尔雅·释诂》训为"虚"，虚亦大也。

此京、亢声字多含大义之证。

儿者，孩提之称，《说文》："儿，孺子也。"音义与婗、倪并通。又，"婗，婴婗也"。《孟子·梁惠王下》"反其旄倪"，赵岐注："倪，弱小繄倪者也。"婴婗、繄倪与婴儿音义通，故"儿"声字多含小义。《尔雅·释虫》郭璞注："蜺，寒蜇也，似蝉而小，青赤。"麑，《说文》："鹿子也。"麑即麛，《国语·鲁语上》韦昭注："鹿子曰麛。"

---

① 参见杨树达《积微居小学金石论丛》(增订本)，中华书局1983年版，第30～31页。

《礼记·曲礼下》:"士不取麛卵。"孔颖达疏:"麛乃是鹿子之称,而凡兽子亦得通名也。"齯,《释名》:"大齿落尽更生细者,如小儿齿也。"霓,《说文通训定声》:"鲜者为雄虹,暗者为雌霓。"

此儿声字多含小义之证。

鰕与鲵对立:

《尔雅·释鱼》:"鲵大者谓之鰕。"

按:大者为鰕,则小者为鲵。鲵从"儿"声,当以其小受名,说见上。鰕以其大受名,《尔雅·释诂》:"嘏,大也。""假,大也。"《释兽》:"鹿牡,麚。"《释畜》:"绝有力,欣犌"。"貜父善顾。"郭璞注:"貑,貜也,似猕猴而大。"又,"罴如熊,黄白文"。郭璞注:"似熊而长头高脚,猛憨多力,能拔树木,关西呼曰貑罴。"《说文》:"豭,牡豕也。"故鲵之大者亦谓之鰕。

又,豭与豵对立:

《说文》:"豭,牡豕也。"《玉篇》:"豵,小母猪也。"

按:豭为牡豕,以其大受名,说已见上。豵则以其小受名。豵从"聚"者,聚,小邑也。《后汉书·冯衍传》"恶丛巧之乱世兮","丛"或作"聚",李贤注:"细也。"《字林》:"剶,细断也。"《玉篇》:"细切也。"取、聚古音近,故鲰为小鱼,或喻小人为鲰生。聚、豵古音近,故《小尔雅·广兽》云:"豕之大者谓之豜,小者谓之豵。"豵亦作"猣"。嵏,《说文》:"敛足也。"《广雅·释诂》:"聚也。"《说文》:"青齐沇冀谓木细枝曰葼。"诸字并有小义,以此知"豵"亦当以其小受名。

又,羖与羭对立:

《尔雅·释畜》:"夏羊,牝羭牡羖。"(此依段、桂、朱订正)

按:羖、股古音近,《说文》:"股,髀也。"《诗经·小雅·采菽》:"赤芾在股。"郑玄笺:"胫本曰股。"《考工记·磬氏》"股为二",郑玄注:"磬之上大者。"《轮人》:"参分其股围。"郑玄注引郑司农云:"股谓近毂者也。……方言股以喻其丰。"《周髀算经》:"折矩以为句广三,股修四,径隅五。"上述"股"字,并有大义,则知"羖"当亦以其大受名。

羭从俞声,俞声字多含小义:门边小户曰窬。《礼记·儒行》:"筚门圭窬。"《说文》:"匬,瓯,器也。"则为小盆(《说文》:"瓯,小盆也")。《说文》:"牏,筑墙短板也。"褕,"缯端裂也"。輸,《玉篇》:"余也。""短"、"裂"、"余"皆有小义,则知"羭"当亦以其小受名。

由上可以看出，汉语词语音义依类而从的“从同”现象是确实存在的，反映在文字上，就出现了前面所说的增形字，大体上包括同声符字的增形（如“鲵、麑、鶂”之类）和异声符字的增形（如“鲸、阬”之类）两种情况（声转字情况比较复杂，不在这里讨论）。

至于古汉语里用固有音节内部屈折变换形式来构词构形（当然，有些只是古今方俗语转音变的结果）的办法则同时兼有避同和从简两种作用，在音义上表现为既“趋异”（小异）又“从同”（大同）这一特殊情形。这种情形也造成词语中的音近义通现象。

严学宭先生曾经断言：利用同一词核变换辅音声母、元音和辅音韵尾派生新词是“古汉语中最有孳生力的构词和构形手段”，他还用“据义系联，即词析音”的方法，分析比较，综合了六种变换类型，举出大量例子说明这种构词法，如“海”与“黑”、“衣”与“隐”等，都是变换辅音韵尾这一类型的例子（前人说的“一声之转”、“阴阳对转”等也多类此）。很明显，依据这种方式“所派生新词的物质的声音的组成和意义是有规律地贯彻着对应关系，同类的义类大体相当于同类的音转，这便形成一组一组的同族词，它们在一组内的同族词是有音和义的同源关系”[①]。这就是说，音节内部屈折变换的构词法也使词语的音义关系具有相对严整性。

古汉语词语中音义关系上的相对严整性向我们提供了借词语语音形式进行同源词研究的线索。

三、人类心理活动对词义引申和词语派生的影响

古汉语中随着词汇发展，新旧词之间音义依类而从，使词语的音义关系具有相对严整性的现象，还可以从人类心理活动对汉词语义引申和词语派生的影响方面得到说明。

心理学基本原理告诉我们，人的一切活动都是伴随着心理活动进行的。人们在实践中形成感觉、知觉，通过记忆、联想，产生概念，又利用概念进行判断、推理、分析、综合等等，这些人类对客观世界的认识活动都是人类的心理现象。不论是形象思维还是逻辑思维，都不过是心理活动的一种形式，是人的大脑皮质对

---

① 此节引文除注明者外，俱见严学宭《论汉语同族词内部曲折的变换模式》，载《中国语文》1979 年第 2 期。

于主体和客观事物的能动性关系的反映过程。

思维又总是离不开语言的，因为语言的基本性质是从属于社会和人们的思维的，无论从它的交际职能和体现思维的职能来说，它都是抽象思维的承担者。尽管概念不等于词，甚至也不等于词义，但是作为思维范畴的概念，必须通过属于语言范畴的词来体现，"已经获得的概念之所以能作为进行思维的基本材料，因为有语言作为它们的物质外壳，因为它们在不同方式下都被巩固或表现在各个词里，成为词的意义"，"许多具有意义的词的发展，新词的产生，是在思维的发展，新概念的产生下促成的"。① 语言和思维密不可分地存在于一个统一体中。

由于这些原因，所以我们说，语言中词义引申和词语派生都势必要受到人类心理活动的影响，它们和人的心理意识有着密切的错综复杂的关系。

朱光潜先生在谈到"移情说"的时候说：移情现象是"很原始的，普遍的。我国古代语文的生长和发展在很大程度上是按移情的原则进行的，特别是文字的引申义"②。朱先生的这段话十分肯定地说明了心理联想对语言发展，特别是对词义发展的作用。不仅在汉语里是这样，在其他语言里也是这样。

这里的问题是，人的心理乃是人脑的机能，是人脑对客观事物的反映，是人类社会实践的结果。由于人类头脑有着共同的物质结构，世界上的客观事物彼此又有着共同性的一面，因此，人类才有共同的一般心理规律和思维规律。正因为这样，词义发展的方式，新词产生的方式，在各种语言里常常有着相似的地方。至于在我们的汉民族内部，由于有共同的语言，共同的民族心理意识，共同的物质生活环境，接触到的客观对象以及变革这些客观对象的实践活动又有更多的共同之处，因而就更容易产生相同的心理联想形式，词义发展和新词派生的方式也就一定会有更多的共同之处，故《荀子・正名》篇说："凡同类同情，其天官之意物也同，故比方之疑似而通，是所以共其约名以相期。"

让我们先来考察一下心理活动对词义引申方面的作用。

同一词语，在不同语言环境里往往表现为不同的词义，这些不同的词义是由一个基本义派生出来的，由某一基本义派生出来的其他诸义我们称之为"引申义"。一个词有基本义，又有引申义，这种情形在单音词为主的古代汉语里表现

① 高名凯：《语言论》，科学出版社 1963 年版，第 78～79 页。

② 朱光潜：《西方美学史》下册，人民文学出版社 1964 年版，第 597～598 页。

得尤为突出。

这里，我们以《说文解字段注》对引申义的说解为例，概括词义引申的一般情况（段氏"引申说"并不准确，他说的引申只是古人借字义表达词义的一种方法，但同样能反映人类的思维规律）：

(1)由特指到一般，由具体到抽象。

有表事物的，如：

畔，《说文》"田界也"，段注："引申为凡界之称。"

有表行为动作的，如：

輓，《说文》"引车也"，段注："引申之，凡引皆曰輓。"

有表特征、状态的，如：

稠，段注："本谓禾也，引申为凡多之称。"

(2)由此及彼，转相引申。

有以甲称乙的，如：

圂，《说文》"豕厕也"，段注："引申之义，人厕或曰圂。"

有名动同称的，如：

鞭，段注："所以殴人之物。以之殴人亦曰鞭。"

有施受同称的，如：

视，《说文》"瞻也"，段注："引申之义，凡我所为使人见之亦曰视……古作'视'，汉人作'示'。"

有义有关联的，如：

贾，《说文》"市也"，段注："引申之，凡卖者之所得、买者之所出皆曰贾。"

有展转引申的，如：

虚，段注："虚本谓大丘，大则空旷，故引申之为空虚字"，"又引申为凡不实之称"。

还可以概括一些，但这是常见的几种。

由上我们可以看出，无论是哪种情形，它都必须通过人的心理联想和抽象思维才能实现。世界上的客观事物虽然层出不穷，但它们又总是相互联系的，这就使它们在反映中也互相联系着，人们因此才会产生联想，并通过联想形成新的概念。词义的演变和发展，是人类思维发展和社会发展的重要标志，是丰富词义而不必另造新词以适应社会交际需要的重要手段，是人们通过形象和意义上的联想,约定俗成地对旧词赋予新义的结果。

由于上文所说的汉语的特点,在汉语里,词义引申以后,有两种情况应当特别注意:

第一,有些词语的词性和语音都发生了变化而文字形体不变,这就出现了“破读”。破读是词义引申后为了在口语里区别词义的需要而在语音上的必然反映。一经破读,便产生了新词。

第二,有些词语的文字形体随之发生了变化(或者还兼有语音上的细微变化),这则是更加明显的词语派生。这也是词义引申后为了区别词义的需要而在文字形体上(或兼在语音上)的必然反映。

词义引申后语音和文字形体的变化,标志着一个词语已经完成了从词义引申到词语派生的过渡,新词已经宣告独立而成为词汇中的一个新成员了。这就是词语分化,但从历史的观点看,它们又是渊源十分紧密的同源词,表现为音近义通(相近或相关,但也有意义相反的),语本一源。

杨公骥先生曾以《漫谈桢干》[①]为题,说明随着生产、思维(观念)的变化,“生产中得来的具体经验和认识形成之后,便通过联想转用在社会生活其他方面”的情形,指出:“社会生产领域的具体名词转化为社会生活领域的抽象名词,是语言中常见的现象。”这种词语转化表现在文字上,如果文字形体不变(同形词不属这种变化),它表现为词义引申;如果文字形体发生了变化(包括声调别义),则表现为词语派生。

杨先生还举了许多人类借用表述自然物、劳动对象、劳动资料和劳动行为的语言(物象)来表达人类自身的例子。如称自己所生者为“孩”、“稚”、“伢”、“子”、“幼”、“童”等,都是借自自然物之名:“孩”来自草木根荄之“荄”,“稚”来自禾稼之“稚”,“子”来自鸟子之“子”,“幼”来自猪子之“幺”和草木之方长未成之“夭”,“伢”来自草木萌芽之“芽”,“童”来自童牛、童羊之“童”等。上述诸例中,“稚、子、童”表现为词义引申,“孩”与“荄”,“幼”与“幺”、“夭”,“伢”与“芽”则表现为同源词。

王力先生把同源词分为实同一词、同义词和各种关系三种,其中“各种关系”一类里包括了工具、对象、性质或作用、共性、特指、行为或受事者、抽象、因果、现

---

① 载《社会科学战线》1978年第1、2期合刊。

象、原料、比喻和委婉、形似、数目、色彩和使动等十五种情形。[①] 详见下节。这些情形同时也反映了词语派生与人类心理联想和思维之间的复杂关系。

由此可以看出，人类心理活动和思维活动是实现词义引申和词语派生的一个重要的非语言原因。词语派生是词义引申后的必然结果。通过词义引申实现词语派生，是汉语词语不断丰富的重要途径，而古代汉语里的词语派生往往即是同源词的孳生。

综上所述，我们可以得出结论，语源研究和同源词研究是建立在语言文字自身发展规律的基础上的，是有科学根据的。

第四节　语源研究的方法

说到语源研究方法的时候，我们首先要郑重地再次重复一下上文所说的几句话：词语音义关系上的相对严整性是音近义通的根据，词语音义关系上的不平行性则是音近义不通的根据。所以说，具有语义联系的同音词和没有语音联系的同义词，是任何语言里都有的。

这几句话的重要性就在于告诉我们，对前人阐述的声训理论不能盲目地相信，对前人提供的声训资料不能盲目地运用，不能任意夸大“音近义通”的作用，更不能将它滥用到训诂实践和其他语言研究中去。为什么呢？

第一，因为在长期的封建社会里，传统语言文字学很难摆脱经学附庸的地位，封建学者由于时代和阶级的局限，在研究中不可避免地要掺杂许多封建说教和宗教迷信等成分。

第二，一些学者虽然未必出于政治目的，但由于认识水平和研究方法的限制，在著书立说的时候也必然会有许多不科学的见解。比如，有些学者在语源研究中就提出过一些不正确的理论。如有一种理论认为，声义的结合即使在语言之初也是必然的。如陈澧以为“声象乎意”，说“大”字声大，说“小”字则声小，说“酸”字，口如食酸之形，说“苦”字，口如食苦之形。[②] 刘师培也认为字音的起源，

① 见王力《同源字论》，载《中国语文》1978年第1期。

② 参见[清]陈澧《东塾读书记》卷十一。

一是象人意所制之音，二是象物音所制之音等。[①] 这些说法使人很容易把它同公元前6世纪～前2世纪古希腊的“名实之争”联系起来。赫拉克利斯、柏拉图、斯多噶等人就主张“按本质”（斯多噶把语言中的音义分成四类：尖刻的、甜蜜的、温柔的、刚毅的），德谟克利特、亚里士多德等则主张“按习惯”，即约定俗成的。实际上，所谓语音的“象征作用”在整个语言系统中只是极少数。我们应当承认普通语言学里的这条原则：音义的最初结合完全是偶然的，是社会约定俗成的结果。“按本质”的说法至少也是以偏概全的理论，因而即是错误的理论。

清代以至近代的学者，大概是受了时代的影响，过分夸大了古音学的作用，有时陷于绝对化。如段玉裁这样的大学者也常常说“从某声必有某义”。其余如刘赜先生有“古声同纽之字义多相近说”[②]，刘师培有“古韵同部之字义多相近说”[③]，姜亮夫先生有“五声分义论”[④]等。这些研究虽然也反映了一定的语言现象，但总难免有以偏概全之嫌。比如说，一方面说同声纽之字义多相近，一方面又说同韵部之字义多相近，而同声纽之字又分属各韵部，各韵部之字又分属各声纽，义类必然交叉错乱，上述理论因而便互相矛盾、两败俱伤了。

此外，从先秦到近代的语言研究资料里，又有许多不着边际的“声训”。纬书和《白虎通》一类书里的不算，就是同它们有本质不同的《释名》，里面也有许多扣盘扪烛式的说解。所以，我们要建立科学的语源学，对前代学者提供的一切材料就得下一番审查、考辨的苦功夫，绝不能实行“拿来主义”。

第三，语言虽是个古老的东西，但人们对语言的认识还远远不够。语言之初的情形自然难以言说，就是从文字产生到今天，我们对语言各要素的变化情况，也只能有个大概的了解，还有许多课题尚待我们进一步去研究。现在我们要通过现存的文字和文献资料去研究语源，可见是多么困难。再加上我国历史悠久，人口众多，幅员广大，方言复杂，社会的发展、政治的动乱、人民的迁徙、民族的融合等等，都会造成语音中极其纷纭复杂的情形。这一方面可能使一些原本相同的语音变得面目大非，另一方面又会使一些原本远隔的语音变得相近或相同；更

---

① 参见刘师培《原字音篇》等论文，收入《刘申叔先生遗书》之《左庵集》卷四和《左庵外集》卷六、卷七等。

② 刘赜：《古声同纽之字义多相近说》，载《武汉大学文哲季刊》第2卷第2期（1936年）。

③ 刘师培：《古韵同部之字义多相近说》，收入《刘申叔先生遗书》之《左庵集》卷四。

④ 姜亮夫：《中国文字的声音和义的关系》，载《青年界》1935年第7期。

不用说，即使在原始语言中也可能存在着不同概念用相同语音形式来表达的情况。这自然又增加了语源研究的困难。

正是基于上述认识，我们认为，语源研究必须特别审慎。这是问题的一方面。

另一方面，如前所说，任何事物都有个源流问题，语言自然不能例外，汉语也不能例外。既然如此，探索语源就是完全可能的。实际上，前人在这方面已经做了许多工作，积累了许多宝贵经验和宝贵资料。远的不说，章太炎以来，集中研究语源而成就又十分卓著的就有沈兼士、杨树达、王力等人。

沈兼士在《声训论》中提出匡正声训弊病的“审辨声训义类法”，也可以认为是探求语源、考察同源词的基本方法。这七种方法是：(1)用卜辞金文校正篆体以明其形义相依之理；(2)本初期意符字形音义不固定的原则以溯义类之源；(3)用右文法归纳同谐声字之义类；(4)借声母互换之法以索义类之隐；(5)据经典异文以证其义类之通；(6)由音读之声类韵部以断定义类表示之倾向；(7)借联绵词辅助推测词义之引申。[①]

杨树达语源研究自有特点。他看到西方的大字典，“每一个字，语源都说得明明白白，心窃美之”，主张新式字典必须附载语源，以便贯通。他说：“吾意必语根研究明白，而后始有真正之新式完备字典之可言”，因此，他治文字训诂，总是“尽量地找出语源”，“欲于声音训诂相通之业有所发皇”；发表论文，也每冠以“语源学”三个字，而在这以前，“语源学”这个名词是很少见到的。[②] 又，文中所说的“字”，一般就是词。就从这一点来说，杨先生也称得上是当今语源学的功臣了。

杨树达先生的语源学思想是建立在对形声字的分析上的，要而言之，约有三端：(1)形声字声中有义。(2)形声字声符有通借。(3)字义同缘于受名之故同。[③]

“形声字声中有义说”由来已久，上可以推到宋人的“右文说”，下至近代刘师培、黄侃等都力主此说，但他们都不曾用大量实例集中证明和阐发。杨先生认为：“文字根于言语，言语托于声音，言语在文字之先，文字第语音之徽号。以我

① 见《沈兼士学术论文集》，中华书局 1986 年版，第 256～282 页。

② 以下论杨树达语源思想的文字主要取自作者发表于 1991 年第 4 期《文史哲》的论文《杨树达语源学思想及其研究方法》。

③ 下文引例俱见杨树达《积微居小学金石论丛》(增订本)、《积微居小学述林》，恕不一一标注页码。

国文字言之，形声字居全字数十分之九，谓形声字义但寓于形而不在声，是直谓中国文字离语言而独立也。其理论之不可通，固灼灼明矣。”所以他选定以形声字为研究对象，通过归纳同声符形声字的义类来探求语源和同源词。这些成果除集中反映在《形声字声中有义略证》一文里外，其他也触目皆是。仅就《积微居小学金石论丛》和姊妹作《积微居小学述林》二书中的用例统计，概括“某声字多有某义”的声符字就有将近90组，如说曾声字多含加义、重义、高义，於声、邕声、容声、庸声字多含蔽塞义，交声、豆声、干声、贞声字多含直立义等。

“形声字声符有通借”可以看作“形声字声中有义”的补充。因为，如果把“形声字声中有义”只限于同声符字的话，这就和宋人的“右文说”没有什么两样了；而且，如果撇开“声符有通借”这一事实不管，“形声字声中有义”在相当多的情况下就解释不通，从而使这种理论受到严重的挑战。所以，刘师培、黄侃在谈到这个问题的时候，也都主张突破文字形体的限制，求其声符的本字，才能无所扞格。杨先生运用这个理论在实践上取得了许多成就，如说“赐”有增益义而从“易”声，是假“易”为“益”；“谥”有改易义而从“益”声，是假“益”为“易”；“旐”所以召士众而从“兆”声，是假“兆”为“召”；“暍”训“伤暑”而从“曷”声，实假“曷”为“害”等等。

“字义同缘于受名之故同”这一见解是由“同义字往往同源”推导出来的。杨先生曾先后用75组例子对此集中加以阐发。关于这个理论，他曾解释说：“‘语源同’或云‘构造同’。悉言之，‘构造同’谓象形会意字”，“‘语源同’为形声字”。据我们理解，这里主要指两种情况：第一，就形声字而言，如果两个或两个以上的形声字，它们所从得声之字所含的意义有相同之处，那么，这些形声字的意义也有相同之处。如说“赠”是以物增加于人，语源是“增”；“贶”训“赐”，也有加义，语源是“兄”，兄，兹也，也有增益义；“赏”的语源是“尚”，也有加义；“贺”是“以礼物相奉庆”，语源就是“加”；“赐”的语源是“益”，也是加义。这就是说，“赠、贶、赏、贺、赐”诸字意义有相同之处，是因为它们的语源意义有相同之处。反过来说也可以成立。第二，主要就会意字而言：如果两个或两个以上的会意字（或杂有形声字），它们的组织构造相同，那它们的意义也有相同之处。如说：“手持贝谓之得，手持隹谓之隻，手持肉谓之有，手持耳谓之取，义同由组织同也。”不过需要注意的是，这里说的“语源同”只是指这些字的语源意义或组织方式（得义之故）相同，并不是说这些字（如“赠”、“贶”等字或“曾”、“兄”等字）是同源字（同源的是“赠”、“增”、“曾”等）。

以上三条是杨先生语源学思想的主要内容。沈兼士说："循是以求训诂之理论，若网在纲，有条不紊矣。"

杨树达先生语源研究的方法，从总体上看，关键的一条是他能够注意接受科学的认识论和方法论，综合利用各领域的研究成果，贯通中西古今以及语言学与历史学、社会学、民俗学等各学科间的关系，援石攻玉，彼此证发，所以多有创获。至于说到具体研究方法，我们认为以下四条足资后人借鉴：

(1)广稽《说文》，验之卜辞金文，依据重文、读若等考证语源。

如据卜辞金文，知"旁"之初文即四方之"方"，后加声旁为形声字。又据经典"方"、"旁"多有通用，又有从"方"声之字重文从"旁"者，因而推定《说文》"放"训"逐"所以从"方"声者，乃是说"屏之于四方"，实则"屏诸四旁"，是"旁"的语源为"方"。

又如《说文》训"断"为"齿本肉"，而《说文》"垠"的重文为"圻"，知古音"艮"、"斤"同音，故可通借，因而推断"断"之从"斤"犹之从"艮"，则其语源是"根"。《苍颉篇》正训为"齿根"，是解语源。

又如《说文》训"麛"为"鹿子"，而"弭"无"子"义。杨据《说文》"弭"之重文从"儿"，《论语・乡党》、《国语・鲁语》"麛"字作"麑"，故知"麛"训"鹿子"盖受义于"儿"。

(2)用经典文献所载古训、习语、风俗制度考证语源。

如据《孟子・尽心下》"如追放豚"，知豚性善逃遁，因知"遯"、"遁"受义于"豚"。

又如据《史记・货殖列传》有"畜至用谷量马牛"、《北史》有"闻公有马十二谷"之语，知"谷"之为物空广能容，故"容"字从之，从而证明"裕"训"衣物饶"，即得义于"谷"。

又如据《论语・述而》载孔子疾病，子路请"祷"，《韩非子・外储说右下》载秦昭王有病，百姓里买牛而家为王"祷"，以及典籍载神赐寿和祈别人死诸事，证明"祷"之语源于"寿"，意谓"求延年之福于神"。

(3)根据词义引申和词语派生规律，因循声义，比类条贯，虚实互求，考证语源。

杨先生曾说他的研究径程是"循声类以探语源，因语源而得条贯"。在具体的研究中，他每每以类推求，或同义排比，或相反相成，或源流相推，或虚实互求，皆能左右逢源。如他认为:房顶的通孔谓之囱,推衍及人,则察谓之聪;窗牖闾明谓之囧,推衍及人,则智慧谓之明;小窗、小孔谓之寮,推衍及人,则慧谓之憭;阑干或窗户格子谓之棂,车阑谓之軨,推衍及人,则精明谓之灵,意晓解谓之聆。如说"镝"从"啇"声,而"啇"从"帝"声,"帝"从"朿"声;朿,木芒也,知矢锋取义于木芒之"朿"。"锋"则假螫人之"蜂"为名,盖"人类制器赋名,恒假天然之物为比拟"。

这些实例揭示了两条重要规律:①义相近似之字,其所派生之字义亦相似;反过来说,义相近似之字,其语源意义也相近似。这就为我们提供了一条源流互求的经验。②词语的抽象意义往往是从具体的事物来的,一个表示抽象意义的词往往是由表示具体事物的词派生出来的。这又给我们提供了一条虚实互求的经验。

有时为了说明的需要,又把意义相对或相反的词语罗列在一起,探求相对或者相反的语源意义,如说"经"与"纬"、"权"为对文,"经"受义于直,"纬"受义于回,"权"受义于曲。词义相对,故语源也相对。

又如说"誉"之言"举",抬举之谓;"诋"之言"氐",贬低之谓,等等。

(4)以同义连文考证语源。

既然同义词的语源意义也往往相同,那么,征引同义连文并加以类比旁通去推求语源就是顺理成章的事了。如据《诗经·小雅·祈父》有"靡所底止",《国语·晋语》有"底著滞淫","底止"、"底著"连文,知"底"、"止"、"著"同义,因知水所底(止)谓之"坻",水所止谓之"沚",水所著(附也)谓之"渚",就是说"坻"、"沚"、"渚"的语源分别是"底"、"止"、"著"。

如据《尚书·皋陶谟》"谗说"连文,《说文》"说"下"谈说"连文,扬雄《解嘲》"说"、"谈"对文;又据"说"从"兑"声,兑者,锐也;"谈"从"炎"声,炎声字多有"锐"义等佐证,谓"谗"之言"镵","说"之言"锐","谈"之言"剡",都是言辞犀利的意思。也就是说,"谗"、"镵"同源,"说"、"锐"同源,"谈"、"剡"同源。

此外,杨先生还结合语法分析考求语源,如他把词语派生分为能动孳乳(如"又"与"右")、受动孳乳(如"子"与"字")、类似孳乳(如"嗌"与"隘")、因果孳乳(如"分"与"贫")、状名孳乳(如"丹"与"旃")和动名孳乳(如"秉"与"柄")等几种形式,实际上就是他在探求语源方法方面的经验总结。

曾运乾在论及杨树达研究方法时说:"迹其功力所至,大率抽绎许书,广综经典，稽诸金石以究其源，推其声韵以尽其变，于许氏一家之学，不敢率为异说，亦不敢苟为雷同。每树一义，按之字例而合，验之声韵而准，证之经典旧文而无乎不洽，六通四辟，周匝旁皇，直令读者有涣然冰释、怡然理顺之乐。”大致说出了杨先生文字语源学研究方法的精要。

当然，上述各种方法实际上常常是要综合运用的，如说“姊”之为言“次”就大致运用了上述多种考证方法。

王力先生编有《同源字典》，并有《同源字论》、《汉语滋生词的语法分析》两篇论文[①]，大致体现了他的语源学思想。《同源字论》中列有《从语音方面分析同源字》、《从词义方面分析同源字》两节。《汉语滋生词的语法分析》一文则分析了原始词与滋生词之间的语法关系。这些分析对同源词研究很有意义。反过来看，也可以看作同源词研究的方法。现简要介绍如下：

(1)从语音方面分析同源字，可参见本书第二章《音韵学》第五节，此不赘述。

(2)从词义方面分析同源字有三种情况。

一是实同一词，如“韬”与“弢”、“荼”与“茶”、“熄”与“息”、“擒”与“禽”(擒拿)等。

二是同义词，有完全同义的，如“兹”与“此”、“待”与“等”、“谋”与“谟”、“能”与“耐”、“存”与“在”等等；又有微别的，如“跽”与“跪”、“赤”与“赭”、“读”与“诵”、“瞑”与“眠”、“疆”与“界”等。

三是各种关系。这一类对研究语源和同源词尤其有启发意义，共分 15 种情况：

①凡借助成事，其所借之物就是工具。如“左”、“右”是左手、右手，以手助人则叫“佐”、“佑”。类似的如“帚”与“扫”、“爪”与“搔”、“腋”与“掖”、“砚”与“研”等。

②对象。如“鱼”是“渔”的对象(动作涉及的对象)。类似的如“耳”与“刵”、“柄”与“秉”、“臭”与“嗅”、“道”与“导”等。

③性质与作用。如“卑”是“卑贱”，“婢”是“卑贱的女子”。类似的如“浮”与“桴”、“冒”与“帽”、“停”与“亭”、“永”与“咏”、“空”与“孔”、“宜”与“义”等。

④共性。如“崖”是“山边”，“涯”是“水边”。类似的如“枯”与“涸、渴”、“少”

① 二文发表后均收入《同源字典》，商务印书馆 1982 年版。

与“小”、“学”与“效”、“住”与“驻”、“任”与“妊”、“曲”与“踻”等。

⑤特指。如“跨”是“跨上”,“骑”特指“跨上马”。类似的如“取”与“娶”、“少”与“叔”、“侧”与“昃”、“文”与“汶”、“增”与“层”、“庭”与“廷”、“播”与“簸”、“脱”与“蜕”等。

⑥行为者,受事者。如“贾”是“沽”的行为者,“傅”是“辅”的行为者,“咽”是“噎”的受事者,等等。

⑦抽象。如“寤”是睡醒,“悟”是抽象的“醒”。类似的如“惊”与“警”、“捧”与“奉”、“软”与“懦”等。

⑧因果。如“照”为因,“昭”为果。类似的如“知”与“智”、“逋”与“捕”、“噪”与“嘈”、“煣”与“辏”、“清”与“净”、“归”与“还”等。

⑨现象。如“伏”是“趴倒”,“服”是“降服”。类似的如“踞”(蹲,箕踞)与“倨”(没有礼貌)、“瞿”(惊视的样子)与“惧”等。

⑩原料。如“茈”(草名)是染成“紫”色的原料。类似的如“旄”(用牦牛尾装饰成的旗子)与“牦”(牦牛)、“屋”与“幄”、“币”与“帛”等。

⑪比喻,委婉语。如人的脚为“趾”,墙的脚(地基)为“址”。类似的如“枝”与“肢”、“材”与“才”、“没”与“殁”、“陨”与“殒”、“徂”与“殂”等。

⑫形似。如人的脖子为“领”,山的脖子(山腰)为“岭”。类似的如“障”与“嶂”、“囱”与“窗”、“根”与“跟”等。

⑬数目。如“一”为数目,“壹”为专于一。类似的如“三”与“参、骖”、“五”与“伍”、“十”与“什”、“两”与“辆”等。

⑭色彩。如“綦”为青黑色,“骐”为青黑色的马,等等。

⑮使动。如“买”是“买入”,“卖”是“使人买”。类似的如“入”与“纳”、“至”与“致”、“去”与“祛”、“食”与“饲”等。

把上述各种关系的词分组,检讨其源流,再从语法的角度去分析彼此之间的关系,就可以得出诸如《汉语滋生词的语法分析》中得出的一些结论,如说原始词与滋生词的关系为“名词——动词,名词——形容词,动词——名词,动词——形容词,形容词——名词,形容词——动词,主动词——被动词”各种关系等。

陆宗达、王宁先生对同源词的研究也很有成就,其成果大多见诸《训诂简论》、《训诂方法论》、《说文解字通论》、《训诂与训诂学》等著作里,其中许多也是研究方法的问题,例多不能列举,学者可以参览。

总之，语源研究的方法很多，基本的方法则是以声韵为经，以义类为纬，结合文字形体结构，充分利用反切、读若、重文、异文、谐声字、古今方言、古训、习俗和其他文献资料，乃至要充分利用历史学、社会学、民俗学、心理学、人类文化学等一切相关学科的研究成果，将词语比类条贯、源流互推、虚实相求、形音义综合考察等，从而得出较为可靠的符合语言发展事实的结论。每有一说，必须做到"按之字例而合，验之声韵而准，证之经典旧文无乎不洽，六通四辟，周匝旁皇，直令读者有涣然冰释、怡然理顺之乐"[①]，方为得之。

第五节　语源学的应用

有人会说，懂不懂语源学，与学习语言文字没有多大关系。

不，语源学与训诂学，乃至与整个语言文字之学、文献学，关系至大。

杨树达先生在《形声字声中有义略证》一文中说：

> 盖语根既明，则由根以及干，由干以及枝叶，纲举而万目张，领挈而全裘振。于是训诂之学可以得一统宗，清朝一代极盛之小学可以得一结束。

这段话是在1934年说的。他分析了当时大学国文成绩每况愈下的形势，认为：

> 其原因固大半由于学者之弛懈，而吾辈任教者不能与学者以有条理系统之知识，致令彼等对于汪洋浩汗之训诂，在校时已有望洋之叹，出校后更无线索可寻，亦岂毫无责任之可言哉！假使故训条理清明，则学者断不至有望洋之叹，而记忆有捷径可寻，吾敢断言其成绩必远超乎今日之上。

在这段文字之下，他又加注文说：

> 近时各地大学多以《说文》、《尔雅》分科教授，又或兼及《方言》、《广韵》，此真所谓合之则双美、离之则两伤者也。夫义既生于声，则以声为统纪，岂惟《尔雅》、《说文》、《方言》、《广韵》当为所贯穿哉！举凡《经籍纂诂》之所纂，《小学钩沉》之所钩，凡一切训诂之书，将无不网罗而包举之矣。若以专书为主，则顾此失彼，何能免哉？[②]

周祖谟先生也曾批评过把训诂和音韵割裂开来的做法。他说：

---

① 杨树达：《积微居小学述林》曾运乾序，中华书局1983年版。

② 以上俱见杨树达《积微居小学金石论丛》（增订本），中华书局1983年版，第50～51页。

> 凡由同一语根孳生之词语，虽形有增变，义有转移，而音则每藉声调之变换以区分之。追溯其始，盖古人一字兼备数用，尔后增益偏旁，分别之字乃多。或变其声韵，或变其字调，卒然观之，似别为一字，实即由一意义相关之词语而来……学者执此义以推寻文字词语日益繁衍之轨辙，自当得其鰓理。惜乎言音韵者，多不注意训诂；言训诂者，则又略去声音。[①]

周先生这里做的是关于声调别义的文章，所以仅就声调而言。其实，同源词的孳生从语音上分析，应有声、韵、调上的各种变化；从形体上分析，也不限于“增益偏旁”。

黄侃先生本乎乃师章太炎“凡治小学，非专辨章形体，要于推寻故言，得其经脉”[②]的要旨，熔文字、音韵、训诂于一炉，颇多发现。他说：“字不明，则义之正假不能明；音不明，则训之流变不能明。”“惟声音文字讲求纤悉，然后训诂之道得其会归；惟诂训渐即闿明，斯名物渐知实义。”[③]所以说，“凡以声音相训者，为真正之训诂”[④]。这是对千百年来传统语言文字学深入研究的经验总结。

正因为这样，所以一些杰出的学者都主张理想的字典应该附载语源。如杨树达先生说：“吾意必语根研究明白，而后始有真正之新式完备字典之可言。”[⑤]蒋礼鸿先生认为，《汉语大词典》的编写应该“推溯语源，说明词族”[⑥]。黎锦熙先生在他单篇释词的一些论文里已经附有考证语源的内容[⑦]，而王力先生为“理想的字典”拟写的样稿中也明载了“语源学”[⑧]。这都是强调语源学研究对词汇研究、词义研究的重要意义。

我们认为，从实用角度看，语源学对训诂学研究至少有以下几点意义。

一、有助于沟通古训

我们看古代辞书或经典传注，由于释义方式或具体语言环境不同，它们对同

---

① 周祖谟：《问学集》上册，中华书局1966年版，第119页。原文每字下有着重号。

② 章太炎：《国故论衡》（上），见《章氏丛书》，浙江图书馆1919年刊印。

③ 黄侃：《黄侃论学杂著》，上海古籍出版社1980年版，第384页。

④ 黄侃：《训诂述略》，载《制言》1935年第7期。

⑤ 杨树达：《积微居小学金石论丛》（增订本），中华书局1983年版，第51页。

⑥ 蒋礼鸿：《论辞书的书证及体现词汇源流的问题》，载《怀任斋文集》，上海古籍出版社1986年版，第339页。

⑦ 参见黎锦熙《汉语释词论文集》，科学出版社1957年版。

⑧ 参见王力《理想的字典》，载《龙虫并雕斋文集》，中华书局1980年版，第345～378页。

一词语的解释也常常不同。这些不同,大多可以通过语音的桥梁而得以贯通。比如:

子,《说文》训为“滋”,云:“十一月阳气动,万物滋,人以为称。”《释名·释亲属》训为“孳”,云:“子,孳也,相生蕃孳也。”他书或训为“兹”、“字”、“嗣”、“雏”、“小称”、“子息”等等(详见下),而《玉篇》则兼列多训,云:“子,儿也,滋也,爱也,男子之通称也。”

今按:诸书各训皆通。《说文》:“兹,草木多益。”即草木滋生之义。草木滋生与人类子孙蕃孳义同,故《淮南子·天文》云:“子者,兹也。”“兹、滋”音义通,《素问·五脏生成论》:“故色见青如草兹者死。”王冰注云:“兹,滋也。”与“孳”音义亦通,《说文》:“孳,汲汲生也。从子,兹声。”《尚书·尧典》“鸟兽孳尾”,孔安国传云:“乳化曰孳。”“滋、孳”并从兹声,“兹、子”音相近,此“子、兹、滋、孳”音义皆通之证。

“字”从子声,“子、字”音义亦通,《孝经·孝治》:“昔者明王之以孝治天下也,不敢遗小国之臣,而况公侯伯子男乎?”邢昺疏引旧解云:“子者,字也,言字爱于小人也。”《礼记·中庸》:“子庶民也。”郑玄注:“子犹爱也。”则与“慈”音义通,《说文》:“慈,爱也。”《诗经·大雅·生民》:“牛羊腓字之。”毛传:“字,爱也。”故《释名·释言语》云:“慈,字也。”

“字、孳”音义亦通,《说文》:“字,乳也。”段玉裁注:“人及鸟生子曰乳。”《周易·屯》:“女子贞不字。”虞翻注:“妊娠也。”《广雅·释诂》:“字,生也。”《左传·昭公十六年》:“非不能事大字小之难。”服虔注:“字,养也。”诸训义同。

又,《朱子全书·礼一》谓“子谅”即“慈良”。《广韵·六止》引他书谓“子犹孳也。孳,恤下之称也”,则“孳”亦“慈”也。此“子、字、孳、慈”音义皆通之证。

人之初生为子,引申为凡幼小之称。故《释名·释形体》云:“瞳子:子,小称也。”表现为词语派生,则鼎之小者谓之鼒。《尔雅·释器》“鼎绝大谓之鼐”,《义疏》:“《类聚》七十三引旧注云:‘鼒,子鼎。’然则鼒之言子也。子,亦幼小之称也。”又,《尔雅·释草》:“荸,麻母。”郭璞注:“苴麻盛子者。”《说文》作“芓”。《玉篇》:“牸,母牛也。”则亦取能生子之义,与“芓”取义同。“鼒”从才声,“才、子、兹”音相近,则“鼒、芓(荸)、牸”亦同源。

又,《广雅·释言》:“子、已,似也。”《礼记·哀公问》:“子也者,亲之后也。”《左传·僖公九年》:“凡在丧……公侯曰子。”杜预注:“称子者,继父之词。”故《增韵》云："子，嗣也。"又，《左传·襄公二十八年》"庆嗣"字"子息"。按："息"亦"孳"也。《列子·汤问》："其民孳阜亡数。"张湛注："孳，息也。"《汉书·高帝纪》："刑者不可息。"颜师古注："息谓生长。"按："息"亦"子"也，故人生小儿曰子，亦曰息。《战国策·赵策四》"老臣贱息舒祺"，"贱息"即"贱子"，故今俗称子之妇为媳妇。此亦"子、嗣、孳"音义皆通之证。

由此可见，考察同源词系统是贯通古训的一个有效办法。

贯通古训对掌握词义有很大好处，请看下面的例子：

①《左传·昭公十一年》："其僚无子，使字敬叔。"

②《汉书·律历志上》："孳萌万物。"

③《左传·襄公八年》："事滋无成。"

④《诗经·大雅·生民》："居然生子。"

⑤《诗经·周颂·丝衣》："鼐鼎及鼒。"

⑥《尚书·大禹谟》："罚弗及嗣。"

⑦《说文解字·叙》："仓颉之初作书，盖依类象形，故谓之文；其后形声相益，即谓之字。字者，言孳乳而浸多也。"

⑧《方言》卷十："崽，子也。"

在上述诸例中，各加点词意义相近或相通，但一般又不能彼此代替。按照意义可以分为两组：例①～③为一组，各加点词分别是"养育"、"繁衍"、"滋生"的意思。例④～⑧为一组，各加点词都是指"孳生"出来的小生命、小事物：例④是小人，例⑤是小鼎，例⑥是指子孙后代，例⑦是说"字"区别于独体的"文"，是在"文"的基础上滋生出来的，例⑧"崽"是"子"的转音字。诸词词义间的关联非常清楚。

二、有助于变雅词为俗语

"首"在甲骨文里写作象头的侧面形状，卜辞里的"疾首"，是说"头部有了毛病"，用它的本义。以后写作"頭"，是形声字。"豆"是声符，"页"是形符。《说文》："页，头也。"所以，与头部有关的字多从"页"。另外，"首"和"头"的古音也非常接近。可以这样认为，"头"是"首"字书面语和口语发生差异后的产物。以后"首"又引申为"首领"、"首先"、"首端"，大致上与"头"的引申途径相平行，如"头头"、"头领"、"头一回"、"头一名"、"头绪"、"开头"等。

"元"在甲骨文、金文里都象人侧面形而突出其头部，它的本义也是人头。

《左传·僖公三十三年》:"狄人归其元。"《孟子·滕文公下》:"志士不忘在沟壑,勇士不忘丧其元。"都是用的本义。"丧其元"就是俗话说的"掉脑袋",再平白不过了。以后"元"又引申为"首先"、"开始"等义,如说"元始"、"开元"、"元旦"等。桂馥《说文解字义证》引《春秋》说"元者,端也",说:"端当为耑,物初生之题,亦始也。"今按:"题"是"额头"的意思。《尔雅·释言》:"颋,题也。"郭璞注:"题,额也。"《山海经·北山经》里说石者之山有一种名叫孟极的兽,它"文题白身",就是说它额头上有花纹。《后汉书·南蛮西南夷传》:"雕题交阯。""雕题"就是刻其额头,染上颜色,是当地民俗。所以,"题"也可以解作"头",如《孟子·尽心下》:"堂高数仞,榱题数尺,我得志,弗为也。"

由此我们可以看到,许多看上去很深奥文雅的词,只要我们结合它的古形、古音、古义稍加思索,就会发现它简直就是当今老百姓的口语呢!

三、有助于变冷僻之词为习见之语

请看下列诸例:

《后汉书·冯衍传》:"伯玉擢选剖符。"

《庄子·胠箧》:"掊斗折衡。"

《诗经·大雅·生民》:"不拆不副。"

《周礼·春官·大宗伯》:"以疈辜祭四方百物。"

《韩非子·显学》:"夫不掮痤则浸益。"

《汉书·艺文志》:"钩鈲析乱而已。"

《周礼·考工记·旊人》:"髻垦薜暴不入市。"

"剖"、"掊"、"副"、"疈"、"掮"、"鈲"、"薜"诸词古音相近,意义相近,是一组同族词,都含有"剖析"、"剖开"的意思。据音义即"劈"字。《一切经音义》卷十九引《埤苍》:"劈,剖也。"至今仍为习见之语。

四、有助于准确理解词义

还是让我们先看例子。

《左传·昭公十九年》:"吾闻抚民者,节用于内而树德于外,民乐其性而无寇雠。"

"性"由"生"派生,音义相通。句中的"性"应解作"生"。又如:

《荀子·性恶》："人之性恶，其善者伪也。"

按："性"谓"生性"、"天生之性"。"伪"谓"人为"、"人为之性"。"性"、"伪"相对而言。所以下文说："凡性者，天之就也；不可消，不可失……不可学、不可事而在天者，谓之性；可学而能、可事而成之在人者，为之伪。是性、伪之分也。"

下面说"情"字。

《吕氏春秋·上德》："教变容改俗，而莫得其所受之，此之谓顺情。"

司马迁《报任安书》："夫人情莫不贪生恶死，念父母，顾妻子。"

"情"怎么解？说者或以为"感情"的意思，一般辞书甚至把"感情"义当作本义。其实，"情"即"性"，由"生"所派生，音义并通。《说文》："姓，雨而夜除，星见也。"徐锴说：即今日"晴"字。"姓"即"晴"而从"生"声，"性"亦从"生"声，是"姓"即"晴"，犹"性"即"情"。段玉裁引《韩非子》"雨十日，夜星"说："夜星"即"夜晴"。"星"即"晴"，犹"性"即"情"。

又，《说文》："晶，精光也。"徐灏说："晶"即"星"的象形字，后增"生"声，至确。朱骏声说："'精光'者，姓光也。'姓光'者，星光也。"段玉裁又引《史记》"天精而见景星"，说：《汉书》作"天暒"，孟康曰："暒，精明也。"郭璞注《三苍》："暒者，雨止无云也。"韦昭曰："精者，清朗也。"则"暒"即"精"，即"清"，即"晴"。"晶"为"星"，犹"晴"为"暒"，亦犹"情"即"性"。可见，"情"即"性"，本指"天性"、"本性"，二句"情"都是用本义。

再说"腥"字。

《三国志·魏书·华佗传》："府君胃中有虫数升，欲成内疽，食腥物所为也。"

按："腥"由"生"派生。《论语·乡党》："君赐腥，必熟而荐之。"《释文》："《说文》、《字林》皆作'胜'，云：'不熟也。'"邢昺疏："君赐己生肉，必烹熟而荐其先祖。"盖"腥"指"生"的鱼肉，故前引《华佗传》下文说：华佗作汤令患者服之，"食顷，吐出三升许虫，赤头皆动，半身是生鱼脍也"。通过"晶"、"晴"、"星"、"生"的语音关系解决了一连串的问题。

"晶"、"晴"、"星"、"生"等词的音义关系还可以用来联系解释其他的语言现象。如蒋礼鸿先生《辞书三议——为撰写〈汉语大词典〉贡末义》[①]一文中曾说

① 以下引文见蒋礼鸿《怀任斋文集》，上海古籍出版社1986年版，第299～300页。

道,“馨”作为语助词,它的老祖宗其实是“㲹”(《说文》说“读若馨”)。“馨”到六朝时又用音近的“形”来代替,如:

《殷芸小说》(余嘉锡辑本):“——庾后以牙尺打帝头云:‘儿何以作尔形语!’”

“尔形”即“尔馨”。宋人则又写成“生”字,如:

王安石《次韵吴季野题岳上人澄心亭》诗:“空亭五月尚寒生。”

又按:蒋文前引陆畅《云安公主出降杂咏·坐障》诗“白玉为竿丁字成,黄金乡带短长轻”说:“‘轻’字《全唐诗》注道:‘一作馨。’‘轻’字无义,作‘馨’为是。”按:下引《殷芸小说》作“形”,王安石诗作“生”,则此处“轻”似亦可解为“馨”之变。这些语言现象恰好与上文“晶”、“晴”、“星”诸词音义关系的说法互相证明。

五、有助于考释词义

钱剑夫先生据“夋”声字多有崇高、杰出之义,考求《诗经》“田畯至喜”中的“田畯”,认为它的本义当是“田夫之俊”者[①];杨树达先生解释《韩诗》“直曰车前,瞿曰芣苢”,据“瞿”声字多有分张旁出之义,认为“瞿”是言其横生四布[②],等等,都是这类例子。今再举一例说明之。

乐府诗《月节折杨柳歌·三月歌》:“杜鹃纬林啼,折杨柳,双下俱徘徊,我与欢共取。”句中“纬”字,樊维纲先生释为“绕”。[③] 其说甚是。

按:纬从韦声。韦,甲骨文从二止相违之形,故《说文》说:“韦,相背也。从舛,□声。”而□,《说文》训为“回”,“回”又训为“转”。“相背”固与“回转”义通。

又,《说文》:“沣,回也。”“裈,重衣貌。”“栯,木也。可屈为杅者。”《广雅·释诂》:“讳,避也。”诸字音近,皆有“回转”、“相背”之义。

《汉书·成帝纪》“大木十韦以上”,“韦”即“围”。《尚书·尧典》“静言庸违”,《左传·文公十八年》作“靖谮庸回”。《汉书人表》“灵王围”,《史记·楚世家》作“回”,皆“韦”、“围”、“回”音义并通之证。

纬者,《说文》训为“织衡丝”,此与经相对之名:织丝直者为经,横者为纬。经

① 参见钱剑夫《田畯考》,载《学术月刊》1980年第11期。

② 参见杨树达《积微居小学述林》,中华书局1983年版,第20～21页。

③ 参见樊维纲《晋南北朝乐府民歌词语释》,载《中国语文》1980年第6期。

之取义于径直，纬之取义于回转，其理甚明，故《释名·释典艺》："纬，围也。"

"回转"义同"环绕"。《夏小正》"农纬厥耒"，传："纬，束也。""束"亦环绕义。樊维纲文引《孟珠》中的诗句"杜鹃绕林啼"与"杜鹃纬林啼"相对比，更明其说不谬。

六、有助于考辨义源

有时候也有这样的情形：一个词的词义是清楚的，但由于对词的来源认识不清，因而对词义的理解也往往浅乏不知所以，更不用说对其他相关语词的贯通了。比如，我们对"遭"、"遇"、"遭遇"等词的意义是知道的，但由于对它们的来源无所知晓，因而对"曹偶(耦)"、"两曹(造)"等词的意义就可能感到生疏。杨树达先生说："行而得其偶谓之遇，行而得其曹谓之遭。举其名为曹偶，言其行为遭遇，其义一也。"[①]这实在是精辟的见解。从这里我们可以看到，如果我们把握了一个语词的词源意义及其同源词系统，不但使这一组同源词中有些词的冷僻意义变得不冷僻，一些陌生词变得不陌生，而且还会使一些与本组同源词有相关意义的词变得容易理解。[②]

七、有助于考订古文字

如金文中有"四"字，或以为"喙"字，或以为象口舌之形，或以为张口出气之形。蒋礼鸿先生说，"四"即"自"即"鼻"，"四"是鼻孔之形，"自"是全鼻之形，"鼻"则是形声字。理由是："四"派生为"呬"，又派生为"泗"(《诗经·陈风·泽陂》曰"涕泗滂沱"，毛传曰"自鼻为泗")，"自"派生为"息"。而《尔雅》云："呬，息也。"《说文》云："呬，东夷谓息为呬。"张衡《思玄赋》"呬河林之蓁蓁兮"，《文选》作"怬"，旧注云："怬，息也。"所以蒋礼鸿先生下结论说：

> 夫鼻气为"呬"、为"怬"、为"息"，鼻液为"泗"，欲谓"四"非"鼻"义，谓"四"之与"自"、"怬"之与"息"不为一字之异形，将不可得矣。若夫"自"、"四"、"鼻"三文韵部既同，"自"、"四"发声复相近，则又音之相通者也。[③]

---

① 杨树达：《积微居小学金石论丛·释遇》，中华书局1983年版。

② 此节文字摘自作者发表于《文史哲》1986年第1期的论文《声训运用举隅》。

③ 蒋礼鸿：《义府续貂》，中华书局1981年版，第123页。

八、有助于了解古代礼俗制度

同源词可以帮助我们了解古代的礼俗制度。如杨树达先生说"旗"之言为"期",所以期约士众;"旐"之言为"召",所以召士众;"旟"之言为"与与"(众也),所以聚众;"旝"之言为"会",所以会合士众;"旞"之言为"要",所以要约士众;"旃"之言为"丹",旃之制以大赤,故字从丹(或从"亶",丹之借)[①]。又如《周礼·天官·小宰》有"祼将之事",郑玄解释说:"祼之言灌也。"这就是说,"祼"之得名取义与"灌"有关。《说文》也说:"祼,灌祭也。"字也写作"淉"、"果"、"盥"、"灌"。原来"祼"是一种"进爵灌地以降神"的祭祀形式。如果就"果"声去探求,就会茫然不解;一旦以"灌"切中语源,就会恍然大悟(本章前文已涉及此类例子,这里不再详举)。

九、有助于考证名源

这里说的"名源",是指事物命名之缘由。原始语词音义的结合是偶然的,但是,后世逐步孳生的语词则一定和旧词在音义上存在某种联系,因为它们是在旧有词汇的基础上,受旧有词汇的制约和影响而产生的。因此,探求后世产生的新语词的旧词母体,从而判定它们的命名或取义缘由,还是可能的。

比如,《说文·眉部》:"眉,目上毛也。"眉横额下,他物引以为称,《汉书·陈遵传》"居井之眉",颜师古注:"眉,井边地,若人目上之有眉。"《释名·释宫室》:"楣,眉也,近前各两,若面之有眉也。"《尔雅·释水》"水草交为湄",《说文》同。《释名·释水》:"湄,眉也,临水如眉临目也。"《诗经·秦风·蒹葭》:"在水之湄。"毛传:"湄,水隒也。""楣、湄"取义于眉,音义皆通,故程瑶田《栋梁本义述》云:"楣之言如眉之垂也。岸以垂于水而得湄称,屋亦以其下垂也而得楣称。"[②]按:"楣"之所指有三,一是栋下横梁,二为门上横木,三指檐下横板、屋檐。三者之于房屋同眉毛之于人面形象相似,所以取义相同,命名相同。又,"堳"与"湄、楣"音义亦通,《周礼·地官·大司徒》:"设其社稷之壝而树之田主。"郑玄注:"壝,坛与堳埒也。"孙诒让《正义》云:"堳埒者,其坛外周匝之卑垣。""岸垂于水"即《尔雅》所谓

---

① 参见杨树达《积微居小学金石论丛·字义同缘于语源同例证》。

② 载[清]阮元主编《皇清经解·释宫小记》。

“水草交”，边界之谓，故《广雅·释丘》训“堀”为“崖”。

又，《说文·木部》：“楣，秦名屋櫋联也。齐谓之檐，楚谓之梠。”《广雅·释宫》：“檐，梠也。”

按，此谓屋檐。楣以其“如眉临目”而得名，说已见上。檐以其下垂可遮蔽而名，故衣蔽前（蔽膝）谓之襜，床前帷亦谓之襜，车裳帷谓之幨，帽前遮额处亦谓之幨（俗或作“沿”），房前遮蔽风雨处亦谓之檐，字或作“簷”。谓之梠者，则取连比之义，犹脊骨连比谓之吕，二十五家连比谓之闾，人伴谓之侣，紩衣谓之絽，众陈谓之旅。由此可见，同为一物而名称往往不同，其原因多是命名角度、命名方法不同。如果能够探源别流，得其鰓理，那么，表面名称上的一团乱麻也可以条分缕析，由今日的同渠众水，也可以考察其当年的来龙去脉。[①]

十、有助于了解古代名物形制特征

如“觚”为饮酒器，古制不可考。按：“觚、锢、箍”同源，语义为“固”。《说文》：“锢，铸塞也。”《汉书·贾山传》：“冶铜锢其内。”颜师古注：“锢谓铸而合之也，音固。”《汉书·刘向传》：“虽锢南山犹有隙。”义亦同。

“锢”、“固”古通。《文选·曹植〈求通亲亲表〉》“禁固明时”，“禁固”即“禁锢”。《素问·至真要大论》“诸厥固泄”，注：“谓禁锢也。”

陆宗达先生以为，锅釜一类器物漏水，用熔铸锡、铅的方法塞住漏洞，这就是“锢”。后来用竹、木做桶而用竹篾绕紧使不渗水叫“箍”。“箍”即“锢”的后出字[②]。《广韵》：“箍，以篾束物。”后来也有用铁皮、铁丝一类做箍的。锢、箍之用，在于固物。

郭宝钧《古器释名》一文中说：“验之铜陶各器，凡觚，足必微侈，口必大张，腰有极细锐者。而腰部之圆箍，则为觚所不可或缺之物。”其圆箍之用，在于固物。可见，觚腰中的微凸之物，与锢、箍用途相同。“觚、锢、箍”古音相近，语源当为“固”。由此设想，古代原始之觚，可能是取二兽角倒接，中间加箍而成。[③]

又如《说文》：“爵，礼器也。”上象雀之形，中有酒。“又”，持之也，所以饮。器

---

① 此节文字取自作者发表于《文史哲》1986年第1期的论文《声训运用举隅》。

② 参见陆宗达《六书简论》，载《北京师范大学学报》（社会科学版）1978年第3期。

③ 详见国立中央研究院《庆祝蔡元培先生六十五岁论文集》下册，第693～695页。

象雀者,取其鸣"节节足足"也。今按:"爵"与"雀"音义通。《尚书·顾命》"爵弁",《白虎通》、《独断》、《释名》都作"雀弁"。《礼记·月令》"爵入大水为蛤",《大戴礼·夏小正》、《淮南子·时则》"爵"都作"雀"。《礼记·三年问》"小者至于燕雀",陆德明《释文》:"雀,本又作爵。"《说文》:"雀,依人小鸟也……读与'爵'同。"段玉裁注:"爵形即雀形也。"又引程瑶田《通艺录》:"前有流,喙也,脑与项也,胡也;后有柄,尾也;容酒之量,其口左右侈出者,翅也;近前有二柱,耸翅将飞貌也;其量,腹也;腹下卓尔鼎立者,其足也。"商承祚先生说:"今观卜辞诸'爵'字,象爵之首,有冠毛,有目,有味,因冠毛以为柱,因目以为耳,因味以为足,厥形维肖","今证以卜辞,其字确象爵形"。[①] 则"爵"之形制因"爵"、"雀"音义通而明矣。

十一、有助于破俚俗语源

所谓"俚俗语源",是相对于科学语源学说的,即是指社会对词义和语源所作的不科学的解释。这些解释常常跟把"伍子胥"说成是"伍髭须",再把他的神像塑成大络腮胡子,把"杜拾遗"说成是"杜十姨",再把他的神像塑成小媳妇一样可笑。究其缘由,大致都是"望文生义"和"世俗语讹"给造成的。俞敏先生曾著《古汉语里的俚俗语源》[②],专门论述到这个有趣的问题。举的例子很多,随便摘几个介绍如下:

《楚辞·离骚》:"杂杜衡与芳芷。"王逸注:"香草也。"《史记·司马相如列传》:"其东则有蕙圃衡兰。"《索隐》引《博物志》说:杜衡,"一名土杏"。经过俚俗语源,作为草名的"杜衡",倒变成仿佛是树木之名了。

《楚辞·离骚》又有"恐鹈鴂之先鸣兮"句,"鹈鴂"即"子鴂",而《文选·宋玉〈高唐赋〉》李善注引郭璞注《尔雅》说:"或曰即子规,一名姊归。""子规"、"姊归"都是经过俚俗语源改了的。

《汉书·文帝纪》:"未央宫东阙罘罳灾。""罘罳"本是一种建筑,古代设在宫门外或城角的屏,形如网,上有孔,用以守望和防御。字也作"孚思"、"复思"。而《释名》却说:"臣将入请事,于此复重思之也。"《水经注》也说:"汉末兵起,坏园陵罘罳,曰:'无使民复思汉也。'"

---

① 罗振玉考释、商承祚类次:《殷墟文字类编》卷五,1923 年。

② 载《燕京学报》第 36 期。

《尔雅·释草》里有“颗冻”，即“款冬”、“款东”。颜师古注《急就篇》说：“款东即款冬，亦曰款冻。以其凌寒叩冰而生，故为此名也。”其实此草是在春天发芽，实在与“冻”和“冬”没有什么关系。

《庄子·秋水》篇：“河伯始旋其面目，望洋向若而叹。”“望洋”本是联绵词，二字不可分训，而《释名》则说：“阳气在上，举头高似若望之然。”望文生训，不着边际。

此外，语源学的成果还可以用作考证历史文化、民俗、名物等方面的佐证，如杨树达先生考证甲骨文中的“滴”即后来的“漳”字，二字音义相通，从而得出商族先人因生活在漳水流域而得名的结论。[①] 这方面的研究成果也不少，就不详细介绍了。

【附录一】

古车名原

按：车制是最古老的科技之一，《考工记》首先记载的就是车制。戴震作《考工记图》附《释车》一篇。《释车》之文甚简，今从命名法角度，摘其可说者为之疏释。其语源不显者，暂付阙如。文中黑体部分为戴震原文。选此文作为附录之一，旨在说明通过探求语源和同源词系统去探求古人名物的一些具体方法。

车式较内谓之舆。

舆以其可举物为名。字从车，舁声。舁，共举也。字或作“舆”下加“车”，《广雅·释诂》亦训为“举”，故车所以举物者亦谓之㨢舆。

其深谓之隧。

隧以其深为名。

郑司农云：“隧谓车舆深也。”《匠人》云：“广二尺深二尺谓之隧。”郑玄注：“夫间小沟。”《广雅·释水》：“滚，坑也。”坑之为物亦深。《左传·僖公二十五年》“请隧弗许”，杜预注：“阙地通路曰隧。”“隧”即今之隧道，义亦同“滚”。邃亦深也，今有复音词“深邃”。

“遂、滚、隧、邃”音相近，皆含深义，故车舆深亦谓之隧。

---

① 参见杨树达《积微居甲文说·卜辞琐记》，中国科学院1954年版，第47～48页。

揜舆旁谓之輢。

輢之言倚，以其可倚为名。

《说文》："輢，车旁也。"此谓车舆两旁木板，古人立乘，人常倚此，故名。此与后有靠背可倚之坐具为"椅"同理，为其用于车，故从车旁。字亦作"椅"，《战国策·赵策》："臣恐秦折王之椅也。"鲍彪本作"輢"。

式前谓之軓。

軓之言范，以其可规范为名。

《说文》："軓，车轼前也。"戴震注《记》云："軓与輢皆舆掩板。輢之言倚也，两旁人所倚也。軓之言范也，范围舆前也。"皆因其用而名。

軓谓之阴。

阴之言荫，以其可遮蔽为名。

《诗经·秦风·小戎》"阴靷鋈续"，毛传："阴，揜軓也。"郑玄笺："軜軓，车轼前垂軜也。"《释名》："阴，荫也，横侧车前以荫笭也。"揜、荫皆遮蔽之义，故揜軓亦谓之阴。

车阑谓之軨。

軨之言棂。

《说文》："軨，车轖间横木。"棂，《说文》云："楯（即今阑干）闲子也。"段玉裁注："《文选注》作窗闲子。"盖车輢内有木纵横交错如门窗之棂，故因之为名。

式下人所对谓之轛。

轛之言对，以其与人相对为名。

郑司农云："轛，式之植者横者也。轛者，以其向人为名。"《说文通训定声》："轵在两旁，轛在前向人也。"于义甚明。

轮鞣谓之牙，牙谓之辋。

鞣之言揉；辋之言网；牙者，交错之名。

《说文》："煣，屈申木也。"《周易·系辞下》："揉木为耒。"煣、揉并柔曲义。鞣、揉古通用，《易·说卦》："坎为水……为矫鞣。"孔颖达疏："使曲者直为矫，使直者曲为鞣。""鞣"即"揉"。盖鞣由直木揉曲而成，因以鞣为名。颜师古注《急就篇》云："鞣，车辋也。关西谓之鞣，言其柔曲也。"是其义。

《释名·释形体》："牙，樝牙也。"讶，相迎也，字今通作"迓"。迓、逆、迎音相近，并相遇之义。牡齿上下交错，与遇义亦通。车辋曲木会合之处似之，故亦谓之牙。牙以木制，故《说文》作“枒”，解云：“车辋会也。”则车牙本谓车辋曲木会合处。引申之，四周曲木通谓之牙。

牙谓之辋者，《释名·释车》：“辋，网也，网罗周轮之外也。”

轮辏谓之辐，辐近毂谓之股，近牙谓之骹。

辏者，谓其落落分布；股者，粗大之名；骹者，细直之称。

《广雅疏证·释宫》“椽也”条下云：“橑者，落落分布之名。屋椽谓之橑，犹车盖弓谓之辏，故《释名·释车》篇云：‘辏，盖爪也，如屋构橑也。’轮辐谓之辏，义亦同也。”凡称股者多物大之名，辐近毂者粗大，故亦谓之股；凡称骹者多物小细直之名，辐之近牙者细小，故亦谓之骹。

《轮人》：“参分其股围，去一以为骹围。”郑玄引郑司农云：“股谓近毂者也，骹谓近牙者也。方言股以喻其丰，故言骹以喻其细，人胫近足者细于股谓之骹，羊胫细者亦谓之骹。”

《说文》：“股，髀也。”《诗经·小雅·采菽》：“赤芾在股。”郑玄笺：“胫本曰股。”《周髀算经》：“折矩以为句广三、股修四、径隅五。”《磬氏》：“股为二。”郑玄引郑司农云：“磬之上大者。”戴震注《考工记》云：“弓近部谓之股。”人胫近髀大于骹者谓之股，折矩大于勾者谓之股，弓近部者谓之股，磬之上大者谓之股，故辐之近毂大于骹者亦谓之股。人胫、羊胫之骹，藕根、草根之骹，黄茅根之骹，藨苇根之茭，皆物之细直在下之名，故辐近牙细直小于股者亦谓之骹。[①]

毂空壶中所以受轴谓之辏。辏谓之薮。

辏、薮音相近，并中空之名。

《文始》九云：巢，孳乳为橾，为辏，“又孳乳为橾，车毂中空也。《考工记》作‘薮’，郑司农曰：‘薮，读如蜂薮之薮。’蜂薮即蜂巢，是橾之名本于巢，谓毂空处众辐所趣，形若蜂巢也”。颜师古注《急就篇》：“辏者，毂中空受轴处也。”《广雅疏证·释器》：毂辏“以其中空如壶，故曰壶中”。义并同。辏，《说文》作“橾”，谓“读若薮”。薮者，大泽也，亦中空之义。辏、薮一声之转，音近义通。

以金裹毂中谓之釭。

釭之言空。

《释名·释车》：“釭，空也，其中空也。”字从金，工声。工、空古音近，故“司

① 参见刘又辛《说骹》，载《中国语文》1980年第2期。

空"字金文作"司工"。《说文》:"一曰秦谓蝉蜕曰蛩。"蝉蜕即蝉壳,知"蛩"之为言亦"空"也。《广雅疏证·释器》:"《说文》:'銎,斤斧穿也。'斤斧穿谓之銎,犹车穿谓之釭。釭、銎之为言皆空也。""《方言》:'矛骹谓之銎。'郭璞注:'矛刃下口。'则凡铁之空中而受柄者,皆谓之銎矣。"字从金,巩声。巩、空古音近,故蛩字,《玉篇》或作"蛵",诸字音义并通。

毂端锴谓之錧。

錧之言管。

戴震注:"以铁为管,约毂外两端。""约"亦管束之义,知錧之得名于管。

轴末谓之辖。

辖者,短小之称。

《广雅疏证·释器》:"小声谓之嘒,小鼎谓之鐟,小棺谓之槥,小星貌谓之嘒,蜀细布谓之繐,鸟翮末谓之䎀,车轴两端谓之辖,义并同也。"

轴当毂釭,间之以金,谓之锏。

锏之言间。

《说文》:"锏,车轴铁也。"《释名·释车》:"锏,间也,间釭轴之间,使不相摩也。"间谓间隙、间隔,故山间之川亦谓之涧,取义亦同。

轴端之键,以制毂者谓之舝。

键者,关闭、制止之名。键、舝,语之转。

《广雅·释室》:"键,户牡也。"《周礼·地官·司门》:"掌授管键,以启闭国门。"字亦作"楗",《说文》:"楗,限(段玉裁注作"歫")门也。"制门户牡谓制门扉者,故制车毂者亦谓之键。

键亦谓之舝。《说文》:"舝,车轴端键也。"音义同辖。《说文》:"一曰辖,键也。"颜师古注《急就篇》云:"辖,竖贯轴头,制毂之铁也。"《尔雅序》"六艺之钤键",《释文》:键,"辖也"。辖即辖字。

又,键、楗皆牡者之名,引申之,开键之物亦曰键,《小尔雅·广器》:"键谓之钥。"牡者去势则谓之犍,《一切经音义》卷十四引《通俗文》:"以刀去阴曰犍。"

键、辖对转。键谓之辖,犹犍谓之犗。《广雅·释兽》:"犗,犍也。"《庄子·外物》:"巨缁五十犗以为饵。"《释文》:"犗,犍牛也。"于羊则为羯,《广雅·释兽》:"羯,犍也。"犗、羯音义通,犹搳、擖音义通,《说文》:"搳,擖也。"按:害、曷实为一字。《诗经·周南·葛覃》:"害澣害否。"《释文》:"害与曷同。"则犍、犗、羯音义并通。

辀出轨前穹而上谓之胡。胡谓之侯。

胡者，下垂之名。胡、侯，语之转。

《周礼·秋官·大行人》："立当前侯。"郑司农云："前侯，谓驷马车辕前胡，下垂柱地者。"《广雅疏证·释器》："袌者，下垂之名。人颔下谓之胡，辀颈下谓之胡，袯下谓之袌，其义一也。"

胡谓之侯者，胡、侯声之转。《吕氏春秋·观表》："今侯渫过而不辞？"侯谓胡也，何也。胡、侯之转，犹喉或谓之胡，亦犹鰗鮧或谓之鯸鲐（河豚）。

辀端谓之颈，后谓之踵。

辀端持衡者谓之颈，犹草木之有茎，人之有脖颈。颈者，径直之名，说见下"桯"条。后承轸者谓之踵，犹人脚跟谓之踵。

轭谓之衡。衡下乌啄谓之軥。

轭之言扼，衡之言横，軥之言勾。

轭之言扼，说见下"鬲"条。

"衡"通"横"，《诗经·齐风·南山》"衡从其亩"，谓"横纵其亩"。车辕端有一横木，因其横故谓之衡。

《说文》："軥，轭下曲者。"《说文通训定声》："轭下为两坳，以叉服马之颈者，亦谓之乌噣。"盖指车轭两边下伸反曲以夹马颈者，其形勾曲。或以朐为之，见《左传·昭公二十六年》。从句声字多有曲义、止义，故轭下曲者亦谓之軥。或谓之乌啄，则因形象而名。

车盖之杠谓之桯。

桯者，直立之名。

桯从呈音，呈从壬声。朱骏声谓"壬"字从人立土上，挺立也，与"立"同义，故壬声字多含直义：呈，平也；廷、庭，直也；逞，通也；莛，茎也；梃，杖也；侹，长貌；挺，拔也；脡，肉脯之直者。诸字皆含直义，故车盖之直杠亦谓之桯。

巠从壬省声（古文或从壬声不省），故从巠声字亦多含直义[①]，故车盖之直杠谓之桯，又谓之茎。《论衡·说日》"有若盖之茎者"，茎即桯。

杠，床前横木也。竿，竹梃也。杠、竿亦直物之名，故杠谓之桯，谓之茎，亦谓之竿。《礼记·檀弓上》"绸练设旐夏也"，郑玄注："绸练，以练绸旌之杠。"《释文》：杠，"竿也"。

---

① 参见杨树达《积微居小学金石论丛》，中华书局 1983 年版，第 9～10 页。

车盖之桯谓之竿，犹竹梃谓之竿；竿之为茎，犹禾秆之为禾茎。杠、桯、茎、竿，诸名异而取义同。

弓近部谓之股，弓末谓之蚤。

股者，言其大，说已见上。蚤之言爪。

蚤、爪古字通。《轮人》"欲其蚤之正也"，郑玄注："蚤当为爪。"《说文》："瑵，车盖玉瑵。"其字从玉，谓其爪本以玉为之。颜师古注《急就篇》："獠，盖弓之施爪者也。"弓末谓之蚤，犹动物肢末谓之爪。

所以引车谓之辕。

辕之言援。（参见第一章《文字学》，此略）

轭谓之鬲。

轭之言扼，鬲之言隔。

"轭"通"扼"。《庄子・马蹄》"加之以衡扼"，扼，扼止之义。《汉书・李陵传》："力扼虎。"

"鬲"通"槅"。《车人》"鬲长六尺"，郑众注："辕端压牛领者。"《说文》："槅，大车枙也。"

鬲之言隔塞。《尔雅・释水》"鬲津"，孙炎注："水多阨狭，可隔以为津而横渡也。"《素问・至真要大论》"鬲咽不通"，注："谓饮食入而复出也。"《汉书・五行志》："鬲闭门户。"义并同。

扼、隔义通音近（搹或从戹声，字亦作"掟"、"扼"），故轭亦谓之鬲。《释名・释车》："槅，扼也，所以扼牛颈也。"是其义。

轮輮谓之渠。

渠者，牙也，渠、牙古音近。

輮即辋，即輮。上文云："轮輮谓之牙，牙谓之辋。"知渠即牙，盖古音相近，故得同称。

以上所论，虽不敢言必，但至少可以说明一点：世间万物之命名，多有可说者。通过同源词研究来寻求名实之间的关系，寻求此名与彼名之间的关系，无疑是能够做得到的，也应该是训诂学、语源学的任务之一。刘熙说"夫名之于实，各有义类"[①]，殆不诬也。

---

① ［汉］刘熙：《释名・序》。

【附录二】

“浑”之语转蠡测

按：选此文作为附录之二，旨在说明探求语转轨迹的一些方法。文中括号内容是作者加注。

语转现象的认识和语转理论的建立及其在训诂学上的广泛运用，无疑是我国前代学者对传统语言学做出的最重要的贡献之一。但是，与此同时也产生了不少流弊：如事有不济，则以某某“一声之转”了之；或者唯音是断，毋论其他。如有人说公羊、穀梁为声转，庄周与杨朱是一人，音理虽合，他证不足，终成话柄。科学的生命在于精审，在于和实际相符。滥用语转理论，必然导致唯心主义。清代著名训诂学家程瑶田就说过：“音语相转，是考字要义。然必旁举数事证之使确，乃可定其说。不然，何字无音？何音无转？”[①]他的话是正确的。我们必须再三申明，语转理论的运用必须以同一语根孳乳、变化为条件。如果把意义相近的词语一概按声纽联络起来，命之曰“一声之转”，不但没有任何意义，而且也不符合语言实际。

那么，究竟怎样才能做到实事求是地探讨语转轨迹呢？我们认为，语言不是个人的创造，而是社会的产物。任何词语的意义或词语的变化不可能仅仅为个别人所理解。一种认识如果符合语言实际，就一定能够找到相当的证据。根据这个原则和汉语的特点，我们认为，内证、外证、旁证综合使用和形音义综合考察的方法是考证语源、探求语转轨迹的重要方法。

这里，我们举“浑”之语转为例，着重说明考证语转的一些方法。

为了叙述的方便，我们首先说一下结论，然后再加证明。

(1)浑、混、溷、沄、滚，诸词音近义通。

(2)衍为复音连语：浑沦、混沌、? 兜、囫囵、轱辘、骨朵、骨碌、胡芦、浑脱、胡涂等，诸词音近义通。[②]

① 张煦侯：《程瑶田的训诂学》，载1961年8月23日《安徽日报》。

② 少数词语用程瑶田说。

(3)主要意义:A. 浑圆;B. 混同、杂厕、浑然为一、整个儿地(全);C. 翻转、回匝;D. 不慧、不开窍、不明事理。

下面我们来试加证明。

首先,我们证明:浑、混、溷、沄、滚音义通。

从音上看:

(1)据反切证音近。

据《广韵》,浑,户昆切;又,胡本切;混,胡本切;溷,胡困切;沄,王分、户昆二切;滚,《集韵》作古本切。诸字古音相近。

(2)据读若证音近。

《说文》:"沄,转流也。读若混。"《说文》"混"字条下段玉裁注引《孟子·离娄下》"原泉混混",谓"混"古音"读如衮,俗字作滚"。《吕氏春秋·大乐》:"浑浑沌沌,离则复合,合则复离,是谓天命。"高诱注:"浑,读如衮冕之衮。"《周礼·春官·典同》"高声硍",贾公彦疏:"郑大夫读硍为衮冕之衮,取音同。后郑从之。"则浑、混、沄、滚音近。

(3)据异文证音近。

《文选·潘岳〈西征赋〉》"风流溷淆",李善注:"溷,或为浑。"今则统作"混"。《史记·惠景间侯者年表》"平曲侯公孙昆邪",《汉书·景武昭宣元成功臣表》"昆"作"浑"。《尔雅·释畜》:"鸡三尺为鹍。"《释文》:"鹍,本作鹍。"《集韵·混韵》:"滚,大水流貌。或作混、浑。"《管子·君臣上》:"衣服绲绕,尽有法度。"戴望注:"绲绕,古衮冕字。"《集韵·混韵》:"惃,俗作惀。"《古今韵会举要》卷十三:"混,或作滚。"则知浑、混、溷、滚音相近。

(4)据方言证音近。

《经义述闻》卷五"其鱼鲂鳏"条下云:"鳏"即"鲩","扬州人叫鲩子鱼,读如混,或如衮,字又作鲲"。又凡圆形之物,人形容为"浑圆",或谓"滚圆"、"滚瓜溜圆",则浑、混、滚音相近。又广东人称"馄饨"为"云吞",则为"混"、"沄"音近在方言中的孑遗。

(5)据同义异说证音近。

《孟子·离娄下》有"原泉混混",《山海经·西山经》有"其源浑浑",则"混混"犹"浑浑"。《世说新语·言语》记叙裴颇"善谈名理,混混有雅致",《晋书·王戎传》中则称裴颇"论前言往行,衮衮可听",则"混混"犹"衮衮"。《集韵》有"谸"字,训为“语不明”，则音义和“含浑”之“浑”相近。

从义上看：

(1)本训并通。

依《说文》：“浑，混流声也。”段玉裁注改“混”作“溷”，引郦善长“谓二水合流为浑涛，今人谓水浊为浑”。混，《说文》训为“丰流”，段玉裁注：“盛满之流也。”“溷，乱也，一曰：水浊貌。”“沄，转流也。”《说文》无“滚”字，《集韵》：“滚，大水流貌。或作混、浑。”

今按：诸训并通。混，同也，合也。《说文》训“浑”为“混流声”，郦善长谓二水合流为“浑涛”，则“浑”亦有会合之义。会合之流必大，故《说文》训“混”为“丰流”，即段注所谓“盛满之流”。盛大之流必杂乱、翻滚，故《说文》训“溷”为“乱”，训“沄”为“转流”。所谓“转流”，段玉裁注谓“回转之流沄沄然”，则为翻滚之义，诸字音义并通。

(2)文献有征。

《汉书·司马相如传》：“汩乎混流，顺阿而下。”注：“混流，丰流也。”“丰流”即郦善长所谓“浑涛”。《文选》李善注引郭璞云：“混，并也”，则亦会合之义。《说文》段玉裁注谓《孟子》“原泉混混”之“混”，其“俗字作滚”，甚是。朱熹《集注》：“混混，涌出貌。”《文选·七发》：“沌沌浑浑，状如奔马。”李善注：“沌沌浑浑，波相随貌。”《荀子·富国》篇：“财货浑浑如泉源。”杨倞注：“浑浑，水流貌。”《法言·问神》篇：“浑浑若川。”李善注：“浑浑，洪流也。”诸“浑浑”并为“滚滚”之义。闻一多说：“浑”、“运”，今俗字作“滚”。[①] 甚是。又，《楚辞·九思·哀岁》：“流水兮沄沄。”王逸注：“沄沄，沸流。”今人谓水滚曰“沸”，则“沸流”亦即“滚流”，是“沄”即“滚”。

(3)转训亦通。

“滚”本状运转之貌，引申之，运转的动作亦为滚(今俗语)。《尔雅·释诂》：“浑，坠也。”注：“浑，水落貌。”是“浑”亦即“滚”。郝懿行《义疏》引《说文》“一曰洿下貌”，谓“洿下亦沉坠之义”，说过迂曲。李煜《望江梅》词：“船上管弦江面绿，满城飞絮辊轻尘。”诸本“辊”或作“混”，或作“滚”。是“混”、“辊”亦“滚”也。又由动作之滚派生出“磙”(如石磙，北方称为“轱辘”)、辊(如辊轴)，则为能运转之物。

① 参见闻一多《古典新义》上册，(北京)古籍出版社 1956 年版，第 235～236 页。

会合杂厕、浑然为一，引申之义为不慧、不开窍、不明事理。《方言》卷十："惃……惛也。"郭璞注："谓迷惛也。"故《广雅·释诂》："惛乱也。"今语"厮混"、"鬼混"、"混日子"、"浑头浑脑"、"浑浑噩噩"，并为稀里糊涂之义。再引申，不明事理，好行凶德亦谓之"浑"，今俗语犹然。

(4)右文佐证。

"浑"字从"军"，"军"亦声。《说文》："军，圜围也。四千人为军，从车从包省。车，兵车也。"(前"车"字原作"军"，此依段玉裁注改)故《字林》谓"包车为军"，盖"军"取"圜围"之义，故《广雅·释言》云："军，围也。"

"军"有圜围之义，故从军声字亦多有此义。辉，《说文》："軶軥也。"段玉裁注："辉之言围也，下围马颈也。"段说是，故《广韵》、《广雅·释诂》四并云："軶，还也。"还者，环也，旋也，亦盘旋、回匝之义。晕，日月气也，《吕氏春秋·明理》"有晕珥"，注："气围绕日周匝，有似军营相围守，故曰晕也。"《说文通训定声》："古之裈，今之满裆裤也。古之绔，今之套裤也。"套裤一分为二，裈则浑然为一，知裈亦取圜围无缺之义。纬，《说文》："纬也。"《释名·释典艺》："纬，围也。"则亦缠绕回匝之义。《广雅·释诂》："纬，束也。"义亦同。运，转也。《淮南子·天文》"运之以斗"，高诱注："运，旋也。"《楚辞·哀郢》"将运舟而下浮兮"，王逸注："运，回也。"转、旋、回，亦圜围、周匝之义，则并与"浑"义(浑圆、翻滚)相通。

又，"溷"从"圂"声。圂声字亦多有浑然一体之义，《说文》："棞，梡，木未析也。"段玉裁注："凡全物浑大皆曰棞。"《广韵》："棞，大木未剖。"

其次，我们证明：由"浑"等词语衍为复音连语。

(1)单音词衍为复音连语的情形前人已经发现不少，认为这是词语孳变的方法之一。如：孔—窟窿，喉—胡咙，虎—於菟，风—飞廉，笔—不聿，矬—侏儒，猋—扶摇，蟒—蚂蚱，蠓—蠛蠓，萑—芜蔚，茨—蒺藜，蝦—蝦蟆，蜩—蜩蟧，栘—唐棣，等等。今方言或谓葱、蒜之气味曰"呼隆"，"呼隆"当即"荤"之衍音。《说文通训定声》："今苏俗常语谓之或仑。'或仑'者，棞之合音。"以上是说，语言中单音词衍为复音词或复音词合为单音词的现象确实是存在的。

(2)浑圆之物，如瓠、壶，亦统称"葫芦"。《诗经·豳风·七月》："八月断壶。"毛传："壶，瓠也。"《庄子·逍遥游》："魏王贻我大瓠之种……剖之以为瓢。""瓠"即葫芦。《广雅疏证·释草》"瓠也"条下云："《蜀本草》引《切韵》云：'瓢，瓠也。'《玉篇》云：'瓢，匏瓜也。'《广韵》云：'瓠𤬛，瓢也。'然则匏也，瓢也，瓠也，瓠𤬛也，实一物也，瓠𤬸或作壶卢，或作瓠瓡。”今俗语有“按下葫芦起来瓢”。《说文通训定声》“瓠”下云：“今苏俗谓之壶卢，‘瓠’即‘壶卢’之合音。”

壶，《说文》：“昆吾，圜器也。”则为酒器，字或借作“瓠”。《尔雅·释器》：“康瓠谓之甈。”注：“壶也。”汉时把盛药的葫芦称为“壶”，故后世谓行医为“悬壶”。壶、瓠衍音为葫芦，于此可见。

(3)浑圆之物善滚。滚之动作，北人俗称“轱辘”（如“轱辘下去了”）、“骨碌”（如“一骨碌爬了起来”）；善滚之物，则为“磙”（如“石磙”、“磙子”），北方俗称亦为“毂辘”（如“车毂辘”）。则“滚”即“轱辘”、“骨碌”，“磙”即“毂辘”，唯音有舒促而已。

“浑”音义亦通“滚”，说已见上。或作重言，《尔雅·释训》：“浑浑，流貌也。”或作“混混”，《广雅·释训》：“混混，转也。”或作“混沦”，《集韵》：“沦，混沦，水流转貌。”《文选·郭璞〈江赋〉》：“或混沦乎泥沙。”李善注：“混沦，轮转之貌。”又，今称吊挂式起重机械为“滑车”，盖因由若干滑轮组成而名，滑轮即“毂辘”，故俗又称滑车为“葫芦”，所谓“手动葫芦”、“电动葫芦”者是。则浑、滚、混衍为轱辘、骨碌、毂辘、混沦、葫芦，于此可见。

(4)浑圆则完整无缺，故又引申为“完全”、“整个儿地”的意思。

陆游《剑南诗稿·农家》：“低垣矮屋倚江流，浑舍相娱到白头。”陈师道《山口》诗：“渔屋浑环水，晴湖半落东。”“浑”犹“全”。

又，棞训为“合薪”、“大木未剖”，则亦完整无缺之义。

浑然之义，或谓之囫囵、浑沦、鹘沦。《俗书刊误》：“物完曰囫囵，与浑沦同义。”李实《蜀语》：“浑全曰囫囵。”元张可久《沉醉东风·气球》：“元气初包混沌，皮囊自喜囫囵。”《朱子全书·学六》：“学者初看文字，只见得个浑沦物事。”“但教亦不可混沦说，须是每事上检点。”或作“鹘沦”，《朱子全书·易一》：“只是鹘沦一个大底物事。”今俗语则谓“胡沦”，则浑沦、囫囵、鹘沦亦为浑、棞之衍音。

(5)浑圆则浑然为一，衍音又为浑敦、混沌、鹘突、骨董、浑脱、昆仑。

《列子·天瑞》：“气形质具而未相离，故曰浑沦。浑沦者，言万物相浑沦而未相离也。”“万物相浑沦”即“万物相混”。《山海经·西山经》：三危山西曰天山，“有神焉，状如黄囊，赤如丹火，六足四翼，浑敦无面目”。“浑敦”即浑然之义。《庄子·应帝王》记有南海之帝倏与北海之帝忽帮助中央之帝浑沌“开窍”的故事：“倏与忽谋报浑沌之德，曰：人皆有七窍，以视听食息，此独无有，尝试凿之。

日凿一窍，七日而浑沌死”，结果帮了倒忙。崔注：“浑沌，无孔窍也。”则“浑沌”盖由混然无孔窍而名。李注：“清浊未分也。”故天地未辟之时，或称为“混元代”，“混”即“浑沌”。

扩大之，他物亦引以为称。《通雅·饮食》：“馄饨，本浑沌之转，近时又名鹘突。”“鹘突”又作“骨董”，范成大《素羹》诗：“毡芋凝酥敌少城，土薯割玉胜南京。合和二物归藜糁，新法侬家骨董羹。”李廌《仇池笔记》：“罗浮颍老取凡饮食杂烹之，名骨董。”今俗犹称合和菜、面等羹类食物为“胡胡”，或称“胡涂”，亦取混然之义。《神机制敌太白阴经·济水具》：“浮囊以浑脱羊皮，吹气令满，紧缚其空，缚于胁下，可以渡也。”明叶子奇《草木子·杂俎》：“北人杀小牛，自脊上开一孔，逐旋取去内头骨肉，外皮皆完，揉软，用以盛乳酪酒湩，谓之浑脱。”“浑脱羊皮”谓完整的羊皮，则“浑脱”亦即“浑”，故浑然牛皮器亦谓之浑脱。昆仑，则为浑然一大物事，义亦通。

(6)浑然无窍，引申之义为不慧，俗谓之“昏”、“浑”，即“胡涂”。

浑、胡可以相转，今语含浑（含混）或谓含胡，浑沦或称“胡囵”，混闹即胡闹[①]，混搅即胡搅。浑衍音为胡涂，或作胡突、鹘突，今统作糊涂。

无名氏《冤家债主》第三折：“阎神也有向顺，土地也不胡突。”《宋史·吕端传》：“太宗曰：‘端小事糊涂，大事不糊涂。”《朱子全书·论语四》：“他这处直是见得如此分明，到得闻其正名处却鹘突。”

(7)糊涂、不慧又引申为不明事理，好行凶德，字作浑敦、浑沌、讙兜，今俗则单称为“浑”，方言或谓之胡芦。

《左传·文公十八年》：“昔帝鸿氏有不才子，掩义隐贼，好行凶德，丑类恶物，顽嚚不友，是与比周，天下之民谓之浑敦。”杜预注：“浑敦，不开通之貌。”《史记·五帝本纪》作“浑沌”。《正义》：“浑沌即讙兜也。言掩义事，阴为贼害，而好凶恶，故谓之浑沌也。”又引《神异经》云：“昆仑西有兽焉，其状如犬，长毛四足，似罴而无爪，有目而不见，行不开，有两耳而不闻。有人知性：有腹无五脏，有肠直而不旋，食径过。人有德行而往抵触之，有凶德则往依凭之，名浑沌。”则“浑沌”与今语“浑”义相当甚明。

又，今方言或称不明事理为“胡芦”，“葫芦”亦即“浑”、“浑沌”。

---

① 参见《红楼梦》第八回。

(8)由复音连语变成"AABB"结构,义亦同。

《庄子·在宥》:"浑浑沌沌,终身不离。"郭象注:"浑沌无知而任其自复,乃能终身不离其本也。"《淮南子·兵略》:"浑浑沉沉,孰知其藏。"《针灸甲乙经十二经脉络脉支别上》:"则病耳聋,浑浑焞焞,嗌肿喉痹。"今则谓人头脑不清、耳鸣目眩为"昏昏沉沉",义近"胡里胡涂"。诸词字形或异,音有流转,而诸义相通,兹不具。

(9)其他旁证。

据刘尧汉先生考证,所谓"自从盘古开天地"的"盘古",其实就是"槃瓠",亦即"葫芦"。其根据之一就是在我国汉、彝、怒、白、哈尼、纳西、拉祜、基诺、苗、瑶、畲、黎、水、侗、壮、佤、布依、高山、仡佬、崩龙等民族中都有我国各族先民共同出自葫芦的传说。《诗经》上说的"緜緜瓜瓞,民之初生",也是说"人从瓜出",瓜即葫芦。[①] 又,闻一多先生也有类似看法,并有详细证明[②],足可作为本文的佐证之一。

以上,我们利用包括异文、旧注、古代典籍、古今方言、民俗和民间传说等一切可资参证的资料,从形音义诸方面考察了一族词语的孳变轨迹。无论是方法还是结论,都不敢自是,敬祈并世通人进而诲之。

【附录三】

试说"方"的词义系统和词族系统

按:选此文作为附录之三,旨在说明探求语转轨迹的一些方法。文中括号内容是作者加注。

一、引言

汉语里的词数以万计,甚至十万计、百万计,而一个词又有很多义项,有些甚至有几十个义项。比如对"方"的解释,新《辞源》列在读 fāng 音下面的义项有 18 个,新《辞海》列有 25 个,《汉语大字典》和《汉语大词典》都列有 36 个,台湾

① 参见张启祥《一位"山野妙龄女郎"的出世》,载《读书》1981 年第 9 期。

② 参见闻一多《神话与诗》,(北京)古籍出版社 1956 年版,第 57～58 页。

《中文大辞典》列有大的义项49个(含通假义义项),加上小义项总共60个。试想,一个刚入学的小学生都认识的“方”,竟有这么多的解释和用法,那么,要掌握几千个常用词的用法该花多少气力!而有“方”参加组合的多音词就更多得惊人,如《汉语大词典》就收了三百几十个(专有名词除外),并且大部分又不止一个义项,要想逐一理解,更是难上加难!

那么,对此有没有较为便捷而科学的方法呢?笔者认为,对于单个词语来说,要在善于把握其词义引申系统,即把握一个多义词由本义到引申义以及诸引申义之间辗转变化的轨迹;对于整个词汇来说,要在善于把握词汇的同族系统,即把握同出一源的、由此词到彼词以及诸同族词之间繁衍派生的轨迹。只要掌握了一个词语的词义引申系统,也就把握了这个词语运用的大势;只要掌握了词汇的同族系统,也就把握了整个词汇的经脉。把握住这两大系统,也就把握了汉语词汇的“纲”和“领”。一纲举而万目张,一领挈而全裘振。提纲挈领,然后能融会贯通、举一反三,有闻一知十、事半功倍之效。

下面即以“方”为例,分别说明其词义引申系统和同族词系统,作为上述意见的一个应用实例。

二、“方”的词义系统

“方”的本义已经很难考证了。有人认为象耒形,有人认为就是“方国”,《说文》则训为“并船”。笔者认为,有时考察一个词的基本意义甚至比考察它的原始意义更为重要。事实上,我们说的本义常常就是指基本意义,不是原始义也并不影响我们分析词义系统,甚至由于历时久远,本义失考,人们有时很可能把假借义一直当成本义,但这也并不妨碍我们分析词义系统。因为即使假借义也可以自成系统。如“策”的本义是“马鞭”,用作动词有“驱赶”义,它是由本义派生出来的引申义。但“策”又通“册”,就又由“简策”义引申出“记载”、“对策”、“计策”等义,它们自成系统,与前者泾渭分明。

下面就依上述原则来探求“方”的词义引申系统。

《说文》:“方,并船也。象两舟省总头形。”据此,则当为“舫”的初文。慧琳《一切经音义》卷二十六引《通俗文》曰:“连舟曰舫,谓并两船也。”《战国策·楚策一》:“一舫载五十人。”鲍彪注:“舫,并船也。”字也作“艕”。《集韵》:“艕,并两船。或从方。”

“方”为“并船”,引申为凡“并”之称。《仪礼·乡射礼》“不方足”,郑玄注:“方犹并也。”《汉书·扬雄传上》“方驰千驷”，颜师古注：“方驰，并驱也。”

“并”是“并列在旁”的意思，所以引申为“等同”、“比拟”之义。《周礼·考工记·梓人》“广与崇方”，郑玄注：“方犹等也。”《汉书·卫青霍去病传》“票骑亦方此意”，颜师古注：“方，比类也。”

“等同”、“比拟”即有“对抗”、“违抗”之义。《尚书·尧典》“方命圮族”，《孟子·梁惠王下》“方命虐民”，“方”都是“违抗”之义。

“并”即“并列在旁”，所以引申为“旁边”、“边远”、“四方”、“四方土地”、“四方邦国”等义。《史记·扁鹊仓公列传》“视见垣一方人”，司马贞《索隐》：“方犹边也。”杨树达《积微居小学金石论丛·释放》：“‘放’训‘逐’所以从‘方’声者，谓屏之四方，实则谓屏诸四旁耳。”《诗经·大雅·大明》：“厥德不回，以受方国。”殷商及周初有四边邦国如“羌方”、“土方”、“鬼方”。又引申为“方向”、“方面”、“地方”、“区域”、“处所”等义，皆常见，例略。

古人以为天圆地方，故“方”又特指“大地”。如《淮南子·本经》：“戴圆履方。”又引申为一切方正物体。如《周礼·考工记·舆人》：“方者中矩。”又特指“方版”。如《仪礼·聘礼》：“不及百名书于方。”又虚化为抽象义的“方正”、“正直”。如《韩非子·解老》：“所谓方者，内外相应也，言行相称也。”《淮南子·主术》：“智欲圆而行欲方。”

“方向”义又虚化指“方法”、“方术”、“方技”、“法则”、“道”。如《论语·里仁》：“游必有方。”《礼记·乐记》：“是先王立乐之方也。”《庄子·天下》：“惠施多方，其书五车。”又特指“医方”、“药方”。如《庄子·逍遥游》：“请买其方百金。”

又由“四方”之“方”虚化为量词，用作计算面积或体积的单位。如“一方砂石”等。

“方正”义又虚化为时间副词，表示“正在”、“刚刚”、“将要”。如《诗经·小雅·正月》“民今方殆”，方，正也。《大雅·行苇》“方苞方体”，方，才也。《秦风·小戎》“方何为期”，方，将也。“并”义又虚化为情态副词，表示“一并”，如《尚书·微子》：“小民方兴，相为敌仇。”

还要指出的是，掌握了“方”的词义引申系统，不仅有助于掌握“方”的诸多义项，而且更进一步，由“方”参与组成的合成词一般也容易迎刃而解。如知道“方”有“四方”、“地方”义，则“方社”、“方祀”、“方神”、“方域”、“方隅”、“方极”、“方裔”、“方畿”等词就不难理解了。

至于通“谤”、“房”、“防”等各种用法，只要略知古音即可旁通，兹不赘述。

当然，我们并不肯定上述各引申义形成的先后就一定如此。因为一个词语引申义的形成和发展，除时间会有不同外，还会有地域的不同。即使在相同时间、相同地域里，也会有并存的不同用法。更何况，有些词语的本字本义失考了，它们的义源我们甚至不可能弄清楚，其引申轨迹也就不能简单地用常说的“链条式”和“放射式”等线路图准确地表示出来。我们认为，重要的是能把握其形成、发展的基本线索。无规则地罗列义项，不是科学的辞书编写方法，也不是科学的词汇教学方法。因为不展示词义引申系统，就不能揭示词义发展规律，不揭示规律，也就丧失了科学性。

三、“方”的词族系统

“方”为“并船”，故引申为“并”义，又引申为“相并在旁”之义。于词，则派生为“旁”。《周髀算经》：“天之中央亦高，四旁六万里。”“四旁”即“四方”。《仪礼·大射礼》“左右曰方”，郑玄注：“出旁也。”《尚书·尧典》“方鸠僝功”，《史记·五帝本纪》作“旁聚布功”。

又派生为“房”。《说文》：“房，室在旁者也。”《说文通训定声》：“堂之后正中为室，室左右为东西房。”知“房”由在“旁”得名。《释名·释宫室》：“房，旁也，室之两旁也。”古音读“房”如“旁”，如“阿房宫”。

又派生为“傍”、“徬”。《说文》：“傍，近也。”“徬，附行也。”“近”、“附”并为“在旁”义。

又派生为“放”(仿)。《汉书·食货志下》“文质周郭放汉五铢钱云”，颜师古注：“放，依也。”

又派生为“榜”。《说文》：“榜，所以辅弓弩也。”《广雅·释诂》：“榜，辅也。”“榜”、“辅”，语之转，说详下。榜之制，或以木，或以竹，故字又作“牓”、“筹”。

又派生为“肪”。前引杨树达文据《文选·与钟大理书》注引《通俗文》“脂在腰曰肪”说：腰在旁，故其脂曰“肪”。

又派生为“膀”，盖因其在人体之旁而得名。字或径作“旁”。《考工记·梓人》：“以旁鸣者……谓之小虫之属。”郑玄注：“旁鸣，蜩蜺属。”则“旁”即“翅膀”字。

又派生为“枋”(柄)，当取其在旁可把持之义。《周礼·春官·内史》之“八枋”即《天官·大宰》之“八柄”。《说文》：“柄，柯也。”则为斧柄。字又作“棅’，《说文》:“柄,或从秉。”

鱼、阳对转,古音常例,故“甫”有“方”义,亦有“旁”义。杨树达《积微居小学金石论丛·释牖》谓“甫之为言旁也”,“牖”之从“户甫”,犹之从“户旁”,盖就位置而言。然则水旁为“浦”、“埔”、“埠”(也作“步”),取义自明。

又派生为“俌”,字从“人甫”,当谓从旁辅佐之义,故《尔雅·释诂下》云:“弼、棐、辅、比,俌也。”据《广韵》,知字出《埤苍》。《古今逸史·三坟·归藏易》:“相君俌位惟忠。”是其义矣。而《说文》解为“辅”,似非探源之训。段玉裁注:“谓人之俌,犹车之辅也。”未免有护许之嫌,然“人之俌”却道出了本义。《集韵》:“俌,助也。通作辅。”

又派生为“酺”,字从“面甫”,当谓其在面之两旁,故《说文》训为“颊”。按:就外表而言为“面颊”,就内骨而言为“颊骨”,即“车”。后亦通作“辅”。

又派生为“辅”,字从“车甫”,当谓其在车之两旁,盖指车轮外旁增缚夹毂之“榜木”。《说文》:“从车,甫声。人颊,车也。”非本训,故姚文田、严可均《说文校议》说:“此辅从车,当本训。小徐作‘《春秋传》:辅车相依。从车,甫声,人颊车也。’盖旧本如此,惟‘甫声’下尚脱‘一曰’二字耳。”其说近是。又说:“辅者,大车榜木……辅在两旁,故《春秋传》、《国语》皆言‘夹辅’。其俌相之俌、酺颊之酺,皆取此象。”甚是。

又派生为“补”,《说文》训为“完衣”,盖谓从旁补缀之。引申之,从旁辅佐使之完美亦曰补,《诗经·大雅·烝民》:“衮职有阙,惟仲山甫补之。”

又派生为“诵”,《说文》:“一曰:人相助也。”《广韵》同。则其初当谓以言从旁相助。

又派生为“赙”,《玉篇》解为“以财助丧”,当为得源之训。《仪礼·既夕》郑玄注:“赙之言补也,助也。”《说文新附》解为“助”,亦非本训。

又派生为“傅”,《说文》训为“相”。《左传·僖公二十八年》“郑伯傅王”,杜预注:“傅,相也。”则本与“俌”字无殊,唯加“寸”以表动作。

又派生为“扶”,《说文》:“左也。”“左,手相左也。”亦谓从旁相助之义,故《论语·季氏》:“危而不持,颠而不扶,则将焉用彼相矣。”《卫灵公》“固相师之道也”,郑玄注:“相,扶也。”“相”训“扶”,犹上文“傅”训“相”,并为“辅佐”之义。《周易·泰》“辅相天地”,“辅相”同义复用。“辅”、“扶”音义通,故“辅翼”又作“扶翼”,“辅赞”亦即“扶赞”。

“辅助”、“相并”则有增大、敷陈布列之义，故“甫”声字如“诵”、“博”等有“大”义，“敷”、“铺”、“舗”、“酺”等有“敷陈布列”义。

“方”、“甫”音义通，犹“旁”、“辅”音义通。《楚辞·惜诵》：“有志极而无旁。”王逸注：“旁，辅也。”《淮南子·人间》：“去高木而巢扶枝。”高诱注：“扶，旁也。”

“辅”或称为“帮”，《正字通》：“凡事物旁助者皆曰帮。”字本从“封”声，古在东部，《广韵》作“博旁切”，则中古已与“旁”同部。“甫”之为“方”，犹“扶助”之为“帮助”（俗语）。“依附”之为“依傍”，亦犹“辅”之为“榜”。“布”之为“榜”（如“张榜”、“榜文”），“缚”之为“绑”（俗语），“把”（上声）之为“秉”、为“柄”，“杷”（去声）之为“柄”（《晋书·王濛传》：“临殡，刘惔以犀杷麈尾置棺中。”），并为语之转（“无”之为“亡”为其音转确证）。

“旁”与“並”音义亦通。《史记·秦始皇本纪》“自榆中並河以东”，《集解》引服虔曰：“並音傍。傍，依也。”《汉书·武帝纪》：“遂北至琅邪，並海，所过礼祠其名山大川。”颜师古注：“並读曰傍。傍，依也。音步浪反。”“並”之为“傍”，犹今俗语谓以物缀合为“拼”，方言（如苏中）或音 bāng。

以上略论“方”之引申义项二十有余，“方”之同族词亦二十有余。其个别细节或非为笃论，但其中体现的词汇教学法，鄙见则以为当是坦途。

【附录四】

对《“铭”字文化溯源》说一点补充意见

按：选此文作为附录之四，旨在说明探求语转轨迹的一些方法。文中括号内容是作者加注。

北京语言文化大学张宝明先生《“铭”字文化溯源》（载《汉字文化》2002 年第 3 期）一文，全面探讨了“铭”字的文化内涵，使人感到确有研究“语言文化”、“汉字文化”之必要。陈寅恪先生说：“凡解释一字即是作一部文化史。”[1]说得真是不错。但以“解释一字”的题目去作“一部文化史”，当然是非常不容易的事，需要大家共同努力。张先生文引证翔实，读后得益良多，但仍觉得有些问题似乎还可

① 《沈兼士学术论文集》，中华书局 1986 年版，第 202 页。

以多说几句。今不揣鄙陋，敢略陈数事，以求教于张先生及广大读者。

一、关于“铭”和“名”的关系。

“铭”之用，是为了称扬其名，故《释名·释言语》说：“铭，名也，记名其功也。”又《释典艺》：“铭，名也，述其功美使可称名也。”《周礼·夏官·司勋》：“凡有功者，铭书于王之大常。”郑玄注：“铭之言名也。”说明早在汉代，语言学家已经认识到“铭”之得名盖源于“名”。钮树玉《说文新附考》：“铭，通作名，其加金旁者，盖涉题勒钟鼎也。”所论极是。又《周礼·春官·小祝》“设熬置铭”，郑玄注：“铭，今书或作名。”《仪礼·既夕礼》“取铭置于重”及《士丧礼》“为铭各以其物”，郑玄并注：“今文铭皆作名。”《集韵·青韵》：“铭，或作名。”这些例证又说明，“铭”字在通行之初，曾经过了一段二字并行的时期，后来才约定俗成地各司其职，并被固定了下来。从文字角度看，“铭”是“名”的区别字；从语源学角度看，“铭”是“名”的孳乳字(词)。

二、关于“名”和“铭”的含义。

这里说的“含义”，主要是指词义、语源义或其他相关的文化意义(我们认为语源义里蕴涵着深层的文化意义)。

这还得从“名”字说起。

在先秦，“名”可以作“文字”解。如《周礼·秋官·大行人》“谕书名”，郑玄注：“书名，书文字也，古曰名。”《仪礼·聘礼》“百名以上书于策”，郑玄注：“名，书文也，今谓之字。”从这个意义说，“名”就是“字”，亦犹古人“名”“字”之相应。又可以用作动词，如《左传·宣公三年》：“生穆公，名之曰兰。”《战国策·魏策三》：“宋人有学者，三年反而名其母。”《论语·泰伯》：“大哉，尧之为君也……荡荡乎，民无能名焉。”以上三例中的“名”分别当“命名”、“呼其名”或“称说”解。“名”既当“文字”解，那么，在有文字的时代，“命名”、“称呼其名”或“称说”也就离不开“文字”了，知“铭”亦隐含“由文字组成”的文化意义。《国语·晋语一》：“其铭有之。”韦昭注：“刻器曰铭。”后来“铭记”、“铭刻”义因此而生。

下面要说到“名”和“铭”的语源意义。

论语源，要想拿出“铁证”，难；但可知者有如下数事：

(1)在先秦，文字有许多名称：或称为“文”，当取花纹交错之意。或叫作“字”，取其孳生之意(《说文·叙》所谓“字者，言孳乳而浸多也”)。也叫“书”、“书契”，盖就书写、锲刻而言。诸词语源意义都比较清楚。那么，“名”之取义又是什么呢？《说文》：“名，自命也。从口从夕。夕者，冥也。冥不相见，故以口自名。”

许慎把“名”解为会意字，学者对此意见不一（详见下文）。但值得注意的是，《说文》的解释有弦外之音，就是揭示了“名”和“命”的关系。这种看法有一定道理。

“名”、“命”可以同声通用。如《尚书·金滕》“名之曰鸱鸮”、《左传·闵公元年》“今名之大”、《左传·桓公二年》“君之名子也”，《史记》之《鲁周公世家》、《魏世家》、《晋世家》曾分别引用，而“名”俱作“命”。《老子》第十四章“绳绳不可名”和“听之不闻名曰希，搏之不得名曰微”，汉帛书乙本“名”并作“命”。而《尚书·吕刑》“乃命三后”，《墨子·尚贤中》“命”又作“名”。《管子·幼官》：“三年，名卿请事。”名者，命也。《史记·天官书》：“兔七命，曰小正、辰星、天欃、安周星、细爽、能星、钩星。”《韩非子·和氏》：“王乃使玉人理其璞而得宝焉，遂命曰‘和氏之璧’。”《汉书·楚元王传赞》：“传曰：圣人不出，其间必有命世者焉。”以上三处“命”都是“名”义。故《广雅·释诂三》：“命，名也。”王念孙疏证：“名、命古同声同义。”

(2)“名”、“命”之用是为了“明”。

“名”字在《郘公华钟》里的构形是从月从口。故戴家祥主编《金文大字典》引马叙伦说：“名与明为一字，是月向窗子里进来了之意。”并说“马说近是”。但从字形结构分析，又说“未必是月进窗之意”，认为字中的“口”形非窗非口，而是“器物之统谓，概括地表示一切事物。月光照物则明，名初意当为明。《释名·释言语》‘名，明也。明实事使分明也。’《周礼·大司马》‘辨号名之用’，注：‘号名者，微识所以相别也。明辨事物则名之，事物不明则难以称名。后世便衍化为事物名称的意思”，这个意见理由比较充分。

首先，“名”、“命”、“明”三者有通用之例，如《文心雕龙·情采》：“若乃综述性灵，敷写器象，镂心鸟迹之中，织辞鱼网之上，其为彪炳，缛采名矣。”名者，明也。《墨子·兼爱下》：“分名乎天下，爱人而利人者，别与？兼与？”名者，明也。而《礼记·檀弓上》：“子夏丧其子，而丧其明。”洪适《隶续·冀州从事郭君碑》则谓卜商“丧子失名”。“命”与“明”亦通，《易·贲》：“君子以明庶政。”《经典释文》：“明，蜀才本作命。”又《系辞下》：“系辞焉而命之。”《经典释文》：“命，孟作明。”

其次，先秦时代，人们重视“正名实”，故《论语》有“名不正则言不顺”、“必也正名乎”的论述，而《荀子》“名定而实辨”、“名闻而实喻”两句名言更点明了“正名”的意义（“辨”、“喻”都有“明”义）。《墨子·经说上》：“言也者，诸口能之，出民（孙诒让云：“民”为“名”之误）者也。民（名）若画俿（虎）也。……言犹（同“由”）石（孙诒让云:“石”疑“名”之误)致也。”汪奠基云:“名只是实物的表述形式,故若画虎描形,语言判断,都是要由所表达的名字组合起来,故曰:‘言犹名致也。’”[①]虽然按照邢公畹先生的说法,先秦诸子里的“名”不等同于现代的“名称”,也不指书写的文字,而是指口头说的“字”(邢说亦见上书洪诚先生注引),但这不仅不妨碍我们认识“名”、“命”和“明”的关系,反而更有助于我们认识它们之间的内在联系。

(3)“铭”与“明”的关系也与“名”、“命”与“明”的关系相同。

《礼记·祭统》:“夫鼎有铭。铭者自名也,自名以称扬其先祖之美,而明著之后世者也。”又说:“铭者,论撰其先祖之有德善、功烈、勋劳、庆赏、声名,列于天下,而酌之祭器,自成名焉,以祀其先祖者也。显扬先祖,所以崇孝也。身比焉,顺也。明示后世,教也。”这种解释,不仅说明了“铭”与“名”的关系,同时也解释了“铭”、“名”与“明”(“明著”、“明示”、“显扬”)的关系。故《吕氏春秋·慎势》中说:“功名著乎槃盂,铭篆著乎壶鉴。”又《仪礼·士丧礼》“为铭各以其物”,郑玄注:“铭,明旌也。”指逝者灵柩前的旗幡。段玉裁《说文解字注》:“死者之铭,以缁长半幅,赪末长终幅,广三寸,书名于末曰‘某氏某之柩’,此正所谓自名。其作器刻铭,亦谓称扬其先祖之德,著己名于下。”其中“称扬”、“著”亦是“明”义。

由此可知,“名”、“铭”除隐含“由文字组成”的意义之外,其语源意义当是“明”。

---

① 洪诚选注:《中国历代语言文字学文选》,江苏人民出版社 1982 年版,第 44 页。

第六章 训诂学

"训诂"作为学科名称，当取自《尔雅》之《释诂》、《释训》。但《释诂》与《释训》两篇里的收词情况并不相同，而且，"训"、"诂"散言，则"训"多是"解释"的意思，"诂"多是"故言"("诂"、"故"二字通)的意思；后来作为学科名称，则是"注释"、"解释"的意思。它一般既可以表示解释的行为，又可以表示解释性的著述，如史载贾逵有《尚书训》，杜林有《苍颉故》，张衡有《周官训诂》等，都是解释性著述。从这个角度来看，训诂学就是"注释学"，亦即"传注学"。

但是，如本书《绪论》所说，传统语言文字学旧称"小学"，传统的分法，是将它分为文字学、音韵学、训诂学三个门类。其分工大致是文字学重形，音韵学重音，训诂学重义。但这个"义"是字义、词义，而字义和词义的研究又离不开对字词的形和音的分析，离不开对字书、辞书的研究，更离不开各种文献典籍及其他各种语言材料，因此，训诂学也就往往几乎是无所不包了，甚至有时竟成了"小学"的同义语。例如，关于《说文》、《尔雅》、《方言》、《释名》及有关学问都往往囊括其中。由于本书除将文字学(以讲述《说文》及文字学研究应用为主)独立外，又将雅学(以讲述《尔雅》、《广雅》及有关词汇学知识为主)、方言学(以讲述《方言》及方言学的应用为主)、语源学(以讲述《释名》和语源学理论及其应用为主)从传统训诂学中独立出来，这样，训诂学大致也就是一般训诂学著作里的"注释学"或"传注学"了。如此说来，这里的训诂学应该是指传统语言文字学中关于分析语言和解释语言的一门子学科。它以古代文献材料(包括古代文献的传注材料以及传注理论方面的材料等)为主要研究对象，以词语、词义为中心，同时在语法、修辞、行文表达方式等方面，分析前人的注释条例和方法及有关理论，探求科学的注释方法和注释学理论。不过本书所论，实含“训诂”与“训诂学”二事。

说到文献训诂时应特别提到这样一个问题，即训诂学在继承、传播和弘扬祖国传统文化方面的重大作用。这里我们要引用陈绂先生的一段论述：

> 所谓文化，是历史的幽灵，社会的魂魄。它存在于人民的生活之中，也存在于典籍之中。它既可以被继承，也可以被制造……注释和文化的关系正体现在这双重性上。一方面，注释在保留和传递先人的文化遗产方面具有巨大的功效；同时，又以它特有的方式创造着新文化。分析中国的学术传统，我们就会发现，先秦时代所形成的几部典籍一直是许多大思想家、大学问家思考政治、经济、文化、人生诸般问题的一套基本文献。他们总是尽自己毕生的心血注释这些典籍，通过注释，传递前时代的文化；同时也通过注释提出自己的思想体系和政治主张，以此来改造社会，创立新的文化。这种传递文化、探讨理论问题的独特方式，造就了中华学术史上极为发达、也极为光辉的注释传统，使注释本身具有相当高的学术价值和文化价值。它不仅成为人们阅读古书不可或缺的辅助性材料，也成为后人归纳、研究多方面问题的重要资料。

又说：

> 在长时间的历史发展中，注释与文化之间自然地形成了这样一种有机联系：文化的发展影响甚至决定了注释的内容和特点，注释体现了文化传统的约束；另一方面，注释又反转过来对传统文化在某种意义上起到了导夫先路的作用，往往能促进一代文化的发展。[①]

这些见解无疑是非常正确的。因此，训诂学的研究就理所当然地应该同传统文化的研究结合起来，这才更符合我国训诂学的实际。

不过，本书属语言文字学著作，故侧重于语言文字方面的阐述。至于其他传统文化方面的内容，一般就不涉及了。

第一节　训诂学源流概述

为了讲清训诂学源流，得首先讲一讲训诂著作的分类、名称和格式等问题。

---

① 陈绂：《论古书注释与传统文化的相互影响》，载《学术之声》第3辑（1990年），第168～169页。

在目前一般训诂学通论式著作中，学者一般都把传统训诂学著作分为两大类别：一是传注类训诂著作，一是辞书类训诂著作。前者是指解释一般文献典籍的著作，又称“随文释义式著作”，如《毛诗故训传》、《三礼注》、《十三经注疏》等；后者是指集中解释词义的专著，如《说文》、《尔雅》、《方言》、《释名》等。由于本书已经将《说文》等辞书类训诂著作分别放到文字学等各章节里讲解了，所以，本部分的“训诂著作”也就自然专指前者而言。这样，我们讲解的实际内容与我们反复说明的狭义训诂学（传注学、注释学）的名称也就一致了。

下面就讲一讲本书“训诂学”意义上的训诂学著作的有关情况。

传统训诂学特别注重先秦两汉的典籍，尤其是儒家经典。那时，儒家的重要代表著作称“经”，如《易经》即《周易》，《书经》即《尚书》，《礼经》即《仪礼》，《春秋经》即《春秋》，还有《诗经》等。对这些经典进行解释就叫作“传”。“传”本是“传述而使之传布”的意思。唐代孔颖达说：“传者，传通其义也。”《公羊传·定公元年》：“主人习其读而问其传。”“读”是指经书的句读，“传”是指对它的解释，所以何休解释说：“‘读’谓经，‘传’谓训诂。”可见，“训诂”与“传”为同义语。

“传”有内传、外传、大传、小传、集传、补传等名目。内传一般指内容上同经义密切配合的解释，外传则与经义的具体内容不相比附，如学者以《左传》为《春秋经》内传，而以《国语》为外传。大传有“大义”的意思，小传则取“不贤识小”的意思；集传强调“汇集”，补传强调“补充”。早先的“传”一般都是偏重于补充事实或是通论式文字，东汉时才以解释文、词、事、制为主。严格地讲，只有后者才是真正文字训诂意义上的“传”。

“注”也是注解的意思。贾公彦在《仪礼疏》卷一解释说：“言‘注’者，注义于经下，若水之注物。”孔颖达《毛诗正义》卷一说：“注者，著也，言为之解说使其义著明也。”“注”本是注解的行为，同样也指注解性的著述。为经典作注始于东汉郑玄，如他的《周礼注》、《仪礼注》、《礼记注》等。孔颖达《春秋左传正义》卷一说：“毛君、孔安国、马融、王肃之徒，其所注书皆称为‘传’，郑玄则谓之为‘注’。”可见，“训诂”与“注”也是同义语。

古代的传注与经文各自独立成书。自东汉以来则盛行将经文与注文连在一起的做法，后人称为“附经式”，亦即“随文释义式”。一般都是在经籍原文有关字句下，以双行小字对原字句中的疑难问题进行解释。

我国古籍中还有一种“子注”，即“自注”，就是在自己文章中夹加的注解。这种注解法的盛行与佛经翻译的“合本子注”法有关。浦起龙释刘知几在《史通·补注》篇说“注列行中,如子从母”,故称“子注”,并举了羊衒之《洛阳伽蓝记》等书用子注的例子。陈寅恪先生说:“其大字正文,母也;其夹注小字,子也。”并说六朝诂经之著作有子注之名,当与佛经“合本”(同本异译的对照本)中有子注有关。[①] 钱锺书先生引何琇《樵香杂记》卷下:“自注始于王逸,戴凯之《竹谱》、谢灵运《山居赋》用其例。《汉书·艺文志》亦自注,然非发明文义,故不以托始。”认为如果王逸、张衡、左思诸赋之注不是出于己手,则谢灵运为创举。[②]

在训诂学史上,训诂类著作除了用“传”、“注”之名以外,还有各种名称。如:

有的叫“解”。本是分解、分析的意思,后来用以称解释性文字或著作。如《管子》有《牧民解》、《形势解》等,《韩非子》有《解老》篇等。这些“解”以阐述义旨为主。汉代人注书,常称为“解诂”,如何休有《春秋公羊解诂》等。

有的叫“笺”,是标明、标记的意思。解释性文字称“笺”始自郑玄。凡是毛传未加解释、或解释得不清楚、或他认为不正确的地方,他就“表识其傍,如今人之签记,积而成帙,故谓之‘笺’”[③]。

有的叫“释”,也就是解说。如《尔雅》有《释诂》、《释言》等,所以后来就把解释性的文字或著作也叫“释”。如清人王闿运有《楚辞释》。

有的叫“隐”,本是精深的意思。训诂著作称“隐”,含有“探赜索隐”的意思。如《隋书·经籍志》载郭象有《论语隐》。此外还有叫“索隐”、“发隐”的,意思相同。

有的叫“微”,精微的意思。训诂著作称“微”,含有“释其微旨”的意思。如清人马其昶有《屈赋微》。此外还有叫“发微”、“显微”、“表微”、“解微”、“析微”、“穷微”、“阐微”、“明微”、“探微”、“述微”、“指微”、“精微”等的,意思相同。

有的叫“订”,评议的意思,即对前人关于某一部著作的解释进行评议,提出自己的看法。如清人钮树玉有《段氏说文注订》。类似的叫法还有“订义”、“订诂”、“订释”等。

有的叫“学”。训诂类著作称“学”是谦辞,实际上还是解释的意思。何休注

---

① 参见陈寅恪《金明馆丛稿初编》,上海古籍出版社 1980 年版,第 163 页。

② 钱锺书:《管锥编》第 4 册,中华书局 1979 年版,第 1286～1287 页。

③ [清]纪昀等撰:《四库全书总目》卷十五。

《公羊传》称“何休学”。陆德明《释文》:“‘学’者,言为此经之学,即注述之意。”

有的叫“述”,也是谦辞,取《论语》“述而不作”之意。如清人惠栋有《周易述》。

有的叫“诠”,是细加解说的意思。训诂著作称为“诠”,常侧重于阐述事理。如唐代李翱有《易诠》。

有的叫“说”,是解说的意思,与解释同义。如《墨子》有《经说上》、《经说下》。训诂著作称为“说”,一般都是阐述义旨。

有的叫“注疏”。旧时一般把解释原作的文字叫作“注”,而把解释“注”的文字叫作“疏”,合称“注疏”。“疏”取“疏通”的意思,即“疏通文义”,有时也叫“义疏”、“疏义”、“讲疏”、“正义”、“讲义”、“述义”等。如《周礼》有汉代郑玄的《注》、唐代贾公彦的《疏》,合称《周礼注疏》。《诗经》有汉代毛亨的《传》,郑玄的《笺》,唐代孔颖达等人的《正义》,合称《毛诗正义》。《周礼注疏》、《毛诗正义》等注解、讲疏十三经的著作汇编在一起合称《十三经注疏》。“注”文一般都比较简短,重在释难释疑;“疏”文则一般都比较详细,常常是逐字逐句地讲解。

有的叫“疏证”,着重引经据典加以解释。如王念孙有《广雅疏证》。

有的叫“音义”,是一种兼释字音词义的著作。如隋人萧该有《汉书音义》。这类著作也叫“音训”、“音诂”等。

有的叫“章句”,是一种分章析句式的著作。如汉人王逸有《楚辞章句》。“章句”有的简明,有的繁琐。

有的叫“校注”,是一种既校勘又注解的著作。如宋人鲍彪有《战国策校注》。

其次,讲一讲训诂学产生的原因。

训诂学产生的原因主要可以概括为以下三个方面:

第一,训诂学出自语文教育的需要。前面说过,古代贵族子弟 8 岁入小学,接受“六艺”教育。从教师来说,必然有个讲解的过程。比如讲解文字的形音义,讲解文献中涉及的礼乐典章制度等。这些讲解的内容如果学生记下来,或是教师编成讲义,恐怕这就是“训诂”的最初形式了。可见训诂学的产生是同语文教育和传统文化的教育相联系的。

第二,训诂学的产生也是由于语言交际的需要。无论是口头交际还是书面交际,由于交际双方年龄、职业、文化素养等方面的不同,必然导致交际方面的困难。排除这些障碍的办法就是“解释”,亦即“训诂”。前代典籍的正文中所以有许多解释性文字，便是这种情况的最好证明（详见下文）。

第三，当然，训诂学主要还是由于后人阅读前代典籍遇到词、文、事、制等方面的障碍需要解释而产生和发展起来的。由于时代的发展变化，语言的变化，许多为前人所熟知的东西逐步为后人所不解。要读懂这些典籍，就必须借助于传注，因此，训诂就同古籍结下了不解之缘。正如戴震《尔雅文字考·序》中所说：

昔之妇孺闻而辄晓者，更经学大师转相讲授而仍留疑义，则时为之也。

陈澧《东塾读书记》中也说：

盖时有古今，犹地之有东西、有南北，相隔远则语言不通矣。地远则有翻译，时远则有训诂。有翻译则能使别国如乡邻，有训诂则能使古今如旦暮，所谓通之也。训诂之功大矣哉！

下面简要介绍训诂学的发展情况。

训诂学发展大势可以这样简单地概括：周秦是起兴期，两汉是繁荣期，魏、晋、隋、唐是发展期，宋、元、明是停滞期，清代是鼎盛期。

周秦时期是训诂学的起兴时期。

促进周秦训诂学的起兴，主要有如下基本因素：

(1)春秋战国正处于中国社会由奴隶制向封建制过渡的时期，社会生产力的发展推动了学术的发展。

(2)周室衰微，王权旁落，有知识的贵族也随之降低身份来到了民间。官学解放，私学爰生，出现了百家争鸣的局面。私学产生就需要传授、讲解，争鸣就要论辩、解释、正名。

(3)诸侯割据，交通困难，形成“田畴异亩，车涂异轨，律令异法，衣冠异制，言语异声，文字异形”等现象；而另一方面，频繁的交战、盟会、朝聘等政治、军事、外交活动，又需要加强交流和统一（所以孔子在讲诗和外交活动中都要用“雅言”）；至于咏诗明志、引经舌战、攻其异端等，就更离不开征引解说和正名辨物了。

(4)古今语一定有所不同，口语和书面语等也不可能一致，这些也都需要通过训诂学来沟通。

周秦时期训诂成果的主要形式是以篇章解释篇章乃至全书，而不像后代训诂著作那样在字句下对有关内容进行注释。如解释《春秋》的有《左传》、《公羊传》、《穀梁传》等（据《汉书·艺文志》，最早解释《春秋》的一家是《左传》，“及末世口说流行，故有公羊、穀梁、邹、夹之传。四家之中，公羊、穀梁立于学官，邹氏无师，夹氏未有书”。学者一般认为，《公羊传》、《穀梁传》当成书于汉代)；解释《周易》卦辞和爻辞的有《系辞》等(今本《周易》有“经”有“传”，“传”由“十翼”组成，它们是《彖》上、下，《象》上、下，《系辞》上、下，《文言》，《说卦》，《序卦》，《杂卦》，共十篇，相传为孔子所作。但据学者研究，其成书时间不一，当是战国末期或秦汉时期的作品)；《管子》有《牧民》、《形势》、《明法》等文，但同时又有《牧民解》、《形势解》、《明法解》等篇，这些都是对前面各篇文章的解释；《韩非子》里有《解老》、《喻老》两篇，都是对《老子》的解释，又有《内储说》、《外储说》，其体例也是先列正文，再加解说，也是解释性文字。这些称之为“传”、“说”、“解”(古籍中的“记”也与此相类)的，都是属训诂类文字，它们一般以阐述义理为主，但也都涉及全书义例发凡、词义的解释等。如：

《左传·桓公二年》：“嘉耦曰妃，怨耦曰仇。”

又，《庄公二十九年》：“凡师有钟鼓曰伐，无曰侵，轻曰袭。”

《公羊传·隐公元年》：“郑伯克段于鄢。‘克’之者何？杀之也。杀之，则曷为谓之‘克’？大郑伯之恶也。曷为大郑伯之恶？母欲立之，己杀之，如勿与而已矣。‘段’者何？郑伯之弟也。何以不称‘弟’？当国也。”

《春秋·僖公元年》：“夏，迁于陈仪。”《公羊传》：“‘迁’者何？其意也；‘迁之’者何？非其意也。”

《穀梁传·襄公二十四年》：“一谷不升谓之嗛，二谷不升谓之饥，三谷不升谓之馑，四谷不升谓之康，五谷不升谓之大侵。”

此外，周秦典籍的正文里还保存有不少作者著文时所加的“训诂”性文字，其中最为典型的一个例子是《国语·周语下》里的一段话：

其诗曰：“昊天有成命，二后受之，成王不敢康，夙夜基命宥密。於，缉熙！亶厥心肆其靖之。”是道成王之德也。成王能明文昭，能定武烈者也。夫道成命者而称昊天，翼其上也。二后受之，让于德也。成王不敢康，敬百姓也。夙夜，恭也；基，始也；命，信也；宥，宽也；密，宁也；缉，明也；熙，广也；亶，厚也；肆，固也；靖，和也。其始也，翼上德让，而敬百姓；其中也，恭俭信宽，帅归于宁；其终也，广厚其心，以固和之。始于德让，中于信宽，终于固和，故曰成。

这是晋大夫叔向解释《诗经·周颂·昊天有成命》一篇的话。这种逐词、逐句、逐层、逐篇解释典籍的例子在周秦文献资料里虽属少见，但它却是训诂形式已趋成熟的一个明证。

至于其他零散性的话就更多了，如：

《孟子·梁惠王下》："老而无妻曰鳏，老而无夫曰寡，老而无子曰独，幼而无父曰孤。"

又，《离娄上》："《诗》曰：'天之方蹶，无然泄泄。''泄泄'，犹沓沓也。"

又，《滕文公下》："《书》曰：'洚水警余。''洚水'者，洪水也。"

《周礼·考工记》："青与赤谓之文，赤与白谓之章，白与黑谓之黼，黑与青谓之黻，五采备谓之绣。"

又，《地官·遂人》："五家为邻，五邻为里。"

《地官·小司徒》："五人为伍。"

这里要特别提一下《荀子》。《荀子》里有许多训诂式的句子，如《修身》篇中说：

以善先人者谓之教，以善和人者谓之顺；以不善先人者谓之谄，以不善和人者谓之谀。是是、非非谓之知，非是、是非谓之愚。伤良曰谗，害良曰贼。是谓是、非谓非曰直。窃货为盗，匿行曰诈，易言曰诞，趣舍无定谓之无常，保利弃义谓之至贼。多闻曰博，少闻曰浅；多见曰闲，少见曰陋。难进曰偍，易忘曰漏。少而理曰治，多而乱曰秏。

《臣道》篇里又说：

从命而利君谓之顺，从命而不利君谓之谄；逆命而利君谓之忠，逆命而不利君谓之篡；不恤君之荣辱，不恤国之臧否，偷合苟容以持禄养交而已耳，谓之国贼。君有过谋过事，将危国家、殒社稷之惧也，大臣、父兄有能进言于君，用则可，不用则去，谓之谏；有能进言于君，用则可，不用则死，谓之争。有能比知同力，率群臣百吏而相与强君挢君，君虽不安，不能不听，遂以解国之大患，除国之大害，成于尊君安国，谓之辅；有能抗君之命，窃君之重，反君之事，以安国之危，除君之辱，功伐足以成国之大利，谓之拂。

如果说《修身》篇"伤良曰谗，害良曰贼"、"窃货为盗"之类颇与"训诂"相近的话，那么《臣道》篇里的这些训诂式句子就完全偏重阐发义理了。为了说明它的阐发义理的性质，我们再举它对"礼"的种种解释看一看。

《修身》篇："礼者，所以正身也。"

《儒效》篇："礼者，人主之所以为群臣寸尺寻丈检式也。"

《富国》篇:“礼者,贵贱有等,长幼有差,贫富轻重皆有称者也。”

《致士》篇:“礼者,节之准也。”

《议兵》篇:“礼者,治辨之极也,强固之本也,威行之道也。”

《天论》篇:“礼者,表也。”

《礼论》篇:“礼者,养也。”

又,“礼者,人道之极也”。

又,“礼者,以财物为用,以贵贱为文,以多少为异,以隆杀为要”。

又,“礼者,谨于治生死者也”。

又,“礼者,谨于吉凶不相厌者也”。

又,“礼者,断长续短,损有余,益不足,达爱敬之文,而滋成行义之美者也”。

《大略》篇:“礼者,政之輓也。”

又,“礼者,人之所履也”。

以上各例无一相同者。由此可见,这类训释与一般说的“文字训诂”并不相同,它的目的是阐发义理,虽然也可以归为训诂内容之一,而且对后代的训诂产生过重大影响,但对它感兴趣的,主要还不是文字训诂学家,而是哲学家、思想家。这类资料在先秦典籍里多见,读书时宜加注意。

总的来看,先秦时期的“训诂”虽然与两汉时期的文献训诂有很大不同,但是其基本形式也已经初具规模了。

两汉是训诂学的繁荣时期。

训诂学发展到两汉时期已经十分兴盛发达了。可以说,两汉是训诂学发展的关键时期、奠基时期、辉煌时期,也是我国训诂学史上最为繁荣的时期之一。

促进两汉训诂学繁荣的主要因素有:

(1)封建帝国日益巩固、统一,经济、文化都有了较大的发展。秦禁解冰,文化复苏。

(2)汉武帝采纳董仲舒的建议,“罢黜百家,独尊儒术”,立五经博士,设科射策,劝以官禄,诱以名利,客观上都促进了训诂学的发展。

(3)汉承秦火,加上项羽初入咸阳,国家藏书付之一炬。经典传授多凭口耳,不免枝蔓舛驳,谬种流传,客观上需要争鸣、统一。

(4)经学的发展更推动了训诂学的发展。汉惠帝四年(前191),秦朝禁止私人藏书的《挟书律》被废，政府鼓励献书，民间秘密保存下来的文献有机会陆续重见天日。这些著作所用的文字与秦朝统一的篆文不同，更与汉代通行的隶书不同，被称为“古文”；而靠口耳相传的这部分是用隶书写成的，被称为“今文”。武帝末年，鲁共王拆孔子旧居，又从墙壁中发现了许多古文经典。古文经学家代表统治阶级中的“在野派”，和今文经学派进行了长期斗争，要求把古文经学列入学官。古文经学派虽然直到汉末也没有能够取得同今文经学派相同的地位，一直主要还是作为私学在民间流传，但是，由于汉代不但允许私学存在，而且古文经学家也可以做官，因此一时私学兴盛，出现了一大批古文经学家，如刘歆、班固、贾逵、马融、许慎、郑玄等（由于他们是在同今文经学派斗争中成长起来的，因此他们一般也都兼通今文经学），而且更重要的是，形成了一种反对唯心说教、提倡实事求是、重视文字训诂、重视语义研究的优秀传统和严谨学风，成为汉学中的“正宗”学派。

这一时期的主要训诂成果有：

(1)以阐述义旨为主的著作，如传《尚书》的有欧阳生、兒宽、大夏侯胜、小夏侯建等，传《诗经》的有毛、鲁、齐、韩等。

(2)以解释字句为主的著作，如郑玄的《三礼注》、《论语注》、《周易注》、《尚书注》、《孝经注》等，何休的《公羊解诂》，赵岐的《孟子章句》，高诱的《战国策注》、《淮南子注》、《吕氏春秋注》，王逸的《楚辞章句》，延笃的《史记音义》，服虔的《汉书音训》，马融的《老子注》，等等。

这一时期训诂学发展的特点是，以经学为中心，推动了训诂学；以文字词语为中心的训诂形式已经广被采用；唯心的世界观和唯物的世界观同时影响着训诂学；出现了一大批影响后代的成果，其中许多成果至今仍被训诂学家奉为经典；出现了一大批影响后代的训诂学家，其中影响最大、成就最突出的当推郑玄，他在训诂学领域里建立的功勋将永载中华民族学术发展的史册。

魏、晋、隋、唐时期是训诂学继续发展的时期。

影响这一时期训诂学发展的主要因素有：

(1)魏晋时期，政治动荡，社会纷扰，战事频繁，思想混乱，难免泥沙俱下；唐贞观以后，政治趋于安定，经济渐渐繁荣，文化事业也有了较大发展。

(2)杂糅老庄哲学和儒家经义的“玄学”一时成为魏晋风气，崇尚清谈，喜好新奇，打破了经学的一统天下。

(3)佛学的传入给训诂学带来了新的影响。

这一时期的重要训诂成果有：

(1)经部的，如晋杜预的《春秋经传集解》，范宁的《春秋榖梁传集解》，魏何晏的《论语集解》，梁皇侃的《论语义疏》，晋郭璞的《尔雅注》，唐孔颖达等人的《五经正义》，贾公彦的《周礼义疏》、《仪礼义疏》，徐彦的《春秋公羊传注疏》，杨士勋的《春秋榖梁传注疏》，等等。

(2)史部的，如晋徐广的《史记音义》，刘宋裴骃的《史记集解》，唐司马贞的《史记索隐》、张守节的《史记正义》，吴韦昭的《汉书音义》，晋晋灼的《汉书集注》、臣瓒的《汉书集解》，隋萧该的《汉书音义》，唐颜师古的《汉书注》、李贤的《后汉书注》，刘宋裴松之的《三国志注》，晋郭璞的《山海经注》，北魏郦道元的《水经注》，等等。

(3)子部的，如魏王弼的《老子注》，晋郭象的《庄子注》、张湛的《列子注》，唐杨倞的《荀子注》，梁刘孝标的《世说新语注》，唐王冰的《黄帝素问注》，魏曹操的《孙子兵法注》，等等。

(4)集部的，有晋郭璞的《楚辞注》、唐李善及五臣的《文选注》等。

(5)唐陆德明的《经典释文》、释玄应和释慧琳各自的《一切经音义》等解释群经音义的著作，也是训诂学发展到一定时期的产物。

这个时期训诂学发展的特点，从形式上说，是集解、集注，特别是义疏类训诂著作大量出现；从范围上说，是研究领域不断扩大，涉及儒家、法家、名家、道家、纵横家、兵家、医家、小说家、阴阳五行、天文历算、山川地理、佛经、方言、少数民族语、外来语等；从内容来说，既有侧重文字训诂的，也有长于发挥义理的，但义疏类著作往往不免有汉代今文经学烦琐哲学的流弊。这一时期里，也出现了一大批有影响的训诂学家，并有大量优秀训诂成果传世。

宋、元、明时期是训诂学停滞的时期。

这一时期是理学统治思想界的时期。北宋的程颐和南宋的朱熹是理学的创建者、倡导者和代表人物。理学家反对汉代的章句训诂之学而重微言大义，因此才有同“汉学”相对的“宋学”。这说明宋代的训诂学从总体上看，它已经成为宣传理学思想的重要领域了。从这个角度说，宋、元、明时期的训诂学确是停滞期。但是，因为宋人敢于疑古轻经，敢于自创新说，因而在他们的学说中虽然多有“六经注我”的唯心主义说教，但也确有许多新的发现。从这一点看，宋、元、明时期的训诂学又是有所变革的时期。比如朱熹的《诗集传》，思想解放，全无顾忌，堪称前无古人。他的其他训诂著作如《四书集注》、《楚辞集注》等，里面也有许多个人的新见解。至于三代理学家利用训诂学全面阐述他们的理学思想，其成就更是前所未有，在训诂学史上也应有一席之地。

这一时期产生的成就较大的训诂著作，还有宋邢昺等人的《尔雅疏》、鲍彪的《战国策校注》、洪兴祖的《楚辞补注》，宋末元初胡三省的《资治通鉴注》，元吴师道对鲍彪《战国策校注》的新校注等。

清代是训诂学发展的鼎盛时期。

训诂学经过宋、元、明三代的徘徊、停滞期之后，到清代又开始复兴，以至再创辉煌，达到空前的鼎盛。

促成清代训诂学兴盛的主要因素有：

(1)随着西学东渐，科学、民主思想和科技文化的传播，出现了一大批以经世致用、实事求是为治学思想和治学方法，并且心照不宣地通过恢复汉学精神，达到明道救世、反清复明这一政治目的爱国知识分子。

(2)清政府对知识分子的高压和怀柔两手政策，使得知识阶层埋首穷经、潜心学术，尤其是要力求远离最容易犯嫌疑的时政世事、诗文辞赋，逃遁到古文献的整理和研究中；同时，政府又开博学鸿词特科征士，客观上造成一个研究学术的社会环境和风气。

(3)康熙、雍正、乾隆、嘉庆年间，清朝的统治相对稳定，经济有了较大的发展，文化事业也随之繁荣起来。

(4)或辗转师承，或家学相因，积学有年，加上各学科之间的彼此证发，故能蔚成风气，多有创见。

这一时期的训诂成果极为丰富，可谓汗牛充栋，难以尽述，重要的有：

(1)经部的，如李道平的《周易集解纂疏》、孙星衍的《尚书今古文注疏》、皮锡瑞的《今文尚书考证》、王先谦的《尚书孔传参证》、陈奂的《诗毛氏传疏》、马瑞辰的《毛诗传笺通释》、王先谦的《诗三家义集疏》、孙诒让的《周礼正义》、胡培翚的《仪礼正义》、朱彬的《礼记训纂》、孙希旦的《礼记集解》、黄以周的《礼书通故》、孔广森的《大戴礼记补注》、王聘珍的《大戴礼记解诂》、刘文淇等的《左传旧注疏证》、洪亮吉的《春秋左传诂》、陈立的《公羊义疏》、廖平的《穀梁古义疏》、钟文烝的《穀梁补注》、刘宝楠的《论语正义》、皮锡瑞的《孝经郑注疏》、焦循的《孟子正义》、郝懿行的《尔雅义疏》、邵晋涵的《尔雅正义》等(以上为中华书局《十三经清人注疏》拟目)。此外,群书传注成果商榷性的读书笔记之类的著作也多不胜数,而《皇清经解》、《续皇清经解》更有 2800 余卷,收书达 390 余种。

(2)史部的,如梁玉绳的《史记志疑》,沈钦韩的《汉书疏证》,王先谦的《汉书补注》、《后汉书集解》,惠栋的《后汉书补注》,等等。

(3)子部的,如戴望的《管子校正》、郭庆藩的《庄子集释》、王先谦的《庄子集解》、王先慎的《韩非子集解》、孙诒让的《墨子间诂》等。

(4)集部的,如戴震的《屈原赋注》、蒋骥的《山带阁注楚辞》、孙志祖的《文选李注补正》、朱珔的《文选集释》等。

清代训诂学的特点是,言必有据,无征不信,对前代传注成果一一重新检讨,不盲从旧说,不妄立新说,其结论一般比较可信;注意了时空观念,注意了语境分析;充分利用了文字学和古音学的研究成果,强调形、音、义的贯通,特别是注重了即音求义,取得了前无古人的成就;多学科贯通,彼此证发;充分利用各种资料,综合比较。经过几代人的努力,使训诂学益趋系统、深入和科学。

这里还应该引用一下梁启超总结的清人"正统派之学风"特色十条:

一、凡立一义,必凭证据,无证据而以臆度者,在所必摈。

二、选择证据,以古为尚……

三、孤证不为定说。其无反证者姑存之,得有续证则渐信之,遇有力之反证则弃之。

四、隐匿证据或曲解证据,皆认为不德。

五、最喜罗列事项之同类者,为比较的研究,而求得其公则。

六、凡采用旧说,必明引之,剿说认为大不德。

七、所见不合,则相辩诘,虽弟子驳难本师,亦所不避,受之者从不以为忤。

八、辩诘以本问题为范围,词旨务笃实温厚。虽不肯枉自己意见,同时仍尊重别人意见……

九、喜专治一业,为"窄而深"的研究。

十、文体贵朴实简洁,最忌"言有枝叶"。①

---

① 《梁启超论清学史二种》,复旦大学出版社 1985 年版,第 39 页。

这些治学经验、治学精神、治学品格也应该是训诂学所以成就卓著的一个重要原因。

在清人训诂学成就的基础上，近代训诂学又有了新的发展，其间卓有成效的训诂学家不乏其人，也有不少有影响的训诂和训诂学著作问世，为训诂学学科体系的科学化建设奠定了基础。

第二节　训诂内容

前面说过，训诂之所以必需，主要还是由于今人阅读古代文献存在某些困难。

那么，今人阅读前代文献会遇到哪些困难呢？主要有：和现代汉语相比，古代文献里所用的词汇多有不同，词义多有不同，语法特色多有不同，修辞方式、行文表达方式多有不同，以及对相关的史实不熟悉，对古人的风俗习惯、典章制度不熟悉，对文章的风格乃至书写的格式不熟悉，等等。概括起来，主要有"词"、"文"、"事"、"制"四方面的障碍："词"即词语、词义；"文"指文句；"事"指史实；"制"指典章制度等。

下面，先举些我们熟悉的浅显例子说明。如《左传·隐公元年》：

> 庄公寤生，惊姜氏，故名曰寤生，遂恶之。

这段话字句并不难，但"寤"是"牾"的通假字。"惊"是动词的使动用法。如果这两点不懂，也就弄不清文意。接下去说：

> 及庄公即位，为之请制。公曰："制，岩邑也，虢叔死焉。佗邑唯命。"请京，使居之，谓之京城大叔。祭仲曰："都城过百雉，国之害也。先王之制，大都不过参国之一，中五之一，小九之一。今京不度，非制也。君将不堪。"公曰："姜氏欲之，焉辟害？"对曰："姜氏何厌之有！不如早为之所，无使滋蔓。蔓，难图也。蔓草犹不可除，况君之宠弟乎？"公曰："多行不义，必自毙，子姑待之！"

这段话，从文字上说，要知道"参"即"三"；"辟"通"避"；"厌"通"厭（饜）"，满足的意思；"毙"即"獘"，倒下的意思。从词语上说，要知道"岩"是险峻的意思；"焉"是兼词，相当于"于之"；"都"指都会；"城"指城墙；"雉"是量词，高一丈、宽一丈、长三丈为一雉；"堪"是能承受得了的意思。从语法上说，要知道"制，岩邑也"、"都城过百雉，国之害也”是判断句，还要知道“姜氏何厌之有”即“姜氏有何厌”、“何……之有”是用于强调语气而把宾语前置的固定格式，“之”是复指代词。此外还要知道“谓之京城大叔”、“为之所”是双宾语结构以及“度”是用作动词（不合法度）等等。从行文表达方式上说，“为之请制”前省主语“姜氏”，“请京”前主语也是“姜氏”，“使居之”的主语是“庄公”。“大都不过参国之一”，其实是说“大都之城不过（侯伯）国都之城的三分之一”；“中五之一，小九之一”也是相同的句式，只不过省略更多的成分，至少可以依前句补足成“中都不过五国之一，小都不过九国之一”。“无使滋蔓”，“使”下省兼语。又，“不义”其实是指“不义之事”。又如《僖公四年》：

> 夏，楚子使屈完如师。师退，次于召陵。齐侯陈诸侯之师，与屈完乘而观之。齐侯曰：“岂不穀是为？先君之好是继！与不穀同好，如何？”对曰：“君惠徼福于敝邑之社稷，辱收寡君，寡君之愿也。”齐侯曰：“以此众战，谁能御之！以此攻城，何城不克！”对曰：“君若以德绥诸侯，谁敢不服？君若以力，楚国方城以为城，汉水以为池。虽众，无所用之。”屈完及诸侯盟。

这段话里，从词语上说，要知道“次”（临时驻扎）等词的意义以及“惠”的表敬用法，“辱”的表谦用法。从语法上说，“不穀是为”和“先君之好是继”是为了强调宾语而把介词和动词的宾语前置的固定格式，即“为不穀”、“继先君之好”；“方城以为城，江水以为池”又是介词“以”的宾语前置的句式，即“以方城为城（城墙），以江水为池（护城河）”。从行文表达方式上说，“君若以力”下应补足“征服诸侯”之类的话，语义方完。又，“楚子”指楚成王，“齐侯”指齐桓公。春秋时的爵位分公、侯、伯、子、男五等，楚属子爵，故其国君称“楚子”；齐属侯爵，故其国君称“齐侯”，这也是要知道的。又如《成公二年》：

> 癸酉，师陈于鞌。邴夏御齐侯，逢丑父为右。晋解张御郤克，郑丘缓为右。齐侯曰：“余姑翦灭此而朝食！”不介马而驰之。郤克伤于矢，流血及屦，未绝鼓音。曰：“余病矣！”张侯曰：“自始合，而矢贯余手及肘，余折以御，左轮朱殷。岂敢言病？吾子忍之！”缓曰：“自始合，苟有险，余必下推车。子岂识之？——然子病矣！”张侯曰：“师之耳目，在吾旗鼓，进退从之。此车一人殿之，可以集事。若之何其以病败君之大事也？擐甲执兵，固即死也。病未及死，吾子勉之！”左并辔，右援枹而鼓。马逸不能止，师从之。齐师败绩。逐之，三周华不注。

这段话里词语的问题不少，如“右”（车右）、“翦灭”（消灭）、“屦”（鞋）、“病”（伤势极重）、“合”（指交战）、“贯”（穿）、“险”（险要之地）、“殿”（指镇守）、“集”（成就）、“擐”（披）、“兵”（兵器）、“勉”（努力）、“辔”（缰绳）、“枹”（鼓槌）、“逸”（狂奔）、“败绩”（崩溃、大败）、“周”（环绕）等。特殊语法现象也比较多，如“邴夏御齐侯”是“邴夏为齐侯驾车”的意思，“御”是动词的为动用法；“介”是披甲的意思；“朱殷”和“援枹而鼓”的“鼓”也是用作动词；“郤克伤于矢”是被动句式。从行文表达方式来说，“师之耳目，在吾旗鼓”，这句话用的是并提的修辞方法。并提也叫“分系”，是两个或两个以上联合词组的组成成分分别搭配，构成两套或两套以上的平行语法关系的一种表达方式。如上句话分开来说就是：“师之耳，在吾鼓；师之目，在吾旗。”此外还涉及一些文化常识，如“癸酉”，是用的干支纪日法。“干”即天干，指甲、乙、丙、丁、戊、己、庚、辛、壬、癸；“支”即地支，指子、丑、寅、卯、辰、巳、午、未、申、酉、戌、亥。以干支相配的六十个单位代表六十天，知某日为甲子日，则以下按乙丑、丙寅、丁卯等顺推，直到癸亥。这种纪日法在甲骨文时代就已经使用，直至战国晚期。根据干支推算公历，可查阅《中西日历对照表》。“师之耳目，在吾旗鼓，进退从之”这句话，是说古人打仗，靠旗鼓指挥战争。大致是“一杆旗下一营兵”，旗之所向即兵马所趋；鼓是指挥冲锋陷阵的，所以郤克虽受重伤，“未绝鼓音”；解张“左并辔，右援枹而鼓。马逸不能止，师从之”。只有把这一系列问题搞清楚了，才能弄清文意。同篇又说：

> 韩厥执絷马前，再拜稽首，奉觞加璧以进，曰：“寡君使群臣为鲁卫请，曰：‘无令舆师陷入君地。’下臣不幸，属当戎行，无所逃隐，且惧奔辟而忝两君。臣辱戎士，敢告不敏，摄官承乏。”

这段话除了“稽首”、“奉觞加璧”涉及古代一些有关礼节外，最难懂的还是韩厥的一席话。这段话的字面意思是说：“我们君王让我们替鲁国和卫国向您请求（不要进攻他们），并且让我们不要进入你们齐国的境内，但是我很不幸，正好和你们的军队碰上，无法逃避，而且也担心逃跑躲避会给两国的国君带来耻辱。我当了个不称职的战士，又很迟钝，不会办事，只是在人才缺乏的情况下临时当个官。”听起来是彬彬有礼、无关痛痒的话，但骨子里却是说：“既然我是吃这碗饭的，我就要履行我的职责——把你齐顷公抓起来！”这种表达方式叫作“曲说”（也叫“委婉”、“婉曲”）。

以上例子说明，训诂的产生是分析语言、理解语言的需要。它可以产生于说话的当时，但最主要的还是出现在“时过境迁”以后。它要解决的问题大致可以分为两个方面：一是属语言内部的，如文字和词语的音义、语法、修辞等；一是属语言外部的，如史实背景、典章制度等。正如殷孟伦先生所说：

> 所谓分析语言、解释语言，是结合两个方面来进行的：一是语言内部要素诸问题和关联；一是语言所反映外部事物，即所依赖的社会生活、社会环境以及文物制度等诸问题和关联。[①]

下面分别举例说明训诂的具体内容。

(1)说明文字音义。

这是最常见的，其中又以解释词义为最多。如：

> 《左传·隐公元年》：“亟请于武公。”唐陆德明《经典释文》：“亟，欺冀反。数也。”

“欺冀反”是注音，“数”(多次)是释义。又如：

> 《楚辞·离骚》：“皇览揆余于初度兮，肇锡余以嘉名：名余曰正则兮，字余曰灵均。”朱熹《楚辞集注》：“皇，皇考也。览，观也。揆，度也。初度之度，犹言时节也。肇，始也。锡，赐也。嘉，善也。正，平也。则，法也。灵，神也。均，调也。高平曰原，故名平而字原也。”

“锡”解为“赐”是以本字释通假字。又如：

> 《汉书·陈胜项籍传》：“今秦攻赵，战胜则兵罢，我承其敝。”颜师古注：“罢读曰疲。”

这是明释通假字。

(2)说明句意、段意章旨。如：

> 《国语·周语上》：“民不堪命矣。”高诱注：“言民不堪暴虐之政令。”
>
> 《诗经·大雅·緜》末句下朱熹《诗集传》：“一章言在豳，二章言至岐，三章言定宅，四章言授田居民，五章言作宗庙，六章言治宫室，七章言作门社，八章言至文王而服混夷，九章遂言文王受命之事。”

前例解释句意，后例解释各章内容。

(3)分析语法。

前代传注中分析语法的情况很多，只是一般没有专门术语，需要在读注时体

---

① 参见殷孟伦《子云乡人类稿》，齐鲁书社1985年版，第1页。

味。如：

《诗经·小雅·节南山》："赫赫师尹，民具尔瞻。"郑笺："此言尹氏，女居三公之位，天下之民俱视女之所为。"

郑玄解释了全句的意思，实际上也调整了语序："尔瞻"即"瞻尔"——"视女(之所为)"。又如：

《吕氏春秋·期贤》："然则君何不相之？"高诱注："何不以段干木为辅相也。"

高诱注在说明句意的时候也指明了"相"的动词用法。又如：

《左传·僖公七年》："唯我知女，女专利而不厌，予取予求，不女疵瑕也。"杜预注："从我取，从我求，我不以女为罪衅。"

这就指明了"予取予求"中的两个"予"不是作句子主语，而是状语。又如：

《汉书·陈胜项籍传》："不胜，则我引兵鼓行而西，必举秦矣。"颜师古注："鼓行，谓击鼓而行，无畏惧也。"

这是说明"鼓"是名词作状语。又如：

《吕氏春秋·长攻》："越王弗与，乃攻之，夫差为禽。"高诱注："为越所获。"

这是解释"夫差为禽"是被动句式。

(4)说明修辞手段。如：

《诗经·魏风·硕鼠》："硕鼠硕鼠，无食我黍。三岁贯女，莫我肯顾。逝将去女，适彼乐土。乐土乐土，爰得我所。"朱熹《诗集传》："民困于贪残之政，故托言大鼠害己而去之也。"

这是指明用"硕鼠"比喻贪残的统治者。又如：

《文选·邹阳〈狱中上书自明〉》："今臣尽忠竭诚，毕议愿知。左右不明，卒从吏讯，为世所疑。"张晏曰："左右不明，不敢斥王也。"

据《汉书·邹阳传》："羊胜、公孙诡等疾阳，恶之于孝王。孝王怒阳，下狱吏。"可见，"不明"者乃梁王，说"左右不明"，曲说也。

(5)说明表达方式。详见下节，此略。

(6)说明文辞艺术特色。如：

朱熹《诗集传》(在《葛覃》、《螽斯》、《关雎》三诗下分别说)："赋也……赋也者，敷陈其事而直言之者也。""比也……比也者，以彼物比此物也。""兴也……兴者，先言他物以引起所咏之词也。"

这是指明诗歌中常见的"赋、比、兴"手法。又如：

《古文观止·报任安书》篇末注："此书反复曲折，首尾相续，叙事明白，豪气逼人，其感慨啸歌，大有燕赵烈士之风；忧愁幽思，则又直与《离骚》对垒。文情至此，极矣。"

(7)比较文字异同，辨证训解得失。如：

《诗经·豳风·东山》："我徂东山，慆慆不归。"王先谦《诗三家义集疏》："《注》：'三家慆作滔，亦作悠。'……疏：……'慆作滔'者，《御览》三十二引《诗》作'滔滔不归'。《说文》'慆'下云：'说也。''滔'下云：'水漫漫大貌。'《诗·江汉》笺：'顺流而下滔滔然，水久流不返，以喻人之久出不归。'作'慆'，借字；'滔'，正字。《楚辞·七谏》'年滔滔而日远兮'，义亦为久也。'亦作悠'者，魏武帝诗：'悲彼《东山》诗，悠悠使我哀。'魏文帝诗：'岂如《东山》诗，悠悠多忧伤。'是三家'滔'作'悠'之证。'滔'、'悠'古同声通用。《论语》'滔滔者天下皆是也'，《史记·孔子世家》及郑本《论语》亦作'悠悠'。悠悠，亦久也。"

这一大段文字是讲三家诗中或用"慆"，或用"滔"，或用"悠"，三字声义皆同。又如：

《魏风·硕鼠》："乐郊乐郊，谁之永号。"郑玄笺："之，往也。永，歌也。乐郊之地，谁独当往而歌号者，言皆喜悦，无忧苦。"黄焯《毛诗郑笺平议》："马氏《通释》云：'《吕氏春秋·音初》篇高诱注："之，其也。""谁之永号"，犹云"谁其永号"。笺训"之"为"往"，失之。'"又谓："毛训'号'为'呼'，意以'永号'犹云'永叹'，谓果得适彼乐郊，谁其复长呼永叹乎？笺训'永号'为'歌号'，亦非。"

这是指明郑笺的错误。

(8)解释篇题，说明体例。如：

朱熹《诗集传·国风》下注："'国'者，诸侯所封之域；而'风'者，民俗歌谣之诗也。谓之'风'者，以其被上之化以有言、而其言又足以感人，如物因风之动以有声、而其声又足以动物也。是以诸侯采之以贡于天子，天子受之而列于乐官，于以考其俗尚之美恶，而知其政治之得失焉。"

又《鹿鸣之什》下注："《雅》、《颂》无诸国别，故以十篇为一卷，而谓之

‘什’，犹军法以十人为‘什’也。”

又《左传·隐公元年》：“经：元年，春，王正月。”孔颖达疏：“此‘经’字并下‘传’字，亦杜氏所题，以分年相附。若不有‘经’字，何以异‘传’？不有‘传’字，何以别‘经’？又，《公羊》、《穀梁》二传‘年’上皆无‘经’、‘传’字，故知杜氏所题也。”

前二例解释篇题，末例说明体例。

(9)说明典故，补充史事。如：

《文选·王粲〈登楼赋〉》：“惧匏瓜之徒悬兮，畏井渫之莫食。”李善注：“《论语》：‘子曰：吾岂匏瓜也哉？焉能系而不食？’郑玄曰：‘我非匏瓜，焉能系而不食者，冀往仕而得禄。’”

这是交代典故，说明含义。又如：

《诗经·大雅·緜》：“古公亶父，陶复陶穴，未有家室。”毛传：“古公处豳，狄人侵之。事之以皮币，不得免焉；事之以犬马，不得免焉；事之以珠玉，不得免焉。乃属其耆老而告之曰：‘狄人之所欲，吾土地〔也〕。吾闻之：君子不以其所养人而（注：“而”当作“者”）害人，二三子何患〔乎〕无君！’去之，逾梁山，邑乎岐山之下。豳人曰：‘仁人之君不可失也。’从之如归市。”

这是补充古公亶父为避狄人侵略而迁岐的故事，诗中不可详述，故《毛传》作了介绍。

(10)考证山川地理。如：

《史记·孔子世家》：“孔子生鲁昌平乡陬邑。”司马贞《索隐》：“陬是邑名。昌平，乡号。孔子居鲁之邹邑昌平乡之阙里也。”张守节《正义》：“《括地志》：‘故邹城在兖州泗水县东南六十里。昌平山在泗水县南六十里。孔子生昌平乡，盖乡取山为名。故阙里在泗水县南五十里。’《舆地志》云：‘邹城西界阙里有尼丘山。’按今尼丘山在兖州邹城，阙里即此也。《括地志》云：‘兖州曲阜县鲁城西南三里有阙里，中有孔子宅，宅中有庙。’伍缉之《从征记》云：‘阙里背郲面泗，即此也。’按夫子生在邹，长徙曲阜，仍号阙里。”

这是对孔子出生地的考证。

(11)说明名物典章制度，介绍社会风俗习惯。如：

《诗经·小雅·庭燎》：“夜如之何？夜未央。庭燎之光。”毛传：“庭燎，大烛。”孔颖达疏引郑玄曰：“树于门外曰大烛，门内曰庭燎。”又说：“不同者以彼烛、燎别文，则设非一处。庭燎以庭名之，明在门内，故以大烛为门外。以文对，故异之耳。其散则通也……古制未得而闻，要以物百枚并而缠束之。今则用松苇竹，灌以脂膏也。”

这是解释“庭燎”之制。又如：

《春秋·庄公十九年》：“秋，公子结媵陈人之妇于鄄。”《公羊传》：“媵者何？诸侯娶一国，则二国往媵之，以侄娣从。侄者何？兄之子也。娣者何？弟也。诸侯一聘九女。诸侯不再娶。”

这是解释古时“媵”的制度。春秋时，诸侯娶另外诸侯国的女儿为嫡夫人，女方要以其兄之女和自己的妹妹随嫁，同时还要有另外两个和女方同姓的国家送女儿陪嫁，并且也要各以侄、娣相从，所以说“诸侯一聘九女”，这些随嫁陪嫁的女子都叫媵。

(12)评论人物事件或著述得失。如：

《三国志·蜀书·关羽传》：“羽尽封其所赐，拜书告辞，而奔先主于袁军。左右欲追之，曹公曰：‘彼各为其主，勿追也。’”裴松之注：“臣松之以为，曹公知羽不留而心嘉其志，去不遣追以成其义，自非有王霸之度，孰能至于此乎！斯实曹公之休美。”

这是赞美曹操的品德。又如：

《三国志·吴书·鲁肃传》：“〔鲁肃〕与备会，宣腾权旨，及陈江东强固，劝备与权并力。备甚欢悦。时诸葛亮与备相随，肃谓亮曰：‘我，子瑜友也。’即共定交。备遂到夏口，遣亮使权，肃亦反命。”裴松之注：“臣松之案：刘备与权并力，共拒中国，皆肃之本谋。又语诸葛亮曰：‘我，子瑜友也。’则亮已亟闻肃言矣。而《蜀书·〔诸葛〕亮传》曰：‘亮以连横之略说权，权乃大喜。’如似此计始出于亮。若二国史官，各记所闻，竞欲称扬本国容美，各取其功。今此二书同出一人，而舛互若此，非载述之体也。”

这是批评《三国志》的作者记事矛盾，不符合史书编撰的要求。

第三节 训诂术语

训诂的术语很多，这里分类介绍常见的一些。

一、释义术语

①曰、为

“叫”、“叫作”的意思。用以释词，总是置于被解释词之前，多用来指明其事、标立义界。如：

《国语·周语上》：“其刑矫诬，百姓携贰。”韦昭注：“以诈用法曰矫，加诛无罪曰诬。”

《诗经·小雅·正月》：“燎之方扬，宁或灭之。”毛传：“火田为燎。”

②谓

“指”、“指的是”的意思。用于释词，置于被解释词之后，通常是指明某词在特定语境里的特定意义或临时意义，也可以用以解释词组或句子。如：

《诗经·召南·殷其雷》：“殷其雷，在南山之下。”郑玄笺：“下，谓山足。”

《楚辞·离骚》：“众女嫉余之娥眉兮，谣诼谓余以善淫。”王逸注：“众女，谓众臣。”

《国语·楚语上》：“若是而不从，动而不悛，则文咏物以行之，求贤良以翼之。”韦昭注：“文，文辞也。咏，风也。谓以文辞风托事物以动行也。”

③谓之

“叫作”、“称之为”的意思。用以释词，置于被解释词之前。常用于标立义界和对比义类相近、相关或相反的一组语词在意义上的不同。如：

《诗经·小雅·巧言》：“彼何人斯，居河之麋。”毛传：“水、草交谓之麋（湄）。”

《礼记·曲礼上》：“为人子者居不主奥。”郑玄注：“室中西南隅谓之奥。”

④言

“说”的意思，可以用来解释词、词组、句子乃至篇章，多是指明其特定的含义。如：

《诗经·邶风·谷风》：“凡民有丧，匍匐救之。”郑玄笺：“匍匐，言尽力也。”

又，《王风·君子于役》：“鸡栖于埘，日之夕矣，羊牛下来。”郑笺：“鸡之将栖，日则夕矣，羊牛从下牧地而来，言畜产出入尚使有期节，至于行役者乃反不也。”

⑤斥

“指”的意思，用以解释词语或句子的含义。如：

《诗经·周颂·雍》：“假哉皇考，绥予孝子。”毛传：“假，嘉也。”郑玄笺：“嘉哉皇考，斥文王也。”

⑥之言、之为言

揭示解释词与被解释词音近义通的关系。有些是推原，有些是系源，有些是通假。如：

《仪礼·燕礼》：“主人酌膳。”郑玄注：“膳之言善也。”

《广雅疏证·释诂》“裁也”条下：“铱之言劈。”

又，“大也”条下：“临之言隆也。”

以上三条解释词与被解释词之间的关系分别是源流关系、同源关系、通假关系（被解释词是借字，解释词是本字）。这些当然只是训诂学家的主观判断，有些并不一定准确。

⑦犹、犹言

“好比”、“等于说”的意思。用以释词，常是用近义词相释、用特定语境里的临时意义相释或以今语释古语。如：

《国语·周语上》：“其有以御我矣。”韦昭注：“御，犹距也。”

《孟子·梁惠王上》：“老吾老以及人之老。”赵岐注前“老”谓：“犹敬也。”

《诗经·魏风·葛屦》：“掺掺女手，可以缝裳。”毛传：“掺掺，犹纤纤也。”

⑧亦

解释词一般已经在前面出现过，而下文出现的被解释词又与它是同义词或近义词，就用“亦”来揭示二者的关系。如：

《周礼·天官·大宰》：“以八法治官府……以八则治都鄙。”郑玄注：“则亦法也。”

⑨或曰

与“一曰”、“又曰”、“或说”、“一说”义同，都是“另外一种说法”的意思。一般是传注家提出一种看法，又录别一说以备他人参考。如：

《诗经·小雅·天保》：“俾尔单厚，何福不除。”毛传：“单，信也。或曰：单，厚也。”

⑩貌

一般是用在动词、形容词或动词性词组、形容词性词组之后，说明人或事物的行为状态等，可译为“……的样子”。如：

《诗经·邶风·谷风》：“行道迟迟，中心有违。”毛传：“迟迟，舒行貌。”

又，《卫风·氓》：“氓之蚩蚩，抱布贸丝。”毛传：“蚩蚩，敦厚之貌。”

⑪所以

“用来……的事物（处所、方式等）”的意思，常用来标立义界或说明事物、处所、方式等。如：

《方言》卷四：“佩约谓之裎。”郭璞注：“所以系玉佩带也。”

这就是说，裎是用来系玉佩的带子。

二、易字术语

⑫读为、读曰

用以易字，主要是指以本字释借字。如：

《诗经·卫风·氓》：“淇则有岸，隰则有泮。”郑笺：“泮读为畔。”

《汉书·司马迁传》：“或有抵梧。”如淳注：“梧读曰迕。”

三、拟音术语

⑬读如、读若

一般用以拟音（注音），但有时用以易字。如：

《吕氏春秋·制乐》：“饬其辞令。”高诱注：“饬读如敕。饬正其辞令也。”

又，《音律》：“令渔师伐蛟取鼍，升龟取鼋。”高诱注：“渔，读若‘相语’之语。”

《礼记·儒行》：“起居竟信其志。”郑注：“信，读如‘屈伸’之伸。”

末例用以易字。

四、阙疑术语

⑭未详、未闻

是“不知其详”、“未有所闻”的意思，体现了传注家“知之为知之，不知为不知”的治学态度。如：

《说文解字注》"藋"字条下:"《说文》言'一曰'者有二例:一是兼采别说,一是同物二名。此'一曰'未详何属。"

《仪礼·士冠礼》:"宾辞,主人对。"郑玄注:"辞对之辞未闻。"

前例是说,不知这里的"一曰"是属哪种情况;后例是说,宾主如何辞对、说些什么,不清楚。

五、校勘术语

⑮脱

也作"夺","脱漏"的意思,指文献流传中的脱漏,其脱漏文字叫脱文。如:

《荀子·王制》:"北海则有走马吠犬焉,然而中国得而畜之。"杨倞注:"走马吠犬,今北地之大犬也。"王先谦《荀子集解》:"卢文弨曰:'冀之北土,马之所生。《注》"走马"下当有脱文。'先谦案……《注》'地'字各本脱。"

王先谦先引卢文弨的话,说杨倞的注文"走马"下还应该有话,传写中脱漏;又说各本杨倞注中又漏了"地"字。

又,《王制》:"权者重之。"王先谦《荀子集解》:"上无所承,疑有夺文。"

⑯衍

也作"羡","多出来"的意思,指文献中的误增。其误增文字为衍文。如:

《荀子·富国》:"若是则不威,不威则罚不行。"王先谦《荀子集解》引卢文弨曰:"旧本正文俱作'则赏罚不行','赏'字衍,今删。"

又,《王制》:"是以大者之所以反削也。"《荀子集解》引俞樾曰:"上'以'字衍文。'是大者之所以反削也'与上文'是强者之所以反弱也'正相对。"

⑰当为、当作

用以校正误文,"应该是"的意思。如:

《荀子·王制》:"圣王之用也,上察于天,下错于地,塞备天地之间,加施万物之上。"王先谦《荀子集解》引王引之曰:"'塞备'二字义不相属,'备'当为'满'字之误也。"

又,《王制》:"故公平者,职之衡也;中和者,听之绳也。"王先谦《荀子集解》引刘台拱曰:"《注》先解'听',后解'衡'。'职之衡'当作'听之衡',此涉上文'职'字致误。"

⑱倒乙、互乙

“颠倒位置”、“互换位置”的意思。如：

贾谊《新书·等齐》：“乱且不息，滑曼无纪。”陶鸿庆《读贾子札记》：“二句当倒乙，属上为义。上文云：‘所持以别贵贱、明尊卑者，等级、势力、衣服、号令也。’故此云：‘滑曼无纪，乱且不息。’言无贵贱尊卑之纪，则乱将不息也。”

六、说明特殊辞例的术语

“特殊辞例”也叫特殊的行文表达方式，亦即特殊的遣词造句方式。对此，前人传注中时有涉及，这里讲主要的几种。

⑲对文、相对为文

指处于相对位置上的两个或两个以上的词、词组或句子，它们的结构一般都相同。处于相对位置的词语，其词性往往相同，词义也常常相近或相反。训诂学家分析这种行文表达方式常用来考定词义、校勘文字。如：

《荀子·儒效》：“礼节修乎朝，法则度量正乎官。”杨倞注：“官，百官。”王先谦《荀子集解》引王念孙曰：“‘官’与‘朝’对文。《曲礼》：‘在官言官，在朝言朝。’郑玄注：‘官谓板图文书之处。’是也。《富国》篇亦曰：‘节奏齐于朝，百事齐于官。’杨云：‘官，百官。’失之。”

又，《王制》：“度其功劳，论其庆赏，以时慎修，使百吏免尽而众庶不偷，冢宰之事也。”王先谦《荀子集解》引王念孙曰：“‘免尽’当为‘尽免’。‘免’与‘勉’同。‘尽免’，皆勉也。‘勉’与‘偷’对文。《君道》篇：‘赏免罚偷’（注：今本‘免’讹作‘克’，辩见《君道》）。”

又，《王制》：“若是名声日闻，天下愿，令行禁止，王者之事毕矣。”王先谦《荀子集解》引王念孙曰：“‘名声日闻’，本无‘闻’字，‘日’本作‘白’。‘名声白’者，白，明也，显也，名声显著于天下也。《致士》篇曰：‘贵名白，天下愿，令行禁止，王者之事毕矣。’文正与此同。‘贵名白’即‘名声白’也。《乐论》篇曰：‘名声于是白，光辉于是大。’……‘名声白，天下愿。’二句相对为文。若于上句内加一字，则句法参差矣。此因‘白’字讹作‘日’，后人不得其解，故于‘日’下加‘闻’字耳。”

前例以对文考证词义，中例以对文校正字序，末例以对文校正误字衍文。

⑳互文

互文又叫“互言”、“互辞”、“互体”、“互相足”、“互相备”、“通异语”、“互文备义”、“互文见义”等，是“两物各举一边而省文”，即在两个词组或两句话中，各有省文而在意义上又各有补充的一种行文表达方式。如：

《左传·宣公十四年》：“郑昭宋聋。”孔颖达《左传正义》：“‘郑昭’言其目明，则宋不明也；‘宋聋’言其耳闇，则郑不闇也。耳目各举一事而对以相反，言宋不解事，必杀我也。”

《礼记·坊记》：“故君子约言，小人先言。”郑玄注：“‘约’与‘先’，互言耳。君子‘约’则小人‘多’矣，小人‘先’则君子‘后’矣。”

㉑连文

又叫“连语”、“连言”、“复语”、“重言”等，一般都是指同义词的连用。如：

《汉书·王莽传》：“虽未能充裕，略颇稍给。”周寿昌《汉书注校补》：“‘略、颇、稍’，三字连文。”

又，《贾谊传》：“臣闻圣主言问其臣，而不自造事。”颜注：“欲发言则问其臣。”王念孙《读书杂志》卷五引王引之曰：“师古以‘言’为‘发言’，非也。‘言’亦‘问’也。连称‘言问’者，古人自有复语耳。”

顾炎武《日知录》卷二十四：“古经亦有重言之者：《书》‘自朝至于日中昃，不遑暇食’，‘遑’即‘暇’也。”

㉒变文

变文一般指在两个或两个以上的句子中，出于修辞或押韵等需要，而避免在相对位置上使用相同词语的一种行文表达方式。如：

《诗经·小雅·彤弓》：“钟鼓既设，一朝右之。”马瑞辰《毛诗传笺通释》：“此诗《传》‘右，劝也’，与《楚茨》章‘侑，劝也’正同义。古者食礼有‘侑’，飨礼有‘酬’，而《左传》曰：‘王飨礼命之侑。’是‘酬’礼通曰‘侑’也。《尔雅》‘酬’、‘侑’并训为‘报’，是知二章‘右之’，犹三章‘酬之’，变文以叶韵耳。”

又，《大雅·思齐》：“思媚周姜，京室之妇。”马瑞辰《毛诗传笺通释》：“‘周’、‘京’本皆地名，后以‘周’为有天下之称，以‘京’为王室之称，非有尊卑大小之别……诗人或言‘周’，或言‘京’，特变文以见义。”

《史记·范雎蔡泽列传》：“如是而不退，则商君、白公、吴起、大夫种是也。”李笠《史记订补》：“白公”即“白起”，“以下文有‘吴起’，避‘起’字复耳”。

又,《樊郦滕灌列传》:“攻赵贲,下郿、槐里、柳中、咸阳;灌废丘,最。”司马贞《索隐》:“废丘”即“槐里”。上文“总言所攻陷之邑;别言以水灌废丘,其功特最也。初云‘槐里’,称其新名;后言功最,是重举,不欲再见其文,故因旧称‘废丘’也”。

㉓倒文

一般指语序的颠倒,多数是相对后代语序而言的;就古代汉语来说,一般还是正常语序。但也有相对正常语序而言的。如:

《诗经·周南·葛覃》:“葛之覃兮,施于中谷。”毛传:“中谷,谷中也。”孔颖达《毛诗正义》:“倒其言者,古人之语皆然,诗文多此类也。”

又,《汝坟》:“既见君子,不我遐弃。”孔颖达《毛诗正义》:“‘不我遐弃’,犹云‘不遐弃我’,古之人语多倒,《诗》之此类众矣。”

又,《大雅·崧高》:“申伯还南,谢于诚归。”郑笺:“谢于诚归,诚归于谢。”孔颖达《毛诗正义》:“言‘谢于诚归’,正是诚心归于谢国,古人之语多倒,故申明之。”

㉔省文

指字词句的省略,一般是为了文字的简洁。如:

《汉书·司马迁传》“及如左丘明无目”,王念孙《读书杂志》四之十一引宋祁曰:“越本无‘明’字。”因下按语:“越本是也。无‘明’字者,省文便句耳。上文‘左丘失明’即其证,后人不达而增入‘明’字,则累于词矣。景祐本及《文选》皆无‘明’字。”

《左传·襄公二十年》:“赋《常棣》之七章以卒。”王引之《经义述闻》卷十八:“窃谓‘以’犹‘与’也。卒,卒章也。言赋《常棣》之七章与卒章也。‘卒’下无‘章’字者,蒙上而省。”

㉕分承

也叫“合叙”、“分系”、“并提”,是指两个或两个以上联合词组的组成成分分别搭配,构成两套以上平行语法关系的表达方式。如:

《汉书·魏豹传》:“齐、楚遣项它、田巴,将兵随市救魏。”颜师古注:“楚遣项它,齐遣田巴。”杨树达《古书疑义举例续补》:“上文言‘齐楚’,下文则先叙楚将,后叙齐将,与上相承而顺序不同。”

又,《淮南王安传》:“王有孽子不害,最长,王不爱,后太子皆不以为子兄数。”如淳曰:“后不以为子,太子不以为兄秩数。”

又,《高帝纪》:“掾、主吏萧何、曹参。”颜师古注:“曹参为掾,萧何为主吏。”

又,《晁错传》:“劲弩长戟,射疏及远,则匈奴之弓弗能格也。”胡三省曰:“文意各有所属:‘劲弩’所以‘射疏’,‘长戟’所以‘及远’也。”杨树达《古书疑义举例续补》:“胡说是也。此分承之例。”

《后汉书·光武十王传赞》:“中山临淮,无闻夭丧。”王先谦《集解》引姜宸英曰:“无闻,指中山;夭丧,指临淮也。”杨树达《古书疑义举例续补》:“按原文如云‘中山无闻,临淮夭丧’,实较清晰,然必合言之者,以上文六句,每句各指一王,故变为合叙,以避板滞耳。”

古书辞例还有多种,读者可查阅俞樾《古书疑义举例》、刘师培《古书疑义举例补》、杨树达《古书疑义举例续补》、马叙伦《古书疑义举例校录》、姚维锐《古书疑义举例增补》等(后中华书局有《古书疑义举例五种》)。

第四节　解释词义的基本方式

训诂学的中心问题是研究如何注解词义和考释词义。下面几节,我们着重谈这两个问题。先讲前代训诂中常见的释词方式。

释词方式也叫训诂的方式。由于分类的角度不同,因而就有不同的概括方法。传统训诂学常分为三种:形训、义训、声训。但传统训诂学著作中,除了训诂专著(如《说文》)外,很少有用形训的,常见的是声训和义训。传统的分法还有分成直训、义界和推原三种的。但是,第一,有的学者认为,直训也应是义界的一种,两者难以界定;第二,直训、义界是从注解词义的形式上说的,而推原则是从考释词义的手段上说的,两者实际并不在同一个平面;第三,从形式上看,推原有时用直训式(直训式推原,或推原式直训),有时用义界式(义界式推原,或推原式义界)。所以,我们这里从实用出发,并结合前代训诂资料的实际情况,把释词方式从形式上分为两种:单词式和词组句子式。每种之中再按内容分成若干类型。

一、单词式

单词式即以词释词。前代训诂著作中多用“甲,乙也”的形式,其中多数是以同义词或近义词相训，但还有一些其他情况，兹分类举例说明如下：

(1)以今语释古语。如：

《仪礼·聘礼》："百名以上书于策，不及百名书于方。"郑玄注："名，书文也。今谓之字。"

《尔雅·释木》："楔，荆桃。"郭璞注："今樱桃。"

这是明确说明古语今义的。但多数情况并不明言。如：

《诗经·王风·葛藟》："终远兄弟，谓他人昆。"毛传："昆，兄也。"

又，《邶风·谷风》："就其深矣，方之舟之。"毛传："舟，船也。"

(2)以通语释方言。如：

《楚辞·离骚》："扈江离与辟芷兮，纫秋兰以为佩。"王逸《楚辞章句》："扈，被也。楚人名被为扈。"

又，"邅吾道夫昆仑兮，路修远以周流。"王逸《楚辞章句》："邅，转也。楚人名转曰邅。"

(3)以本字释借字。如：

《诗经·豳风·七月》："七月食瓜，八月断壶。"毛传："壶，瓠也。"

又，《小雅·常棣》："兄弟阋于墙，外御其务。"毛传："务，侮也。"

二例中的"壶"、"务"是通假字，故毛传以本字释之。还有许多传注，文中不出现本字，而以本字之义释之，这种情况需要读者判定其本字才能理解。如：

《诗经·豳风·七月》："八月剥枣，十月获稻。"毛传："剥，击也。"

又，《小雅·四月》："秋日凄凄，百卉具腓。"毛传："腓，病也。"

又，《邶风·柏舟》："耿耿不寐，如有隐忧。"毛传："隐，痛也。"

考《说文》："攴，小击也。""殷，痛也。"《尔雅·释诂》："痱，病也。"则三例中的"剥"、"腓"、"隐"之解为"击"、"病"、"痛"当是"攴"、"痱"、"殷"的通假字，毛传并不明言，而以本字之义释之。

(4)推求语源。如：

《诗经·大雅·崧高》："其风肆好，以赠申伯。"毛传："赠，增也。"

又，《召南·行露》："谁谓女无家，何以速我狱。"毛传："狱，确也。

按："赠"无"增"义，但它的语源意义却是"增"，即"有所赠送而使之有所增加"之义。同样，"狱"(大理院)也没有"确"义，而训为"确"，只是想说明它的作用是确定是非曲直，其语源意义是"确"。这一类训诂最易误解，需要特别注意。

(5)推求转语。如：

《诗经·小雅·甫田》："琴瑟击鼓，以御田祖。"郑玄笺："御，迎也。"

又，《陈风·东门之池》："彼美淑姬，可以晤歌。"毛传："晤，遇也。"

《文选·班固〈幽通赋〉》："乘高而遌神兮，道遐通而不迷。"曹大家云："遌，遇也。"

《左传·成公十三年》："迓晋侯于新楚。"杜预注："迓，迎也。"

《文选·张衡〈思玄赋〉》："戒庶僚以夙会兮，佥供职而并讶。"旧注："讶，迎也。"

《周礼·春官·小祝》："逆时雨，宁风旱。"郑玄注："逆，迎也。"

《史记·五帝本纪》："迎日推策。"张守节《正义》："迎，逆也。"

以上"御、迎、晤、遇、遌、讶、迓、逆"诸字音转字异而义通，是一组同源词，各家注语多以转语明之，十分精辟。又如：

《文选·张衡〈西京赋〉》："奎踽盘桓。"薛综注："盘桓，便旋也。"

《楚辞·九歌》："君不行兮夷犹。"王逸《楚辞章句》："夷犹，犹豫也。"

"盘桓"和"便旋"、"夷犹"和"犹豫"分别是转语式同源词。又如：

《诗经·鄘风·墙有茨》："墙有茨，不可扫也。"毛传："茨，蒺藜也。"

《国语·吴语》："〔王〕亲就鸣钟鼓、丁宁……"韦昭注："丁宁，钲也。"

"蒺藜"、"丁宁"分别是"茨"和"钲"的缓言，"茨"、"钲"是"蒺藜"、"丁宁"的急言（合音），也是一种特殊的转语式同源词。

单词式的种类还有一些，如以俗语释雅言、以今字释古字、以方言释方言等，兹不详述。

二、词组句子式

词组句子式是以词组或句子解释被解释词，一般没有与被解释词相对应的词出现。

(1)概括定义。如：

《诗经·邶风·柏舟》："我心匪鉴，不可以茹。"毛传："鉴，所以察形也。"

又，《卫风·芄兰》："芄兰之支，童子佩觿。"毛传："觿，所以解结。"

《左传·哀公二十五年》："褚师声子袜而登席。"杜预注："袜，足衣也。"

《汉书·贡禹传》："市井勿得贩卖。"颜师古注："贱买贵卖曰贩。"

(2)客观说明。如：

《尔雅·释亲》："父之从祖祖父为族曾王父，父之从祖祖母为族曾王母。"邢昺疏："族曾王父母，即己之从曾祖父母也。"

《尚书·五子之歌》："关石和钧，王府则有。"孔颖达疏引《汉书·律历志》云："三十斤为钧，四钧为石。"

《诗经·秦风·车邻》："今者不乐，逝者其耋。"毛传："八十曰耋。"(注：又《左传·僖公九年》杜预注："七十曰耋。")

又，《周南·汉广》："之子于归，言秣其驹。"毛传："五尺以上曰驹。"

《淮南子·要略》："一朝用三千钟。"高诱注："钟，十斛也。"(注：又《说文》："斛，十斗也。")

以上释义方式有人称之为"客观定义"式。

(3)对比说明。如：

《诗经·小雅·鸿雁》："鸿雁于飞，肃肃其羽。"毛传："大曰鸿，小曰雁。"

又，《小雅·无羊》："以薪以蒸，以雌以雄。"郑玄笺："粗曰薪，细曰蒸。"

又，《召南·采蘋》："于以盛之，维筐及筥。"毛传："方曰筐，圆曰筥。"

又，"于以湘之，维锜及釜。"毛传："有足曰锜，无足曰釜。"

又，《邶风·燕燕》："燕燕于飞，颉之颃之。"毛传："飞而上曰颉，飞而下曰颃。"

又，《魏风·伐檀》："不稼不穑，胡取禾三百廛兮。"毛传："种之曰稼，敛之曰穑。"

《左传·宣公十二年》："取其鲸鲵而封之。"孔颖达疏："雄曰鲸，雌曰鲵。"

(4)描写形状。如：

《尔雅·释乐》郭璞注："埙，烧土为之，大如鹅子，锐上平底，形如秤锤，六孔；小者如鸡子。"

又，《释兽》："罴如熊，黄白文。"郭璞注："似熊而长头高脚，猛憨多力，能拔树木。"

《周礼·春官·籥章》"土鼓"，郑玄注引杜子春云："土鼓，以瓦为匡，以革为两面，可击也。"

(5)古今比况。如：

《诗经·小雅·采菽》："赤芾在股，邪幅在下。"郑玄笺："邪幅，如今行縢也。"

《周礼·地官·司市》："以质剂结信而止讼。"郑玄注："质剂，谓两书一札而别之也，若今下手书言保物要还矣。"

"邪幅"相当于汉时的"行縢"、现在的"裹腿"；"质剂"相当于汉时的"下手书"，是"契约"一类的东西。

(6)指明各种情况。如：

《楚辞·涉江》："阴阳易位，时不当兮。"朱熹《集注》："阴谓小人，阳谓君子。"

《孟子·梁惠王上》："老吾老以及人之老，幼吾幼以及人之幼。"赵岐注前"老"、"幼"谓："老犹敬也，幼犹爱也。"

《诗经·小雅·车攻》："徒御不惊，大庖不盈。"毛传："徒，辇也。御，御马也。"

《文选·沈约〈齐故安陆昭王碑文〉》："首鼠疆界，灾蠹弥广。"李善注："《说文》曰：'蠹，木虫也。'以喻残贼。"

《诗经·大雅·文王》："陈锡哉周。"孔颖达《正义》："哉与载古字通用。"

《尔雅·释器》："不律谓之笔。"郭璞注："蜀人呼'笔'为'不律'，语之变转。"

《广雅·释训》："魁岸，雄杰也。"王念孙《广雅疏证》："'魁岸'犹'魁梧'，语之转耳。"按："梧"、"岸"之转，犹"吾"之转为"俺"(北方第一人称)。

以上《楚辞》朱熹注是指明特别含义，《孟子》赵岐注是指明词类活用义，《诗经·小雅》毛传是指明文中所指，《文选》李善注是指明比喻义，《诗经·大雅》孔颖达疏是指明二字通用，《尔雅》郭璞注是以方言证古训，《广雅》王氏疏证是指明语转词，情况各异。

(7)揭示语源或取义之由。如：

《周礼·天官·小宰》："凡祭祀，赞王币爵之事，祼将之事。"郑玄注："祼之言灌也。"

《仪礼·燕礼》："主人酌膳。"郑玄注："膳之言善也。"

《礼记·王制》"祫禘"，郑玄注："祫，合也。天子诸侯之丧毕，合先君之主于祖庙而祭之，谓之祫。”

《左传·昭公十一年》：“衣有禬，带有结。”杜预注：“禬，领会。”

《尔雅·释天》：“载，岁也。夏曰岁，商曰祀，周曰年，唐虞曰载。”郭璞于“岁”下注：“取岁星行一次。”于“祀”下注：“取四时一终。”“年”下注：“取禾一熟。”于“载”下注：“取物终更始。”

在上述诸例中，用“之言”二例是直接揭示语源的，其余都是暗示取义所由。

第五节　考证词义时通常遇到的一些困难

此节专论考证词义之不易。

一、难在辨别多义词的具体词义

汉语里的多义词特别丰富，多义词的义项一般都有好几个，有的甚至十几个、几十个。举“子”的用法，如：

《诗经·小雅·斯干》：“乃生男子，载寝在床……乃生女子，载寝在地。”

这是“小孩”义。

《左传·哀公九年》：“微子启，帝乙之元子也。”

“元子”之“子”是“儿子”义。

《诗经·大雅·大明》：“缵女维莘，长子维行。”

这是“女儿”义。

《荀子·正论》：“圣王之子也，有天下之后也。”

这是“子孙后代”的意思。

《史记·鲁仲连邹阳列传》：“夷维子为执策而从。”

这是旧时对男子的美称。

《论语·学而》：“子曰：‘学而时习之，不亦说乎！’”

这是“老师”义。

《礼记·王制》：“王者之制禄爵，公、侯、伯、子、男凡五等。”

这是爵位名称。

《仪礼·士丧礼》：“朝夕哭，不辟子卯。”

这是地支名称。

用于名词义的，还有“动物的卵”、“小动物”、“植物的种子或果实”、“利息”、“小面值的钱币”、“小而硬质的圆块形物”等义项；用于形容词义的，还有“幼小的”、“小的”、“副的”等义项；用于动词义的，还有“孳生”、“尽子女职分”等义项。义项虽多，但用在具体语境里，意义却只能有一个，这就给考证词义带来一定困难。

二、难在把握词义的引申系统

多义词越多，多义词的义项越多，考证词义就会越困难，这就提出一个科学把握词义的问题。为了把握词义，我们不妨把它们的主要义项分为若干层次，这样它的词义引申系统也就清楚了，掌握起来也就容易得多。如“尸”，一般可分十几个义项，现在我们试将其分为三个层次：

第一个层次，是名词类的本义至引申义系统：

(1)表示“尸体”，后来写作“屍”。如：

《左传·隐公元年》：“赠死不及尸。”杜预注：“尸，未葬之通称。”

(2)表示古代祭祀的时候，代死者受祭的人。如：

《仪礼·士虞礼》：“祝迎尸。”郑玄注：“尸，主也。孝子之祭，不见亲之形象，心无所系，立尸而主意焉。”

盖古礼制天子以卿为尸，诸侯以大夫为尸，卿大夫以下以孙为尸。

(3)表示神主牌。如：

《楚辞·天问》：“武发杀殷何所悒？载尸集战何所急？”

(4)引申为一般的“主”，即主体。如：

《汉书·扬雄传下》：“胥靡为宰，寂寞为尸。”

第二个层次，是由名词转化为动词后的第一个引申义系统：

(5)引申为主持、执掌。如：

《诗经·召南·采蘋》：“谁其尸之，有齐季女。”

(6)引申为担任(占据……之位)。如：

《尚书·康王之诰序》：“康王既尸天子，遂诰诸侯，作《康王之诰》。”

(7)引申为占据、享受。如：

《文子·符言》：“老子曰：‘欲尸名者必生事。’”

第三个层次，是带有活用性质或活用以后逐渐形成的动词性词义引申系统：

(8)表示像尸体一般。如：

《论语·乡党》:“寝不尸,居不容。”

(9)表示收尸。如:

《战国策·齐策五》:“夫战之明日,尸死扶伤,虽若有功也,军出费,中哭泣,则伤主心矣。”

(10)表示陈尸。如:

《国语·晋语六》:“杀三郤而尸诸朝。”

这样,只要大致把握了这个词义引申系统,其中的任何一个义项也就不难理解了。甚至与此相关的合成词、成语如“尸臣”(主事的大臣)、“尸利”(犹言只受其禄而无所事事)、“尸位”、“尸官”、“尸居”、“尸祝”(“尸”和“祝”)、“尸素”(即“尸位素餐”)、“尸禄”、“尸宠”、“尸位素餐”、“尸居余气”、“尸居龙见”等也都能随之而解了。

三、难在考证词义演变的历史

词义从纵的角度看,有历时的多义,即“历时交替”;从横的角度看,又有共时的多义,即“共时交替”。要搞清两者的关系,进而考证特定语境中的意义,搞清词义演变的历史,颇为不易。关于“历时交替”与“共时交替”中的词义关系,本书《绪论》已举“案”字为例,可参阅。这里举考证词义演变历史的例子。

殷孟伦先生在论述“闻”的词义[①]时说过:“从对文献的研究来看,语词意义有‘共时交替’的现象,但这只是历史演变的结果,绝不是某一语义在一开始就是‘共时交替’的。”他用大量文献材料证明:

(1)在西周初年以前,“闻”并不用于表示嗅觉义,而是用于表示听觉义;而表示嗅觉义的词是“臭”(对鬼神用“歆”)。这就是说,在早期古代汉语里,不存在“闻”字用于听觉义与嗅觉义的“共时交替”,“闻”的嗅觉义是后来才产生的。如在甲骨文、金文里,“闻”都从“耳”,说明造字之初是用以表示听觉义的;而到《尚书》里就由听觉义转用为“知道”义了。

(2)而且,即使表示嗅觉义,它也与“以鼻就嗅”的情况不完全相同:“闻”本是由声音的振动传达到听觉器官,而不是以耳就听。引申为嗅觉义之后,也只是指某一气味的传播作用于人的嗅觉器官。如《韩非子·外储说左下》说:“夫树橘柚

① 以下参见殷孟伦《子云乡人类稿》,齐鲁书社1985年版,第272～285页。

者，含之则甘，嗅之则香。”而《十过》篇里则说：“其王骂而往，入其幄中，闻酒臭而还。”同一部书里，一处用“嗅”，一处用“闻”，可见，“以鼻就嗅”和客观作用于主体的情况并不相同。

(3)这种“嗅”、“闻”对比使用的情况差不多一直持续到宋代以前。如：

第一组：

《孔子家语·六本》：“与善人居，如入芝兰之室，久而不闻其香，即与之化矣。”

《汉书·叙传上》：“不绁圣人之罔，不嗅骄君之饵。”

第二组：

《周书·萧詧传》：“又不好声色，尤恶见妇人，虽相去数步，遥闻其臭。”

《隋书·长孙晟传》：“〔晟〕乃指帐前草曰：‘此根大香。’染干遽嗅之，曰：‘殊不香也。’”

第三组：

韩愈《风折花枝》诗：“浮艳侵天难就看，清香扑地只遥闻。”

又，《苦寒》诗：“气寒鼻莫嗅。”

第四组：

张鷟《朝野佥载》卷六：“忽至一新城，异香闻数里。”

又，《朝野佥载》卷三：“知微舞蹈宛转，抱默啜靴而鼻臭之。”

第五组：

苏轼《题杨次公春兰》：“时闻风露香，蓬艾深不见。”

又，《次子由所居六咏》：“何以娱醉客？时嗅砌下花。”

(4)到了宋人话本里，“逆于人鼻”的“闻”和“以鼻就嗅”的“嗅”的使用才合一，口语里的“闻”(主动地去闻)才代替了书面语里的“嗅”。如：

《古今小说·宋四公大闹禁魂张》：“那五个人闻得，道：‘好香，员外得早晚几自烧香。’只管闻来闻去。”

《水浒传》第二十六回：“武松拿起来，闻一闻，摇着头道：‘不好，不好！换将来。’”

《初刻拍案惊奇·韩秀才》：“又把文字来鼻头也闻一闻道：‘果然有些老婆香。’”

上举《古今小说》例中，“闻得”的“闻”仍然是客体作用于主体，“闻来闻去”中的“闻”才是主动地去“嗅”。

经过这一番考察，“闻”字词义的变化历史就清楚了。这样不仅能够对它的词义有个准确的解释，对其他词义(如“嗅”)的考释也很有好处，同时还解释了其他语言现象和规律(如词义的“共时交替”问题、词义分工问题等)。

有些训诂学家就通过上述方法，根据词语使用的时代理解词义，进而分析成书年代，解决了文学史上的难题。如徐复先生写过一篇重要的论文，题目叫《从语言上推测〈孔雀东南飞〉一诗的写定年代》[①]。这是通过词语断代推定古籍成书年代的范例。

《孔雀东南飞》一诗，以前一般都认为是汉末的作品。徐复先生说：语言中的词汇最现实，变化最敏感。只要时代一有了变化，它就跟着产生了新的词语。所以他紧紧抓住了“词语”一条，进行断代分析。他举的主要例子有：“说有兰家女”中的“兰家女”(犹今人说“某某人家的女儿”)，这个“兰家”的用法，在晋代以前和晋代以后都没有见到过；“卿当日胜贵”中的“胜贵”(也叫“贵胜”，指地位显贵之人)、“诺诺复尔尔”中的“尔尔”(尔，应声词，犹言喏)、“登时相许和”中的“登时”(即时)、“不堪母驱使”中的“不堪”(受不了、担当不了)、“逼迫有阿母”中的“逼迫”、“堂上启阿母”中的“启”(禀告)、“作计何不量”中的“作计”、“处分适兄意”中的“处分”(处置)等都是晋代通行的词语，其词义都与时代相合。更有“便可白公姥”中的“姥”(婆婆)、“新妇初来时”中的“新妇”(兄之妻自称)、“小子无所畏”中的“小子”(轻慢的称呼)等词都是魏晋以后或晋代才产生的。另外，晋代夫妇之间称谓，妇称夫为“君”，夫称妇为“卿”。反之，妻称夫为“卿”，则是不敬，也是晋人故事。

再加上一些别的佐证(如古韵、语法、避讳等)，说明此诗写定于晋代是有根据的。

四、难在辨别专有名词

专有名词有多种，如人名、地名、职官名、朝代名、书籍名等，在没有标点的古籍里，有时辨别十分困难。有一则笑话说，有人解《论语》“宰予昼寝”一句，说是“宰了我也要白天睡个好觉”。这虽然是一则笑话，却说明了区别专有名词的重

---

① 原载《学术月刊》1958 年第 2 期，后收入《徐复语言文字学丛稿》。

要性。这里举一个典型的例子：

孔尚任《送牧堂上人游五台》诗："层崖翠接蔚蓝天，百丈清风待皎然。"

注者或解"皎然"为"月光"，而于"百丈"未注。按：唐代大智禅师怀海，住洪州百丈山，人因称"百丈禅师"。这里也可以理解为借指五台佛地。"皎然"是唐代诗僧的名字，这里借指牧堂上人("上人"是对僧人的尊称)。"百丈清风待皎然"，是说五台胜境正在等待牧堂上人这位富有才华的僧人到来。这样，才能把诗的题目"送牧堂上人游五台"与诗的含义结合起来、统一起来，才能真正把握和深刻理解诗意。①

除了人名外，还有误解书名的，如：

《水经注·三峡》："江水又东，经巫峡。"戴震说："凡水道所经之地，《经》则云'过'，《注》则云'经'。"

《经》指《水经》，《注》指《水经注》。而解者或曰："凡水道所经之地，水经过叫'过'，注入则叫'经'。"这是把专有名词的《经》和《注》当成一般词语去解释了。②

《水东日记》："叶本摄音，讹为今称。遍求姓氏之书，自唐以来，始仅得于有道。"

《戒庵老人漫笔》："蔡君谟书……衍极所论，疑过许也。"

"有道"系指唐代李邕撰文并书写的"叶有道碑"，"衍极"是元人郑杓所著书名，二处都应加书名号。③

五、难在解释要简明、通俗而科学

解释词义首先要准确，但准确是和科学联系在一起的。除了准确、科学而外，还要求讲究简明、通俗，这也是解释词义的一大难处。

比如，由于词语的继承性，古籍当中的许多词语至今仍然活在人们的口语里，只是有些语音变了，形体也变了，其渊源关系往往不被人们所理解了，如今语说"努力"，古语说"勉力"；今语说"怕"，古语说"怖"，等等。有些词语本来是音义俱通的词，但从今形今音今义来看，已经完全看不出它们之间的联系，其渊源关

---

① 马斗全：《〈历代名人咏晋诗选〉注释之质疑》，载《出版工作》1985年第1期。

② 参见何九盈《要提高古诗文今注的质量》，载1983年3月8日《光明日报》。

③ 参见胡宜柔《谈谈古籍标点中的几个问题》，载《古籍整理情况简报》第111期。

系也被掩盖了。如《尚书·蔡仲之命》:"叔卒,乃命诸王邦之蔡。"这个"邦"字,或解为名词用如动词,或解为"通'封'"。其实,"邦"、"封"音义通,二词同源。盖于分封的行为叫"封",其分封之地域则为"邦"。《释名·释州国》:"邦,封也,封有功于是也。"正中语源。《尚书·蔡仲之命》:"肆予命尔侯于东土,往即乃封。"孔传:"故我命汝为诸侯于东土,往就汝所封之国。"《论语·季氏》:"夫颛臾,昔者先王以为东蒙主,且在邦域之中矣。"阮元《校勘记》引《释文》:"'邦'或作'封'。"又,孔注:"鲁七百里之封。"邢疏:"鲁之封域方七百里,颛臾为附庸,在其域中也。"又,《论语·季氏》:"而谋动干戈于邦内。"《释文》:"郑本作'封内'。"都是"封"、"邦"音义俱通之明证。可见,只有把二词的音义关系搞清楚,才能得到真正科学合理的解释。

有些词语的解释,乍看起来好像很难讲得通。如《广雅·释诂》:"鲁,道也。"王念孙《广雅疏证》据"诸书无训'鲁'为'道'者"一条理由就说:"《广雅》本训'鲁'为'钝',在下文'钝也'一条内,后人传写误入此条耳。"真是老虎也有打盹的时候。的确,从表面看,似乎很难找出"鲁"和"道"之间的联系,但是,我们可以知道的是:第一,"鲁"与"旅"通。如《尚书序》"旅天子之命",《史记·周本纪》"旅"作"鲁";《尚书·微子之命》"旅天子之命",今本《史记·鲁周公世家》作"嘉"。徐广曰:"一作'鲁'。今《书序》作'旅'也。"《说文》"旅"下列"旅"的古文,并说"古文以为'鲁卫'之'鲁'"。第二,"旅"可以解释为"道"。如《尚书·禹贡》:"蔡、蒙旅平。"王引之《经义述闻》卷三谓:"'蔡、蒙旅平'者,言二山之道已平治也。"《礼记·郊特牲》"台门而旅树",郑玄注:"旅,道也。屏谓之树,树所以蔽行道。"故《尔雅·释宫》:"旅,途也。"郭璞注:"途即道也。"这就是说,只要我们找到"鲁"和"道"之间失落了的链环——"旅",对"鲁,道也"的训释就好理解了,解释起来自然也就会简明而科学。

又如训诂学里的"通",到底是"通"还是"同",或者是别的什么情况,有时也颇费踌躇。如《三国志·魏书·华佗传》:"府吏兒寻、李延共止。"注者或谓"'兒'通'倪'"。其实,古无"倪"字,早期典籍里"倪"姓者多作"兒",如兒良、兒宽等。所以此注似以改为"这里同'倪'"或"古'倪'字"较为科学。

有些例子解释起来可能还更麻烦一些。如说"'说'通'悦'",是通假还是音义俱通?对一般读者来说,说"通"(通假)就可以了;如果进一步去追究,似乎理解成"音义俱通"也未尝不可(考"郁"为"郁结"义,就是"心有所蓄,意不得解"。

反之，心花怒放，喜形于色，则为"悦"。"脱"为"解脱"、"放开"义，与"结"义相反。"说"是"解说"、"解释"的意思，也就是把原来的"结"如疑难、疙瘩等解开、放开的意思，与"悦"、"脱"的意思也相通）。这就需要我们不断研究，不断有所发现。

六、难在辨别各种表达方式

这里说的"表达方式"是个广义的概念，实含古代汉语中特殊的语法、修辞等语言现象。其内容十分广泛，这里只就关涉词语解释较为密切的几种如修辞中的借代、婉曲、藏词和语法中的词类活用等略作阐述。

借代有多种，有用事物的特征、标记、所在或数量相代者，如以"隆准"代刘邦，以"朱门"代显贵，以"闾左"代平民，以"万顷"代水面等；有用事物发明人、制作所用的材料或工具相代者，如以"杜康"代酒，以"丹青"代绘画，以"笔墨"代文章等；有用事物的部分与全体或特称与通称相代者，如以"帆"代船，以"柴米"代生活用品，以"扁鹊"代名医，以"轮台"代边疆；有以官名、地名代人者，如以"三闾"代屈原，以"颍川"代灌夫，等等。

藏词又叫"割裂"，是一种截取现成词句代指原词句前后词语的一种表达方式(有人因称它是"割裂式代称")。如截取《尚书·君陈》"惟孝友于兄弟"中的"友于"以代"兄弟"，截取《尚书·益稷》"箫韶九成，凤凰来仪"中的"来仪"以代"凤凰"，截取《诗经·大雅·云汉》"周余黎民，靡有孑遗"中的"周余"以代"黎民"，截取《诗经·大雅·皇矣》"王赫斯怒，爰整其旅"中的"赫斯"以代王，等等。

藏词中还有一类，是摘用现成词句中的部分词语(一般为两个字)来代指或概括原句文意。如以《论语·阳货》"子生三年，然后免于父母之怀"句中的"免怀"来代指"三年"，以《老子》第五十章"祸兮福所倚，福兮祸所伏"中的"倚伏"来代指"祸福"，等等。

婉曲也叫委婉、曲说、避讳等，是一种委婉其辞的表达方式，如"死"的说法，常见的有"崩"、"山陵崩"、"天崩地坼"、"弃群臣"、"弃天下"、"宫车宴驾"、"大行"、"登假"、"捐馆舍"、"填沟壑"、"虫出"、"隐化"、"羽化"、"仙游"、"跨鹤"、"物故"、"委骨九泉"、"迁神"、"不禄"等等。古代汉语里类似的特殊表达方式还很多，这里不再赘述。

下面谈谈词类活用后对词义的影响。

词类活用有各种情况，词义因而往往不同。

同一词语，有因活用方式不同而意义不同者，如：

《荀子·王霸》："合天下而君之。"

柳宗元《封建论》："天下乖戾，无君君之心。"

以上二例中(后例中的前一个)的"君"，活用后分别是"统治"和"以〔君〕为君"的意思。这是名词活用例。又如：

《汉书·朱买臣传》："买臣深怨，常欲死之。"

《论语·宪问》："桓公杀公子纠，召公死之。"

以上二例中的"死"分别是"害死〔张汤〕"、"为〔公子纠〕而死"的意思。这是动词活用例。又如：

《老子》第三十六章(甲本)："将欲弱之，必固强之。"

《左传·昭公十二年》："齐君弱吾君，归弗来矣。"

以上二例中的"弱"分别是"使〔之〕弱"和"以〔吾君〕为弱"的意思。这是形容词活用例。

又有活用方式相同而活用后意义不同者，如：

《左传·宣公二年》："晋灵公不君。"

《荀子·王霸》："合天下而君之。"

二例中的"君"都是名词用为一般动词，而意义分别是"行君道"和"统治"的意思。又如：

《史记·项羽本纪》："范增数目项王，举所佩玉玦以示之者三。"

又，《陈涉世家》："旦日，卒中往往语，皆指目陈胜。"

《后汉书·张衡传》："宦官惧其毁己，皆共目之。"

细考文意，以上三例中的"目"当分别是"使眼色"、"注视"和"瞪着"的意思。

又有活用前词义不同，活用后词义也不同者，如：

柳宗元《捕蛇者说》："殚其地之出，竭其庐之入。"

《吕氏春秋·义赏》："竭泽而渔，岂不获得，而明年无鱼。"

前例中的"竭"是"穷尽"义的活用，后例是"干涸"义的活用，意义自然不同。又如：

《隋书·陈奇传》："〔游雅〕尝众辱奇，或尔汝之。"

《墨子·尚贤》："然则众贤之术将奈何哉？"

前例中的"众"是"众人"之"众"用作状语，后例中的"众"是"众多"之"众"的使动用法。

词类活用还有各种复杂的情况。如：

有时词类活用又同特殊语序搅和在一起，如：

《论语·尧曰》："周有大赉，善人是富。"

全句大意是说："周朝大加封赐，使善人都富起来。""富"是形容词的使动用法，"善人"是它的宾语，又用"是"来复指。

又有词类活用后语法关系难以辨别者，如：

《老子》第七十一章："知不知，上；不知知，病；夫惟病病，是以不病。"

这段话的意思是："知道自己不知道，最好；不知道而以为知道，就是病。正因为认为这种毛病是毛病，所以才不会出毛病。"句中有四个"病"。第一个是名词；第二个是名词的意动用法；第三个"病"作第二个的宾语，是名词；第四个是动词，"生病"、"出毛病"的意思。

又有词类活用后使语意表达不清者，如：

韩愈《原道》："人其人，火其书，庐其居，明先王之道而道之，鳏寡孤独废疾者有养也，其亦庶乎其可也。"

全句的意思是："让那些和尚道士还俗成为普通的人，把他们的书烧掉，使他们居住的寺庙成为百姓居住的房屋……"活用词中，以"人"和"庐"难以确解。"人其人"中的前一个"人"字，显然是使动用法，但又不是简单地"使其成为人"的意思，而是"使其还俗成为普通的人"的意思；"庐"用作动词是"筑庐"的意思（如《韩诗外传》卷一"邵伯暴处远野，庐于树下"），但这里却是"使……成为庐"的意思，即把寺庙腾出来让老百姓居住。

七、难在要兼及句读、校勘

古籍多无标点，注家首先得分清句读，然后才能谈得上解释。能做到先正确标点再加以解释，至为不易。关于句读，详见本章《训诂学之用于古籍整理》一节，这里只举一例说明句读与解释词义之间的关系。

欧阳修《归田录》："公生于洛中祖第正寝，至易箦亦在其寝。"

读这段话，先要弄懂"祖第"（祖宅）、"正寝"（正室）、"易箦"（用曾子故事。"箦"是一种华美的竹席，大夫死时用它，符合礼制。曾子不是大夫，所以临死之前要撤换掉。"易箦"就是撤换竹席，后来因指人病重将死）几个词，然后才能正确断句。

还要知道《礼记·檀弓下》“歌于斯，哭于斯，聚国族于斯”是古人所尚。如果不理解这些，句读也会出现问题，如有人将上句标点为“公生于洛中，祖第正寝至易，箦亦在其寝”[①]。断句如此，又怎么解释呢？可见句读与解释的关系多么密切。

古籍多有讹误，注家在分析语义时还常常要兼及校勘。能做到校、注结合，至为不易。如：

孔稚圭《北山移文》：“钟山之英，草堂之灵，驰烟驿路，勒移山庭。”

徐复先生说，往年黄季刚先生讲授《文选》，即疑“驿路”当为“驿雾”，盖“驰”、“驿”性同，“驿”亦“驰”。王勃《乾元殿赋》有“驿雾驰烟”句，即本此文。后来抗战期间，徐先生在重庆时，阅影印宋本《太平御览》卷四十一引《金陵地记》，所举孔文首四句即为“驰烟驿雾”，可证师说之不谬。[②] 又如：

《文心雕龙·附会》：“夫才量学文，宜正体制。”

“才量”费解，别本或作“才最”，或疑当为“才优”。徐复先生说：《太平御览·文部一》引作“才童”，极是。盖形近而误。《体性》篇云“故童子雕琢，必先雅制”，《通变》篇云“今才颖之士，刻意学文”，并为作“才童”的证据。[③]

八、难在要综合运用各种知识和手段

有些词句看似平常，但事涉禅宗，就得具备禅学方面的知识。如清袁枚《随园诗话》补遗里载有一条书斋楹联：“无求便是安心法，不饱真为却病方。”这个“安心”显然不是“没有牵挂”的意思，而是禅宗里的“无所求”。唐代宗密在《禅源诸诠集都序》卷二中说：

达摩以壁观教人安心，外止诸缘，内心无喘，心如墙壁，可以入道，岂不正是坐禅之法？

当然，这个“安心”在佛门其他各宗中还有各种具体内容。

其他如“打成一片”、“一丝不挂”、“回光返照”等成语，乍看连小学生也明白，可是一旦语涉禅宗就不简单了：“打成一片”看似轻描淡写的“关系融洽”，其实是好恶、是非、内外等千差万别归于平等，“是非已去，得失亦亡，净裸裸，赤洒洒”的

---

① 参见王迈《古书标点失误举例》，载《中国语文》1983 年第 5 期。

② 参见《徐复语言文字学丛稿》，江苏古籍出版社 1990 年版，第 161 页。

③ 参见《徐复语言文字学丛稿》，第 169 页。

"如哑子得梦，只许自知"的境界，它简直与《维摩诘经》的"不二法门"差不多了。"一丝不挂"在禅宗里是一尘不染、六根清净的意思，如《五灯会元》卷十二："终日着衣吃饭，未曾咬着一粒米，未曾挂着一缕丝。"不懂禅宗语，岂解禅家意？后来的诗文中多用"一丝不挂"表示旷达。"回光返照"在禅宗里是"收摄性灵之光而返观自性"的意思，是内省见性的修行方法，要求人回向自己，作心源彻悟，不要去攀缘尘境，所谓"心源无风雨，浩气养乾坤"，大概仅比"大知大觉"略次一等。需要注意的是，同是一个"回光返照"，到了道教那里，又成了返视收听、神气内含的意思了，是指修炼"内丹"的功夫。如朱熹《参同契注》："人能回光返照，出息微微，入息绵绵，勿令间断，则神气归根。"若依常解固是大谬，依佛家语解也颇相径庭。这些都要倍加小心。

以上所举的例子，一般都是涉及单方面的知识，但阅读古籍所碰到的困难，往往是交织在一起的，我们必须运用多方面的知识，采取各种手段去解决。如：

韩愈《南溪始泛三首》："亭亭柳带沙，团团松冠壁。"

"柳带沙"、"松冠壁"二句众说纷纭，而版本又有作"带柳"、"冠松"者，更使人莫衷一是。徐复先生说：只须疏说三事，其义自明：第一，《周礼·天官·内司服》郑玄注："素沙者，今之白缚也。"可见"沙"即"纱"。第二，《楚辞·九歌·山鬼》："被薜荔兮带女萝。"王逸注："被薜荔之衣，以兔丝为带也。"韩诗中之"带"与此义同，为"披带"之义。第三，"壁"为"璧"的误文。则韩诗此二句为描绘黄昏景色：在暮色薄雾之中，柳树亭亭，状如带纱；月圆如璧，独挂松顶。昌黎此诗，造语工切。"自来说韩诗者誉称此诗清丽、闲远，独于此传神之句忽焉不详，不能无憾也。"[①]

又如清人陈衍《冬述四首示子培》诗，诗中说：

宋唐皆贤劫，胜国空祖祢。

当涂逮典午，导江仅至澧。

"贤劫"是佛家语，说贤劫有千佛出世。"胜国"是亡国，指明朝。"祢"是奉祀亡父的宗庙，也是父死入庙后的称呼。这些查查辞书即可明白，最麻烦的是"当涂逮典午，导江仅至澧"两句。

先解"当涂"。东汉末军阀袁术拥兵割据扬州一带，妄想称帝，见谶书有"代汉者，当路高"一语，以为是应了称帝的天意。原来袁术字公路。路，涂也。术，

① 《徐复语言文字学丛稿》，第197～198页。

道也。道，路也。义并通。《后汉书·袁术传》载“又少见谶书，言‘代汉者，当涂高’，自云名字应之”，即指此事。其实袁术是自加牵强。《三国志·魏书·文帝纪》“以肃承天命”，裴松之注：“故白马令李云上事曰：‘许昌气见于当涂高。当涂高者，当昌于许。’当涂高者，魏也；象魏者，两观阙是也。当道而高大者，魏。魏当代汉。”这里的“魏”是指“象魏”，也叫“阙”，也叫“观”，是指古代天子、诸侯宫门外筑于高台之上的一对建筑物。“当涂而高者，魏也”，是说“当于涂魏然而高耸者，乃是象魏(魏阙)”，因借“象魏”之“魏”代“魏晋”之“魏”。

再说“典午”。《三国志·蜀书·谯周传》：“周语次，因书版示立曰：‘典午忽兮，月酉没兮。’典午者，谓司马也。月酉者，谓八月也。至八月而文王果崩。”今按：典，主也(是“主管”的意思)，即“司”(“司”也是“主管”的意思，如“司令”、“司号”，引申之，主管的部门也叫“司”)；午，于生肖为马。则“典午”犹言“司马”，隐指司马氏，借代为“晋”。“当涂逮典午”不过是说“到了魏晋时期”。

再说“导江仅至澧”。《尚书·禹贡》：“岷山导江，东别为沱，又东至于澧。过九江，至于东陵，东迆北会于汇。东为中江，入于海。”“澧”在今河南省境内。说江水从岷山起到东海，在这一段漫长的流程中，从岷山到澧只是它才开头的一个小部分。用它来比喻中国诗歌的发展史，连上句讲，是说魏晋诗歌仅仅是中国诗歌发展史上靠前的一部分，还不是诗歌鼎盛的时代(鼎盛的时代是唐宋时期，所以说“宋唐皆贤劫”)。

以上八点，还是举例性质。在实际解释古代文献的过程中，疑难问题还会很多，如通假字问题(参阅第一章《文字学》)、同义词问题(参阅第三章《雅学》)、古今方言俗语问题(参阅第四章《方言学》)、少数民族语言与外来语的杂糅问题、古代习俗制度问题，等等，兹不一一列举。

第六节 考证词义的常用方法

说到中国书籍，杰克·波德在《中国的古代神话》中说：

> 文词的残缺不全所造成的困难，由于中国古代语言的特征所决定的语言学上的困难而大大加深……文献A中的象形文字X，在文献B中，看起来像是象形文字Y；而Y在文献C中看起来又像是象形文字Z；那么，X和Z便可以互相替代。许多中国学者用这种寻求方法，在解释古代文献方面

创造了奇迹。但同时，这种方法的滥用，却使得他们得出了完全不可靠的结论。①

说中国古籍不大好懂，这可以理解；说中国的书籍在传抄过程中有讹误，这也是事实。但如果说中国古籍都是“鲁鱼亥豕”式的一笔糊涂账，则绝非事实；如果进一步说中国的学者都是采用像他说的那种方法，在“解释古代文献方面创造了奇迹”，那就更荒唐可笑，端的是“卑之无甚高论”了。在这里，我们不用说许多，只要看看王念孙一个人在研究古籍校勘和解释方面的巨大成就，就足够了。

如前所说，历代训诂学家千百年来，无论是在训诂理论方面，还是训诂实践方面，都做出了卓越的成就。即如考证具体词义而言，历代学者特别是清代学者，在长期的训诂实践中已经积累和总结了丰富的经验。后代学者在此基础上，有归纳为以形索义、因声求义、核证文献语言、考察古代社会以及比较互证等方法者②，有归纳为据古训、破假借、辨字形、考异文、通语法、审文例、因声求义、探求语源者③，等等，都是其中荦荦大端者。幸有前修时贤大作在，无劳笔者在此喋喋。今仅就如何考证具体语境中的词义讲一些常用的方法，学者循序渐进，自可由浅入深、步入康庄大道。

一、联系上下文

联系上下文考证词义是最常用的办法，如：

《荀子·性恶》：“人之性恶，其善者伪也。”

这个“伪”怎么解？请看同篇下文：

凡性者，天之就也，不可学，不可事；礼义者，圣人之所生也，人之所学而能，所事而成者也。不可学、不可事而在人者，谓之性；可学而能、可事而成之在人者，为之伪。是性、伪之分也。

只要读完这段话，就能明白“伪”是相对于“性”而言的：先天而来的叫作“性”，后天人为的叫作“伪”。回头再读“人之性恶，其善者伪也”这句话时，就自无疑义

---

① （美）杰克·波德：《中国的古代神话》，程蔷译，载《民间文艺集刊》第2集，上海文艺出版社1982年版，第274～275页。

② 参见陆宗达《训诂简论》（北京出版社1980年版）和陆宗达、王宁《训诂与训诂学》（山西教育出版社1994年版）。

③ 参见郭在贻《训诂学》，湖南人民出版社1986年版。

了。又如：

李斯《谏逐客书》："今逐客以资敌国，损民以益仇，内自虚而外树怨于诸侯，求国无危，不可得也。"

说者或解"益仇"为"使仇敌得到好处"，是解"益"为"益处"。今按：本文"损"当为"减"义，"益"当为"增"义。因为本文的写作目的是"谏逐客"，其主旨是，"太山不让土壤"，"河海不择细流"，"王者不却众庶"。故前举秦穆公等四君因广纳贤才而日益强大的故事，以与现在相对比："今乃弃黔首以资敌国，却宾客以业诸侯，使天下之士退而不敢西向，裹足不入秦，此所谓'藉寇兵而赍盗粮'者也。"又举秦始皇取别国之财宝而为己所用，以与取人相对比："今取人则不然，不问可否，不论曲直，非秦者去，为客者逐，然则所重者在乎色乐珠玉，而所轻者在乎人民也。"所以，此句中的"逐客以资敌国"与"弃黔首以资敌国，却宾客以业诸侯"、"损民"、"内自虚"等，都是就减少"黔首"、"宾客"、"士"、"人"而言的，而不是指国力、财富或其他什么东西。与此相反，"资敌国"、"益仇"、"外树怨于诸侯"等也都是就增加"黔首"、"宾客"、"士"、"人"而言的，也不是指国力、财富或其他什么好处。

二、推敲句子结构

推敲句子结构以定词义的方法有多种。

(1)据互对之文定词性，从而确定词义。如：

《左传·文公十八年》："昔帝鸿氏有不才子，掩义隐贼，好行凶德……天下之民谓之浑敦。"

"掩义"与"隐贼"为互对之文。"掩"与"隐"义相近，则"义"与"贼"意义应该相距不远，起码都是名词，属"不义"一类，"义"如按常义解就不通。王念孙《广雅疏证》卷二："古者俄、义同声，故俄或通义。"俞樾《群经平议》："义也，贼也，皆不善之事，故掩盖之隐蔽之也。"盖"义(義)"、"俄"都从"我"得声，所以借为"俄"。《广雅·释诂》："俄，邪也。"即邪恶之义，与文义正合。

互对之文有见于同句的，有见于偶句的，也有见于多句的。如：

《庄子·逍遥游》："故夫知效一官，行比一乡，德合一君，而征一国者，其自视也亦若此矣。"

"而"字有两解，一是如字，即作为连词解；一是解为"能"("而"、"能"古字通)。这两种解释哪一种好一些呢？据"知效一官，行比一乡，德合一君，而征一国"这四个句式的结构推敲，“知”、“行”、“德”、“能”的词性应相对，因而解“而”为“能”似较为合适。

(2)据反对之文定词性，从而确定词义。

古书中常有反对而成文的句式，如据《荀子·议兵》“凡百事之成也，必在敬之；其败也，必在慢之”，《天论》“天行有常，不为尧存，不为桀亡；应之以治则吉，应之以乱则凶”，《论语·颜渊》“爱之欲其生，恶之欲其死”，《庄子·盗跖》“好面誉人者，亦好背而毁之”，贾谊《吊屈原赋》“世谓随、夷为溷兮，谓跖、跻为廉；莫邪为钝兮，铅刀为铦”等文，可知“成”与“败”、“敬”与“慢”、“存”与“亡”、“治”与“乱”、“吉”与“凶”、“爱”与“恶”、“生”与“死”、“面”与“背”、“誉”与“毁”、“溷”与“廉”、“钝”与“铦”等词都是相反为对。训诂学家常常据此考定词性、词义。又如：

《荀子·赋》：“此夫大而不塞者与？充盈大宇而不窕，入郄穴而不偪者与？”

王念孙《读书杂志》卷八之八：“窕者，间隙之称，言充盈大宇而无间隙也。偪，不容也。偪与窕义正相反。”则知“偪”是“无空隙”的意思，“不偪”就是“显得宽敞”。二句是说，充大宇能满，不使一个地方留下空隙；进小间能入，也不感到狭窄。又如：

贾谊《新书·匈奴》：“陛下已诺，若日出之灼灼。”

说者以为“已诺”是“已经答应”的意思，非。今考《荀子·王霸》：“刑赏已诺，信乎天下矣。”杨倞注：“诺，许也；已，不许也。”正是此例。

(3)推敲句子结构也不限于同书上下文，也可以参照其他材料考察。如：

《商君书·更法》：“伏羲、神农教而不诛，黄帝、尧、舜诛而不怒。”

说者或谓“怒”为“发怒”，引申为“凶暴”。按：此说无据。《荀子·君子》：“古者刑不过罪，爵不逾德。故杀其父而臣其子，杀其兄而臣其弟。刑罚不怒罪，爵赏不逾德，分然各以其诚通。”又说：“乱世则不然，刑罚怒罪，爵赏逾德，以族论罪，以世举贤。”“刑不过罪，爵不逾德”，“过”、“逾”对文同义；“刑罚怒罪，爵赏逾德”，“怒”、“逾”对文同义。是则“过”、“逾”、“怒”同义。观其上下文，其义自见。而新《辞海》、新《辞源》均无此义项，诚为疏失。

(4)其他语法关系的分析。如：

《荀子·解蔽》：“故心不可以不知道。心不知道，则不可道而可非道。

> 人孰欲得恣而守其所不可以禁其所可？……夫何以知！曰：心知道然后可道。可道然后能守道以禁非道，以其可道之心取人，则合于道人而不合于不道之人矣。以其可道之心与道人论非道，治之要也。”

这段话有点“绕口令”的味道，疑难之处有两点：一是“可道”的“可”怎么解，二是“非道”怎么解。但从“可道”、“可非道”与“守其所不可”、“禁其所可”以及“禁非道”、“论非道”等句式结构来看，“可”不是“可以”的意思，而是“肯定”、“赞美”的意思；“非道”不是“非议道”而是指“不正当的道”、“邪道”。

三、揣摩人情事理

语言是表达思想感情的。解释词义语义时要善于揣摩人情事理。如：

> 《红楼梦》第二回：“百足之虫，死而不僵。”

解者或以为“僵”为“僵硬”。《汉语大字典》更把上引《红楼梦》语列为“僵硬；不活动”义项下的书证。这就发生了问题：(1)有什么动物会“死而不僵硬”？为什么单单说“百足之虫”？(2)原文引这句话有什么含义？原来，古代的“僵”作“倒下”解。如《战国策·燕策一》：“乃阳僵弃酒。”《汉书·眭弘传》：“僵柳复起。”都是用此义。百足之虫，所以死而不倒，是因为“扶之者众也”，即还有“百足”支撑着躯壳。可见“死而不僵”是形容架子不倒的，用这句话来形容行将崩溃的封建家族自是最为形象的了。又如：

> 《史记·商君列传》：“孝公既见商鞅，语事良久，孝公时时睡，弗听。”

“睡”在上古汉语里是“打盹”的意思。秦孝公会见商鞅，同商鞅谈了好长时间话，因为话不投机，秦孝公不感兴趣，所以才“时时睡，弗听”。如果把“睡”解成“睡觉”，显然不合情理，而且如果真是睡觉，也不能说成是“时时”。又如：

> 《国语·周语上》：“王犹不堪，况尔小丑乎？”
>
> 《后汉书·黄香传》：“臣香小丑，少为诸生，典郡从政，固非所堪。”

《国语》所引是密国国君康公的母亲对康公说的话，《后汉书》所记是黄香的自称之词，如果把“小丑”解成现在通行的意义，无论从哪个角度去理解都是不合适的。《尔雅·释鸟》：“皃，雁丑。”《孟子·公孙丑下》：“今天下地丑德齐。”这两个“丑”都可视为“俦”或“畴”的通假字，是“类”、“对”、“匹”的意思。“小丑”就是现在说的“小字辈”、“小人物”。

四、考察全书用词规律

全书的用词规律往往反映了作者个人的用词习惯或时代特色，要善于总结。如：

《论语·微子》："滔滔者天下皆是也，而谁以易之？且而与其从辟人之士也，岂若从辟世之士哉！"

说者或解"且而"之"而"为第二人称代词。辨者[1]或考《论语》该用"尔"的地方一律用"尔"，不用"而"，全书处处无例外，仅此一点就使原结论产生了动摇。又，别人称子路，如作"汝"解，则用"子"。如，"桀溺曰：'子为谁？'"原来，这里"且"当"此"解(《经传释词》："且犹此也")。"且而"是作固定词组用，类似"然则"。如《庄子·德充符》："无君人之位以济乎人之死，无聚录以望人之腹，又以恶骇天下，和而不唱，知不出乎四域，且而雌雄合乎前，是必有异乎人者也。"又如：

《诗经·邶风·终风》："终风且暴，顾我则笑。"

毛传解"终风"为"终日风"，韩诗解为"西风"，皆缘词生训。王引之《经义述闻》卷五引王念孙言："终犹既也，言'既风且暴'也。"其结论就是由综合《诗经》"终温且惠"、"终窭且贫"、"终和且平"等句式概括出来的。又按：终，已也；既，亦已也。"终"、"既"实义通，故虚义亦通。这种情况在古汉语里亦属多见。

再扩大一点说，还要考察词义训释的周遍性，即王引之《经传释词·序》里说的"揆之本文而协，验之他卷而通"。当然，这个"验之他卷而通"，是指作者相同或时代相近，或句式结构相同、语境相同等，不是试图将一词一义类推到任何"他卷"里。这里举一个例子：

《乐府诗集·陌上桑》："秦氏有好女，自名为罗敷。"

说者或解"自名"为"自道其名"。这种解释的确是"揆之本文而协"，但在《古诗为焦仲卿妻作》"中有双飞鸟，自名为鸳鸯"句中就讲不通了：难道"鸳鸯"也能"自道其名"吗？原来，这里的"自"犹"其"。如《北史·庾信传》："惟王褒颇与信埒，自余文人，莫有逮者。"刘淇《助字辨略》："自余犹云其余。"《洛阳伽蓝记·法云寺》："自余酒器有水晶钵、玛瑙杯……数十枚。"《太平广记》"自"作"其"。可知"自名

[1] 姓名、出处恕均失考。

为罗敷”犹言“其名为罗敷”[1]。

五、对比同义异说

“同义异说”是指同一个意思的话，不同的作者有不同的说法。他们或者是有意识的，或者是无意识的。对比这些不同的说法，可以帮助我们考证词义。

早期的“同义异说”，最典型的要数《史记》引用《尚书》字句的“对译”。如《尚书·尧典》“庶绩咸熙”，《史记·五帝本纪》作“众功皆兴”。这就是说，司马迁在引用《尚书》时，差不多是用汉代的词语把古语都对译了一下。由此我们可以得知：庶，众也；绩，功也；咸，皆也；熙，兴也。例多不能一一列举。

类似的情况在后来的书籍里也很多，李维琦等《古汉语同义修辞》[2]一书引证至详，兹举数例以明之。

> 《说苑》卷十：“弟子记之。”
>
> 《韩诗外传》卷九：“弟子识之。”

对比二句，知“识”犹“记”。

> 《说苑》卷六：“智伯朝士待臣，臣亦朝士为之用。”
>
> 《战国策·赵策一》：“智伯以国士遇臣，臣故国士报之。”

是知“遇”犹“待”。

> 《说苑》卷十七：“孔子困于陈蔡之间。”
>
> 《荀子·宥坐》：“孔子适南楚，厄于陈蔡之间。”

是知“厄”犹“困”。

> 《说苑》卷十二：“晏子逡巡而对曰……”
>
> 《晏子春秋·外篇》卷七：“晏子遵而对曰……”

对比二句，则“遵”为“逡巡”的合音。

如果把“同义异说”的“同义”理解得更宽泛一点，那么，对比这类“异说”则更有训诂意义。如：

> 《文选·邹阳〈狱中上书自明〉》：“昔玉人献宝，楚王诛之。”
>
> 《史记·鲁仲连邹阳列传》：“昔卞和献宝，楚王刖之。”

---

① 说见张慧博《释“自名”》，载《学术研究》1982年第5期。

② 李维琦等：《古汉语同义修辞》，湖南师范大学出版社1989年版。

“诛”有诛杀、惩罚二义，如据《文选》引，则词义难以确定；而《史记》引语就具体了，说是“刖之”，则知《文选》之“诛”当解为“惩罚”。又如：

《韩诗外传》卷十：“王欲用汝，何谓辞之？”

《说苑》卷四：“王欲相汝，汝何不受乎？”

《韩诗外传》只说“用”，没有具体说；而根据《说苑》，才知道用为“相”。又上举《文选》例，只知献宝者为“玉人”，也没有说具体；而根据《史记》，知道是“卞和”。还有一种情况，如：

《诗经·秦风·终南》：“有纪有堂。”

此句《白帖》引作“有杞有棠”。对比二句，知“纪”、“堂”是“杞”、“棠”的通假字。这类情况也可以看成“同义异说”的一种。

六、注意考察古代时俗制度

古籍多载古时名物典章礼俗制度，解释这方面词句时，一定得先弄清有关方面的知识，否则就会误解。如：

《老子》第六十二章：“虽有拱璧以先驷马，不如坐进此道。”

解者或以为“先”是通假字。洪诚先生引孔颖达曰“古之献物，必有以先之”，并且“皆以轻物先重物”，则此句并无深解。① 又如：

《汉书·霍光传》：“光薨……赐……梓宫、便房、黄肠题凑各一具。”

“黄肠题凑”是怎么回事？颜师古注引苏林曰：“以柏木黄心致累棺外，故曰黄肠；木头皆内向，故曰题凑。”徐复先生引《中国画报》1984年4月号载《罕见的古代墓葬》对“黄肠题凑”的说明说：“为用黄心柏木方材，一端向着墓室中心，平垒起来的一圈木墙，其用方木一万五千多根。这种结构，是汉代帝王死后的一种殊荣。”并说，苏林语当为“累致棺外”。② 这一下就把古制、古籍及苏注都解释清楚了。如果不懂古制，只能作似是而非的解释。又如：

《礼记·檀弓下》：“杜蒉入寝，历阶而升。”

说者或解“历阶”为“登阶”，不切。按：“历”犹逾。《孟子·离娄下》：“孟子闻之，曰：‘礼，朝廷不历位而相与言，不逾阶而相揖也。’”《吕氏春秋·安死》：“径庭历

① 参见洪诚《训诂学》，江苏古籍出版社1984年版，第220～221页。

② 参见《徐复语言文字学丛稿》，第144页。

级，非礼也。”《礼记·曲礼上》载登阶礼俗云：“主人先登，客从之，拾级聚足，连步以上。”郑玄注：“拾当为涉，声之误也。级，等也。涉等聚足，谓前足蹑一等，后足从之并”；“连步，谓足相随不相过也”。这是古人礼俗。但杜蒉为什么要“历阶而升”呢？杜蒉虽是一介宰夫，但也不至于不懂得这个礼法，只是这里要表现他敢于不拘礼俗而越职谏争的品质和粗犷豪爽的性格，所以才让他违反礼俗，“历阶而升”，也就是一步一个台阶地跨上去。如果只是一般的“登阶”，就不能表现杜蒉的性格了。[①]

七、展转求通

《汉书·吴王濞传》：“一时见察，不得安肆矣。”

“安肆”一词颇为生疏。徐复先生说：“安肆”犹言“安逸”，其主要证据是：《公羊传·庄公二十二年》：“肆者何？跌也。”何休注：“跌，过度。”《经典释文》：“本或作佚。”而“佚”与“逸”音义通，故曰：“安肆”犹言“安逸”。“安逸”则为今日习见语，无须再加解说了。[②] 又如：

陶渊明《桃花源记》：“南阳刘子骥……欣然规往。”

《资治通鉴》卷六十五：“今将军诚能命猛将统兵数万，与豫州协规同心，破操军必矣。”

“规”字作何解？《国语·周语下》：“且吾闻成公之生也，其母梦神规其臀以墨。”韦昭注：“规，画也。”《汉书·陈汤传》：“多规良田。”颜师古注：“规，画也。”《淮南子·主术训》：“是故心知规而师傅喻导。”高诱注：“规，谋也。”“规画”（规划）、“谋画”（谋划）为同义并列，故“规”可以训“画”、训“谋”。“欣然规往”中的“规”，犹言“谋划”，动词；“协规同心”中的“规”义同，但为名词。《资治通鉴》下文又说：“助画方略”，“画”亦犹“规”。又，“画”又可训“图”、训“计”。故“图谋”、“计画”（计划）、“计谋”与“规画”、“谋画”等义皆相通，得其一则可以展转求通。

八、参考旧注

参考旧注的例子太多了，无须一一举证。只是要注意：第一，旧注中也有不

---

① 参见鲍善淳《漫谈如何确切理解文言词义》，载《安徽师大学报》（社会科学版）1978年第3期。

② 参见《徐复语言文字学丛稿》，第141页。

少错误，要善加鉴别，吸收后人成果。如：

《史记·刺客列传》："此臣之日夜切齿腐心也。"

王念孙《读书杂志》三之五引王引之谓：司马贞《索隐》解"腐"为"烂"，非是。《战国策·燕策》此句作"切齿拊心"，知用"腐"为通假，"拊"是本字，捶击之义。

第二，古注文字太简，又常用单字词相训，所以首先要理解准确。启功先生在《有关文言文中的一些现象、困难和设想》①一文中讲过一个故事：说从前科场考试，因为那时还没有发明照相技术，只好写明考生"年貌"以便检核。有个没有刮胡子的考生进考场，考官一查核，不对，就不让他进去。考生说："分明写的是面白'微须'，怎么不符？"考官说："朱子说：'微，无也。'你有短须，当然不符。"考生反问："'孔子微服而过宋'，难道孔子是裸体过宋吗？"原来，朱熹在《论语·宪问》"微管仲，吾其被发左衽矣"一句里注："微，无也。"朱熹说得不错，只是这个"无"是一种假设口气，是"假如没有"，不是真"没有"。人们为了讽刺考官没有文化修养，就编了这个笑话。下面举一个例子。

王粲《登楼赋》："路逶迤而修迥兮，川既漾而济深。"

解者或据李善《文选注》引《尔雅》"济，渡也"，把"济"理解成动词。其实，李善注是先引了《诗经·邶风·匏有苦叶》"济有深涉"后，才引《尔雅》加以解释的。《诗经》中的"济"显然是名词，"渡口"的意思。故此句郑玄以"渡处深"解之。又考王粲赋此句"川漾"与"济深"相对，其义亦显。解者或于李善注不甚了了，就生吞活剥地注上"济，渡"，说明注家不知道"渡"的名词义。②

第三，阅读古注还要仔细推敲同一个词语在不同语境里的意义。如"病"除"疾病"（重者为病）、"患病"、"毛病"等意义外，还有其他一些用法。如常有"困"或"陷入困境"、"使之陷入困境"等意义：

《左传·哀公十四年》："孟孙为成之病，不圉马焉。"杜预注："病谓民贫困。"

是为贫穷之困。

《国语·晋语三》："以韩之病，兵甲尽矣。"韦昭注："病，败也。"

是为战争之困（失败）。

---

① 载《北京师范大学学报》（社会科学版）1985年第2期。

② 参见赵逵夫《是耶？非耶？有据乎？无据乎？》，载《古籍整理出版情况简报》第175期。

《孟子·公孙丑上》:“今日病矣,予助苗长矣。”赵岐注:“病,罢也。”

是为肢体之困(疲惫)。

《论语·卫灵公》:“在陈绝粮,从者病,莫能兴。”皇侃疏:“病,饥困也。”

是为饥饿之困。

《论语·宪问》:“修己以安百姓,尧舜其病诸!”何晏《集解》:“病犹难也。”

《礼记·乐记》:“病不得其众也。”郑玄注:“病犹忧也。”

《论语·卫灵公》:“君子病无能焉。”皇侃疏:“病犹患也。”

是为内心之困(忧虑等)。

《仪礼·士冠礼》:“某不敢,恐不能共事以病吾子,敢辞。”郑玄注:“病犹辱也。”

又,《表记》:“是故君子不以其所能者病人,不以人之所不能者愧人。”郑玄注:“病,愧,谓罪咎之。”

《左传·文公十八年》:“〔阎〕职曰:‘与刖其父而弗能病者何如?’”杜预注:“言不以父刖为病恨。”

《后汉书·羊续传》:“乃班宣政令,候民病利,百姓欢服。”李贤注:“损于人曰病,益于人曰利。”

《公羊传·僖公四年》:“夷狄也,而亟病中国。”何休注:“数侵灭中国。”

上述五例中的“病”,可根据旧注了解其具体意义,大致都含有“使……困”的含义。具体地讲,如“病吾子”的“病”犹“辱”,则有“使吾子受困”(侮辱)的意思。其余可类推。

九、尽量运用各种材料和方法

考释词义的方法很多,可资利用的材料也很多。凡是有疑难的地方,解说者有分歧的地方,要尽量运用各种材料和方法加以考证,使之符合原意,成为确诂。如:

《战国策·魏策三》:“以地事秦,譬犹抱薪而救火也,薪不尽则火不止。”

这句话后来就成了成语“抱薪救火”。但是,对于这个常用的成语,解者或多不

一。常见的解释是:"抱着柴草去救火。"锐声《说"抱薪救火"》[1]认为"抱"即是"抛"。他举的佐证很多,兹略举数事:

徐铉《说文》"抱"字注:"今作薄报切,以为'怀抱'字,非是。"

《史记·三代世表》:"……以为无父,贱而弃之道中,牛羊避不践也;抱之山中,山者养之。"司马贞《索隐》:"普交反。""弃"、"抱"对文。

《诗经·召南·小星》:"肃肃宵征,抱衾与裯,寔命不犹。"闻一多《古典新义》:"抱,当读为抛。'抛衾与裯'者,妇人谓其夫早夜从公,抛弃衾与裯,不遑寝息。"

《史记·李将军列传》:"广详死,睨其旁有一胡儿骑善马,广暂腾而上胡儿马,因推堕儿,取其弓,鞭马南驰数十里。"而《汉书》则谓李广"暂腾而上胡儿马,因抱儿鞭马南驰数十里"。可见,"抱"犹"推堕"。

《北堂书钞》卷四十四引曹羲《肉刑论》:"蛇螋螫手,则士断其腕;系蹄在足,则虎抱其蹯。""断"、"抱"对文。

《敦煌变文集·搜神记·张嵩》:"忽然一道风云而来到〔张〕嵩边,抱嵩置墓东八十步。""抱"之言"抛"。

《集韵·爻韵》:"抛,弃也,或作'抱'。"

有此数证,解"抱"为"抛",足以令人信服。[2]

考证词义的方法和应该注意的问题很多,上节讲了"考证词义时通常遇到的一些困难",大致论述了考证词义之不易。把那些问题变成正面的说法,又是从一个角度说明考证词义应注意的一些问题。我们还可以说出很多方法,但重要的大致都涉及了,学者览此,当已"思过半"。由此再推及本书各章节所涉及的词语训释问题,自然就不会感到很困难了。

第七节 训诂学之用于古籍整理

前文说过,训诂之用,主要在于古籍整理。古籍整理的主要内容是校勘、标

---

① 载《中国语文天地》1986年第3期。

② 其中有些例证,蒋礼鸿先生早已指明。(参见蒋礼鸿《敦煌变文字义通释》,上海古籍出版社1981年版,第94~95页;《义府续貂》,中华书局1981年版,第92~93页)

点、注释和翻译。下面说说古籍整理的问题。

一、底　本

古籍整理最基础的和最先要进行的工作是找一个好的底本，然后在这个底本的基础上，参考其他版本以及其他文献资料进行校勘。选不好的底本，给下一步的所有工作都会带来麻烦。比如我们搞《贾谊集校注》，先要查阅所有能直接见到和间接见到的版本，如常见的汉魏六朝百三名家集本、汉魏丛书本、卢文弨校本、黄丕烈校本、戴望本等，还有宋建宁府陈八郎书铺印本、淳祐长沙刻本（潭本），明成化乔缙刻本、弘治沈颉刻本、正德吉府刻本、万历程荣刻本、万历周子义辑《子汇》本、正德何孟春刻本及其他数种明刻本。我们经过认真的审读，发现卢文弨校本为精，于是就以卢本为底本。

二、校　勘

有了好的底本，下一步是搜罗其他各种版本资料以及各种类书或其他文献里征引、辑录的资料进行校勘。如关于贾谊的文章，可参校者有《史记·秦始皇本纪》、《史记·屈原贾生列传》、《汉书·食货志》等，一些类书里也屡有征引；另外，如俞樾《诸子平议》、刘师培《贾子校补》、陶鸿庆《读诸子札记》、孙诒让《札迻》等书也有个人的研究见解；时人亦有研究成果可供参考。校勘的结果，一般要写入《校勘记》，特别是改字的地方（如没有相当的佐证，不能轻易改字）更要说明。如《贾谊集》我们就发现前贤校勘中仍然有些可商榷之处，略举数例如下：

（1）失校例

诸前贤读《新书》，有当校而未校者。如：

> 《阶级》："夫天子之所尝敬，众庶之所尝宠，死而死尔，贱人安宜得此而顿辱之哉！"

按："夫天子之所尝敬，众庶之所尝宠"，盖指大臣。然天子对大臣不得用"敬"，而众庶对大臣又不当用"宠"，则知"敬"、"宠"二字当互易，同篇所谓"君之宠臣"、"吏民尝俯伏以敬畏之"即是明证。本句是说："大臣为天子之所尝宠，为众庶之所尝敬，死则死矣，贱人何能如此顿辱之哉！"

> 《匈奴》："爱人之状，好人之技，人道；信为大操，帝义也。"

按：这是两句并列的判断句，"人道"下当有"也"字。《汉书·贾谊传》颜注引有，是其证。

《匈奴》:“其贵人之见单于,犹迕虎狼也;其南面而归汉也,犹弱子之慕慈母也。其众之见将吏,犹噩迕仇雠也;南乡而欲走者,犹水流下也。”

按:句中“噩”通“遻”字,与“迕”义同。此文句号前后各四句,句式整齐相对,用以对比,但其中一说“犹迕虎狼也”,用“迕”字;一说“犹噩迕仇雠也”,用“噩迕”,殊觉不伦,因疑下句“迕”乃是“噩”之注文掺入者,原文当作“犹迕虎狼也”,“犹噩仇雠也”,“迕”、“噩”相对为文。设想是因为句中“噩”之音义为常人所不晓,故有人以“迕”注于“噩”下,传抄者因又误入正文。

《无蓄》:“汉之为汉几四十年矣,公私之积犹可哀痛也。”

按:《资治通鉴》卷十三《汉纪五》:“上感谊言,春,正月,丁亥,诏开藉田,上亲耕以率天下之民。”与《汉书·贾谊传》载合。所谓“谊言”,即贾谊《论积贮疏》,大体即是《无蓄》文,则此文作于文帝二年(前178)。如果从公元前206年子婴降于刘邦、秦朝灭亡算起,到文帝二年,其间一共29年,故知“四十”当为“卅”之误。《汉书》亦误。《新书·忧民》篇有“今汉兴三十年矣”之语,是矣。董治安先生说:三十、四十,古写作卅、卌,形近而误。

(2)误校例。

《权重》:“岂不苦哉!力当能为而不为,畜乱宿祸,高拱而不忧,其纷也宜也,甚可谓不知且不仁。”

此六句卢文弨原删,明成化乔缙刻本、明弘治沈颉刻本有。按:乔、沈本是。卢氏但见宋建宁府陈八郎书铺印本“宜”字讹作“且”,语即不畅,从而删之。误删。下文云:“今陛下力制天下,颐指如意,而故成六国之祸,难以言知矣。”又云:“乱媒日长,孰视而不定,万年之后,传之老母弱子,使曹、勃不宁制,可谓仁乎?”“难以言知矣”、“可谓仁乎”,正是“甚可谓不知且不仁”的分别说明,故知当以乔、沈本为是。

《忧民》:“上弗自扰,将以谁偷?五岁小康,十岁一凶,三十年而一大康,盖曰大数也。自人人相食,至于今若干年矣!即不幸有方二三十千里之旱,天下何以相救?卒然边境有数十万之众聚,天下将何以馈之矣?”

卢氏删“自人人相食,至于今若干年矣”二句,称:“似此岂复成世界,作此胡说,可谓全无人气矣。”按:卢说武断之至。《汉书·食货志上》载:“汉兴,接秦之敝,诸侯并起,民失作业,而大饥馑。凡米石五千,人相食,死者过半。高祖乃令民得卖子，就食蜀汉。天下既定，民亡盖藏，自天子不能具醇驷，而将相或乘牛车。”除此而外，仅据《汉书·食货志》载，在武帝、成帝、哀帝、王莽时均有“人相食”的记载，则知贾子之语殆非诬辞。

《审微》：“夫事有逐奸，势有召祸。”

陶鸿庆说，“逐”当作“起”。刘师培说，“逐”当作“遂”。遂，成也。按：《铸钱》篇云：“夫事有召祸，而法有起奸。”“召”、“起”对文。《五美》篇云：“天下无可以侥幸之权，无起祸召乱之业。”“起”、“召”对文。盖“起”、“逐”二字篆文形近。陶说为长。

《傅职》：“天子燕辟废其学，左右之习诡其师。”

卢文弨说，建本、潭本作“天子燕业及其学”，王引之谓抄本《北堂书钞》引《大戴礼记》作“天子宴业反其学”。按：“宴”与“燕”通，“燕业”即“宴居时所习之业”。诡，反也，《大戴礼记》即以“反”、“诡”相对为文。建本、潭本“及”为“反”字之误，盖二字形相近，故知当依建本、潭本，而但改“及”为“反”。

三、标　点

我国早期的标点工作，古人称之为“句读”，“句”和“读”本来都是读书停顿的记号。“句”即“勾”，于义为曲、为止。凡文句、章句之“句”都是取稽留、钩识的意思。“读”即今“逗留”之“逗”，逗即今“住”字。句、读之别在于：用在语意终了的地方叫“句”，标点加在字的右边；用在语意未完但需要稍作停顿的地方为“读”，标点加在字的下边（两字中间）。句读连称，就是一般人说的断句，或称圈点，是前人标点古籍的方法。

句读对理解文义关系极大，这是人所共知的。因为古代一篇文章、一部著作，自始至终字字相连，如果我们不明句读，那就确确实实不知所云。

可能有些人会说：我们现在经常接触古籍，一般都有新式标点或句读，还要进行标点训练干什么呢？我们认为，重视古籍标点训练至少有以下几点考虑：首先，我国的古籍浩如烟海，已经施加句读或新式标点的只是其中极少的一部分。标点是整理古籍初步的工作，在这方面还有大量的工作等待我们去做。其次，前代学者在句读和标点工作中已经做出了许多成就，积累了不少经验，但是，对前人的这些工作，我们还没来得及一一认真辨正和全面总结，并且上升为系统的标点理论，以此来指导和推动古籍标点工作。最后，标点古籍可以说是阅读古籍的基本功，是对古汉语能力(当然不仅仅是古汉语能力)的综合考察。经常进行标点训练，可以较快地提高阅读古籍的能力和古汉语水平。前代学者做学问多从圈点古籍开始，他们的体会是："一切学问皆自明句读、看白文起"、"学识何如观点书"，标点古文"也往往害得有名的学者出丑"[①]。所以我们经常和古籍打交道的人，都应当注重标点古籍能力的训练。

下面说说如何标点古籍的问题。

首先必须说明，因为标点关涉文字、音韵、词汇、语法、校勘等多方面的知识，是对标点者阅读古籍能力和古汉语水平以及其他多方面知识的综合检验，因而也就不可能提供什么"手到病除"的"秘方"。也就是说，并不是靠几点理论上的指点就可以成功的。它的成功主要靠多读多练，靠知识和经验的积累。这里，我们根据前人和时贤提供的有关资料[②]，概括为若干注意事项，供大家参考。

(1)注意反复诵读，仔细考察词义，弄通上下文义。

标点以前第一件要做的事情，就是反复诵读要标点的文字，仔细推敲词义，把握作者所要表达的内容(记事的要弄清人物、事件等等，议论的要弄清论点、论据等等)，务求标点后文通句顺、语意贯通。如《资治通鉴》卷四十一《汉纪三十三》：

> 误：马武为[苏]茂、[周]建所败，奔过王霸营，大呼求救。霸曰："贼兵盛出，必两败，努力而已！"乃闭营坚壁。
>
> 正：……霸曰："贼兵盛，出必两败，努力而已！"……

这段话是说马武向王霸呼救，王霸说："贼兵强大，如果我出兵，不但救不了你，连我也要吃败仗('两败')。你努力吧！"依原标点，"两败"所指不明，整个文句含义不清，关键是没有体会好原文的意思。

下面再举一个必须认真推敲词义的例子。如《资治通鉴》卷一百一十五《晋纪三十七》：

> 误：[刘]毅兵大败，弃船以数百，人步走，余众皆为[卢]循所虏，所弃辎重山积。

---

① 《鲁迅全集》第6卷，人民文学出版社1981年，第423页。

② 主要参考杨树达《古书句读释例》(中华书局1954年版)和吕叔湘《〈通鉴〉标点琐议》(载《中国语文》1979年第1、2期)。

正：……弃船，以数百人步走……

依原标点，“弃船以数百”不合语法，“人步走”很生硬，“余众”的“余”又无所承。究其原因，是没有正确理解“以”的词义。“以”，这里是动词，“带领”的意思，原标点者把它误解为介词，所以断错了句。

(2)注意进行语法分析。

对每句话进行语法分析是检查标点是否正确的重要手段。如《汉书·昭帝纪》：

误：二年春正月，大将军[霍]光、左将军[上官]桀皆以前捕斩反虏重合侯马通功，封光为博陆侯，桀为安阳侯。

正：……大将军光、左将军桀皆以前捕斩反虏重合侯马通功封，光为博陆侯，桀为安阳侯。

“封”谓被封、受封。若依原标点，则似应连成一句，“封”为主动，主语和宾语同为光、桀二人，不成话。再如《资治通鉴》卷四《周纪四》：

误：田单令城中人食，必祭其先祖于庭……

正：田单令城中人，食必祭其先祖于庭……

这段话的意思是“田单命令城里的人，吃饭时一定要祭祖于庭”。要么在“城中人”后逗断，要么一贯到底。原标点句成了“田单命令城中人吃饭”的意思，与下文割裂。

(3)注意考究史实，分析情理。

要做到正确标点，还必须联系上下文，弄清史实原委。如《资治通鉴》卷九十二《晋纪十四》：

误：使[王]谅收交州刺史脩湛、新昌太守梁硕，杀之。谅诱湛，斩之。硕举兵围谅于龙编。

正：使谅收交州刺史脩湛、新昌太守梁硕杀之。

原标点在“梁硕”下断开，则“杀之”已成事实。既成事实，则下文不得再“斩之”，梁硕亦不得举兵。可见，收捕杀害二人只是作为任务交代，未成事实。这是据同段文字就可以判断史实的例子。有些则必须联系全书、甚至要参考其他古籍考察史实原委。如《资治通鉴》卷一百零三《晋纪二十五》胡三省注：

误：桓宣佐祖逖拒祖约，守襄阳，皆有功。

正：桓宣佐祖逖，拒祖约……

“佐”、“拒”、“守”为三事并列，主语都是桓宣。判断的根据是：祖氏兄弟事实上并没有对垒过。“佐”事见同书卷九十《晋纪十二》，“拒”事见卷九十三《晋纪十五》。

有时，标点出来的句子似乎也讲得通，但仔细琢磨，就会发现表达的内容不近情理，这就要重新考虑原先的标点了。如《资治通鉴》卷一百一十九《宋纪一》：

误：岭南尝献入筒细布一端八丈……

正：岭南尝献入筒细布，一端八丈……

原文的意思是，所贡细布每端八丈，八丈而能“入筒”，言其细。依原标点，则所贡仅一端而已，不合情理。

(4)注意参考相同句例。

一个词也好，一种句式也好，只要有某种用法，就一定可以在其他地方找到用例。这样，同书的其他篇章或其他古书里的相同句例就是标点的重要参考了。如《汉书·霍光传》：

误：昌邑王宜嗣后，遣宗正、大鸿胪、光禄大夫奉节使征昌邑王典丧服，斩缞，亡悲哀之心。

正：……遣宗正、大鸿胪、光禄大夫奉节使征昌邑王典丧。服斩缞……

当以“典丧”断，同书《昌邑王传》有“霍光征王贺典丧”的说法，就是证明。再如《孟子·公孙丑上》：

误：今言王若易，然则文王不足法与？

正：今言王若易然，则文王不足法与？

杨树达先生说：“凡表拟似之词，‘若’字下必有‘然’字。”“若易然”，好像容易的样子。

(5)注意叙事与记言之别。

古代叙事的文章，大体都有记事与记言两部分，须仔细区分开，稍不注意就会出现引文上溢、下衍、不足或中断的情况，如《汉书·陈汤传》：

误：[陈]汤前为骑都尉王莽上书言：“父早死，独不封，母明君共养皇太后，尤劳苦，宜封。竟为新都侯。”

正：汤前为骑都尉王莽上书言：“父早死……宜封。”竟为新都侯。

“竟为新都侯”显然是上书之后事，绝非陈汤之言。这是引号下衍之例。再如《资治通鉴》卷六十四《汉纪五十七》：

误：[孙]权为诸将置酒，甘宁下席叩头，血涕交流，为权言：“[苏]飞畴昔旧恩，宁不值飞，固已捐骸于沟壑，不得致命于麾下……”

正：……为权言飞畴昔旧恩：“……”

“为权言飞畴昔旧恩”显为叙述语，原标点割裂了“言……恩”这一动宾关系，这是引文上溢之例。

(6)注意专名与非专名之别。

古书行文，凡人名初次出现都有名有姓，以后一般就称名了。初读古书有些不习惯，稍不留心，标点就会出差错。如《汉书·外戚传下》：

误：明年春，遣大司徒[马]宫、大司空[甄]丰、左将军[孙]建、右将军甄邯、光禄大夫[刘]歆奉承舆法驾，迎皇后于安汉公第宫，丰、歆授皇后玺绂……

正：……迎皇后于安汉公第，宫、丰、歆授皇后玺绂……

下文只说“安汉公第”，可知这里“第宫”不当连读，“宫”即前大司徒马宫。这是专名误为非专名之例。

另外，古书里的地名、书名等，我们一般不熟悉，也容易出现标点错误。如《资治通鉴》卷七十四《魏纪六》：

误：书三四上，辞情危切；又欲诣都口陈嫡庶之义。

正：……又欲诣都，口陈嫡庶之义。

“诣都口陈”，到京城去亲口陈说。为避免误解，可以断开。《三国志·吴书·陆逊传》里有“及求诣都，欲口论适庶之分”的话，可以证明“都口”不是地名。这是非专名误为专名的例子。

(7)注意古人行文方式。

古人写文章，自有一定的表达方式。如果我们对这些表达方式不了解，也会把标点用错，或者用得不准确。比如前代学者总结的“误读‘夫’字例”、“两人之辞而省‘曰’字例”、“一人之语未竟而他人插语例”、“据古人当时语气直述例”、“误解答问之辞例”、“文中有标题例”、“文中自注例”、“起下之词例”、“记言省‘曰’字例”等等，都是关乎标点的行文方式(参见《古书疑义举例五种》等书)，必须特别注意。下面，我们举一个例子说明一下，如《汉书·陈汤传》：

误：昔齐桓公前有尊周之功，后有灭项之罪，君子以功覆过，而为之讳行事。贰师将军李广利……

正：……而为之讳。行事：……

"行事",犹言"成事"、"故事"、"往事",即下文所陈李广利等人之事,总目下文之词。这就是"起下之词例"。

(8)注意结合其他多方面知识。

标点古籍要涉及多方面知识,比如文字通假、文体、文化思想史、典章制度以至校勘等方面的知识。我们这里只举两方面的例子。如《资治通鉴》卷十七《汉纪九》:

误:冬,十一月,初令郡国举孝、廉各一人,从董仲舒之言也。

正:……初令郡国举孝廉各一人……

原标点者把一郡一人、一国一人理解成"孝"一人、"廉"一人。如果知道"孝廉"未尝分科就不会弄错了。这是关涉到典章制度知识的例子。再如《汉书·贾谊传》:

误:国已屈矣,盗贼直须时耳。然而献计者曰:"毋动,为大耳。"

正:……然而献计者曰:"毋动为大耳。"

杨树达引周寿昌说:"汉文时,尚黄老,以清净为治,故曰'无动为大',不必截读。"这是关涉到文化思想史方面的例子。

以上我们讲了标点古书时应该注意的一些问题。由此我们也可以看到,标点古书确实不是一件容易的事情,要求初涉古籍的人全面具备这些知识显然是不现实的。这里,我们还要为初学者说几点浅显的方法、步骤。

标点古书通常的步骤是:(1)反复诵读,弄清基本内容,并在此基础上断句;(2)诵读断句后的文字,推敲文义,揣摩语势,进而施加新式标点。

标点古书最浅显的方法是:(1)参照古汉语句式,如判断句、被动句、省略句、特殊词序等;(2)参照语气词的常见位置,如"夫"、"盖"、"惟"一般用在句首,"矣"、"也"、"邪"、"哉"、"耳"、"乎"等一般用在句末等;(3)参照关联词语的常见位置,如"虽"、"纵"、"微"、"若"、"设"、"倘"、"令"、"苟"、"诚"等一般用在前一分句,"且"、"抑"、"则"、"况"、"然"、"故"、"是故"等一般用在后一分句等;(4)参照固定结构,如"不亦……乎"、"得无……乎(邪)"、"无乃……乎"、"何以……为"、"如……何"等;(5)参照古书里常见的对偶、排比句式等;(6)参照古汉语其他语法规律。这些都是浅显易行的参考方法,就用不着举例说明了。

四、注释与翻译

注释是古籍整理最重要、最艰巨的工作，一般分简注和详注两种。其基本要求是准确。简注要简明，详注一般对词、文、事、制等都要详细解释，必要时应引用书证、史料。具体内容和方法可参阅本章第二节《训诂内容》和第四节《解释词义的基本方式》。需要注意的是，现在的注释和古代简明的注释不同，一般不是单词式(甲，乙也)。

翻译可根据具体文献和阅读对象确定用或不用。译文的基本要求是：(1)与原文原意相符；(2)用规范的现代汉语；(3)不要生硬，可以适当调整语序，甚至增补必要的省略成分。

五、古籍整理中经常出现的问题举例

古籍整理是一项严肃的工作，做这项工作第一是要有严肃的治学态度，其次是要有丰富的训诂知识和其他方面的学识。舍此两条，就不会有好的成果面世。今举《韩诗外传今译》[①]中的问题为例，从反面说明整理古籍时应该注意的一些问题。

1. 标点

标点中的问题除极少数属“断句”错误外，多数是使用不当方面的问题。如(举例一般以在原书中的先后为序)：

《先生·后生·不生》篇：

> 问者曰：“古之知道者曰：‘先生’，何也？”

按：原句是问“古代懂得道的人为什么称作‘先生’”，编译者误解了“曰”字，将原句译作：“古代懂道理的人说：‘先生’，这是什么意思？”语意不清。“古之知道者曰”下的冒号应去掉。

《荐贤者贤于贤》篇：

> 子贡问大臣。子曰：“齐有鲍叔，郑有子皮。”子贡曰：“否，齐有管仲，郑有东里子产。”孔子曰：“然，我问鲍叔之荐管仲也，子皮之荐子产也，未闻管仲、子产有所荐也。”子贡曰：“然则，荐贤贤于贤。”

① 《韩诗外传今译》，书目文献出版社1986年版。

按:本篇疑有误文,今姑不论。根据文义,孔子并不同意子贡的看法,“孔子曰”下的“然”,是承子贡语而转折之词,“然”下的逗号应去掉。译文译作“然而”,而标点却沿许维遹《韩诗外传集释》[①]而误。又,“然则”下的逗号也应去掉。

《匮生荐贤》篇:

> 匮生曰:“愚恐不及。然请尽力为东郭先生梁石君,束蕴请火。”

按:“请”一以贯之,“君”下逗号当去之。

《乳母殉子》篇:

> 秦攻魏,破之。少子亡而不得。今魏国曰:“有得公子者,赐金千斤,匿者罪至十族。”公子、乳母与俱亡。

按:末句译文作“公子和奶娘一齐逃亡”,说明译者不解原文“与”下省“之”字,又见有“俱亡”二字,就在“公子”和“乳母”之间加了顿号,致使“与”字无解,误。原句意当是“公子乳母与之(公子)俱亡”。

《苍唐妙策》篇:

> 文侯曰:“击无恙乎?”苍唐唯唯而不对。三问而三不对。文侯曰:“不对何也?”苍唐曰:“臣闻诸侯不名君。既已赐弊邑,使得小国侯,君问以名,不敢对也。”文侯曰:“中山之君无恙乎?”苍唐曰:“今臣之来,拜送于郊。”

按:魏文侯有两个儿子,大的叫击,小的叫䜣。魏文侯把小儿子䜣立为太子,却把大儿子击封于中山,三年不同他来往。击傅赵苍唐为了改变击的地位,亲自带礼物去见魏文侯,终于用巧妙的对话打动了魏文侯,使他回心转意,废掉了太子䜣,召中山君为嗣。上文就是魏文侯接见赵苍唐时的一段对话。原句“诸侯不名君”,译文作“诸侯不喊国君的名字”,误。“君”字当属下句,读作“臣闻诸侯不名。君既已赐弊邑,使得小国侯,君问以名,不敢对也”。全句是说:“对诸侯不能直呼其名。您既然封击于中山国为侯,就不该直呼其名。您直呼其名,我就不回答。”所以,当魏文侯改口问“中山之君无恙乎”时,赵苍唐才回答他。许维遹本标点亦误。

《文王践妖》篇:

> 于是遂谨其礼秩,皮革,以交诸侯;饰其辞令,布帛,以礼俊士;颁其爵列,等级,田畴,以赏群臣。

① 许维遹:《韩诗外传集释》中华书局1980年版。

按:"礼袟"、"辞令"、"爵列"、"等级"下的逗号并当为顿号。

《子路论士》篇:

子路曰:"士不能勤苦,不能轻死亡,不能恬贫苦,而曰:'我行义',吾不信也。"

按:"而曰"下冒号当去之。

译文中也有标点错误,如《先生·后生·不生》篇:

〔郭君〕谓其御者曰:"吾渴欲饮。"御者进清酒。曰:"吾饥欲食。"御者进干脯粱糗。

其中"吾渴"、"吾饥"二句,译文作:"我渴了想喝点什么?""我饿了想吃点什么?"按:"我渴了"、"我饿了"下并当有逗号,"什么"下的两个问号尤其没有道理,当改为句号。其他误用者甚多,兹不一一列举。

2. 注释

一是注解不当。如:

《上下俱极》篇:"数战则民疲,数胜则主骄。骄则恣,恣则极。上下俱极,吴之亡犹晚矣。""恣则极"下注⑥:

极:穷极,穷尽,穷凶极恶。

按:此"极"字当解作"疲困"。《汉书·王褒传》:"匈喘肤汗,人极马疲。""极"、"疲"相对为文。此段首句说"民疲","数胜"三句说"主极","极"犹"疲",变其文而已,故下文说"上下俱极",文意非常清楚。解作"穷凶极恶"尤其没有道理,难道人民也"穷凶极恶"吗?

《先生·后生·不生》篇:"昔者,楚庄王谋事而当,居有忧色。"注⑦:

居:停。

按:"居",指平居,平时。解作"停",译文作"停了好久",误。

《晏子重礼》篇:"觞酒三行。"注⑳:

觞:古酒器,借代敬酒。

按:说是"借代",不对。自饮酒、请人饮酒都可以叫"觞"。《期路砍柴》篇:"觞于榅丘之上。"注⑧说:"这里借代饮酒。"错误与此相同。

《蝉雀之喻》篇:"非独昆虫众庶若此也,人主亦然。"注⑩:

众庶:本指众百姓,这里指虫类。

按:文中故事大家都熟悉,分明是说,蝉不知螳螂在后,螳螂不知黄雀在后,黄雀不知童子在榆下，童子不知前有深坑后有掘株。蝉等属“昆虫”，童子是“众庶”，所以说“非独昆虫、众庶若此也，人主亦然”。“众庶”怎么还“指虫类”？

《期路砍柴》篇：“勇士不忘丧其元，志士仁人不忘在沟壑。”注⑱：

沟壑：山沟。这里比喻困顿生活。

按：“在沟壑”谓“死后弃尸山沟”，这种用法不应生疏。《孟子·万章下》：“齐景公田，招虞人以旌，不至，将杀之。志士不忘在沟壑，勇士不忘丧其元。孔子奚取焉？取非其招不往也。”

《李克解“恶”》篇：“臣闻，贵而下贱，则众弗恶也。”注④：

下：动词，下去，放下架子，接近底层。

按：当解作“对……谦下”。

《商容不素餐》篇：“商容尝执羽籥，冯于马徒，欲以伐纣而不能。遂去，伏于太行。”注⑥：

伏于太行：潜伏在太行山中。

按：“伏”是隐居的意思。下文说“不争而隐，无勇也”，“隐”就是对“伏于太行”的解释。

《屠牛吐辞婚》篇：“吐曰：‘吾肉善，如量而去，苦少耳。吾肉不善，虽以他附益之，尚犹贾不售。今厚送子，子故丑耳。’”注⑨、注⑩、注⑪：

苦：怕。苦少，怕买得少。

以他：按他（买主）的意见。

附益：多贴一点找头。

按：故事是说，齐王厚送女，想把女儿嫁给屠牛吐。屠牛吐断言齐女长得丑。朋友问他是怎么知道的，他就说了上面一段话。“苦少”，是说很畅销，不怕货多，与下文“尚犹贾不售”正相对比。“他”不是指买主，而是指“他物”。“齐王厚送女，欲妻屠牛吐”，与“以他物附益”推销不好的牛肉相似，所以屠牛吐断言齐女长得不漂亮。原著误解。

《文公论赏》篇：“陶叔狐谓咎犯曰：‘吾从君而亡十有一年，颜色黯黑，手足胼胝。今反国三行赏而我不与焉。君其忘我乎？其有大过乎？子试为我言之。’”注⑩：

其：代词，前一“其”字指代君，后一“其”指代自己。

按：二“其”字是表示选择疑问，译为“是……还是……”。

还有一些"不当"是属表达不准确。如：

《绝缨之会》篇："寡人未尝有异于子，子何为于寡人厚也？"注⑩：

异：特别好处。

按："异"没有"特别好处"这一义项，这里是"文中指"的意思，释语前当加"指"字。

《接舆之妻》篇："楚狂接舆躬耕以食。"注③：

食：生活。

按：释语当为"指生计"。

《孔子应变》篇："孔子之卫。简子将杀阳虎。孔子似之，带甲以围孔子舍。子路愠怒，奋戟将下。"注⑧：

下：下堂，用武。

按："下"没有"下堂"和"用武"这类义项，更不能同时兼有这两个不相干的意义，当改为"指下堂用武"。

二是注文啰唆无序，表达不清。如：

《闻道易容》篇："闵子骞始见于夫子，有菜色；后有刍豢之色。"注④：

刍豢之色：《孟子》："犹刍豢之悦我口。"赵注："草牲曰刍。"《韵会》："羊曰刍，犬曰豢；皆以所食得名。"诸家均无适义，《孟子》即有"悦我口"之词，可见是得以饱食之意，并与上文照应，故可译为："饱色"，并意译为"红光满面"更为逼真。

按：此"刍豢之色"与前"菜色"对比而言，意思不难解释，没有必要这样啰唆。

《子夏斥悁》篇："于是两寇肩逐我君。"注㉟：

寇肩：原本作"字"，字是"牸"之讹。牸为"特"之误。《广雅·释兽》："三岁为肩，四岁为特。"寇肩即"肩特"，指野兽。可译为"畜牲"。

按：此注需要读者仔细琢磨才能明白。据编者的意思，这样写就清楚了："寇肩：当作'特肩'，泛指野兽。《广雅·释兽》：'三岁为肩，四岁为特。'元本（不是"原本"，而是元代版本）作'字肩'，盖因'特'与'牸'形近，故'特'讹为'牸'；'牸'与'字'通，故又误作'字'。"

《孔子相面》篇："汙面而不恶，葭喙而不藉。"注㉒：

葭喙："葭"通"豭"，豭喙，指"长嘴"。

按："豭"又为何？未解。可这样改："葭喙：猪嘴，意思是嘴巴长。葭：通'豭'，公猪。喙：嘴。"

《三苗一秀》篇:“吾何以见赐也?”注⑬:

吾何以见赐:见,被,受;见赐,受到馈赠。“吾何以见赐”是“我为什么受您的馈赠”。换句法译为:“为什么您赠送我这些礼品呢?”较合现代汉语习惯。

按:像这样“注释”法还有个头吗?

表达不清还包括这样的例子:

《晏子斥谀》篇:“美哉国乎,郁郁蓁蓁。”注②:

郁郁蓁蓁:郁,繁盛;蓁,草盛的样子。

按:当解释“郁郁”、“蓁蓁”,因为汉语里“A”和“AA”式,其意义并不完全相同。

《冉有论学》篇:“凡人之质而已。”注③:

质:朴素诚恳,本色。

按:此注令人费解。

《介子推辞爵》篇:“介子推无爵。”注⑧:

爵:本是酒器,这里指封赏。

按:“爵”就是爵位,指封爵之赏。至于说“本是酒器”,也对,但要讲就讲清楚,否则,“本是酒器”,怎么这里就“指封赏”(当作“封爵之赏”)?

啰唆还特别表现在引用不必要的书证上。如:

《箕子去国》篇:“劳矣箕子!”注⑧:

劳矣:《说文》:“劳,剧也。从力,荧省。荧火烧冂用力者劳。”又,“冂,邑外谓之郊,郊外谓之野,野外谓之林,林外谓之冂”。又,“剧,尤甚也”。劳矣,是说箕子在大火蔓延郊野之中竭力尽心。亦即指在纣的暴政下箕子是出了力的。

按:“劳”不就是“辛劳”、“劳苦”的意思吗?何劳如此大费口舌。引经据典,说了一大串话,最后还没有说出“辛劳”两个字来。更不应该的是,编译者居然把《说文》“荧火烧冂用力者劳”的解说硬扯到“劳矣箕子”这句话里,说是“箕子在大火蔓延郊野之中竭力尽心”等等,牵强一至如此,真令人难以理解。

有些被解释词是平常之语,编译者也耐心地引用书证,使人看了感到啼笑皆非。如《教学相长》篇注④“佳肴”下引《说文》语,《季孙治鲁》篇注⑪“省”(解作“减少”)下引《左传》语,《子路盛服》篇注⑮“哗”(解作“喧哗”)下引《尚书》语,《殷监不远》篇注⑬“鄙语”下引《韩非子》语和白居易诗等。

有些注文中引文里的词，在解释后又引用书证，这就更没有必要了。如：

《王者之牧》篇："有狱讼而不平其冤。"注⑥：

> 狱讼：诉讼案件。《周礼·秋官·大司寇》："凡诸侯之狱讼以邦典定之；凡卿大夫之狱讼以邦法定之；凡庶民讼狱以邦成弊之。"弊，裁断，裁决，裁定。《周礼·天官·大宰》："以弊邦话。"

这同本书其他浅显的注解难易实不相谐，且引文多处文字有误。

此外，还有些书证与原文用词不一，如《三苗一秀》篇注⑨"比及"下引《国语》"比至"为证等。

三是被解释语立目不当，解释语和被解释语对不上号。如：

《甘棠之歌》篇："有司请营邵以居。"是说"有司请求在邵地营修房屋令其居住"的意思，而编译者以"有司请营"出注，割裂了原句语法关系。

《齐桓公设庭燎》篇："期年而士不至。"注④"期：期年，周年"。按：应以"期年"立目。

《不辱君命》篇："于是楚王盖悒如也。"注⑧以"悒"出注。按：当改作"悒如：忧闷不乐的样子"。

《女婴忧国》篇："其偶曰：'何谓而泣也？'"注④"其偶：同伴"。按：以"其偶"立目，就当连"其"字解，否则就单出"偶"字注。

《要离斗勇》篇："刃先辞后，不肖三也。"注⑳"刃先辞后：辞，同词"。按：情况同上。

《鲍焦轻生》篇："天下之遗德教者众矣，吾何以不至于此也？"注⑧以"遗德"立目。按：当以"遗德教"立注目。

《孔子赠帛》篇："孔子遭齐程本子于郯之间，倾盖而语终日。"注③以"齐程本子"出注。按："齐"是国名，不当连下人名一起出注。

《孙卿议兵》篇："弓矢不调，羿不能以中微。"注⑪"微：细微。这里指射箭中的，射中靶子的中心"。按：当作"微：细微。这里指靶子的中心"。或作"中微：指射箭中的。微：细微，这里指靶子中心"。

《疾据贤人》篇："齐桓公困于长勺，疾据管仲、宁戚、隰朋而匡天下。"注㉒以"隰朋而匡"为注目。不当，依例当分"隰朋"、"匡"二目。

此外还有其他问题，如：

有无须注而注者。如《鲁人吊灾》篇注②"大水：水灾"，《乳母殉子》篇注⑨

“畏死：怕死”，《楚女知礼》篇注⑮“其水：那里的水”，《冉有论学》篇注㉓“仇：仇恨，仇隙”，《子路论士》篇注⑨“愈：更加”，《孔子辩困》篇注㉕“时：时机，时代”等等。

有当注而不注者。如《社鼠与恶狗》篇：“人有市酒而甚美者，置表甚长；然至酸而不售”，“不售”是“卖不出去”的意思，不是“不卖”，当注。《晏子重礼》篇：“觞酒三行”，“三行”犹言“三巡”，当注。《陈饶责主》篇：“靡丽于堂”，“靡丽”谓奢华，当注。《原宪居鲁》篇：“纳履则踵决”，是说“一拔鞋，后跟就会裂开口”，形容生活贫困，其中“纳履”和“决”都注了，而“踵”未出注，当注。《孔子应变》篇：“何仁义之寡裕也”，“寡裕”谓其少，当注。《孔子辩困》篇：“故君子务学修身端行而须其时者也”，“须”作“待”解，当注。

有注解用语不准确、不统一者。如《麦丘遇贤》篇注⑨“盍：通‘何’，何不”，没有必要说“通”。《蔡女救夫》篇注⑤“太山：当是泰山”，“当是”宜改成“即”。《田饶去鲁》篇注⑳“阴：通‘荫’”，《择树而种》篇注⑮又说“阴等于‘荫’”。《屠夫辞官》篇注④“说：读‘悦’”，《贫贱骄人》篇注⑤又说“说：通‘悦’”。《轮扁论书》篇注⑦“乎：通‘于’”，《王者之牧》篇注⑦又说“乎：同‘于’”。

有立注目琐碎而无定则者。如《甘棠之歌》篇：“《诗》曰：‘蔽芾甘棠，勿划勿伐，召伯所茇。’”这里出了五个注：注⑭释“蔽芾”，注⑮释“甘棠”，注⑯释“勿划勿伐”，注⑰释“茇”，注⑱又以“蔽芾甘棠，勿划勿伐，召伯所茇”立注目，说明出处，致使“茇”下出现了两个注码（⑰、⑱）；而《孙卿议兵》篇引《诗》四句，又只出一注，注码出于末句之后；《桓公问天》篇引《诗》二句，又在“诗”下立一注码，全无定则。

有同篇文章同一词语不在首次出注者。如《匽生荐贤》篇有注⑰“匽生”条，查在此以前“匽生”已经出现过三次，都未出注，却在文末最后一次出现时出注。《子路盛服》篇注⑱“要”出于“行之要”下，但依例当出于前“言之要”下。

有引书名不全者。如《孔子相面》篇注㉚、㉛、㉝引《论语》语、《诗集传》语、《诗经·大雅》语均没有具体篇名，而《曾子仕于莒》篇注⑳引《诗经·北门》语又不出在风、雅、颂里的所属，也不全。

有其他体例不一者。如《先生·后生·不生》篇注㉒说“虢”“在今平陆县”，不说省名；而《子夏斥悁》篇注㉙说“阿”“在今山东省”，又不出县名。

3. 翻译

一是误译。如：

《武王伐纣》篇:“然何若矣?”译文作:

好吧!将要怎么办呢?

按:“然”表转折,译为“好吧”,不对。

《各赋其愿》篇:“教行乎百姓,德施乎四蛮,莫不释兵,辐辏乎四门,天下咸获永宁,蝖飞蠕动,各乐其性。”译文作:

教育在百姓中普遍推行着,恩惠在四方少数民族中广泛传播着。战争没有不停止的,各地人们都不约而同地聚集在国门内。天下都得永远的安宁,人们就像蚕蛾自由自在地飞,像虫子不慌不忙地爬,使各人的心情都很快活。

按:语句别扭且不说,“莫不释兵”显然译得不对(当译作“人们无不放下武器”),“蝖飞蠕动”的译文更令人啼笑皆非。《淮南子·原道》:“夫太上之道,生万物而不有,成化像而弗宰。跂行喙息,蠉飞蠕动,待而后生,莫之知德;待之后死,莫之能怨。”《越绝书·吴人内传》:“天生万物以养天下,蠉飞蠕动,各得其性。”《史记·匈奴列传》:“元元万民,下及鱼鳖,上及飞鸟,跂行喙息蠕动之类,莫不就安利而辟危殆。”可见“蝖飞蠕动”都是就昆虫而言,绝不是借比百姓。未闻有将百姓“自由自在地生活”形容为“蝖飞蠕动”的。

《先生·后生·不生》篇:“〔郭君〕曰:‘子知吾且亡乎?’御者曰:‘然。’曰:‘何以不谏也?’御者曰:‘君喜道谀而恶至言。臣欲进谏,恐先郭亡,是以不谏也。’郭君作色而怒曰:‘吾所以亡者,诚何哉?’御转其辞曰:‘君之所以亡者,太贤。’”其中“御转其辞”译文作:

赶车人赶快调转话头……

按:“转其辞”当译作“改变说法”、“改口”。

《麦丘遇贤》篇:“金玉是贱,人民是宝。”译文作:

金玉不值什么,人民才是宝。

按:原句是邦人对齐桓公的希冀性祝语,桓公听了很高兴,说:“美哉祝乎!寡人闻之矣。至德不孤,善言必再,叟盍复之!”鼓励邦人再说几句。邦人听了,就说:“使吾君好学而不恶下问。贤者在侧,谏者得入。”显然都是希冀性警句。译者对此体味不够,又不明动词宾语用“是”来提前的特殊句式,所以译错了。原句“贱”、“宝”都是动词,“金玉”、“人民”分别是二动词的宾语,意思是“鄙视金玉,珍视人民”。

《晏子聘鲁》篇:“赐寡使也,何足以识礼也?”译文作:

你出使的机会太少了,哪能说得上懂得隆重的礼节呢?

按:这是孔子回答晏子的话,“赐”是子贡名,译成“你”就指晏子了,不对。

《不辱君命》篇:“吾君有治位之堂,土阶三等,茅茨不剪,采椽不斫。”其中“茅茨不剪”译文作:

野草也来不及锄掉。

按:“土阶三等,茅茨不剪,采椽不斫”,三句都是就“堂”而言。“茅茨不剪”是说齐景公治位之堂很简陋,连盖屋顶的茅草也不曾修剪,原译文连上译作“门前有三级土台阶,野草也来不及锄掉”,成了对“土台阶”的描写,不对。

《赵王鼓瑟》篇:“臣请借此比喻。”译文作:

凭这个我明白了一个道理。

按:译文误解原意。这是使者想借“赵王鼓瑟”事作比,说明明王任使,当“任之以心,不任以辞”的道理。

《不言之说》篇:“客有见周公者。应之于门曰:‘何以道旦也?’客曰:‘在外即言外,在内即言内,入乎将毋?’周公曰:‘请入。’”其中“入乎将毋”译文作:

进不进去?

按:原译体会语气不对,所以与下文周公的回答对不上号。当译作:“是让进去呢,还是不让进去?”下文“坐乎将毋”、“言乎将毋”与此同。

《孔子论三死》篇:“居下而好干上,嗜欲无厌,求索不止者,刑共杀之。”译文作:

地位低而又喜欢干涉地位高的,嗜好和欲望没有满足的时候,索取也没个止境,刑罚就杀死他。

按:“干”译作“干涉”,不对,应是“求”的意思。“刑罚就杀死他”也不成话。

又如《文侯置相》篇把“夫子”译成“有道德学问的人”,《抱石沉河》篇把“君子”译成“评论家”,《先贤者亡》篇把“圣人”译成“权威人士”等,亦不当。二是“无中生有”,如:

《甘棠之歌》篇:“于是诗人见邵伯之所休息树下,美而歌之。”译文作:

这时有一位诗人来凭吊邵伯遗迹,看到了邵伯曾经在棠梨树下住宿过的地方,思慕之情油然而生,就由衷地唱出了赞美的歌。

按:这段译文颇有些抒情散文的味道,可是却称不上“信”。

《颜渊论证》篇载鲁定公和颜渊的一段对话，原文在“曰”前都没有状语，译文都加上了形象化的状语：“定公迎面说”，“颜渊很从容地回答道”，“定公高兴地说”，“颜渊很有感慨地说”，“定公毫不犹豫地说”等。

《子路治蒲》篇载孔子过蒲在“入其邑”和“至其庭”说的话，译文在“说”前也加了“赞不绝口”、“频频点头”等状语。

译文中还有些其他问题，如漏译（如《庄王好义》篇“乃遂还师，以逆晋寇”、《楚丘先生不服老》篇“定犹豫而决嫌疑乎”、《楚女知礼》篇“分其资财，弃之野僻”等句都未译）、以文言译常语（如《要离斗勇》篇“雷神随而击之”，译文作“雷神跟着殛他”，以“殛”译“击”；《皋鱼三失》篇“何哭之悲也”，译文作“为什么哭得这么恸呢”，以“恸”译“悲”）、译文不准确或不明确（如《冉有论学》篇“凡人之质而已”，译文作“大凡是人只要本色就好了”；《子夏斥悁》篇“是士之甚毒而君子之所恶也”，译文作“是有才能的人所排斥的坏事”）、译文和注文不相一致（如《孙卿议兵》篇“触之摧角折节而退尔”，注㉟“折节：节，节钺，将帅所有，用以借代军队”，译文作“一经接触，就会碰得头破血流，连节钺都被砍断，而败退下来”。译文以“节”为“节钺”，注文以为“借代军队”，终无定解）等，兹不详述。

4. 其他

一是错别字。如：

原文《绝缨之会》篇“妄扢其缨而绝之”，“妄”当作“妾”；《先生·后生·不生》篇“夫贤人如此若乎”，“若”当作“苦”；《文侯置相》篇“中山既拨”，“拨”当作“拔”；《史鱼尸谏》篇“君造然台蘧伯玉而贵之”，“台”当作“召”；《华元与子反》篇“吾闻君子见人之闲则矜之”，“闲”当作“困”；《争取由余》篇“终发淫纵”，“发”当作“岁”；《子夏斥悁》篇“拨矛下格而还之者”，“拨”当作“拔”；《李离殉法》篇“君子闻子曰”，“闻子”当作“闻之”；《志不可污》篇“由其理尊贵及己而仁”，“仁”当作“仕”；《周公训子》篇“所发见者十二人”，“发”当作“友”；《孙卿议兵》篇“园居则若丘山之不可移也，方居则若磐石之不可拔也”，“园”当作“圆”等。

注文中的错别字，如《文侯置相》篇注㉘“一钟六解四斗”，“解”当作“斛”；同篇注㊲“很报歉的样子”，“报”当作“抱”；《陈饶责主》篇注⑪“绫纨绮縠”，“縠”当作“縠”；《孔子赠帛》篇注⑥“薛综”，“薛”当作“薛”；《子夏论〈书〉》篇注⑮“造色”，“色”当作“然”；《孙卿议兵》篇注㊱“《书·牧警》”，“警”当作“誓”；《孔子辩困》篇注⑧引《荀子》“扬注”，“扬”当作“杨”，等等。

二是版本交代不清。

书前《几点说明》中说："我们选用的本子有两个：一个是盱眙吴棠刻印的周廷采校注本(参以赵怀玉校)，一个是中华书局出版的许维遹'集释'本。"但178页注③又提到"赵本"(似指赵怀玉校本)，145页注⑧又提"元、沈诸本"，188页注⑯又提到"沈、张诸本"、"钟、程等本"，244页注⑤又提到"有本"，使读者迷茫。

三是不注明出处。

《几点说明》中又说："原本没有章次，章次是许维遹本所订。许本没有标题，标题是我们加的。"《选译》本打乱原先章次，拟了标题，这样做有益于普及。但在各篇选文末或首条注释中应交代该文在原书里的卷数、章次，以便读者查检。

四是原文与译文分段不一。

原文和译文分段有益于读者，但应该一致。《选译》有些篇目分段不一。如《鲍焦轻生》篇和《金石为开》篇，原文分三个自然段，而译文只分两个自然段；《鸣琴而治》篇，原文分三个自然段，译文分四个自然段；《孔子辩困》篇，原文和译文都分四个自然段，但其中有些起止不一；而《范昭使齐》篇和《弘演痴忠》篇，原文都没有分段，但译文都分了段。

把上述问题换成正面的说法，就是古籍整理中应该注意的一些基本问题。

最后再说两段话作为全书结语。

第一，人们常常慨叹：中国的学问实在太大，无边无际。传统语言文字学的学问也是这样。因而，不用说是一部小书，就是换成十部、百部，也未必敢说就能把这门学问说尽说透了。所以古人总是爱用"以管测天"、"以蠡测海"之类的故事告诫人们，不要做坎井之蛙。"出跳梁乎井榦之上，入休乎缺甃之崖；赴水则接腋持颐，蹶泥则没足灭跗"，怎么能了解"千里之远，不足以举其大；千仞之高，不足以极其深"[1]的大海呢？读者当知道，本书虽冠以"中国传统语言文字学"之名，也不过是择其要者而言之；在许多情况下，更只是从这门古老的学问中舀出一勺水来让读者尝一尝而已。欲知其详，当"出于崖涘，观于大海"。

第二，我曾对一些一心想学习书法而又不肯下苦功夫临池练习，只试图读几部书法理论或书法技法方面的书籍就想解决问题的朋友戏言："读书破万卷，下

① 《庄子·秋水》。

笔如有鬼。"[①]意思当然不是反对读书，而是强调：一门实践性很强的学问，光读几部理论书是远远不够的，是不能解决问题的。我希望有志于传统语言文字学或对这门学问感兴趣的朋友，一是要多读理论联系实际的书，二是要在读书时多联系实际解决问题。天长日久，不觉自然登高，蓦然回首，当是别一区宇。

① 王世贞《艺苑卮言》："吾眼中有笔，故不敢不任识书；腕中有鬼，故不任书。"康有为《广艺舟双楫·述学》："惜吾眼有神，吾腕有鬼，不足以副之。"

冷僻字注音

（仅供参考）

第一章

29 页　觚 gū　机 jī

30 页　苨 nǐ　荈 chuǎn

31 页　觿 xī

32 页　朂 xù

44 页　趒 tiào　禛 zhēn　祡 chái　祫 xiá　祼 guàn　襘 guì　祳 shèn　禂 dǎo

48 页　泌 bì　玭 pín　饱 è　恚 huì

50 页　騢 xiá　駧 dòng　軜 nà　樔 cháo

55 页　瞌 qià　瞍 sǒu

60 页　秅 chá　歺 è　冎 guǎ　垚 yáo　泐 lè　阞 lè　朸 lì

61 页　嗞 zī　屮 chè

62 页　丂 kǎo　臤 qiān　腯 tú

64 页　憯 cǎn

65 页　翑 qú　跔 jū　钩 gōu　軥 qú　约 qú　笱 gǒu　耇 gǒu　雊 gòu

66 页　犨 chōu　踦 yǐ　诐 bì

83 页　扆 yǐ　揜 yǎn　廌 zhì

87 页　鞠 jū

88 页　躄 bì　蹻 qiāo

第二章

132 页　怃 hū

141 页　樗 chū　峤 jiāo

142 页　篪 chí

第三章

147 页　昳 yì

151 页　隩 yù　峤 qiáo　浍 kuài　陼 zhǔ　蕸 xiá

152 页　枞 cōng　桧 guì

155 页　谌 chén

156 页　茵 méng　蟫 yín

161 页　撢 dǎn

162 页　藋 diào　娋 shāo

165 页　洴 píng

170 页　焫 ruò

171 页　纼 zhèn

172 页　捊 pōu　裒 póu

179 页　剡 yǎn

185 页　觇 chān

第四章

195 页　谍 huò　簟 diàn

197 页　瓿 bù

201 页　燥 huì　蠾 zhú　蝓 yú

202 页　媠 tuǒ　枲 xǐ

205 页　燹 xiǎn

207 页　撊 xiàn

208 页　涾 tà　殈 xù

211 页　捭 bǎi

212 页　圿 jiá

217 页　猃 xiǎn　狁 yǔn

第五章

221 页　筭 suàn　寎 bǐng

225 页　鞮 dī

226 页　庯 bū

231 页　釭 gāng

232 页　韠 bì　韨 fú

236 页　焜 huǐ

242 页　勍 qíng　蹵 jiāng

243 页　麚 jiā　貜 jué　豭 jiā　豩 zhù　猣 zōng　芇 fú　羭 yú　羖 gǔ

259 页　鼒 zī

260 页　鼊 pì　鈚 pī

263 页　呬 xì　怬 xì

267 页　舁 yú

268 页　鋈 wù

269 页　轑 lǎo　骹 qiāo　� shū

270 页　蛩 qióng　銎 qiōng　轊 wèi　舝 xiá　犗 jiè　羯 jié　搳 huá　擖 qiā　澣 huàn

271 页　鲺 yí　啄 zhuó　桯 tīng　旐 zhào

272 页　璪 zhǎo　搹 è

277 页　甈 qì

第六章

295 页　秏 mào

302 页　擐 huàn

311 页　鼍 tuó　鼋 yuán

317 页　邅 zhān

361 页　蠉 xuān

364 页　榦 gàn　甃 zhòu

主要参考书目

章炳麟:《文始》、《国故论衡》、《小学答问》,载《章氏丛书》,浙江图书馆 1919 年刊印。

黄侃:《黄侃论学杂著》,上海古籍出版社 1980 年版。

黄焯:《文字声韵训诂笔记》,上海古籍出版社 1983 年版。

杨树达:《积微居小学述林》、《积微居小学金石论丛(增订本)》,中华书局 1983 年版。

沈兼士:《沈兼士学术论文集》,中华书局 1986 年版。

陆宗达:《训诂简论》,北京出版社 1980 年版;《说文解字通论》,北京出版社 1981 年版。

陆宗达、王宁:《训诂方法论》,中国社会科学出版社 1983 年版;《训诂与训诂学》,山西教育出版社 1994 年版。

王力:《汉语音韵学》,中华书局 1956 年版;《同源字论》,载《同源字典》,商务印书馆 1982 年版。

殷孟伦:《子云乡人类稿》,齐鲁书社 1985 年版。

徐复:《徐复语言文字学丛稿》,江苏古籍出版社 1990 年版。

周祖谟:《问学集》,中华书局 1966 年版。

何九盈:《中国古代语言学史》,河南人民出版社 1985 年版。

裘锡圭:《文字学概要》,商务印书馆 1988 年版。

黄德宽、陈秉新:《汉语文字学史》,安徽教育出版社 1990 年版。

初版后记

古人说:“授人一鱼,可供一饭之需;教人一渔,则终生受用无穷。”这“教”、“授”二语,对我们的大学“教授”当是最有启发意义的。我觉得,就高等教育而言(含研究生教育),“授以鱼”固然重要,但更重要的还是“教之渔”,因而就特别有必要研究一下“授鱼”和“教渔”的方法问题。

在我脑子里,传统语言文字学教学有一套理想的方法,大致含三条:一是条贯的,即必须有理论和治学方法的传授。要通过教学,使学生感到有理论指导,可以登高博见;有规律遵循,可以执简驭繁。二是生动的,即必须用具体、生动的材料说明抽象、枯燥的理论。要通过教学,使学生感到古代汉语里的文字、语音、词汇、语法、修辞等,只要我们恢复了它们在历史上的面目,我们同样可以想象出它们作为一个个鲜活的生命体在汉语发展史的长河里生生息息的各种情形。三是实用的,即必须力求解决问题。要通过教学,使学生感到,只要掌握了传统语言文字学方面的有关知识,就等于多了一件工具和武器,读书往往能别有会心,左右逢源,有怡然理顺之乐。有了这三条,就学科而言,这历来号称深奥、往往令学生望而却步、因而有濒临绝境之虞的传统语言文字学,或许能从积满尘埃的故纸堆里透出一口气,显露出它的生机;就学人而言,他们或许不仅时时可以得到“可供一饭之需”的“鱼”,更有望得到“终生受用无穷”的“渔”;既怀取鱼之技,何愁无取鱼之乐,又何愁“食无鱼”? 自我研究生毕业留校任教以来,我先后开设了从本科生的基础课、选修课到硕士研究生的学位课、专业基础课和选修课等十多门课程。无论是哪种层次、哪门课程的教学,我所力求做到的,就是坚持“教人一渔”重于“授人一鱼”的原则,并努力将上述理想化的教学方法付诸教学实践。本书的著述,即体现了上述思想,亦即是上述思想指导下的产物。同时,因为本书的部分内容或主要内容都是曾经在历届本科生和研究生(包括其他导师指导的研究生)的有关课程的教学中试用过的,所以也可以说,这部书亦即是我教学实践的产物。从这个角度说,本书大致反映了我十五年来在古汉语和汉语史有关课程的教学中进行教学研究的主要成果;作为一个教师来说,教学研究从来也都是所谓“科研”的一部分,所以说,它也能反映出我在汉语史研究领域里的部分重要成果。

虽然本书的主要内容以及它所体现的教学方法,多是经过教学实践检验了的,但毕竟是一个人的摸索,或因“拘于虚”,或因“笃于时”,或因“束于教”,不“出于崖涘,观于大海”,难以“与语大理”,井蛙、夏虫、曲士之讥,殆难免矣。为了更好地听取同行的批评,听取学生的意见,我不揣鄙陋,愿意将它公开出版。是邪? 非邪? 成乎? 败乎? 我不敢肯定。衷心希望有更多的实践者加以裁断,更希望并世通人进而诲之。

本书的出版,首先得到了中文系学术委员会的推荐,又经学校出版基金委员会评审,确定为重点资助出版书目,这使我非常感动。山东大学出版社经过认真研究,又决定把本书列入《山东大学文史书系》出版,这更使我汗颜。我要感谢有关部门、有关专家对本书出版所给予的关心和支持。

在本书即将出版的时候,我自然非常怀念我的两位导师——殷石臞孟伦先生和殷孟非焕先先生,因为学生的著作里历来总饱含着老师对学生辛勤培养的血汗。我想,如果这部书还有一定存在价值的话,这当是对他们最好的纪念。

另外,我还要感谢所有学界前辈、老师、同学和朋友们,他们都曾经或直接或间接地给了我许多帮助;本书引用了不少前哲时贤的著述,我也要向他们表示感谢,因为他们的著述也是丰富我的学识、丰富拙著内容的营养来源。

我还要感谢著名传统语言文字学家徐复教授,他不但在这十多年中,总是十分关心我的学习和生活,而且还在科研任务十分繁忙的情况下,拨冗为本书写了序言。他这种嘉掖后学的精神将激励我不断有所作为。

最后，我还想说明一点，在我征引的资料中，也有不少通常被人说成是“反面”的例子。这一方面是出于教学的需要，同时，也是为了学问。我的本意，不过是本清人“正统派之学风”，即“所见不合，则相辩诘”、“辩诘以本问题为范围”，绝不“盛气凌轹”、“支离牵涉或影射讥笑”（见梁启超《清代学术概论》第十三章）。虽然我在征引这些材料时已经隐去了著述者的姓名（零散的材料甚至不交代出处），但我还要向这些著述者表示深深的歉意。

徐超谨记

1996年5月24日于山东大学